MW01639909

Catalina la Grande

EMPERATRIZ DE RUSIA

CAROLLY ERICKSON

Catalina la Grande

EMPERATRIZ DE RUSIA

Traducción de Nora Watson

620.7 Erickson, Carolly
ERI Catalina la Grande, Emperatriz de Rusia -
1a. ed., - Buenos Aires: El Ateneo, 2003
399 p.; 15,5 x 22,5 cm.

Traducción: Nora Watson

ISBN: 950-02-7441-8

1. Título - 1. Biografía

Diseño de interiores: Lucila Schonfeld

Primera edición, de Editorial El Ateneo

Patagones 2463 - (C1282ACA) Buenos Aires - Argentina
Tel.: (54 11) 4943 8200 - Fax: (54 11) 4308 4199
E-mail: editorial@elateneo.com

Impreso en **Verlap S. A.**,
Comandante Spurr 653, Avellaneda,
Provincia de Buenos Aires,
en el mes de julio de 2003.

Impreso en la Argentina

Para Lillian Cunningham
y el
Taller Literario Windward

Aloha nui loa

Capítulo 1

La chiquilla menuda y vivaracha caminó hacia el rey y estiró el brazo para tironearle la chaqueta. Tenía cuatro años de edad y le habían enseñado a besar la ropa de las personas mayores como señal de reverencia, pero el hombre gordo y de cara roja que la vio acercarse usaba una casaca demasiado corta, y a ella le resultó difícil hacer lo que su madre le había ordenado. Una expresión de desaprobación, casi de desdén, se dibujó en las facciones de la pequeña. Sus ojos insólitamente grandes y celestes transmitían inteligencia y sensibilidad; observó, impertérrita, ese rostro inflexible e imponente. A continuación se dio media vuelta y regresó adonde su madre y su tía abuela la aguardaban.

-¿Por qué tiene el rey una chaqueta tan corta? -preguntó la chiquilla, y su voz se oyó en todos los rincones de ese inmenso salón con pinturas en el cielo raso y gruesos tapices-. Es suficientemente rico como para comprarse una más larga, ¿no?

Su madre -sumamente incómoda y con plena conciencia de que los dignatarios, los miembros del ejército y las damas de la nobleza presentes, para no mencionar al chambelán de la Corte con su abultada peluca y su largo bastón, las elegantes damas de honor, los ayudantes de cámara y los lacayos con sus solemnes libreas de terciopelo, y su abuela, la duquesa, esperaban todos que le respondiera a la niña- permaneció en silencio.

El rey quiso saber qué había dicho la pequeña, y lo que Federico Guillermo de Prusia deseaba saber, lo averiguaba.

Alguien le repitió las palabras de la chiquilla. Los cortesanos contuvieron la respiración, la cara de la madre de la criatura se puso roja.

Entonces, para su gran sorpresa, el rey se echó a reír. El rey, que llevaba siempre su bastón para golpear a sus soldados cuando no marchaban suficientemente rápido para su gusto o cuando se desviaban de sus órdenes estrictas y detalladas, se echó a reír.

-Esa pequeña sí que es impertinente -lo oyeron comentar. Después abandonó el salón y la tensión reinante se disipó.

La chiquilla, Sofía Augusta Federica de Anhalt-Zerbst, precoz y activa, poseía un exceso de energía que la hacía descarada y, con frecuencia, obstinada. Hablaba sin cesar, estaba llena de preguntas y notaba y recordaba cosas que pasaban inadvertidas para niños menos inteligentes. Aprendió a leer a muy temprana edad y antes de cumplir los cuatro años ya leía algo de francés y escribía nombres y fechas. Sabía que no era linda -e intuía que eso era lo único que le importaba a su madre-, pero también sabía que era inteligente y que su conversación animada, su gran energía y su carácter alegre lograban dibujar una sonrisa en las caras de los adultos que la rodeaban, tal como su impertinente pregunta había hecho reír al rey Federico Guillermo.

Ella era princesa del insignificante pero honorable principado de Anhalt-Zerbst, una de las trescientas entidades políticas independientes en las que se hablaba alemán. En el año de su encuentro con el rey de Prusia, 1733, esos trescientos principados, ciudades independientes, episcopados y ducados, en principio desperdigados, estaban unidos sólo por el más laxo de los vínculos políticos, una unión vaga y ceremoniosa bajo la bastante decadente autoridad del Sacro Imperio Romano Germánico. Mucho más real que la ensombrecida égida de ese emperador era el poder del rey de Prusia, quien tenía a su mando uno de los ejércitos más numerosos y disciplinados de Europa y cuyas ambiciones territoriales amenazaban la integridad de los estados más pequeños que rodeaban su reino.

El de Anhalt-Zerbst era uno de esos estados, unos pocos kilómetros cuadrados de bosques de pinos, tierras de pasturas y pantanos ubicados entre el Electorado de Sajonia al sur, el Episcopado de Magdeburg al oeste y Prusia al norte. Desde comienzos del siglo XIII, Anhalt se había preciado de su independencia, pero a lo largo de los siglos su espléndida dinastía se había ramificado en tantas direcciones que todos sus príncipes quedaron empobrecidos y el diminuto estado carecía de recursos suficientes para mantener una casa reinante demasiado populosa. Durante varias generaciones, los príncipes de Anhalt habían evitado ser destituidos sirviendo en el ejército del rey prusiano, y el padre de Sofía, el príncipe Christian Augusto siguió esa tradición; llevó a sus tropas a luchar contra los franceses y los suecos y dedicó su joven vida al mejoramiento de los ejércitos prusianos a pesar de no poseer el talento ni la inclinación necesarios para distinguirse como líder.

A la avanzada edad de treinta y siete años, Christian Augusto se casó con una princesa relativamente pobre pero de buena familia, Juana de Holstein-Gottorp, y la llevó a vivir a la desolada ciudad militar de Stettin, sobre la frontera con Pomerania, donde él y su regimiento se encontraban apostados. Juana sólo tenía dieciséis años y era una muchacha bonita y superficial. Acostumbrada a ser malcriada por su abuela, la duquesa se sentía desalentada por la escasa vida social de Stettin, donde los líderes sociales eran oficiales militares de provincia sombríamente correctos y aburridas esposas de comerciantes. Juana y Christian Augusto le alquilaron una casa a un comerciante local, se instalaron en ella y muy pronto Juana quedó embarazada.

Esto, al menos, le brindó a ella esperanzas. Si tenía un hijo varón, él podría heredar el principado de Anhalt-Zerbst, pues su soberano actual, un primo de Christian Augusto, no tenía hijos y lo más probable era que no los tuviera, y el hermano mayor de Christian Augusto era soltero. El nacimiento de un hijo liberaría a Juana de Stettin y podría también liberar a su marido de tener que vivir bajo el yugo del rey prusiano.

Pero tuvo una hija -Sofía- y Juana sufrió muchísimo al dar a luz. El parto casi la mató y durante cinco meses permaneció apenas aferrada a la vida, dolorida y sin duda resentida con esa criatura cuya llegada la había llevado a las puertas de la muerte. A Sofía la pusieron al cuidado de una nodriza de diecinueve años y, después del destete, se la entregaron a Madeleine Cardel, la gobernanta, quien hizo todo lo posible por poner freno a las energías hiperactivas de la chiquilla y trató de transformarla en una criatura tranquila y dócil, al menos mientras ella y su gobernanta más bien servil estaban a la vista de los padres.

Después de su recuperación Juana volvió a quedar embarazada muy pronto y esta vez estaba decidida a tener un varón. Cuando Sofía tenía dieciocho meses nació su hermano Wilhelm, quien enseguida se convirtió en el centro de la vida de Juana. Sofía quedó en segundo plano y fue descuidada, mientras que el nuevo bebé recibía toda la atención de sus padres, más aún cuando se descubrió que tenía debilidad en una de sus piernas y parecía no desarrollarse normalmente. Consultaron médicos y recurrieron a remedios caseros; rezaron por el muchachito, lo llevaron a tomar baños en aguas termales y lo sometieron a toda clase de terapias. Pero el pequeño Wilhelm no mejoró y Juana sufrió otra fuerte decepción al ver que ese hijo que tanto había esperado se convertía en un lisiado.

Entonces Christian Augusto se benefició con la influencia de la familia de su esposa y fue nombrado gobernador de Stettin. Aparte del aumento en honor y nivel social, significaba más dinero –aunque el mezquino general siguió siendo tacaño, para irritación de su joven esposa– y habitaciones más dignas en el castillo de piedra gris que dominaba la ciudad. La totalidad de un piso en un ala del castillo, adyacente a la capilla de alto campanario, le fue asignado a Christian Augusto y su familia. Cuando se arrodillaban para las oraciones de la mañana y de la noche, oían el tañido de las campanas de la capilla, y ese sonido lastimero habría de acosar la infancia de la joven Sofía.

Cuando Sofía tenía cuatro años, Madeleine Cardel abandonó el servicio de Christian Augusto para casarse con un abogado, y su hermana Babette se convirtió en la gobernanta de la princesa. Babette era un verdadero tesoro: perspicaz y con un gran sentido común, no malcrió ni intimidó a Sofía sino que la trató con suavidad y paciencia, ocupándose de cultivar su mente excepcional mientras reprimía su carácter turbulento. Cuando, muchos años después, Sofía escribió sus memorias, destacó ese buen corazón de Babette al señalar que era "un modelo de virtud y de sabiduría".* Su padre, un refugiado hugonote, era profesor en Frankfurt y Babette había recibido una excelente educación. Tal vez no tenía un conocimiento

* Catalina la Grande escribió por lo menos siete versiones de su autobiografía, la primera cuando tenía cerca de treinta años. Las distintas versiones difieren en cuanto a detalles, y su autora no era ni modesta ni imparcial, pero sus más de seiscientas páginas constituyen un tesoro de erudición narrativa y una ayuda incomparable para el biógrafo.

profundo de los clásicos griegos y latinos, pero ciertamente conocía los dramas clásicos franceses y le enseñó a Sofía a recitar extensos pasajes de Molière y Racine. En un hogar en el que reinaban la religiosidad luterana y un sentido del deber bastante inflexible, Babette representaba la racionalidad y un toque de mordacidad.

"Yo tenía buen corazón", escribió Sofía de sí misma cuando era chica, "un gran sentido común, lloraba con mucha facilidad y era extremadamente alocada." Llena de osadía física pero con un agudo sentido de la vergüenza -producto de una educación religiosa muy severa-, con frecuencia se asustaba y se escondía para evitar castigos inmerecidos que seguramente caerían sobre ella. Su madre era rápida para culparla y lenta para reconocer que se había equivocado; en consecuencia, Sofía solía recibir una dosis excesiva de cachetadas y golpes, que hirieron su sentido de justicia y la volvieron temerosa.

Como le gustaba subir y bajar corriendo las escaleras, saltar sobre los muebles y correr a toda velocidad de un cuarto al otro, Sofía se lastimaba con frecuencia. En una oportunidad en que jugaba con unas tijeras, una de sus puntas se le clavó en la pupila de un ojo; por suerte, no sufrió graves daños. Otra vez, jugaba en el dormitorio de su madre donde había un gabinete lleno de juguetes y de muñecos. Al estirar un brazo para tratar de abrirlo, ese pesado gabinete se le cayó encima. Pero afortunadamente ya tenía las puertas abiertas y eso le permitió salir ilesa.

Cuando Sofía tenía cinco años Juana volvió a dar a luz, esta vez otro varón, Federico. Dos años más tarde tuvo un cuarto hijo, también varón, que sólo vivió unas pocas semanas. Wilhelm, el supuesto heredero lisiado de los dominios de Anhalt-Zerbst, siguió preocupando a su madre, quien lo envió a beber las aguas de Aix-la-Chapelle, Karlsbad y Teplitz, centró su atención en él y en su hermano y descuidó a su hija.

Los huesos quebradizos parecieron azotar a la familia, pues a la edad de siete años, a la robusta Sofía se le desalineó la columna cuando un violento ataque de tos la hizo caer de costado, y durante semanas tuvo que guardar cama y soportar intensos dolores. La tos persistió, junto con dificultad para respirar, y cuando al cabo de casi un mes se le permitió a la pequeña levantarse, estaba tan torcida que parecía deformada; su hombro derecho estaba mucho más arriba que el izquierdo, y su columna tenía la forma de una letra zeta.

La primera reacción de Juana frente a este hecho fue el disgusto; ya se sentía suficientemente mortificada por tener un hijo tullido, de modo que una hija desfigurada era algo que realmente no necesitaba. Se ocultó el problema de Sofía a todos, salvo a Babette y algunos criados en los que se podía confiar. Nadie sabía qué hacer: las dislocaciones graves no eran algo fuera de lo común a comienzos del siglo XVIII -con frecuencia se infligían deliberadamente a prisioneros torturados-, pero el único hombre versado en tratarlas y que vivía cerca de Stettin también trabajaba como verdugo local, y Juana no quería que se supiera que lo había llamado para tratar a su hija.

Al final, en el mayor de los secretos, el verdugo ingresó sigilosamente en el castillo. Examinó a Sofía y dio sus recomendaciones: en primer lugar, que era preciso encontrar a una virgen joven que todas las mañanas debía untar con su saliva la espalda y el hombro de la princesa y, en segundo lugar, Sofía debía usar un aparato ortopédico en la espalda, una suerte de corsé rígido y torturante que la mantenía en determinada posición noche y día, y que no debía sacarse salvo para cambiarse la ropa interior.

Juana, quien invariablemente exhortaba a su hija a "sufrir pacientemente su enfermedad", se enojaba cuando Sofía gemía y se quejaba, e insistía en ese régimen de saliva y corsé. Y cuando, después de muchos meses, el verdugo permitió que se le sacara el corsé rígido, el torso de Sofía había vuelto a su posición normal.

Pero no bastaba ejercitarle los miembros; también era preciso controlarle con mucho cuidado su intelecto para que no creciera en la dirección equivocada. Babette Cardel comentó que Sofía tenía un "*esprit gauche*", un carácter algo excéntrico y sumamente individual. Era rebelde y "resistía toda resistencia", como ella misma lo escribió tiempo después, recordando cómo era a los cinco y seis años. Sofía tenía "la tendencia malsana de tomar en sentido contrario todo lo que se le decía", y a una edad en la que se esperaba que todos los chicos, y en especial las niñas pequeñas, fueran obedientes y sumisos, esa "tendencia malsana" representaba un desafío para sus maestras.

Además de Babette, que sabía cómo gobernar a la joven princesa con la razón y la suavidad, Sofía tenía una maestra de alemán, una profesora francesa de baile, un maestro de música y un profesor calvinista que le enseñaba caligrafía. A este profesor ella lo describió con desdén como "un viejo poco inteligente que fue un rematado idiota en su juventud", y al desventurado maestro de música, como "el pobre diablo de Roellig", y lo ridiculizaba por entrar en trance frente a la voz estruendosa de un cantante con registro de bajo que siempre lo acompañaba en las clases y que, según ella, "bramaba como un toro". Puesto que carecía de oído para la música, Sofía envidiaba a quienes sí lo tenían, pero no sentía ningún respeto por Roellig ni por los demás pedantes provincianos que la tenían a su cargo.

Sin embargo, Sofía tenía sentimientos más complicados para con Herr Wagner, quien le enseñaba religión -junto con conocimientos básicos de historia y geografía-. Herr Wagner era un pastor del ejército que consideraba su deber imprimir en la mente de esa princesa alegre y alocada nociones acerca de la seriedad de la vida, la maldad del mundo y el temor al infierno. Le regaló una inmensa Biblia alemana con cientos de versículos subrayados con tinta roja y le pidió que los memorizara. Hora tras hora ella permanecía sentada con el libro apoyado en las rodillas, repitiendo para sí frases acerca de las consecuencias del pecado y el poderoso escudo de Dios y el corazón como "engañoso sobre todas las cosas y desesperadamente malvado". Los mensajes con respecto a la gracia y la misericordia estaban mezclados en la mente de la pequeña con visiones de tormentos y de venganza divina y, de hecho, es bastante posible que la venganza del Señor se hubiera confundido con la venganza de Herr Wagner, pues cuando Sofía pronunciaba mal una palabra o no recordaba un versículo, él la castigaba con dureza y le transmitía tal desaprobación que no sólo la hacía sentir que había fracasado sino también que prácticamente no valía nada como persona.

La tragedia, el mal y el pecado eran los temas preferidos de Herr Wagner, quien se esforzaba por implantar en Sofía una fuerte sensación de pesimismo hacia la vida terrenal y un fuerte temor del Juicio Final, cuando serían castigados quienes no se habían ganado la misericordia de Dios. Sofía se tomaba muy en serio estas enseñanzas del pastor Wagner y en privado lloraba amargamente por sus defectos. Sin embargo, cuando se trataba de la lógica histórica y las enseñanzas del Génesis acerca de la creación del mundo, la curiosidad de la pequeña y su tendencia natural a la polémica le ganaban la partida a su religiosidad.

Discutía con su instructor "acaloradamente y con mucha obstinación" acerca de lo injusto que le parecía que Dios condenara a todos los que vivieron antes del nacimiento de Cristo. ¿Qué decir entonces de aquellos sabios filósofos de la antigüedad como Platón, Sócrates y Aristóteles, cuya sagacidad había sido apreciada durante varios milenios? Herr Wagner le citaba capítulos y versículos, pero Sofía seguía defendiendo a Aristóteles y Platón. Por último, el pastor recurrió a Babette y le exigió que le diera una buena paliza a Sofía para hacerle ver la verdad y obedecer a sus mayores.

Babette le explicó con suavidad a Sofía que no era apropiado que una chiquilla expresara una opinión contraria a una autoridad de más edad como Herr Wagner, y le dijo que debía aceptar su punto de vista. Pero no pasó mucho tiempo antes de que el maestro y su pupila chocaran nuevamente. Esta vez, Sofía quiso saber qué sucedía antes de la creación bíblica.

"El caos", anunció Herr Wagner con un tono que confiaba fuera definitivo. Pero Sofía preguntó entonces qué era el caos, y no quedó satisfecha con la respuesta de su maestro.

Exasperado al límite y sin duda furioso con Babette por haberse negado a castigar a la princesa recalcitrante, Herr Wagner se dio nuevamente por vencido y solicitó la presencia de la gobernanta, cuya intervención contribuyó a que reinara la paz, hasta que se planteó el siguiente punto de debate acerca de la palabra "circuncisión". Como es natural, Sofía quiso saber de qué se trataba y, por supuesto, Herr Wagner se mostró renuente a decírselo. Babette le dijo que dejara de hacer preguntas, aunque tuvo que hacer acopio de todo su arte para persuadir a esa criatura de que se resignara a la ignorancia, y Sofía se dio cuenta de que la situación le resultaba divertida a Babette.

Los exámenes de Herr Wagner producían casi tanto espanto como el Juicio Final. "Yo era sometida a un interrogatorio terrible y con hostigamiento", recordó Sofía años más tarde. Lo peor de todo era la obligación de tener que aprender de memoria lo que le parecía un número infinito de versículos de la Biblia, así como largos pasajes de poesía. Cuando tenía siete años y para ayudarla a concentrarse en lo que estaba aprendiendo, le quitaron todos sus juguetes y muñecas. (En realidad, ella no los extrañó demasiado; prefería los juegos duros y activos de los chicos y las muñecas no le gustaron nunca. En algunos momentos, para entretenerse jugaba con las manos o plegaba un pañuelo en formas divertidas.) "En mi opinión, no era humanamente posible que yo retuviera todo lo que debía memorizar", recordó años más tarde. "Además, no creo que valiera la pena semejante esfuerzo."

La tensión a que estaba sometida era grande y con el tiempo comenzó a desesperarse. Cuando llegó el otoño y los días se acortaron en la ciudad norteña de Stettin y las lúgubres campanas de la iglesia comenzaron a tañer en el crepúsculo, ella tomó la costumbre de esconderse detrás de los tapices y de llorar como si se le estuviera rompiendo el corazón. Las lágrimas eran por sus pecados y por los errores que cometía al recitar sus lecciones, y por el amor del que carecía. Babette la encontró en su escondite, la hizo confesar al menos parte de lo que la atribulaba y fue a quejarse al pastor. Le dijo que sus métodos estaban convirtiendo a Sofía en una criatura demasiado melancólica y asustada por el futuro, y le pidió que fuera menos severo con ella. Ni Babette ni ninguna otra persona tocó el problema más serio que hacía sufrir a Sofía: el hecho de saber que su madre no la amaba, y su resentimiento hacia el lisiado y mimado Wilhelm, quien, en su opinión, a menudo se merecía las cachetadas y los golpes que ella recibía.

Internamente, Sofía estaba sumida en la desesperación, pero exteriormente brillaba... cuando estaba en presencia de otros. Su desparpajo y su alegría, su tendencia innata a "parlotear con descaro y sin cesar" en compañía de los adultos y su sorprendente inteligencia se fundían para causar una fuerte impresión en los que no pertenecían a su círculo familiar. Se acostumbró a ser elogiada por su ingenio. Cuando su madre la llevó a Brunswick a visitar a su bisabuela la duquesa, a Sofía la convencieron de que recitara los largos trozos dramáticos que había memorizado y después la elogiaron y felicitaron tanto que ella llegó a considerarse una persona fuera de lo común. "Oía decir con tanta frecuencia que era inteligente, y que ya era una chica grande, que de hecho me lo creí." El rey Federico Guillermo, que había presenciado el primer indicio de la precocidad de Sofía a los cuatro años, siguió encontrándose con la pequeña a medida que crecía y prestaba atención a su progreso, preguntando por ella cada vez que estaba en Stettin o cuando Christian Augusto viajaba a Berlín.

Cuando la princesa tenía ocho años, Juana la llevó a Berlín por primera vez. Permanecieron allí varios meses, y Sofía fue a la Corte con un traje de larga cola, vestida como una dama en miniatura. Su columna ya no tenía forma de zeta, sus hombros estaban a la misma altura y ella mantenía con orgullo su cabeza en alto al atravesar los vestíbulos del palacio real que, en realidad, era mucho menos imponente que el de su bisabuela en Brunswick. El rey renovó su trato con ella y la reina la invitó a cenar junto con el príncipe heredero Federico, por ese entonces un joven de veinticinco años. Ambos quedaron fascinados con ella y Federico, quien al igual que Sofía poseía una notable inteligencia y una tendencia a cuestionarse todo, habría de recordarla muy bien.

El hecho de que su hija de ocho años la eclipsara le resultó molesto a Juana: en su comprensión limitada, las chicas tenían valor sólo en la medida en que eran hermosas o, al menos, razonablemente atractivas. En opinión de Juana, Sofía era fea y, por inteligente que fuera, era imposible esconder esa fealdad. Juana no difundía esa opinión fuera del círculo familiar, pero su sensible hija lo sabía. Además, Sofía crecía en un ambiente social en el que el valor de una mujer estaba determinado por su belleza. Todo el mundo sabía que las chiquillas feas terminaban siendo mujeres comunes y corrientes, y que las mujeres así nunca conseguían un marido. Languidecían en la casa de sus padres o en conventos, donde vivían en un lujo recoleto, sin tomar votos religiosos, pero alojándose con las monjas en sus propios departamentos bien equipados. Cada familia, incluyendo la de Sofía, tenía varias de esas mujeres infortunadas y superfluas, para quienes era imposible encontrar otro lugar que ese. Según Juana, Sofía corría el peligro de convertirse en una de ellas.

De inteligencia superior, amena, pero común y corriente: ese era el veredicto dictado acerca de Sofía de Anhalt-Zerbst. La chiquilla hizo lo que se esperaba de ella, observó el mundo a través de sus ojos grandes y luminosos, hizo infinidad de preguntas y aguardó a que le llegara su oportunidad para brillar.

Capítulo 2

A partir de los ocho años, Sofía pasaba cada vez menos tiempo en la remota Stettin y cada vez más tiempo en las cortes activas y vitales de Brunswick y Berlín. Juana pasaba todos los años tres o cuatro meses en la corte de su abuela y los largos inviernos del norte en Berlín, y llevaba a Sofía con ella.

Christian Augusto no objetaba que su esposa estuviera ausente durante varios meses. Ya tenía más de cincuenta años, mientras que ella tenía alrededor de veinticinco; la personalidad de cada uno era completamente distinta: él era serio y austero y gustaba de la soledad, mientras que ella era ingeniosa, vivaz y burlona y disfrutaba de estar rodeada de amistades que la admiraban. Juana -recordó su hija algunos años más tarde- era considerada la más inteligente de los dos, pero Christian Augusto "era un hombre recto y con un juicio sólido", conocedor de muchos temas debido al amor que sentía por la lectura. Él y Juana sin duda no podían haberse llevado muy bien. Christian Augusto comenzaba a envejecer, tenía mala circulación y no habría podido mantener el ritmo incesante de partidas de caza y de pelota y las caminatas que la sociedad de la Corte exigía.

De modo que Juana salía con Sofía y sus otros hijos, y ocupaba su lugar entre los notables no tan importantes que rodeaban al rey Federico Guillermo, y se decía que, aunque su marido era sólo un príncipe poco conocido, ella provenía de una familia fuertemente aliada a la realeza. Su bisabuelo era Federico III, rey de Dinamarca; su difunto padre, el príncipe obispo de Lübeck, y su primo Karl Federico estaba casado con Ana, la hija del emperador Pedro el Grande de Rusia. Karl Ulrich, el hijo de nueve años de Karl, era el heredero de los tronos de Suecia y Rusia. Karl Augusto, el difunto hermano de Juana, había estado comprometido con Isabel, la hija menor de Pedro el Grande, pero había muerto en vísperas de su boda.

Obviamente, las conexiones reales de Juana no le habían traído riqueza, y se había casado con alguien que estaba por debajo de su clase social. Ella era apenas la cuarta hija del príncipe, una de las menos destacadas de sus doce hijos y, al parecer, estaba enemistada con su propia madre por razones que la historia no registra. Sin embargo, confiaba en que a sus hijos les fuera mejor que a ella. Posiblemente porque no había tenido éxito en llegar demasiado lejos, Juana era muy ambiciosa con respecto a sus hijos. Si el atrevimiento y el orgullo lograban llevarlos al primer plano social, entonces ella no dudaría en utilizar esas herramientas. Consultó a varios médium y adivinos con la esperanza de descubrir qué le esperaba a cada uno de ellos, aunque cuando se trataba de la pequeña y sencilla Sofía, Juana estaba dispuesta a dudar de sus posibilidades, no importa cuál fuera el veredicto de cualquier supuesto visionario.

Entre los otros chicos en la corte de Brunswick estaba la princesa Mariana de Brunswick-Bevern, cuyas facciones atractivas poseían una promesa de belleza. A Juana le caía bien y la llenaba de elogios. Esa sí es una pequeña que algún día usará una corona, dijo, palabras más, palabras menos, con voz suficientemente alta como para que Sofía la oyera. También cerca se encontraba un monje clarividente, miembro del entorno del príncipe obispo de Corbie. El monje se apresuró a corregir la predicción de Juana y le dijo que no veía ninguna corona en el futuro de Mariana, pero que sí había tres coronas visibles sobre la cabeza de Sofía.

Sofía atesoró ese breve triunfo y lo relacionó con otra información que le había llegado de labios de Bolhagen, mentor y amigo de su padre, que había vivido cerca de la familia desde antes de que ella naciera y pasado mucho tiempo con los chicos. En una oportunidad en que Bolhagen leía el periódico les habló de una noticia aparecida allí relativa al futuro matrimonio de la princesa Augusta de Saxe-Gotha con el hijo mayor del rey Jorge II de Inglaterra. "Bueno, bueno", señaló, "la princesa Augusta no fue tan bien educada como la nuestra; no es nada linda y, sin embargo, está destinada a convertirse en reina de Inglaterra. ¿Quién sabe en qué se convertirá nuestra princesa?"

En las cortes extranjeras había mucha demanda por las princesas alemanas. Parecía haber una provisión inagotable de ellas, y si no llevaban consigo abultadas dotes, al menos sus padres eran demasiado poco importantes como para mostrarse difíciles de negociar con posibles candidatos. Muchas casas reinantes europeas enviaban representantes a las cortes alemanas para examinar personalmente a sus princesas y pedir retratos de ellas a fin de llevarlas de vuelta a su país.

Primero con cierta reticencia, Juana comenzó a comprender que Sofía podía tener un valor interesante en este mercado matrimonial; un valor menor, seguramente, pero valor al fin. A medida que Sofía crecía se volvió menos fea y su habilidad para aprender y discutir ideas aumentó de manera espectacular. Muchas personas admiraban la originalidad de su manera de pensar y felicitaron a Juana por la personalidad atractiva de Sofía. Juana siguió siendo escéptica con respecto al futuro de su hija, pero procuró que Sofía se rodeara de las amistades apropiadas y permaneciera dentro del círculo de familiares de la familia real prusiana... por si acaso.

A Juana le encantaba Berlín y se sentía más feliz cuando residía allí. Berlín, una ciudad pequeña con calles anchas y muchas casas espléndidas -algunas de ellas construidas por el rey en persona, quien tenía la costumbre de demoler los edificios pequeños para que en su lugar se erigieran mejores construcciones a sus expensas-, estaba dominada por su población militar. Alrededor de veinte mil soldados se encontraban acuartelados en las casas de los habitantes; una de cada cinco personas con la que uno se tropezaba en la calle era un soldado. Entre campañas, en especial durante el invierno, estos hombres estaban casi siempre ociosos y libres para asistir a fiestas y bailes de disfraces. Juana, bonita y libre de su marido, era un adorno atractivo en esas reuniones.

Sin embargo, cuando los bailes terminaban, Juana debía retomar sus responsabilidades. Como siempre, su principal preocupación era la mala salud de su hijo mayor Wilhelm. Su pierna le colgaba, inútil, y era preciso transportarlo a todas partes. Si hemos de confiar en lo que relata Sofía en sus memorias, tenía un carácter irritable si no salvaje. Juana le revoloteaba alrededor, consultaba a cada médico que conocía y acompañaba a su hijo a bañarse en aguas termales. Comenzó a preocuparse también por su hijo menor Federico y a considerarlo cada vez más valioso a medida que Wilhelm decaía.

La vibrante buena salud de Sofía debe de haberles parecido casi una afrenta a sus hermanos menos sanos. Ella se divertía comprobando con cuánta velocidad era capaz de subir y bajar corriendo por escaleras empinadas y participando en juegos de varones. Por la noche la acostaban bastante temprano, pero ella, sin sueño y llena de energía, simulaba dormir y después, cuando la dejaban sola, se levantaba de un salto, apilaba las almohadas como si fueran una montura y galopaba sobre ellas hasta quedar exhausta.

Cuando llevaba a Wilhelm a consultar a distintos médicos y a bañarse en el manantial de aguas termales, Juana se detuvo a visitar a varios familiares y parientes políticos. Su tía María Isabel era abadesa del convento protestante de Quedlinburg, donde su propia hermana mayor Hedwig era preboste. Las dos mujeres, tía y sobrina, reñían sin cesar, y a veces llegaban a no verse durante años, aunque ocuparan el mismo grupo de edificios y caminaran por el mismo terreno. Juana se esforzaba por que hubiera paz entre las dos y en ocasiones tenía éxito, pero las reconciliaciones eran invariablemente breves; era obvio que la enemistad que ligaba a María Isabel y Hedwig daba sentido a sus vidas y que ninguna de las dos estaba dispuesta a renunciar a ella.

Hedwig era baja y gorda y muy aficionada a los animales. Aunque en el convento su habitación era pequeña, tenía allí dieciséis perros dogos falderos. Muchos de ellos tenían cachorros y todos dormían, comían y hacían sus necesidades en ese cuarto pequeño. Hedwig tenía una joven sirvienta que se ocupaba solamente de limpiar los desechos de los perros. Esa tarea le llevaba desde el amanecer hasta el anochecer, pero a pesar de sus esfuerzos, la habitación hedía como una perrera y, para incrementar aun más ese olor Hedwig tenía muchos papagayos que volaban de una viga a otra chirriando y chillando, y enloquecían a los visitantes. Cada vez que Hedwig salía en su carruaje, por lo menos uno de los papagayos y media docena de perros iban con ella; los perros la acompañaban incluso a la iglesia.

A otra tía soltera de Sofía, la hermana de su padre, Sofía Cristina, también le encantaban los animales, pero su vida era más armónica. Tenía más de cincuenta años cuando la pequeña Sofía la conoció, muy alta y flaca, pero orgullosa de su descarnada figura, probablemente para compensar su rostro poco agraciado. Le contó a su sobrina que de chica había sido hermosa, pero que un accidente trágico la había desfigurado para siempre cuando una pequeña capa que usaba se prendió fuego y le quemó la parte inferior de la cara. Las cicatrices que le quedaron eran horrorosas y pusieron fin a sus esperanzas de lograr un buen matrimonio.

Precisamente por haber quedado deformada, la tía Sofía Cristina adoptaba aves heridas y lesionadas y las cuidaba hasta que se curaban. La joven Sofía describió más tarde el zoológico alado de su tía, tal cual lo recordaba: un tordo con una sola pata, una alondra con un ala rota, un jilguero tuerto, un pollo atacado por un gallo, con mitad de la cabeza comida, un ruiseñor con un lado paralizado, un loro sin patas que se posaba sobre la panza y muchos otros pájaros parecidos, todos los cuales se desplazaban libremente por la habitación. El espíritu compasivo de Sofía Cristina no impresionó tanto a su sobrina como su furia cuando la joven Sofía dejó abierta una de las ventanas y la mitad de los pájaros escaparon.

Sofía debe de haber pensado que era inevitable que las viejas solteronas cayeran en la excentricidad. Sin un marido al que obedecer, hijos que las preocuparan o parientes políticos que aplacar, se dedicaban a los animales o a peleas por asuntos triviales. O a la superstición.

Una de las asistentes de Juana era *fräulein* Kayn, una mujer entrada en años que creía en fantasmas y aseguraba verlos seguido. ("Yo tengo el don de la clarividencia", le dijo a Sofía.) Una noche, cuando Sofía tenía once años, compartió el dormitorio con *fräulein* Kayn en un viaje a Brunswick con su madre. La habitación tenía dos camas. Sofía se fue a acostar en la suya pero despertó en mitad de la noche al sentir que alguien se metía en la cama junto a ella. Abrió los ojos y, a la débil luz de una vela, vio que *fräulein* Kayn estaba en la cama con ella. Le preguntó por qué.

Con dificultad, pues temblaba de miedo y le costaba hablar, la mujer mayor le susurró:

–¡Por el amor de Dios, déjame en paz y duérmete!

Sofía insistió y la presionó para que le explicara por qué había abandonado su propia cama.

–¿No ves lo que está pasando en el cuarto y lo que hay sobre la mesa? –dijo *fräulein* Kayn y se tapó la cara con las cobijas.

Sofía paseó la vista por la habitación, pero no pudo oír ni ver nada raro, sólo dos camas, una pequeña mesa con una vela, y un jarro y una palangana. Le dijo a *fräulein* Kayn lo que veía y logró calmarla un poco. Pero ya ninguna de las dos pudo conciliar el sueño y luego la temerosa *fräulein* se levantó de la cama y se acercó a la puerta para comprobar si estaba cerrada con llave. Sofía consiguió dormirse de nuevo, pero su compañera permaneció insomne; a la mañana siguiente se notó que no había pegado ojo en toda la noche y que era presa de una intensa ansiedad. Una vez más Sofía la interrogó, pero *fräulein* Kayn no le contestó.

–No puedo decirlo –murmuró ominosamente, y no quiso que la siguiera presionando. Pero a Sofía le resultó claro que la mujer había tenido contacto con lo oculto.

Fräulein Kayn con frecuencia asustaba a Juana al hablar de apariciones, "damas de blanco" y otros seres del más allá, y Sofía no pudo evitar verse afectada por esos relatos y por los cuentos populares sobre brujas, duendes y espíritus repetidos sin cesar y que ella alcanzó a oír. Pero, contrarrestando ese clima general de superstición estaba el bastión de la razón, comandado por Babette Cardel. Babette llevaba cada una de esas creencias a la luz y las examinaba a fondo.

"Esto no es sentido común", decía Babette cada vez que oía algo descabellado. También Sofía llegó a reverenciar el sentido común y escuchaba con interés cuando Monsieur de Mauclerc, el amigo de Babette, venía de visita y los dos cambiaban ideas acerca del sensato enfoque inglés con respecto a la ley, la religión y el gobierno. Monsieur de Mauclerc estaba empeñado en editar una historia de Inglaterra escrita por su suegro, y el hecho de escucharlo hablar con Babette hizo que Sofía conociera los conceptos de igualdad social, representación popular y reforma política, al tiempo que aprendía a burlarse de la credulidad y a valorar los debates rigurosos.

A los siete años, Sofía fue llevada a Eutin, en el estado ducal de Holstein, para que conociera a su primo segundo Karl Ulrich, el jovencito prometedor, heredero de dos tronos, que acababa de convertirse en objeto de gran excitación en la familia. Karl Federico, el padre de Karl Ulrich y primo de Juana, acababa de morir y su hijo había heredado su título ducal y su derecho al trono de Suecia. Y puesto que, gracias a su difunta madre, el muchachito era también nieto de Pedro el Grande, tenía también derecho al trono de Rusia, una posición débilmente ocupada por su parienta anciana y sin hijos, la emperatriz Ana Ivanovna, prima de su madre.

Karl Ulrich tenía un año más que Sofía y era un chiquillo pálido, delgado y de aspecto delicado, capaz de mostrarse muy agradable cuando se lo proponía. Adolfo, el hermano de Juana, tenía a su cargo cuidar de él y guiar su educación, y una serie de miembros de la familia se congregaron para presenciar la ceremonia de investidura de los honores ducales y para tratar de sacar algún provecho de sus planes. Albertina, la matriarca de la familia Holstein y madre de Juana, estaba presente, junto con Ana, la tía de Sofía y su tío Augusto.

Sofía había sido llevada a Eutin con una expresa finalidad casamentera. Tomando en cuenta el papel que Karl Ulrich parecía destinado a jugar en la escena mundial, muy pronto sería preciso elegirle esposa, y una esposa que formara parte de sus relaciones más cercanas, alguien que él ya conociera y con quien se sintiera cómodo, sería una elección adecuada. A Sofía no le dijeron directamente que debía tratar de complacer a su primo, pero tanto sus tíos y tías como el chambelán de Karl Ulrich, un sueco de nombre Brümer, sugirieron indirectamente que un compromiso entre ellos sería muy bien visto por la familia.

La primera impresión que Sofía tuvo de Karl Ulrich fue que era bien parecido y cortés. Le gustaba la idea de que, si se casaba con él, sería la reina de Suecia y, aunque él le prestaba mucha más atención a su madre que a ella, eso no la molestó. Posiblemente recordó la predicción de aquel monje adivino y pensó que el matrimonio con ese muchachito pálido no haría más que cumplirla. En cuanto a la respuesta de Karl Ulrich a Sofía, se limitó a una reacción abrumadora: envidiaba su libertad.

Era obvio que el joven duque se sentía desdichado. Rodeado de aduladores, estaba sofocado por cuidadores y pedagogos que lo vigilaban día y noche. El control permanente y las restricciones lo enfurecían y muy pronto sus familiares de visita comprendieron que debajo de sus modales perfectos se ocultaba un carácter irritable.

Su crianza había sido poco natural. Su madre falleció cuando él tenía apenas dos meses de vida y su padre, un hombre enfermo y más bien débil, no le dio a su hijo mucho más que su título y su apego a Holstein. Desde su infancia, el chiquillo había sido el centro de una familia ilustre y numerosa; aunque sometido a miles de restricciones, fue mimado y consentido, y nadie puso freno a su carácter irascible y obstinado Hacía lo que se le antojaba y decía lo que pensaba. No le faltaba inteligencia, pero su conducta era tan incorregible que sus maestros no conseguían enseñarle nada. Detestaba a la mayoría de los hombres que lo tenían a su cargo, en especial cuando trataban de impedirle que disfrutara del vino durante las comidas. Con demasiada frecuencia se excedía en la bebida y después casi no podía levantarse de la mesa. Sofía tuvo la impresión de que, de todos los que lo rodeaban, él sólo le demostraba afecto a dos personas. Esas personas eran sus ayudas de cámara, un livonio llamado Cramer y un tosco sueco llamado Roumberg, un ex soldado con quien compartía juegos militares.

Sofía salió de su encuentro con Karl Ulrich convencida de que todos esperaban que ella se casara con él. También se acercaron a ella otros príncipes candidatos al matrimonio, entre ellos el príncipe Enrique, el inteligente y promisorio hermano del rey Federico, para indicar su interés en Sofía. A los doce años ella ya era físicamente madura -"más grande y más desarrollada de lo que se suele ser a esa edad", como comentó en sus memorias- y apta para el matrimonio.

Otro primo lejano, Wilhelm de Saxe-Gotha, entró furtivamente en su vida. Era rengo pero atento; se sentaba junto a ella en la iglesia, la fastidiaba con su conversación y finalmente declaró su interés en casarse con ella. Pero Christian Augusto no estuvo de acuerdo y le sugirió que, en cambio, se casara con Ana, la hermana de Juana. Al parecer, Wilhelm no era demasiado selectivo porque con mucho gusto se casó con Ana, de treinta y seis años, y los dos desaparecieron por completo en la oscuridad.

En el año en que Sofía cumplió trece, Christian Augusto tuvo una hemiplejía que dejó transitoriamente paralizado su lado izquierdo. Se recuperó y pudo volver al servicio militar y a gobernar, pero el derrame cerebral representó un recordatorio de la mortalidad y una fuente grande de preocupación para Juana, quien una vez más estaba embarazada y sentía más inquietud que nunca por la salud de su hijo mayor.

Wilhelm se debilitaba cada vez más. Los médicos, los remedios, y los baños termales ya no servían para nada. Yacía en su lecho, afiebrado y sin fuerzas, mientras su desesperada madre no se apartaba de su lado. Wilhelm había sido su tesoro más amado desde su nacimiento, y todos los integrantes de la familia lo sabían. Y ahora, su vida comenzaba a marchitarse. Cuando murió, Juana estaba inconsolable. Todos sus parientes, inclusive la anciana Albertina, fueron a acompañarla en su dolor, pero la muerte de su hijo dejó en su corazón un hueco que nadie podría llenar jamás.

El príncipe reinante de Anhalt-Zerbst murió y Christian Augusto y su hermano Ludwig heredaron el reinado conjunto de ese pequeño principado. Federico (o Fritz), Christian Augusto y el segundo hijo de Juana fueron sus herederos. También Sofía heredó una propiedad en Jefer, en la costa del Mar del Norte.

Christian Augusto renunció a sus tareas militares y se mudó con su familia a Zerbst, una pintoresca ciudad medieval amurallada con calles oscuras y sinuosas, casas antiguas y estrechas y un palacio encantador. Juana todavía lloraba la muerte de su hijo, pero recibió cierto consuelo en su dolor. Había mantenido su ambición, y ahora ella y Christian Augusto tenían sus propios dominios en miniatura, y una tropa de guardias y súbditos que hacían una reverencia cuando la carroza del príncipe y la princesa pasaba frente a ellos. No importaba que Anhalt-Zerbst fuera tan pequeña que un jinete veloz la pudiera atravesar en un solo día; era, aunque con cierta modestia, un poder soberano, y dentro de sus confines Juana era la dama de más autoridad.

Cuando Sofía cumplió catorce años, la familia viajó a Jever, y allí Sofía conoció a una mujer que habría de recordar toda su vida.

La condesa de Bentinck tenía treinta años cuando Sofía la conoció, era una mujer robusta y masculina, fea de cara, cordial y de exuberantes atributos físicos. Era inteligente, sabía mucho y parecía no darle importancia a la respetabilidad. Casada con el conde de Bentinck, quien brillaba por su ausencia, vivía en la casa de su madre con otra mujer que probablemente era su amante. También tenía un hijo de tres años cuyo padre, según descubrió Sofía, era uno de los criados de su propia madre.

Pero lo que más la atrajo de la condesa fueron su espontaneidad y su franqueza, así como su forma de vida, que a Sofía le pareció fascinante. Con un desenfreno casi infantil tomó a Sofía de la mano y la arrastró a un baile de campesinos, donde la pareja danzó de manera tan sensual que una multitud se congregó para observarlas. Andaba muy bien a caballo -"como un correo", pensó Sofía-, galopando sola y a toda velocidad, como Sofía no había visto hacerlo a ninguna mujer antes. Y la condesa logró persuadir a Christian Augusto de que le permitiera llevar también a Sofía a cabalgar en los terrenos de la propiedad. "Ella le dio un nuevo impulso a mi vivacidad natural", recordó después Sofía.

Para Sofía, las horas pasadas en la compañía agotadora de la condesa eran un verdadero regocijo. "A partir de ese momento", recordó muchos años después, "cabalgar se transformó en mi gran pasión y siguió siéndolo por muchos años." El hecho de que sus padres, en especial Christian Augusto, se sintieran desconcertados por la conducta de esa condesa atrevida no hizo más que aumentar la fascinación de Sofía, quien siguió ingeniándose para encontrar la manera de visitarla durante varios días, arriesgándose cada vez a recibir un castigo severo. La condesa la llevó a sus aposentos privados. Sobre una pared había un retrato de un hombre muy apuesto, que la condesa identificó como su marido.

"Si no hubiera sido mi marido", le contó a Sofía con tono de confidencia, "yo me habría enamorado locamente de él."

Christian Augusto y Juana abandonaron Jever antes de lo previsto, en gran medida para separar a Sofía de su nueva amiga. Pero el encanto y la fascinación de la condesa habían causado en Sofía un impacto duradero. Durante las semanas que siguieron, Sofía se regodeó con el recuerdo de esa mujer de espíritu libre que hacía lo que le gustaba y no temía la desaprobación de los demás. La condesa de Bentinck había demolido las expectativas de la gente. Estaba casada, a pesar de lo cual era independiente de su marido. Se acostaba con sus criados y tenía relaciones íntimas con otra mujer. Su forma de hablar era tan libre como sus actos y, más importante aún, parecía sentirse muy cómoda consigo misma y con sus elecciones. En resumidas cuentas –pensó Sofía–, la condesa de Bentinck tenía una vida única y envidiable.

"Esa mujer logró hacerse oír en el mundo", recordó Sofía. "Creo que si hubiera sido un hombre, habría sido un hombre excepcional." Sofía, una muchachita excepcional y en quien la condesa reconoció un alma gemela, debió de empezar a pensar, durante esos pocos días en Jever, que también ella podía transformarse en una mujer excepcional, una mujer que podía hacerse oír en el mundo.

Capítulo 3

A los catorce años, Sofía era una muchacha delgada y vital, con cintura esbelta y curvas femeninas. Era seria y decidida y, al mismo tiempo, obsequiosa. Sus facciones no tenían nada de bonitas: la nariz era demasiado larga y demasiado ancha abajo, el mentón era pronunciado, la boca era estrecha y siempre tenía los labios apretados, como para demostrar que era inalcanzable. Los ojos eran grandes, y el izquierdo, extrañamente, no estaba alineado con el derecho, pero en ellos había algo feroz; la mirada era penetrante y ponía incómoda a la gente. Era una jovencita mucho más desafiante que modesta, aunque estaba aprendiendo a ocultar sus sentimientos y mantener sus opiniones para sí misma cuando fuera necesario.

Una de las damas de compañía de Juana, la baronesa von Prinzen, conocía bien a Sofía y la describía como "una personalidad seria, calculadora y fría". Su inteligencia y su cautela eran indiscutibles. Tal vez sí era calculadora, pero de ninguna manera fría. En esto se equivocó la baronesa. Sofía tenía un corazón sensible y estaba a punto de despertar al éxtasis del enamoramiento.

Toda la familia de Juana se reunía en Hamburgo para celebrar un acontecimiento importante: Adolfo, el hermano de Juana, el príncipe obispo de Lübeck, estaba a punto de convertirse en Rey de Suecia.

La emperatriz Ana Ivanovna de Rusia había fallecido y, después de un breve intervalo de caos, el trono pasó a manos de su prima Isabel, la hija menor de Pedro el Grande y en otro tiempo cuñada de Juana y sus hermanos. La nueva emperatriz tenía un fuerte vínculo con el clan Holstein-Gottorp, al que habría ingresado -gracias a su matrimonio- si no fuera por la muerte prematura de su novio. Recientemente había decidido nombrar heredero suyo a Karl Ulrich, el hijo de su hermana y primo de Sofía. Y, puesto que eso significaba que él renunciaría a la sucesión sueca, Isabel decidió extender otro punto a favor de la familia Holstein-Gottorp nombrando a Adolfo rey de Suecia.

Las ceremonias de Hamburgo fueron imponentes. Miembros de los estados suecos llegaron para saludar a Adolfo y escoltarlo a su corte del otro lado del Báltico, y ellos y sus muchos acompañantes fueron entretenidos con bailes y fiestas a lo largo de varias semanas. Senadores suecos, enviados de cortes extranjeras, diplomáticos y otras personas notables se mezclaron en una ronda interminable de eventos sociales. A esas festividades asistía Georg, el hermano menor de Juana, un oficial de caballería, apuesto y con una personalidad efervescente y comunicativa no muy diferente de la de Sofía. Aunque carecía de esa veta reflexiva de su sobrina y no era un intelectual, era un compañero alegre y de hermosos ojos, tan apuesto -y, a los veinticuatro años, tanto más mundano que ella- que cautivó por completo a Sofía.

Tío y sobrina pasaban mucho tiempo juntos. Georg iba al cuarto de Sofía para hablar con ella, mortificarla y, secretamente, seducirla. Interfería sus clases, para irritación y alarma de Babette Cardel. Se volvieron inseparables y Juana, que en otras circunstancias podría haberlo objetado, estaba feliz de permitir que su hermano preferido cautivara a su hija. Ella veía lo que estaba sucediendo y sabía que Georg se estaba interesando realmente en Sofía, no sólo como una brillante y joven pariente sino como posible esposa.

Juana no había perdido las esperanzas de que Sofía se casara con Karl Ulrich, ahora gran duque, y esa esperanza se afianzó cuando, en dos ocasiones, emisarios de la corte de la emperatriz Isabel le pidieron un retrato de Sofía para llevárselo a Rusia. Era claro que la emperatriz tomaba en cuenta a Sofía, junto con otras muchachas apropiadas, como candidata para convertirse en gran duquesa de Rusia. Pero ahora que Karl Ulrich se había transformado en un personaje tan eminente, Juana ya no podía suponer que las posibilidades de Sofía de casarse con él eran buenas; la emperatriz podía decidirse por una jovencita de una posición social más elevada. Por esa razón ella no podía darse el lujo de descuidar las otras oportunidades que se presentaban para casar a Sofía. Los matrimonios entre tío y sobrina no eran algo fuera de lo común y la Iglesia Luterana a veces los permitía.

Además, si Sofía se casaba con Georg, Juana tendría una preocupación menos. Todavía lloraba la pérdida de su hijo mayor y tenía que ocuparse de un nuevo vástago, una bebita a la que llamó Isabel en honor de la benefactora imperial de la familia en Rusia. La salud precaria de Christian Augusto era un motivo permanente de angustia y ella misma había comenzado a padecer dolor de estómago. Así que dejó que el flirteo continuara.

Sofía debió de haberse sentido halagada por las atenciones de su tío, además de disfrutar de su compañía. Y esas atenciones no eran las únicas que recibía en Hamburgo. Un integrante del grupo de distinguidos suecos que habían venido a escoltar al nuevo rey a su reino, el conde Gyllenburg, elogió a Sofía sin retaceos. Quedó impresionado con lo culta que era, con su capacidad para hablar de filosofía, exponer ideas políticas y poder discutir con ellos sin la timidez que él esperaba en una princesa tan protegida. Observó la forma en que Juana desdeñaba a Sofía y la regañaba. Le dijo que su hija era muy precoz, que poseía una formación sorprendente considerando su edad y que hacía muy mal en menospreciarla.

Encantada con los elogios del conde Gyllenburg y, quizá, saboreando ese reproche a su madre negligente, Sofía siguió disfrutando de la compañía de su tío. "Éramos inseparables", escribió más tarde. "Yo lo tomé como una amistad."

Pero para el tío Georg fue más bien amor, y él exhibía todos los signos de estar enamorado. Le seguía los pasos a Sofía y la vigilaba. Cada momento lejos de ella era una tortura para él. Cuando finalizaron las ceremonias en Hamburgo y Juana y Sofía partieron hacia Brunswick, Georg quedó desolado, sabiendo que allí vería menos a Sofía. Se lo dijo, y ella le preguntó por qué.

-Porque provocaría murmuraciones que es mejor evitar -respondió él.

-Pero, ¿por qué? -preguntó Sofía, que no se había dado cuenta de que la amistad con su tío podía ser mal interpretada por otros. Él no le contestó, pero cuando llegaron a Brunswick y ya no tenía tantas oportunidades para pasar tiempo con ella, se desesperó. Sofía notó que ya no era el mismo, que estaba malhumorado y distraído y muy enfadado. Cierta noche, él enfrentó a Sofía en la habitación de la madre de ella y se quejó amargamente por su destino y su sufrimiento. Otra vez le confesó que lo que más lo exasperaba era el hecho de ser su tío.

Sofía quedó estupefacta al oírlo y enseguida le preguntó por qué, ¿qué había hecho ella? ¿Él estaba enojado con ella?

-Todo lo contrario -respondió él-. La razón es que te amo demasiado.

Cuando ella trató de agradecerle ese afecto, él la interrumpió con irritación.

-Eres una criatura, ¡es imposible que lo entiendas! -gritó él, y Sofía, desconcertada, insistió en que le dijera qué quería decir con esas palabras y por qué estaba tan angustiado.

-De acuerdo, entonces. ¿La amistad que sientes por mí es suficientemente grande como para proporcionarme el consuelo que necesito?

Ella le aseguró que sí.

-Entonces prométeme que te casarás conmigo.

Sofía quedó atónita. Jamás imaginó que su tío estuviera enamorado de ella.

-No puedes decirlo en serio -logró decir-. Eres mi tío, ni mi padre ni mi madre permitirían que nos casáramos.

-Tampoco querrías hacerlo tú -dijo él, de mal talante. Justo en ese momento llamaron a Sofía y la sorprendente conversación llegó a su fin.

Pero Georg la reanudó tan pronto como pudo. Su cortejo cobró una nueva urgencia y presionó a Sofía para que lo aceptara, diciéndole con apasionamiento cuánto la amaba y deseaba que fuera suya. Ella ya se había recobrado de su azoramiento inicial por la declaración de Georg y comenzaba a acostumbrarse a la idea de ser su esposa. Georg era un hombre excepcionalmente bien parecido, cada uno se sentía cómodo con el otro, él conocía y aceptaba sus momentos de mal humor y a ella le fascinaba sentirse mirada con tanto amor. "Georg comenzó a complacerme y yo no me alejé de él", recordó Sofía en sus memorias. Aceptó casarse con él siempre y cuando sus padres no se opusieran.

Tan pronto ella prometió desposarlo, Georg dio rienda suelta a su pasión. Estaba siempre al acecho de Sofía, le robaba besos cuando y donde podía y arreglaba todo para que pudieran estar juntos y a solas, no dormía y se olvidaba de comer, tan grande era su obsesión por Sofía. A ella la desconcertaban sus suspiros y bufidos, y con el tiempo él perdió su buen humor y se volvió molesto. Y, por razones que sólo él conocía, olvidó pedirle a Christian Augusto la mano de su hija. Tal vez su única meta había sido seducirla o, quizá, deseaba casarse con ella pero temía que Sofía fuera todavía demasiado joven. Posiblemente lo preocupaba la posibilidad de ser rechazado en favor del príncipe Enrique o, incluso, Karl Ulrich. Llegó el momento en que Juana debía abandonar Brunswick y Georg le hizo prometer a Sofía que nunca lo olvidaría. Sin duda ella esperaba volver a verlo poco tiempo después.

Pero, algunos meses más tarde, en la primera semana de enero de 1744, las posibilidades de Georg quedaron en la nada.

Un mensajero procedente de Berlín entró al galope en el patio del palacio de Anhalt-Zerbst con un paquete de cartas para Juana. Como esto era un hecho muy poco usual, todos los integrantes de la familia, que en ese momento estaban cenando, sintieron curiosidad y Juana le pidió al criado que le llevara enseguida las cartas. Las abrió allí mismo y Sofía, sentada junto a ella, trató de leerlas por sobre el hombro de su madre. Reconoció la escritura del tutor de Karl Ulrich, Otto von Brümmer, y las palabras "la princesa, su hija mayor". Una muchachita menos despierta que Sofía enseguida se habría dado cuenta de que las cartas tenían que ver con su compromiso con Karl Ulrich, pero Juana no quiso revelar su contenido.

Durante tres días nada se dijo al respecto. Por último, Sofía enfrentó a su madre.

–Te noto muy ansiosa, mueres de curiosidad –dijo Juana.

–¡Sí! Pero adivino qué dicen esas cartas.

–Dímelo, entonces. ¿Qué dicen?

En lugar de decir directamente lo que creía saber, Sofía recurrió a una suerte de juego.

–Haré una predicción –anunció, imitando a una mujer que las dos conocían y que alegaba ser capaz de adivinar el nombre del amado de una mujer por las letras del nombre de ella.

–Veamos qué es lo que adivinas.

Sofía se alejó e ideó un acróstico elaborado utilizando las letras de su propio nombre. Profetizaba que ella se casaría con Karl Ulrich, quien, al ser bautizado en la Iglesia Ortodoxa, había adoptado el nuevo nombre de Pedro.

Juana se quedó mirando a su hija, sorprendida, y luego se echó a reír.

–Eres una pícara, pero no averiguarás nada más.

Tiempo después Juana explicó que, aunque Sofía había adivinado correctamente que había tratativas acerca de la posibilidad de un compromiso, ella y Christian Augusto no estaban muy seguros al respecto. El conde Brümmer había invitado a Juana y a Sofía a viajar a San Petersburgo, un viaje arduo y peligroso de mil seiscientos kilómetros. No había ninguna garantía. Si Sofía no le caía bien a la emperatriz, la mandarían de vuelta a casa. Según Christian Augusto, ese viaje tenía demasiados riesgos. Los padres de Sofía se mostraban reacios a enviar a su hija a pasar el resto de su vida en una corte demasiado distante y, de hecho, se disponían a escribir a Brümmer para decirle qué decisión habían tomado, cuando Sofía exigió saber lo que decían esas cartas.

–¿Qué opinas? –le preguntó Juana.

–Puesto que no los complace a ustedes, no sería aconsejable que yo lo deseara.

–Por lo visto, la idea no te repugna.

No era repugnante: era excitante. Sofía tenía ambiciones y no había olvidado la predicción de que algún día se ceñiría tres coronas. Sin embargo, ahora que se enfrentaba al proyecto de viajar realmente a Rusia, eso la asustaba un poco. Al comprender que si aceptaba casarse con su primo tal vez nunca volvería a ver a sus padres, Sofía se echó a llorar. Estaba muy unida a su padre y no podía soportar la idea de estar separada de él. Christian Augusto se unió a la conversación, besó a Sofía y le dijo que él no insistiría en que ella fuera a Rusia. Dijo que Juana debería ir sola para agradecerle personalmente a la emperatriz Isabel todo lo que había hecho por la familia Hostein-Gottorp. Si Sofía deseaba acompañarla, podía hacerlo, pero no estaría obligada a quedarse y casarse con Karl Ulrich o, más bien, el Gran Duque Pedro, como se llamaba ahora. Ella podía volver a su casa, donde siempre sería bienvenida.

"Yo lloré como una Magdalena", escribió Sofía en sus memorias al recordar esa conversación. "Fue uno de los momentos más emocionantes de mi vida. Sentí mil cosas diferentes al mismo tiempo: gratitud por la bondad de mi padre, miedo de contrariarlo, de quebrar la costumbre de obediencia ciega a él, el tierno afecto que siempre sentí por él, el respeto que se merecía... realmente, ningún hombre tuvo más méritos, una virtud de increíble pureza guiaba sus pasos."

En los días que siguieron Sofía consiguió resolver sus sentimientos contradictorios y persuadió a sus padres de que le permitieran aceptar la invitación del conde Brümmer. Sin duda las ambiciones de Juana para su familia y su hija se reafirmaron y todos, incluso Christian Augusto, deben de haberse sentido sobrecogidos por el gran honor que llamaba a Sofía desde lejos. El tío Adolfo era rey de Suecia, pero a Sofía la invitaban a ocupar un lugar más elevado en una corte mucho más importante. A Juana la preocupaba la idea de cómo afectaría esa decisión a su hermano favorito. ("¿Qué dirá mi hermano Georg?", le preguntó a Sofía. "Él no podrá hacer otra cosa que desearme suerte y felicidad", fue la respuesta cortante de Sofía.)

Los baúles se llenaron deprisa y se ultimaron los preparativos. El guardarropa de Sofía era modesto: tres trajes más bien sencillos, ninguno de los cuales estaba elaborado con el estilo requerido por la etiqueta de la corte rusa, algunos cambios de ropa interior, una docena de pañuelos y seis pares de medias. Aunque sus padres habrían deseado vestirla de manera suntuosa, no había tiempo para mandar a hacer nuevos vestidos y enaguas. Y, además, en su carta el conde Brümmer había insistido en que Juana y Sofía viajaran de incógnito y mantuvieran en secreto la finalidad del viaje y su destino. Si se hubieran hecho grandes preparativos, con nueva indumentaria y otras galas, los criados adivinarían lo que estaba sucediendo y el secreto dejaría de ser tal. Sofía debía conformarse con comprar un nuevo par de guantes. Además, su tío paterno Juan le regaló un corte de un precioso brocado color azul y plateado tejido en Zerbst, con el que más adelante se mandaría a hacer un vestido.

Sofía fue a ver a Babette Cardel para despedirse y le dijo lo mismo que a todos los sirvientes y el personal del palacio: que se iba a Berlín. Tuvo que disimular la pena que sintió por alejarse de ella porque era esencial ocultar su verdadero destino, incluso a su amada gobernanta. Babette presintió que había en ese viaje más de lo que Sofía admitía -era también el rumor que corría entre la servidumbre- y le exigió que le dijera la verdad. Pero lo único que Sofía le dijo fue que había jurado mantenerlo en secreto y, por lo tanto, no podía revelarle nada. Babette enfureció. ¿Acaso no le habían dicho siempre, de muchas maneras, que ella era una suerte de madre sustituta de Sofía? ¿La persona que le formaba la mente y la ayudaba a moldear sus pensamientos, la única que la conocía mejor y con quien había pasado más tiempo? No había forma de disipar ese resentimiento, a pesar de lo cual las dos mujeres lloraron a mares mientras se abrazaban, porque cada una intuía que tal vez nunca volvería a ver a la otra.

Para conferirle verosimilitud a la historia de que Juana y Sofía no viajarían más lejos que a Berlín, Christian Augusto las acompañó. También se encontraba en Berlín en ese momento el rey Federico II, el brillante y excéntrico sucesor de su padre Federico Guillermo, quien había muerto cuatro años antes. Federico tenía treinta y dos años y era al mismo tiempo un extraordinario militar y un hombre culto e instruido. Era también anglófilo y en una ocasión había huido a Inglaterra, tratando de escapar de los castigos de su padre.

Federico estaba enterado de todo lo referente al viaje que Juana y Sofía estaban a punto de emprender a Rusia. Su embajador en San Petersburgo, el barón Mardefeldt, lo mantenía informado de todo lo que sucedía en la corte de la emperatriz Isabel y, en particular, de lo referente a la elección que haría la emperatriz de una esposa para su sobrino y heredero.

El proceso de selección había llevado muchos meses. Elegir una novia para el heredero del trono era una decisión política, y los consejeros y funcionarios de la emperatriz Isabel estaban divididos en sus lealtades políticas. Una facción, liderada por el canciller Alexis Bestuzhev, favorecía vínculos más estrechos con Austria, Gran Bretaña y los poderes menores dentro de su órbita. La otra, que incluía al embajador de Prusia Mardefeldt, el embajador de Francia Chetardie y muchos de los nobles rusos con más influencias y el médico y amigo de la emperatriz Isabel Armand Lestocq, se inclinaba por Prusia y Francia, su socio político. En consecuencia, Bestuzhev propuso que Pedro se casara con una princesa sajona, al tiempo que Mardefeldt, Chetardie y los otros recomendaron una princesa francesa. Sofía, la candidata preferida por Isabel, fue olvidada en medio de esas batallas entre facciones.

Para quebrar este *impasse*, consultaron a Federico. ¿Qué opinaba él de la posibilidad de enviar a una de sus hermanas a San Petersburgo para casarse con Pedro? De ninguna manera, respondió Federico, pero sugirió los nombres de varias candidatas de compromiso, incluyendo el de Sofía. Sucedió que el embajador de Francia estaba en Hamburgo cuando la familia de Juana se reunió allí para saludar al rey Adolfo. Había visto a Sofía y, como casi todos los que la veían, quedó muy bien impresionado. Se declaró en favor de Sofía, lo cual complació a Isabel y satisfizo a los demás, salvo a Bestuzhev, cuyos enemigos fueron más hábiles que él. Sería Sofía.

Ahora Federico quería conocer a Sofía, su candidata de compromiso, y le envió una invitación a Christian Augusto, Juana y Sofía para que comieran en el palacio. Al principio Juana se negó a permitir que Sofía asistiera, pero cuando el Rey insistió, no tuvo más remedio que permitírselo. Federico sentó a Sofía junto a él frente a la mesa del comedor y habló con ella toda la tarde: le hizo preguntas, hablaron de teatro, de literatura, de ópera, "las miles de cosas que se le pueden preguntar a una criatura de catorce años", recordó ella muchos años más tarde. Federico no le preguntó a Sofía nada de Pedro ni de la emperatriz Isabel –a quien privadamente consideraba una mujer "de gustos sibaríticos", incapaz de reinar– ni de lo que ella sabía de Rusia. Pero puso a prueba su mente y su comprensión, y la hizo ruborizar con sus galantes lisonjas.

"Al principio me mostré muy tímida", recordó Sofía, "pero poco a poco me fui acostumbrando a él, hasta que al final de la tarde estábamos en términos muy cordiales, tanto es así que todos los presentes se asombraron muchísimo al ver a Federico conversando con una chiquilla."

En otra ocasión Federico habló con Juana y le dijo sin vueltas que él había tenido un papel trascendental en la buena fortuna de Sofía y que haría un trato con ella: si Juana aceptaba ser sus ojos y oídos en la corte rusa y promocionaba allá los intereses de Prusia y actuaba junto a su embajador Mardefeldt, entonces él, Federico, se ocuparía de que Hedwig, la regordeta hermana de Juana, se convirtiera en la abadesa de Quedlinburg. Federico prefirió no hacerle esa propuesta a Christian Augusto por su bondad y lo mucho que apreciaba la virtud.

Juana y Sofía emprendieron su viaje secreto en tres coches, llevando sólo un número mínimo de criados: un ayudante de cámara, M. de Lattorf, cuatro criadas de cámara, un único *valet de chambre*, varios lacayos, una cocinera y, como acompañante y principal dama de compañía para Juana, la supersticiosa *fräulein* Kayn. Siguiendo las órdenes del conde Brümmer, Juana adoptó el nombre de "condesa Rheinbeck" e hizo jurar a sus sirvientes que mantendrían en secreto su verdadera identidad y la verdadera finalidad del viaje. Christian Augusto viajó con su esposa e hija hasta Schwedt, sobre el Oder, y después se dirigió a Zerbst, mientras que los demás rumbeaban al norte. Sofía abrazó a su padre por última vez, atesoró la carta de consejos que él le dio y recordó su advertencia de que nunca, en ninguna circunstancia, debía abandonar la religión luterana, en la que había sido criada, y sustituirla por la religión de la Iglesia Ortodoxa.

Los días eran breves y helados. Un sol amarillo pálido salía tarde y se mantenía por encima del horizonte durante pocas y preciosas horas iluminando árboles y campos que brillaban por la escarcha. La primera nevada llegaba tarde ese invierno, pero los vientos fuertes y glaciales y la lluvia torrencial sacudían a los carruajes que avanzaban con dificultad por esos caminos de postas con huellas profundas y que repentinamente se hundían en las zanjas profundas con peligro de volcar. Los viajeros comunes y corrientes nunca usaban el camino de las postas; lo hacían por mar y casi nunca en invierno; las tormentas y el hielo hacían que el Báltico no fuera navegable entre los meses de diciembre y abril, en que las personas sensatas permanecían en su casa. Los mensajeros solitarios afrontaban el camino de postas en todas las estaciones, pero con ello arriesgaban la vida, pues los ladrones acosaban esas tierras yermas y ninguna partida de búsqueda salía para encontrar a los mensajeros que perdían su camino o morían congelados antes de poder encontrar refugio.

La escarcha se hizo más densa y el frío más penetrante cuando llegaron a Danzig, sobre la costa del Báltico. Enormes trozos de hielo flotaban en ese mar glacial, la costa rocosa se encontraba congelada y las dunas, cubiertas de hielo. Juana y Sofía, envueltas en capas y capas de lana, tuvieron que cubrirse la cara, que ya tenían roja e hinchada, con una bufanda para protegerla de ese viento feroz. Llenas de moretones por haber sido zamarreadas de aquí para allá en el carruaje, lo único que deseaban era que al llegar la noche los guías las condujeran a una estación de postas o, mejor aún, a una posada con una gran cocina con cacharros de alfarería donde pudieran calentarse las manos y los pies y descansar. Las posadas eran escasas, muy separadas entre sí y, por lo general, muy sucias. No había habitaciones especiales disponibles para la condesa de Rheinbeck y sus acompañantes: tuvieron que compartir un cuarto pequeño con los hijos del posadero y el ganado.

En una carta que Juana le escribió a su marido en el trayecto, se quejó de que las salas de la posada eran verdaderos chiqueros. Perros, gallinas y gallos revolvían las capas de paja y excrementos que cubrían el piso, los bebés lloraban a gritos en sus cunas, otros chicos se arracimaban para lograr algo de calor, "acostándose uno encima del otro como repollos y nabos" sobre andrajosos colchones de plumas puestos junto a la cocina. La comida era horrible, había insectos y ratas por todas partes y a veces el viento aullaba a través de los agujeros del techo o de las paredes haciendo que fuera imposible dormir. Por tratar de bajar la cena con grandes cantidades de cerveza local, Sofía se descompuso. Juana, después de comprobar que ni la posadera ni sus muchos hijos padecían de viruela, ordenó que le pusieran en el cuarto una tabla de madera y se acostó en ella completamente vestida para tratar de dormir.

Una vez que los viajeros llegaron a Memel, no hubo más posadas ni casas de postas. Los caminos se volvieron cada vez más intransitables y por momentos desaparecían por completo. Los pantanos congelados eran reemplazados por lagos cubiertos de traicioneras capas de hielo. Los cocheros contrataban a pescadores locales para que probaran la firmeza del hielo antes de aventurarse a cruzarlo, sabiendo que si esa capa frágil y quebradiza llegaba a ceder, los coches y sus ocupantes no sobrevivirían a la zambullida en agua negra y helada. Cuando el hielo obstruía los ríos, se montaban los coches en balsas de madera para transportarlos a la otra margen. Se producían prolongadas demoras para reparar ejes rotos y conseguir provisiones frescas y, cuando los caballos se cansaban, se enviaba a los criados a comprar otros.

Al cabo de tres semanas de viaje, con el frío cada vez más intenso y sus pies tan hinchados que era preciso subirla y bajarla del coche, tal vez Sofía se arrepintió de su impulsiva decisión de presentarse a la emperatriz Isabel. Mientras comía esa cena desabrida y una criada le frotaba los pies doloridos para tratar de revivirlos, Sofía debe de haber pensado en Karl Ulrich, su irritable y obstinado primo que algún día sería el emperador de Rusia. El muchacho estaba a punto de convertirse en un hombre que, si todo salía bien, se transformaría en su marido. Sin duda recordó su palidez y su delicadeza, sus batallas con el conde Brümmer, su inclinación por sus rústicos criados y su apetito insaciable por el vino. Ella debe de haberse preguntado, mientras luchaba por conciliar el sueño y lograr que su dolorido cuerpo descansara, si no habría sido mejor casarse con su tío Georg y resignarse a la oscuridad.

Capítulo 4

Semana tras semana los viajeros fueron avanzando hacia el norte por las costas del Báltico, siempre en las garras de ese frío implacable. Cuando pasaban por cada aldea, de cada morada salían campesinos envueltos en capas y capas de andrajos para mirar los coches, se persignaban y murmuraban oraciones. Cada noche los viajeros dormían donde podían y escuchaban el aullido de lobos procedente del exterior. A lo largo de la costa de Latvia, envuelta en la bruma, las aldeas comenzaron a escasear y el paisaje blanco adquirió una monotonía agotadora. Sin embargo, una noche el cielo se iluminó por el brillo espectacular de un cometa. Sofía estaba embelesada. "Nunca había visto algo tan maravilloso", escribió en sus memorias. "Parecía estar tan cerca de la Tierra."

Los cometas presagiaban desastres, como sin duda *fräulein* Kayn les señaló a sus compañeros. Y se estaba preparando un desastre, o al menos eso les pareció a los parientes de Sofía cuando Christian Augusto les reveló que su hija iba camino a Rusia. Le escribió a Juana y le contó la indignación general de sus hermanos, tías y primas cuando se enteraron de la noticia. Ellas habían querido que Sofía se casara con Karl Ulrich cuando él era duque de Holstein. Pero lo último que deseaban era que ella se casara con él ahora que era Pedro, gran duque de Rusia y vivía en una corte famosa por su inestabilidad política y barbarie. Sofía estaría a merced de la emperatriz, podía ser asesinada o encerrada en una mazmorra o algo aun peor. Hasta su alma estaría en peligro entre los salvajes rusos, quienes seguramente la perseguirían por su fe luterana.

A Juana no la sorprendió la reacción de sus parientes. Le escribió a su marido y le dijo que había esperado una fuerte oposición. Pero la Providencia había determinado que Sofía fuera a Rusia y nadie podía luchar contra la Providencia, y menos todavía su tía María Isabel y su hermana Hedwig en Quedlinburg. "Podemos estar seguros de que el Todopoderoso dará cumplimiento a Sus planes, que están ocultos para nosotros", escribió, rogando que el Todopoderoso siguiera proporcionándoles caballos frescos y alimentos comestibles y no permitiera que se perdieran en medio de un temporal de nieve.

Se acercaban a la frontera con Rusia. Densos pantanos de color gris plateado se esparcían en todas direcciones, brillando apenas en la luz pálida del mediodía. De pronto una figura cabalgó hacia ellos desde la nada. Era un mensajero, enviado para reunirse con ellos y después regresar para hacer correr la voz de que su llegada era inminente. Muy pronto se les acercó otro jinete, el coronel Vokheikov, quien los escoltó a través de la frontera y hacia la ciudad de Riga.

Parecía que todos los habitantes de la ciudad habían salido para saludar a los congelados visitantes procedentes de Anhalt-Zerbst. Se oyeron cañonazos, campanadas y uno de los embajadores de la emperatriz, Semyon Naryshkin, dio un discurso de bienvenida. El vicegobernador Dolgorukov estaba presente con una escolta de soldados de su cuartel, y había también muchísimos generales y autoridades civiles.

Ese espectáculo maravilloso enloqueció a Juana. Ella podía abandonar su alias y asumir su propio buen nombre, mientras un desfile de nobles hacían fila para hacerle una reverencia y besar su mano. Durante dos días prosiguió este despliegue de honores, con guardias en posición de firmes y pregoneros que anunciaban cada movimiento realizado por los visitantes. A Juana y Sofía les obsequiaron abrigos de marta cibelina cosidos con brocado de oro, cuellos de piel y un cubrecama también de piel, junto con cartas de bienvenida de la emperatriz y del conde Brümmer.

Sofía dejó que su extravertida madre ocupara el centro del escenario en todas las festividades, aunque sabía que ella, como futura gran duquesa, era la más importante de las dos. Su mente ya estaba en plena tarea observando la conducta y los gustos de sus anfitriones rusos. Le pidió a uno de los generales que le hablara de la corte imperial, quiénes eran las personalidades clave y qué aspecto tenían. Su sentido político ya se había despertado y sabía que iba a necesitar informarse de todo lo posible para lograr una buena adaptación.

Sofía debe de haber pensado también mucho en Pedro; debe de haber recordado su rostro pálido y seductor, su conducta incorregible, su dependencia de su madre y los toscos criados que eran sus acompañantes preferidos. Debe de haberse preguntado cuánto habría cambiado en los años transcurridos desde el encuentro de ambos en Eutin y si su posición se le había subido a la cabeza.

Una gruesa capa de nieve cubría los campos y los pantanos y los viajeros sustituyeron sus cómodos coches por un amplio y caldeado trineo proporcionado por la casa de carruajes de la emperatriz. No era tanto un vehículo como una pequeña casa con ruedas, tan grande y pesada que hacían falta doce caballos para tirar de ella a través de los ventisqueros. El trineo estaba equipado con una estufa, colchones y ropa de cama forrada de piel, y hasta las paredes estaban cubiertas con piel; Sofía, Juana y *fräulein* Kayn se acostaban sobre almohadones de seda para dormir por las noches. Para protegerlas en esa última etapa de su viaje tenían un escuadrón de caballería y un destacamento de soldados de infantería, además de los trineos de una serie de nobles y funcionarios rusos.

Otros cuatro días de viaje los llevaron a San Petersburgo, la ciudad construida una generación antes por el padre de la emperatriz Isabel, Pedro el Grande. Allí, como en Riga, cañonazos y sonoros tañidos de campanas anunciaron la llegada de las importantes visitas alemanas y una gran muchedumbre se reunió en la escalera exterior del Palacio de Invierno para saludarlas. La emperatriz y la mayor parte de los cortesanos se encontraban en Moscú, a unos seiscientos cuarenta kilómetros de allí, pero el canciller Bestuzhev y varios otros cortesanos les dieron la bienvenida a Juana y a Sofía y las escoltaron a sus lujosas habitaciones en el majestuoso y opulento edificio que el arquitecto italiano Rastrelli había construido para Isabel.

Al cabo de seis agotadoras semanas de viaje, Sofía y Juana deben de haber sentido la imperiosa necesidad de paz y de descanso, pero nada de eso les fue concedido. Les presentaron a docenas de cortesanos y dignatarios, y las llevaron a conocer los puntos más importantes de esa extraordinaria ciudad que el gran emperador Pedro había erigido en un remoto y nada promisorio cenagal. Tuvieron que concurrir a la feria de diversiones de invierno, deslizarse por un tobogán desde una colina nevada –algo que el costado de marimacho que tenía Sofía disfrutó de lo lindo– y asistir a almuerzos y cenas muy elaboradas. El chambelán Naryshkin ofreció a las recién llegadas un espectáculo bien exótico. Catorce elefantes, un regalo del Sha de Persia a la emperatriz, fueron conducidos al patio del Palacio de Invierno para realizar una función.

En los intervalos entre un entretenimiento y otro, Juana se reunió con el embajador de Prusia Mardefeldt y el embajador francés Chetardie. Los dos le enseñaron cuál era la mejor manera de congraciarse con la emperatriz y le recordaron que el canciller Bestuzhev era quien representaba el mayor obstáculo para sus intereses y los de Sofía. Los embajadores señalaron que Bestuzhev se oponía a que Pedro se casara con Sofía. Ese matrimonio simbolizaría la unión de Rusia y Prusia -puesto que Sofía era la candidata propuesta por Federico- y todos los esfuerzos de Bestuzhev estaban dirigidos a impedir esa unión. Chetardie le recomendó a Juana que acortaran su estadía en San Petersburgo y trataran de llegar a Moscú el 10 de febrero (en Rusia seguía utilizándose el calendario juliano), que era la fecha del cumpleaños de Pedro. Sin duda la emperatriz apreciaría ese gesto.

Aún cansadas por ese viaje largo y agotador, Juana y Sofía volvieron a instalarse en el trineo forrado de pieles de la emperatriz para viajar a Moscú. Acompañadas por cuatro damas de honor de Isabel, las seis mujeres, además de *fräulein* Kayn y las otras asistentes de Zerbst, se prepararon para enfrentar seiscientos cuarenta kilómetros de sacudones, zangoloteos y una gran incomodidad. Muchos funcionarios integraron el cortejo; en total eran treinta trineos, cada uno de los cuales necesitaba ser tirado por diez caballos.

Deteniéndose sólo cuando los caballos estaban agotados, la procesión avanzó durante la noche, confiando en fogatas preparadas por helados campesinos para iluminar el camino. Se reunían multitudes para observar esa larga caravana de trineos. Sofía oyó gritos y les preguntó a sus acompañantes rusos qué querían decir. Lo que la gente decía era: "¡La que está siendo escoltada es la prometida del gran duque!".

Con los caballos galopando a pasmosa velocidad sobre la nieve congelada y los conductores a veces cegados por la nevisca y el viento, era forzoso que se produjeran accidentes. Al pasar por una aldea, el trineo en el que viajaban Juana y Sofía dio un giro vertiginoso y se estrelló contra una casa. La colisión hizo que se soltara una pesada barra de hierro que sostenía el techo del trineo, que se desplomó pesadamente sobre la cabeza y el hombro de Juana. Sofía salió ilesa.

Juana, sacudida y dolorida por el golpe, creyó que moría. Toda la procesión se detuvo en la aldea mientras le examinaban las heridas. Una por una le fueron quitando las capas de piel y no aparecieron ni sangre ni moretones. Juana insistió, furiosa, que la habían herido gravemente, pero con el tiempo admitió que las pieles la habían protegido. Después de una demora de varias horas, el trineo fue reparado y el viaje se reanudó.

El tercer día, a unos ocho kilómetros de Moscú, un mensajero se acercó con un mensaje de la emperatriz, quien deseaba que las visitantes demoraran su entrada en la ciudad hasta después que oscureciera. Se detuvieron y aguardaron y, después, avanzaron en la oscuridad. La primera visión que tuvo Sofía de Moscú fue la de una ciudad lúgubre y deprimente con calles estrechas y sinuosas y habitantes escurridizos cubiertos de pieles. Momentos después llegaron a una mansión iluminada por antorchas en la que el general adjunto de la emperatriz, el príncipe de Homburgo, las aguardaba con la totalidad de la Corte. Las recién llegadas fueron recibidas con mucha menos fanfarria que en San Petersburgo y se las sometió a un prolijo escrutinio. Sofía, que llevaba puesto un vestido rosado con bordes plateados, debe de haberse sentido muy importante cuando el príncipe la escoltó de un imponente salón de cielo raso alto al siguiente. Lo oyó murmurar los nombres de las personas frente a las cuales iban pasando –cortesanos que hacían grandes reverencias–, pero los cientos de caras y de nombres deben de habérsele borrado.

Entonces vio a Pedro, más alto y más buenmozo de lo que era la última vez que lo vio, con ojos pequeños, facciones delicadas y un rostro delgado.

"La última hora en que las estuve esperando me resultó insoportable", le dijo a Juana cándidamente. "Me habría gustado atarme al trineo para arrastrarlo más rápido." Su efusividad adolescente era alentadora. Se quedó con Sofía y Juana durante varias horas, mientras ellas aguardaban en sus habitaciones ser llamadas para comparecer ante la emperatriz. Finalmente, a última hora de la tarde, ese llamado llegó. Armand Lestocq, el médico de la emperatriz y uno de sus consejeros de más confianza, se presentó para decirles a Juana y a Sofía que la señora finalmente estaba lista para recibirlas.

Lo hizo a la entrada de su dormitorio, una mujer grandota y sorprendentemente alta, con una hermosa cara regordeta, ojos celestes y sonrisa cálida. Su pelo cobrizo estaba adornado con diamantes y una única pluma negra y larga; su atuendo, con una amplia falda con miriñaque, brillaba con encaje plateado y dorado. Para Sofía, de catorce años, fue una visión de belleza y magnificencia.

La emperatriz se apresuró a abrazar a Juana y miró a Sofía, primero con expresión crítica y, luego, con aprobación. La vanidad era uno de los pecados predominantes de Isabel, y había elegido a Sofía como futura esposa de su heredero, en parte porque por los retratos de Sofía era obvio que nunca sería una belleza. Isabel necesitaba eclipsar a quienes la rodeaban; no podía tolerar tener cerca a otras mujeres hermosas. A los treinta y cuatro años, era más atractiva que nunca, aunque bastante corpulenta, pero tenía arrugas alrededor de sus penetrantes ojos azules y sus mejillas ya no estaban tan rosadas. Confiaba en que los cosméticos le devolverían su aspecto juvenil y había desarrollado una aguda percepción para detectar sus rivales potenciales.

La condesa Lopukhin, la mujer más hermosa de la corte de Isabel, había sentido la ira de la emperatriz. El rosado era el color favorito de Isabel, y existía en la Corte una regla no escrita que decía que ella era la única que podía usar ese color. La condesa se había atrevido a no prestar atención a ese edicto y se puso un vestido rosado. De hecho, no se había limitado a eso sino que copió también el peinado de la emperatriz y le agregó una rosa rosada. Furiosa, Isabel le ordenó a la condesa que se arrodillara y, mientras toda la Corte observaba, le cortó la rosa del pelo -y con ella un mechón de cabello- y después la abofeteó con fuerza en ambas mejillas. Luego, a su venganza añadió el exilio del amante de la condesa a Siberia y acosó también a la condesa acusándola formalmente de complotar contra el trono.

Sofía, mientras le hacía una reverencia a la emperatriz, ignoraba la historia de la condesa Lopukhin, pero sí se dio cuenta de que la emperatriz la miraba fijo; sintió su escrutinio al mismo tiempo que su afabilidad. La emperatriz también miraba fijo a Juana y, de pronto, vio algo en la cara de Juana que la hizo salir deprisa de la habitación. Cuando regresó un rato más tarde fue obvio que había estado llorando. Juana se parecía mucho a su hermano Carlos Augusto, el novio de Isabel muerto tiempo atrás. El hecho de ver a Juana la hizo rememorar tiernos recuerdos de Carlos Augusto, y eso abrumó a la sentimental emperatriz.

Esa noche Pedro cenó con Sofía y Juana y, al oírlo hablar, a Sofía la asombró encontrarlo tan infantil. Aunque era mayor que ella -al día siguiente cumpliría dieciséis años-, Pedro todavía tenía los intereses y apasionamientos de un chico de diez. No se debía sólo a que había vivido una existencia protegida y sometida: de alguna manera Sofía también había pasado por lo mismo y por consiguiente podía entenderlo. Pero, más allá de eso, había algo todavía no formado en ese joven al mismo tiempo muy adolescente, físicamente insignificante, con poco pecho, cintura gruesa y músculos no del todo desarrollados. Carecía de algo esencial de la virilidad, hablaba de soldados y uniformes y adiestramientos en una forma pueril que a Sofía le resultaba desconcertante. Sin embargo, poseía un encanto inocente, era bien parecido y todos aseguraban que eran un joven muy prometedor. Sofía decidió desconfiar de su propio juicio escéptico y sentirse complacida con él.

Los rituales de la inmensa y majestuosa corte de Isabel ponían cierta distancia entre la emperatriz y las visitantes de Zerbst. Sofía sólo veía fugazmente a Isabel caminar deprisa por los amplios corredores o en las salas de recepción llenas de gente o camino a atender sus funciones oficiales. Era como un ícono resplandeciente, vislumbrado apenas desde lejos.

Sofía comenzó a descubrir cada vez más cosas de ella. Ya sabía que era la hija del venerado emperador Pedro el Grande. Que Isabel debía su belleza a su madre, una campesina que fue la segunda esposa de Pedro, lo averiguó ahora, junto con el hecho de que Isabel había nacido fuera del matrimonio. El vigor físico de la emperatriz era evidente, como lo era también su inclinación por la ropa fina y cara y el descontrol en la comida. Le encantaba montar a caballo y cazar, agotaba a sus damas de compañía con su paso enérgico y su galope veloz. Era caprichosa, malhumorada y temperamental.

Sofía sabía que Isabel no había sido educada ni entrenada para gobernar. No había sido intención de su padre que lo sucediera ninguna de sus hijas, e Isabel pasó gran parte de su infancia y comienzos de su juventud lejos de la Corte, viviendo en el campo e interesándose en la vida de los campesinos de los estados imperiales. Si bien su robustez, su vigor físico y su espontaneidad eran fruto de su vida rural, su mente permaneció sin cultivar y, aunque inteligente y astuta, era mentalmente perezosa.

Isabel tenía, ciertamente, coraje e intrepidez. Cuando el trono pasó a un pariente lejano de su padre, el infante conocido como Iván VI, Isabel permitió que la convencieran de que debía destronarlo. Alentada por un pequeño círculo de consejeros, que incluía a su médico Lestocq, y con la seguridad de que contaba con la aprobación plena de las cortes francesa y sueca, Isabel se dirigió a los cuarteles de los Guardias del Regimiento Preobrazhensky en San Petersburgo y les solicitó que la respaldaran en el golpe. Puso su destino en manos de los guardias... y ellos no le fallaron. El infante emperador Iván fue depuesto y encarcelado junto con sus padres y hermanos.

El joven Iván seguía en prisión e Isabel continuaba sintiendo aprensión hacia él. Mientras permaneciera con vida podía ser utilizado por los conspiradores como testaferro de un complot para deponerla. Sin embargo, no lograba decidirse a ordenar la ejecución de Iván por oponerse siempre a todas las ejecuciones judiciales. Como resultado, vivía con miedo, los nervios tensos y víctima del insomnio. Tenía miedo de cerrar los ojos sabiendo que cualquiera, incluso sus criados de confianza, podrían traicionarla.

Dos años antes de la llegada de Sofía a Rusia, uno de los criados de la emperatriz, Turchaninov, trató de asesinarla colocando un barril con pólvora debajo de su cama. Por fortuna lo descubrieron y Turchaninov fue encarcelado. Sometido a torturas, se negó a proporcionar la identidad de sus cómplices, pero con el tiempo surgieron los nombres de algunos, quienes fueron castigados, pero no con la muerte sino sólo con mutilaciones.

La emperatriz no tenía paz. Poco después del hallazgo de ese barril con pólvora, algunos jóvenes e impetuosos oficiales de la guardia la amenazaron y fue preciso exiliarlos a Siberia. Isabel sabía bien que la Corte estaba repleta de conspiradores y oportunistas, sirvientes cuya lealtad debía ser comprada y funcionarios en los que era imposible confiar. Isabel ordenó el reclutamiento de más hombres para la temida policía secreta y dispuso que se monitorearan todas las conversaciones que tenían lugar en el palacio. La gente sospechada de tener lealtades divididas era vigilada en forma permanente. Sin embargo, la vigilancia sola no podía impedir el desastre, y el hecho de saber que su trono estaba lejos de ser seguro siguió torturando a la emperatriz.

Y se presentaba otro problema inquietante: la sucesión.

Por razones que Sofía nunca pudo descubrir, Isabel había decidido no realizar un matrimonio político como el que habían dispuesto para ella cuando era apenas una adolescente. En cambio, arregló un matrimonio morganático secreto con el alto, moreno y muy apuesto Alexei Razumovsky, un ucraniano cuya voz extraordinaria le ganó un cargo en la capilla del palacio. Razumovsky era hijo de un campesino, de joven había cuidado ovejas en una zona rural montañosa y no trató de dominar a la emperatriz; era un hombre sentimental, con preciosos ojos negros, le importaban mucho la música y el baile y su hermosa esposa, pero era indiferente a la política. Al casarse con Razumovsky, Isabel eligió la felicidad personal por sobre los deberes dinásticos. Le dejaría el trono a su sobrino Pedro, y él y sus hijos continuarían con el linaje.

Sin embargo, Pedro comenzaba a decepcionarla. Su aspecto era insignificante y un poco afeminado. Ofendía a la gente. Su salud era deficiente y su personalidad, extraña e inquietante. Isabel sentía antipatía por él y, probablemente, lamentaba haberlo nombrado su heredero. Peor aún, Pedro parecía decidido a rechazar, con desdén, cada aspecto de la cultura rusa. Hablaba alemán y se resistía a aprender ruso. Despreciaba a los sirvientes rusos, se rodeó de alemanes y suecos y prefirió la compañía de sus favoritos de la adolescencia, sus asistentes Cramer y Roumberg. Se había convertido formalmente a la Iglesia Ortodoxa -todo parece indicar que el hecho de convertirse en heredero tuvo mucho que ver con esto-, pero en cada oportunidad que se le presentaba demostraba lo poco que le importaba esa religión, se mostraba irreverente y reía y bromeaba durante los largos servicios religiosos que tenían lugar en la capilla del palacio y en las imponentes catedrales iluminadas con velas de Moscú y San Petersburgo. Esta ostentosa irreverencia le resultó particularmente desagradable a Isabel, quien se pasaba horas rezando, era muy meticulosa en su observancia religiosa y consideraba que el culto ortodoxo era la base de una vida moral.

Pedro no sólo era una decepción sino también un riesgo. Con su preocupación excesiva -y necesaria- con respecto a la seguridad de su trono, la emperatriz tenía plena conciencia de que los conspiradores y los conspiradores potenciales que la rodeaban miraban a Pedro y cobraban ánimo. Él no se estaba ganando la lealtad de ninguno de los cortesanos y costaba imaginarlo convertido en un gobernante autoritario y temido. No poseía habilidades políticas e Isabel, cuya astucia política era escasa, no le estaba enseñando cómo adquirirlas. Pedro seguía asegurando, a cualquiera que quisiera escucharlo, que él era alemán y no ruso y que la forma de vida alemana era, en todos sus aspectos, superior a la rusa. Ofendió a los soldados rusos usando el uniforme de un oficial del ejército prusiano y disfrutó del desconcierto de esos hombres, sonrió y se rió de ellos hasta que prácticamente todos enfurecieron y tuvieron ganas de matarlo.

En la Corte, las festividades para la celebración del cumpleaños número dieciséis de Pedro sobrepasaron cualquier esplendor que Sofía hubiera visto jamás. Ese inmenso palacio de madera con sus cientos de habitaciones y miles de criados estaba repleto de invitados, todos ansiosos por ver a la princesa importada de Occidente. Se apiñaban en las escaleras y se subían a las sillas; los movimientos de las mujeres eran dificultados por las amplias faldas con miriñaque, y las largas y enjoyadas espadas de los hombres, un peligro en ese amontonamiento.

Juana y Sofía aparecieron de pronto y miles de ojos enfocaron hacia ellas cuando salieron de sus aposentos. La emperatriz llamó a Juana y Sofía quedó sola aguardando a su madre, expuesta como una alhaja en la vitrina de una joyería, escrutada desde todos los ángulos, objeto de comentarios en voz baja o tema de conversaciones en voz alta. Momentos después también la llamaron y se dirigió a los aposentos privados de Isabel, saludando con una inclinación de cabeza y sonriendo a todas las personas apostadas junto a las paredes de los pasillos y galerías en su camino.

Una amable Isabel, elegante en un vestido de seda oscura con bordados plateados, alhajas en el cuello y la cintura, recibió a Sofía y le obsequió la cinta y la estrella de la Orden de Santa Catalina. También Juana fue investida con su cinta y estrella y, a continuación, el chambelán de Isabel, el príncipe de Homburgo, elogió la gracia y los modales seductores de Sofía. A ella le agradó enterarse de que "tanto la emperatriz como la nación" la habían encontrado agradable. Acababa de pasar con éxito la primera prueba.

Por lo general conversadora, se reprimió y habló poco. Sin embargo, las cortesanas susurraban que ella era sumamente inteligente y una conversadora brillante, tal vez convencidas por sus propias expectativas de que fuera así. Sus sonrisas e inclinaciones de cabeza habían hecho una buena impresión en los integrantes de la Corte, quienes, como esperaban que fuera una persona arrogante y llena de orgullo, quedaron encantados frente a su calidez y afabilidad. Una de esas personas comentó que había saludado al chambelán y a la criada que atizaba el fuego con el mismo grado de respeto y sinceridad.

Con lentitud comenzó el período de las seis semanas previas a la Pascua, que la Iglesia ordenaba fuera de renunciamiento, penitencia y oración. La emperatriz inició un peregrinaje al monasterio Troitsky, ubicado a poco más de setenta kilómetros de Moscú. Quería que Sofía empezara a instruirse en la fe ortodoxa mientras ella se encontraba ausente.

Sofía sabía que tendría que convertirse formalmente a esa religión para poder casarse con Pedro. También sabía que su padre se había mostrado inflexible en su oposición a que ella renunciara a su fe luterana, y es posible que esa posición pesara mucho sobre ella. Antes de que Sofía abandonara Zerbst, él le había regalado un grueso libro en el que se fijaban las diferencias entre el luteranismo y otras teologías cristianas, junto con una larga lista de instrucciones en las que repetidamente se recalcaba la importancia de que ella se mantuviera fiel al credo en que había nacido. De chica, Sofía había asociado la enseñanza religiosa con la ansiedad y el trauma, y debió de haber sentido bastante nerviosa al enterarse de que Simón Todorsky, el archimandrita de la Iglesia Ortodoxa y en una época alumno de la universidad alemana de Halle, sería su instructor.

Todorsky era un hombre culto y un intelectual. Era capaz de presentar conceptos teológicos de una forma que intrigaba a la mente ágil de Sofía y de responder sus preguntas como nunca lo había hecho el pastor Wagner. Pero, aunque Sofía estudiaba mucho y con interés, seguía atribulándola el tema de su cambio de religión. Las tardes solitarias y penosas que había pasado en Stettin, meditando en los tormentos del infierno, volvieron ahora a ella y le provocaron nuevos mares de lágrimas. Las cartas de su padre, llevadas desde Zerbst por un mensajero a través de los caminos congelados, no hicieron más que aumentar su desazón.

"No tomes a la ligera esta dificultad", le advertía él. "Examínate minuciosamente para poder descubrir si a tu corazón lo mueve la inspiración o si, quizá, tu conversión ha recibido la influencia de la aprobación de la emperatriz y de otras personas a su servicio." Christian Augusto le recordó a su hija que Dios "escudriña nuestro corazón y nuestros deseos más secretos", y que nada que ella hiciera podía decepcionarlo.

Adaptarse al nuevo clima inclemente y a la vida en la corte imperial, estudiar sus lecciones con Todorsky y esforzarse por aprender las extrañas palabras rusas del credo, tratando todo el tiempo de imaginarse casada con el inexperto Pedro, se combinaban para extenuar a Sofía, quien enfermó de gravedad.

Al principio se temió que hubiera contraído viruela, que casi siempre era mortal, o de lo contrario una grave enfermedad pulmonar. La servidumbre murmuraba que el embajador sajón había encontrado la manera de envenenar a Sofía para que Pedro tuviera que casarse con la princesa sajona Mariana. Boerhave, el médico holandés de la emperatriz, diagnosticó pleuresía y recomendó que le hicieran sangrías a Sofía, pero Juana, al recordar que se las habían hecho a su hermano Carlos Augusto prácticamente en cuanto llegó a Rusia diecisiete años antes y murió, temió que ese tratamiento matara también a Sofía. Juana se quejó a Boerhave, quien siguió insistiendo que la sangría era el remedio soberano. Explicó que la sangre de Sofía estaba inflamada como resultado de los rigores del arduo viaje y el frío terrible de los caminos. A menos que la sangraran inmediatamente, Sofía moriría.

Enfrentado a un *impasse*, Boerhave ordenó ungüentos que debían aplicarse al pecho de Sofía –al menos Juana no se opuso a eso– y le escribió a Lestocq, quien se encontraba con la emperatriz en el Monasterio Troitsky. La princesa no sobreviviría mucho tiempo sin sangría, dijo. Lestocq se lo dijo a Isabel, quien inmediatamente puso punto final a sus devociones y volvió enseguida a Moscú para enfrentar esa emergencia.

Tomó a su cargo la situación: ordenó a Juana que se hiciera a un lado y tomó a Sofía en sus brazos mientras el cirujano le pinchaba una vena de un pie y dejó que determinada cantidad de sangre se vertiera en una vasija. Casi enseguida Sofía recuperó el conocimiento y miró el rostro rechoncho y preocupado de la emperatriz Isabel. Casi no tuvo conciencia de las demás personas que había en la habitación, médicos y funcionarios, y Juana, muy preocupada y enfadada. Pero muy pronto volvió a sumirse en la inconsciencia.

El cirujano siguió sangrando a su paciente real a intervalos breves, cada seis horas aproximadamente, y a Juana, cuyas quejas se volvieron intolerables, se le ordenó permanecer en sus aposentos. Transcurrieron días, una semana, dos semanas, y Sofía todavía estaba sumida en un letargo, sin percibir prácticamente nada de lo que la rodeaba salvo un murmullo de voces y el crujido de las faldas. La emperatriz iba a sentarse junto a ella todos los días y comenzó a experimentar sentimientos maternales y posesivos hacia ella. Era típico de Isabel querer monopolizar la atención y los sentimientos de la gente, y durante la enfermedad de Sofía estableció un fuerte vínculo afectivo con la muchacha que había elegido para que se casara con su sobrino. Al asumir el papel de Juana y querer suplantarla, Isabel comenzó a encontrar excusas para desmerecer a Juana a los ojos de su hija, alegando que su oposición a permitir que le hicieran una sangría era una prueba de su indiferencia y falta de afecto. Las relaciones entre madre e hija nunca habían sido buenas y Sofía nunca se había sentido muy valorada ni amada. Y, ahora, la emperatriz intervenía para empeorarlas.

Inconsciente o, en el mejor de los casos, semiconsciente, incapaz de comer y sintiéndose cada vez más débil, Sofía yacía en su lecho de enferma prácticamente inerte. Le llevaron un mensaje de su madre. ¿Le gustaría a ella ver a un pastor luterano? No, fue la respuesta lánguida de Sofía. En cambio, ella vería al archimandrita.

Simón Todorsky le ofreció a la frágil muchacha los consuelos de la iglesia, y esto complació a la emperatriz. Ahora, si Sofía llegaba a morir, al menos moriría habiendo aceptado en su corazón la fe ortodoxa.

Pasaron más días y, gradualmente, gracias a la fortaleza innata de su cuerpo, Sofía comenzó a recuperarse. Expectoró una gran cantidad de pus, su fiebre disminuyó poco a poco y Boerhave y Lestocq empezaron a sonreír.

La Pascua se aproximaba y Juana, a quien habían mantenido todo el tiempo alejada de Sofía, se equivocó al pedirle a su hija el corte de brocado que su tío le había regalado antes de su partida de Zerbst, para poder mandarse a hacer un vestido nuevo para ella misma. Sofía, todavía convaleciente, estuvo de acuerdo. Pero cuando Isabel se enteró de ese pedido acusó a Juana de ser egoísta y desalmada y ordenó que le enviaran a Sofía dos cortes de una tela más costosa del mismo color para reparar su pérdida. Tiempo antes, después de la primera sangría, la emperatriz le había enviado a Sofía un par de aros de diamantes y un prendedor, también de diamantes. Le demostraba a Sofía su amor de miles de maneras, mientras hacía todo lo posible por fomentar su resentimiento contra Juana.

Mientras se recuperaba, Sofía sólo oyó cuentos de riñas y disputas triviales, pequeñas animosidades y desdenes que recorrían la Corte como una infección. Al parecer, no se podía confiar en nadie y ningún acto o gesto de bondad era lo que parecía. Aunque la emperatriz hacía circular cuentos sobre el egoísmo de Juana, en público seguía sonriéndole y demostrándole favores, enviándole alhajas y confiriéndole una posición especial y honrosa entre las demás cortesanas. Y Juana, por su parte, mientras profesaba una inmensa gratitud y lealtad hacia Isabel, se reunía con los embajadores prusianos y franceses, se escribía con el rey Federico y hacía lo posible por ser útil a la camarilla que se proponía derribar al canciller Bestuzhev y sus políticas antiprusianas. Espías e informantes escuchaban por el ojo de la cerradura, entraban sigilosamente en las habitaciones privadas y salían de ellas con idéntico cuidado, estaban atentos a cartas y mensajes secretos. Todo era informado a la emperatriz, quien aguardaba su oportunidad.

Sofía, que se estaba acostumbrando a considerar a Isabel algo así como su segunda madre, comenzó a sentarse en la cama, a comer con ganas y una vez más a estudiar ruso y teología. Sus mejillas volvieron a ser rosadas e Isabel, observándola con afecto, declaró que estaba casi curada. Habían pasado veintisiete días desde el inicio de la enfermedad. Las primeras señales de primavera habían llegado, aunque la capa de nieve que cubría la tierra era gruesa y los vientos fríos invadían ese palacio tan expuesto a las corrientes de aire. Sofía le escribió a su padre, disculpándose por su caligrafía temblorosa y pidiéndole que le diera permiso para adoptar la fe ortodoxa.

Sin que ella lo supiera, el rey Federico también ejercía influencia sobre Christian Augusto para tratar de convencerlo, solapadamente, de que las diferencias teológicas entre la Iglesia Ortodoxa Griega y la Iglesia Luterana eran leves. Federico, a quien poco le importaba la religión, no tenía escrúpulos en tergiversar temas de fe, mientras el devoto y concienzudo Christian Augusto se sumía en la desesperación. (*"Meine Tochter nicht griechisch werden!"*, exclamaba una y otra vez. "¡Mi hija no puede convertirse en griega"!) Estaba destrozado. Su superior, el rey Federico, con quien estaba en deuda en infinidad de maneras, le pedía que actuara en contra de los dictados de su conciencia. También su hija se había convencido de que quería convertirse a la ortodoxia. Su esposa, en cambio, nunca demasiado escrupulosa, adoptó una posición neutral. "Dejo que Sofía lo decida", le dijo sin vueltas, sabiendo tan bien como él que, en definitiva, Sofía se vería obligada a hacer una profesión de fe formal en la Iglesia Ortodoxa o volver a Zerbst por haber perdido su oportunidad de convertirse en gran duquesa.

Mientras Christian Augusto luchaba con su conciencia y Sofía aguardaba su respuesta, la Corte presenció una exhibición memorable de furia por parte de la emperatriz. La condesa Lopukhin, la temeraria belleza que había osado usar ropa rosada a pesar de la prohibición de la emperatriz, había sido convencida de complotar para destronar a Isabel. Era una de los varios conspiradores acusados que habían sido declarados culpables de participar de una intriga con el embajador de Austria. La sentenciaron a ser ejecutada, junto con su marido, pero la emperatriz, siempre quisquillosa cuando se trataba de tomar la vida de alguien, impartió otras órdenes.

Los integrantes de la Corte se unieron a un gran gentío congregado en un patio abierto donde se había erigido una plataforma de madera en medio de la nieve. Hacía mucho frío y un mar de abrigos y sombreros de piel se extendía a cada lado del patíbulo. Miles de ciudadanos comunes y corrientes, ansiosos por presenciar el espectáculo, llenaban por completo ese espacio abierto y aguardaban con paciencia el inicio de la ceremonia. Momentos después el conde y la condesa, con las manos atadas, eran arrastrados a la plataforma por guardias musculosos, y la condesa forcejeaba con violencia y parecía haber enloquecido. Tenía la ropa desgarrada, movía con vehemencia la cabeza y lanzaba gritos de miedo. Hasta un momento antes creía que sería decapitada, y acababa de enterarse de que le perdonarían la vida, pero en cambio sería torturada. Con ella estaba la esposa de Miguel Bestuzhev, el hermano del canciller y su mejor amigo y, durante el juicio de sus acusadores, su colega conspirador.

Una por una, las víctimas se enfrentaron a su castigo. El conde Lopukhin estaba atado a un soporte, las muñecas y los tobillos sujetos con cuerdas fuertes, y después el soporte fue lentamente estirado hasta que todos sus huesos crujieron y se quebraron, mientras su llorosa esposa presenciaba la tortura, sostenida por sus captores. Cuando le llegó el turno a ella la obligaron a arrodillarse y le propinaron repetidos golpes con una vara gruesa de madera. Jadeando y suplicando misericordia, soportó apenas algunos golpes antes de desmayarse con la espalda convertida en una masa de heridas y moretones. Cuando los golpes cesaron, el verdugo tomó a la condesa por el pelo y le metió la mano en la boca para cortarle la lengua. Un chorro de sangre brotó de su boca. Los espectadores, después de saborear cada escalofrío de horror y, satisfechos al ver que los traidores habían recibido su merecido, lanzaron gritos de aprobación.

El espectáculo de barbarie había llegado a su fin. Nadie advirtió que, en el último momento de sufrimiento de su amiga, madame Bestuzhev se las ingenió para dejar caer una costosa cruz de diamantes en la mano de su verdugo. Él no dio señales de haberla recibido, pero más tarde, cuando los criminales iban camino al exilio en Siberia, la condesa Lopukhin descubrió que todavía podía hablar.

Capítulo 5

En la penumbra casi uterina de la capilla del palacio, donde miles de velas con llama trémula arrojaban una luz pálida sobre los mosaicos y pinturas de cada pared y cada columna, Sofía se arrodilló para repetir su profesión de fe. Estaba impresionada por las docenas de arañas doradas, los candeleros altísimos, los preciosos íconos en sus marcos enjoyados y la opulencia de la decoración que parecía cubrir cada rincón. Sus sentidos quedaron prácticamente abrumados por el olor acre del incienso, la música resonante del coro que vibraba y reverberaba en ese inmenso santuario, el calidoscopio de fuertes tonalidades y resplandecientes dorados, y pareció adormecerse un poco al arrodillarse y balancearse apenas mientras sus rodillas se hundían en el suave almohadón de seda.

Había ayunado durante tres días para prepararse para el ritual que la esperaba y limpiarse antes de ofrecer esa profesión de fe. Se sentía mareada y débil, pero su mente estaba suficientemente alerta como para recordar las palabras rusas que trabajosamente había memorizado, un poco como loro, con la ayuda de su maestro de ruso Vasily Adadurov. Aprender de memoria era una habilidad que había dominado por completo de chica, cuando el pastor Wagner la acosaba y la amenazaba y ella se pasaba horas encorvada sobre su Biblia alemana.

La profesión de fe que había memorizado para ese día se la había escrito Simón Todorsky. Él se la había traducido al alemán para que ella supiera lo que estaba diciendo, pero era preciso que Sofía la repitiera en ruso en esa ceremonia de confirmación, junto con la versión ortodoxa del Credo de Nicea. En total, había memorizado alrededor de cincuenta páginas en ruso escritas a mano, y confiaba en que sería capaz de repetir esas palabras con convicción si no con demasiada comprensión.

Esa mañana, más temprano, la emperatriz se había puesto un atuendo que era el duplicado exacto del de Sofía: de brocado rojo con galones plateados. Entre las dos mujeres existía ahora una relación estrecha e Isabel trataba a Sofía cada vez más como si fuera su propia hija y estaba cerca de ella gran parte de cada día. Desde la enfermedad de Sofía habían viajado juntas, comido juntas en muchas ocasiones, asistido a bailes y conciertos juntas. Por esa época Sofía consideraba a la emperatriz "una divinidad", escribió más tarde en sus memorias, "exenta de todo defecto". Había presenciado bien de cerca su repentina furia y sus salvajes veleidades, a pesar de lo cual disfrutaba de la calidez y de la ternura maternal de esa mujer de más edad. El respeto y la gratitud que sentía hacia ella no tenía límites; aunque tal vez seguía siendo algo tímida frente a Isabel, el afecto que le tenía era intenso.

Comenzó su larga recitación, esforzándose por mantener la voz clara y audible y procurando pronunciar las palabras como su tutor le había enseñado. Juana, de pie en un lugar apartado de la capilla, observó a su hija con orgullo. "Desde el momento en que entró en la iglesia hasta el fin de la ceremonia", le escribió Juana a Christian Augusto, "se condujo con la mayor nobleza y dignidad. Aunque no hubiera sido mi hija, yo no habría tenido más remedio que admirarla."

La voz fuerte y grave de Sofía sonaba con intensidad en esa vasta capilla, llenando cada recoveco de las altas paredes de piedra y resonando entre las columnas pintadas. Se había reunido allí un verdadero gentío, y muchos de quienes escuchaban esa voz se emocionaron hasta las lágrimas.

Cuando Sofía finalmente llegó al final de su recitación, miró a sus padrinos, quienes se pusieron de acuerdo sobre cuál sería su nombre de bautismo, el nombre por el que se la conocería a partir de ese momento: Catalina Alekseyevna.

Sofía, la princesa luterana de Anhalt-Zerbst, se había convertido en Catalina de Rusia e hija de la Iglesia Ortodoxa. Había hecho su elección y se había asegurado el disgusto de su padre por complacer a su nueva madre, la emperatriz.

E Isabel se parecía bastante a una madre para ella, la abrumaba con atenciones y solicitud, le regalaba vestidos y joyas, la trataba con la ternura y el afecto propios de una familia. La conversión de Sofía complació mucho a Isabel, lo mismo que su nuevo nombre, que era también el de su propia madre. Catalina sería el nombre orgulloso que llevaría a partir de entonces, y como Catalina y no como Sofía se desposaría con Pedro.

Esa noche la emperatriz, Catalina y Pedro se alojaron en el interior del Kremlin, esa inmensa fortaleza de paredes blancas que dominaba Moscú. Para Catalina y sus criadas asignaron una suite de habitaciones en un piso alto del antiguo Palacio Terem de ladrillos, abandonado por décadas y ahora en un lamentable estado ruinoso, pero convertido en habitable para esa noche importante, la víspera del compromiso de Catalina y Pedro. Si Catalina sentía algún escrúpulo, ya no lo recordaba años más tarde, cuando detalló la experiencia en sus memorias. Lo que sí retenía era la vista desde esas ventanas pequeñas, una panorámica de la fortaleza y de sus muchas iglesias con cúpula dorada y edificios estatales, y la ciudad que se extendía hasta las colinas distantes. Estaba en un piso tan alto que casi no podía distinguir a la gente que caminaba a lo largo del muro del Kremlin abajo: parecían hormigas que marchaban en grandes columnas hacia un destino desconocido.

Era fin de junio, el sol se demoraba sobre el horizonte hasta últimas horas de la tarde y la oscuridad parecía no ponerse nunca. Catalina, el centro de toda preocupación y atención, a punto de intercambiar votos solemnes de compromiso con el heredero al trono de Rusia, debió de haber estado insomne por la emoción. Además, acababa de concluir una ceremonia agotadora y hacía tres días que no comía; su ayuno debe haber incrementado sus nervios y sus expectativas.

A la mañana siguiente llegaron mensajeros que portaban regalos para Catalina. Primero, la emperatriz le envió un retrato en miniatura de ella misma en un marco enjoyado con diamantes y, poco después, una miniatura de Pedro en un marco igualmente costoso. La emperatriz, resplandeciente con su corona imperial y su manto majestuoso, precedió a la pareja por la plaza y hacia la catedral, pasando junto a hileras de guardias que contenían el avance de la muchedumbre. Isabel caminaba debajo de un imponente dosel de plata sostenido por ocho oficiales, pero cuando entró en la iglesia abandonó esta formalidad para tomar de la mano a Catalina y a Pedro y conducirlos a una tarima forrada en terciopelo que había en el centro del santuario. Allí, el arzobispo de Novgorod presidía la larga y complicada ceremonia de esponsales, mientras el coro cantaba y los devotos asistentes se arrodillaban, se ponían de pie y volvían a arrodillarse. Al cabo de cuatro horas la emperatriz les entregó a Pedro y Catalina sus anillos de compromiso enjoyados, que ellos intercambiaron, y permaneció allí de pie mientras Catalina era llamada por primera vez por su nuevo título de gran duquesa.

El resto de la tarde y de la noche estuvo dedicado al regocijo popular. Las campanas tañían, los cañones disparaban salvas una y otra vez y toda la vida normal cesó mientras la ciudad se sumía en esa gran celebración. La emperatriz ofreció una cena a la que fueron invitadas todas las personas con cierto rango y después hubo un baile deslumbrante. Catalina, muy admirada y felicitada, se esforzó en ser amable y sonreír a todos. Ahora que era gran duquesa debía acostumbrarse a ser tratada con una gran deferencia. Nadie, salvo la emperatriz y Pedro, se atrevía a sentarse en su presencia o a entrar o salir de una habitación delante de ella. Todos le hacían una reverencia y le murmuraban "Su Alteza Imperial" al dirigirse a ella, y se hacían a un lado con una inclinación para dejarla pasar.

Que Catalina era, después de la emperatriz, la mujer de más alto rango en la Corte era una hecho que no se le pasó por alto a Juana, quien de pronto tuvo que arrodillarse ante su hija y besarle la mano como todos los demás. El respeto que había inspirado como madre de Catalina se había evaporado, pues su hija ya no la necesitaba, era una dama con título por derecho propio. Juana era tan sólo la princesa de Anhalt-Zerbst, una aristócrata alemana no muy importante perdida en el mar de damas aristocráticas que rodeaban a la gran duquesa. No podía caminar cerca de su hija en la procesión de esponsales sino que debía mantenerse detrás de otras mujeres de poco rango. En la cena del compromiso se le informó que no podía sentarse junto a las otras mujeres presentes sino que tendría que encontrarse un lugar más humilde para hacerlo. Ella protestó -como también lo hizo el embajador británico, quien se sintió igualmente insultado por el lugar que le asignaron a él- y, por último, los dos cenaron juntos en una mesa especial ubicada a un costado, exiliados de las festividades.

Juana se sintió humillada y, al mismo tiempo, frustrada. Había ido a Rusia en una misión importante, para fomentar los intereses de Prusia y los aliados de Prusia en la corte rusa y para socavar la política antiprusiana del canciller Bestuzhev. Pero, lamentablemente, había fracasado. Apenas cuatro semanas antes había descubierto qué formidable enemigo podía ser el canciller.

Bestuzhev se había mantenido informado de todas las actividades de Juana desde su llegada a Rusia y, a través de sus espías, había interceptado los despachos del embajador francés Chetardie y había leído en ellos, detalladamente, las intrigas de Juana. Los despachos informaban que la princesa de Anhalt-Zerbst había hecho comentarios críticos y nada halagadores de la emperatriz y revelaba un patrón de hipocresía y maquinaciones políticas en su conducta. Después de reunir con mucho cuidado estas pruebas, Bestuzhev se las ofreció a Isabel y luego se apartó y aguardó la explosión.

Furiosa al enterarse de que esa mujer alemana, a quien ella había enriquecido y honrado y tratado como una parienta cercana había demostrado tanta deslealtad, Isabel se indignó tanto con Juana que amenazó con anular los esponsales y enviar a Juana y a Catalina de vuelta a casa. Ordenó que le trajeran a Juana y le gritó con tono acusador, con lo que consiguió hacerla llorar a mares. Durante dos horas la emperatriz descargó su cólera sobre ella mientras la princesa sufría y suplicaba su perdón. Demasiado tarde Juana comprendió que sus maniobras torpes y nada secretas habían puesto en serio peligro los grandes planes de su hija. Finalmente Isabel se aplacó y aceptó no enviar de vuelta a su país a Juana ni a su hija, aunque sí deportar a Chetardie. Pero el incidente había hecho caer en desgracia casi permanente a Juana y el desaire de que había sido objeto en el banquete de esponsales fue apenas uno de muchos incidentes cuya finalidad era recordárselo.

Aterrada por la emperatriz, humillada y habiéndosele negado todo respeto, obligada a rebajarse frente a su promocionada hija, Juana se volvió petulante. Su mal humor hizo que fuera imposible hablar con ella, se negaba a permitir que la calmaran e hizo caer su venganza sobre los criados y funcionarios de menor rango, cualquiera a quien pudiera tratar mal sin peligro de ser castigada a cambio. Pasaba su tiempo con el príncipe y la princesa de Hesse-Homburg, quienes mostraron una actitud favorable hacia ella y le dieron refugio. Las relaciones con su hija se volvieron más tirantes que nunca y Catalina, para quien era importante congraciarse con la emperatriz y tratar de complacer a todos, a pesar de sus esfuerzos no logró complacer a su difícil madre.

Existía otra nube en el horizonte de Catalina.

Pedro, que había tenido hacia ella una actitud auténtica de amistad si bien algo infantil, desarrolló de pronto un antagonismo jactancioso. De labios de su valet Roumberg se enteró de cómo debían ser tratadas las esposas, y decidió practicar la manera de reafirmar su autoridad. Roumberg le dijo a Pedro que un marido debía procurar que su esposa lo temiera de manera constante y que prácticamente no se atreviera ni a respirar sin su permiso. Pedro iba a exigir de Catalina una obediencia total e incondicional, no permitiéndole expresar jamás o siquiera hacer oír sus propios puntos de vista acerca de cualquier tema; debía permitir que él la modelara, la usara y la castigara. Sin duda tendría que golpearla cada tanto, le dijo a Roumberg, quien, como un buen consejo, le recomendó que sí lo hiciera.

Pedro se convirtió inmediatamente en un hombre temible, con sus amenazas de castigos y sujeción, y también se volvió distante. Catalina no esperaba que le fuera fiel, ya que él le había confiado sus aventuras con distintas mujeres de la Corte y ella sabía que rara vez los hombres eran fieles a sus esposas, salvo, desde luego, su virtuoso padre. Sin embargo, debe de haber comenzado a sentir temor con respecto a su futuro. ¿Cómo sería Pedro cuando estuvieran casados? Antes de viajar a Rusia su padre le había entregado una carta con consejos, que ella leía de tanto en tanto. Le dijo que considerara a Pedro "su Señor, su Padre y su Soberano". "Su voluntad es gobernarlo todo", había escrito Christian Augusto, y ella se lo había tomado muy en serio. Pero, ¿y si Pedro, obstinado como era, se volvía caprichoso y decidía maltratarla? ¿Podría ella confiar en que la emperatriz la protegería?

Catalina comenzó a darse cuenta de que en Rusia se menospreciaba mucho a las mujeres. Hasta hacía muy poco, en la época de Pedro el Grande, el padre de Isabel, se las confinaba en las habitaciones altas de las casas. En esos aposentos las mujeres desarrollaban su existencia, alejadas de todos los hombres que no fueran sus parientes, ocultas de los ojos y las tentaciones del mundo, a las que se las consideraba más susceptibles que los hombres. Cuanto más elevada era la posición social de una mujer, más completo era este confinamiento; sólo a las campesinas más pobres, cuyo trabajo era necesario para la supervivencia de la familia y a aquellas cuyas condiciones no le permitían dicha segregación, se les permitía mezclarse libremente con los hombres.

El emperador Pedro había hecho lo posible por poner punto final a esto aunque sus súbditos del sexo femenino habían resistido estos intentos y se habían aferrado a ese confinamiento familiar. No obstante, durante el reinado de su hija se estaban envalentonando cada vez más y empezaban a acostumbrarse a participar de la vida pública. Pero aunque las mujeres ya no eran confinadas físicamente, al menos en Moscú y San Petersburgo, donde tenía mayor peso el impacto de las reformas del emperador Pedro, todavía debían soportar el yugo de las enseñanzas de la Iglesia, que las consideraba débiles, insulsas y proclives al pecado, en especial al pecado del sexo, y seguían sujetas al imperio de la ley, que virtualmente las esclavizaba a sus maridos y padres y las amenazaba con castigos bárbaros si no obedecían a sus dueños naturales.

Cuando una mujer joven se casaba, era costumbre que su padre la azotara suavemente con un látigo y después le pasara el látigo al marido que él había elegido para ella, como un recordatorio de que lo que hacía su hija era cambiar una forma física de sujeción por otra. Durante la ceremonia de la boda misma, la novia demostraba su sujeción postrándose frente a su marido y tocándole los pies con su frente. Mientras se encontraba postrada a sus pies él la cubría con una de sus prendas de vestir como señal de su obligación de cuidar de ella. Más tarde, al conducirla a su nueva casa, la azotaba suavemente con el látigo, diciendo con cada golpe: "Olvida las costumbres de tu propia familia y aprende las de la mía". Cuando la pareja entraba por primera vez al dormitorio, el marido le ordenaba a la esposa que le quitara las botas. Entonces ella se arrodillaba para hacerlo y en una de las botas encontraba un látigo, otra manera de recordarle que, como dice un proverbio ruso, "la esposa está sometida al poder de su marido".

Durante toda su vida de casada a una mujer le cabía esperar estar siempre a prueba y juzgada, a riesgo de ser repudiada si no complacía a su marido. La Iglesia Ortodoxa permitía que un hombre se divorciara de su esposa enviándola a un convento, donde ella moría para el mundo y quedaba sepultada para siempre junto a otras mujeres rechazadas y a esposas que habían huido de sus maridos abusivos. A continuación el marido quedaba en libertad de volver a casarse. Muchos maridos aprovechaban este expediente para librarse de esposas no deseadas, pero muchos más descargaban sus frustraciones sobre sus desventuradas esposas sometiéndolas a castigos frecuentes y brutales. El valet de Pedro le daba por lo tanto a su amo consejos convencionales cuando le recomendó que cada tanto le diera a Catalina algunos golpes en la cabeza. Tal castigo era leve en comparación con las golpizas propinadas por algunos hombres que colgaban a su esposa del pelo, la desnudaban y entonces comenzaban a golpearla hasta dejarla en carne viva y con los huesos rotos.

Aunque muchas mujeres morían víctimas de esos castigos, la ley no consideraba a sus maridos culpables de ningún delito. Sin embargo, si una mujer se transformaba en verdugo de su marido y lo mataba, la ley era severa: se cavaba un pozo en la tierra y en él se enterraba a la mujer culpable, con solamente la cabeza afuera, y se la dejaba morir de sed. Tampoco este castigo era algo fuera de lo común; un individuo que visitó Rusia a comienzos del siglo XVIII escribió que con frecuencia veía esos entierros y que algunas veces las víctimas tardaban siete u ocho días en morir. Una visión incluso más común eran las mujeres a quienes les extirpaban la nariz por haber ofendido a su marido.

A una mujer joven, tan obstinada, inteligente y aferrada a sus ideas como Catalina, la sola idea de estar sometida al insensible y cruel Pedro debió de haberla hecho estremecerse. Sin embargo, su deseo de complacer a la emperatriz era incontenible, y lo que Isabel más deseaba era que Catalina se casara con Pedro. Además, si no era Pedro, algún día otro hombre reclamaría su derecho de poder sobre ella, a menos que eligiera vivir como la extravagante –aunque atractiva– condesa de Bentinck, libre de todas las convenciones y mirada con horror casi por todo el mundo. Y ella no estaba dispuesta a ese futuro, salvo en la fantasía.

Ahora que era la gran duquesa Catalina se le proporcionó su propia vivienda, con tres chambelanes, tres ayudantes de cámara, tres criadas y, como ama de llaves, la condesa María Rumyantsev, que había sido amante de Pedro el Grande y poseía una personalidad muy fuerte. Todos sus sirvientes eran rusos salvo uno, y entre ellos se encontraba una muchacha apenas un año mayor que Catalina, de quien muy pronto se hizo amiga. Al igual que Catalina, la muchacha era muy alegre y llena de vida y le encantaba divertirse. La amistad estaba limitada a risas, payasadas y jugueteos y oficios mudos, ya que, como Catalina recordó más tarde, ella todavía sabía muy poco ruso. Pero, incluso sin palabras, era una amistad auténtica y representó un alivio de las tensiones de la vida de la Corte.

Juana, todavía muy dolida por la reprimenda de la emperatriz e indignada por haberse visto reducida a una posición insignificante en el entorno de su hija, atacó esa inocente amistad entre Catalina y la joven muchacha rusa en un intento de reafirmar su propia importancia. Sermoneó a Catalina con respecto a lo poco adecuado que era demostrar un favor especial a sus inferiores -algo a lo que Catalina era proclive- e insistió en que debía tratar a todas sus criadas con el mismo grado de afabilidad distante. Catalina protestó pero, finalmente, obedeció a su madre.

Juana, envalentonada por ese pequeño éxito, trató de asegurarse otros. Después de haberse ganado la lealtad del conde Zernichev, un ayudante de cámara de Catalina, y confiando en que él seguiría sus indicaciones, participó de cuanta pequeña intriga y reyerta tenía lugar en el entorno de Catalina, y donde había armonía introdujo el desacuerdo. Menospreciada por muchos de los cortesanos, siguió encontrando refugio junto al príncipe y la princesa de Hesse-Homburg y se recluyó en su círculo. Los rumores malévolos aseguraban que encontró allí más que un refugio. Iván Betsky, el apuesto hermano de la princesa, era un asiduo visitante a los apartamentos de los Hesse-Homburg y Juana se sintió muy atraída hacia él. Sin prestar atención a las cartas que llegaban periódicamente de Zerbst, en las que Christian Augusto urgía a su esposa a que regresara inmediatamente a casa, Juana se resistía a abandonar la corte imperial, decidida a permanecer allí el mayor tiempo posible y no deseando irse antes de la boda de Catalina, aunque era evidente que a nadie, fuera de la misma Catalina, los Hesse-Hombrug y, probablemente, el conde Betsky, le importaría su partida.

El verano había llegado con sus días largos y calurosos y sus noches cálidas y perfumadas. Isabel, como era su costumbre durante el clima estival, se transformó en nómade; acampaba en las afueras de la ciudad y llevaba la existencia de una campesina. Su madre, la segunda esposa de Pedro el Grande, había sido una campesina lituana radiante, rubicunda, rolliza y sencilla, por completo ajena a las pretensiones y la artificialidad de la vida cortesana. Isabel salía a ella y se sentía más feliz cuando estaba lejos de sus palacios, explorando las escasamente pobladas regiones alejadas de los centros urbanos y viviendo como lo había hecho en su infancia, entre los aldeanos que representaban la vasta mayoría de sus súbditos.

Y adonde fuera la emperatriz, su corte la seguía. Cientos de carros, repletos de baúles, cajas y arcones con ropa y provisiones, avanzaban por caminos recientemente reparados hacia las cercanías de donde se alojaba la emperatriz. Miles de criados cansados y cubiertos de tierra iban en los carros o caminaban detrás de ellos, tosiendo, jadeando y lanzando manotazos hacia las nubes negras y densas de mosquitos que el polvo levantaba y parecían atacar todo lo que tuviera vida. Isabel jamás viajaba sin su corte y sus sirvientes, y jamás dejaba nada atrás. Su imponente guardarropa –con cuatro mil atuendos menos que lo habitual, ya que habían sido destruidos en un importante incendio que estalló en un palacio a principios de ese año–, su ropa blanca y platería y sus tapices tejidos, sus íconos y los accesorios de la capilla, sus perros y baluartes de caza y sus peluqueros siempre la seguían, como lo hacían también los miembros del gobierno y cada funcionario a su servicio, por insignificante que fuera.

Como una bandada de saltamontes, la migración de los cortesanos se extendía por el campo absorbiendo en su camino a cada caballo y carro disponible, devorando miles de ovejas y pollos y requisando cada bolsa de cereal almacenado. Cada día se necesitaban dos mil galones de vino, cerveza y miel para aliviar la sed de los viajeros, lo mismo que incontables miles de kilos de carne, queso, huevos y verduras para satisfacer su apetito insaciable. Los encargados de las provisiones cabalgaban delante de las principales columnas de jinetes, se detenían en cada aldea para despojar de su contenido a establos y graneros y llevarse caballos y carros; todo excepto robar las cosechas todavía no maduras de los campos.

Los aldeanos soportaban estas visitas sin quejas evidentes, contemplando boquiabiertos el desfiles de dignatarios y criados de librea que cabalgaban en todo su polvoriento esplendor, y se arrodillaban o se postraban en tierra en actitud de adoración cuando divisaban, incluso a lo lejos, a la emperatriz.

Para ellos, la emperatriz era una divinidad, si bien una divinidad notablemente especial. Pasaba entre ellos sin altivez, interesándose bondadosa y auténticamente en sus cultivos y sus hijos, hablando con ellos como lo haría una conocedora de sus árboles frutales y su ganado. Le gustaba caminar de una cabaña a otra y entrar impulsivamente en una después de otra para probar los blinis, la sopa de repollo y el cerdo con pickles que preparaban las amas de casa. Bebía kvass con los hombres y salía a buscar hongos con ellos, sin duda haciendo que no tuvieran dudas de que ella disfrutaba de su compañía y se sentía muy halagada con su nada disimulada admiración.

Pues, de hecho, ella prefería los hombres bien parecidos y de origen humilde a los aristócratas, y se sentía más gratificada cuando atraía miradas de adoración de esos súbditos que la admiraban tanto. Isabel tenía plena conciencia de que, si la pasión que sentía por su morganático esposo Alexei Razumovsky llegaba a disminuir, no le costaría nada conseguir un reemplazante. Por esa razón, mientras avanzaba por entre las aldeas, ordenando la renovación de las cabañas o la construcción de nuevas, instigando nuevos emprendimientos agrícolas con un movimiento de su bastón imperial, se mantenía también alerta a los hombres atractivos.

Durante el primer mes del verano la emperatriz se contentaba con sus vagabundeos rurales, en los que conducía su troika a una velocidad intrépida por los caminos estrechos, la cabeza echada hacia atrás y el látigo dando suaves golpecitos a las grupas sudorosas de sus caballos veloces, cazaba lobos e hienas, se ponía flores y cintas en el pelo y se vestía como campesina para participar de los bailes de las festividades locales. Las canciones folklóricas le encantaban, hacía que los músicos de su corte las escribieran e intentó componer ella misma por lo menos una.

Pero cuando llegó agosto se puso sus atuendos de caza y de baile a un lado y se convirtió en una peregrina. Sin sus habituales adornos y ropa fina, con sus piernas carnosas cubiertas por botas, echó a andar a paso vivo hacia sus santuarios favoritos mientras un entorno de cientos de personas la seguían por si llegaba a necesitar un sorbo de agua, un cambio de botas o una comida frugal. Caminaba durante horas, cubriendo once o doce kilómetros antes de detenerse para descansar y, cuando llegaba finalmente a un monasterio permanecía en él varios días para dedicarse a sus devociones.

La totalidad de la Corte hacía lo que la emperatriz hacía, aunque la mayoría de las personas no seguían su ejemplo al punto de descender de sus carruajes para recorrer a pie los caminos. Las ciudades ofrecían su hospitalidad: Serpukhov, Tula, Sefsk, Glukhov, Baturin, Negin. Se quedaron tres semanas en Kozelsk, donde Razumovsky tenía una inmensa mansión, y allí -recordó Catalina-, disfrutaron de música constante, bailes y juegos por grandes sumas de dinero. Los monasterios y conventos en los que los viajeros se detenían a veces presentaban entretenimientos, montaban ballets y comedias, parodias de batallas y grandes escenas de pesca. Después de muchas horas de esa clase de espectáculos Isabel se cansaba y ordenaba a los actores que abandonaran la escena. Aun así, a eso seguían más entretenimientos: banquetes y fiestas de disfraz, magníficos aunque peligrosos espectáculos de fuegos artificiales, expediciones a los puntos locales de más interés y visitas a iglesias.

Las peregrinaciones de verano le daban a Catalina oportunidad de conocer más el país que algún día gobernaría su marido. Densos bosques de abedules y pinos, tan compactos que parecían no terminar nunca; campos de trigo amarillo y cebada que se extendían hasta el horizonte; frescas praderas llenas de margaritas, lilas y girasoles, con pastos altos listos para ser cosechados; lagos fríos bordeados por bosquecillos de sicomoros y sauces; marismas pantanosas con cañaverales amarronados y juncias que llegaban a la cintura de un hombre: todo esto ella lo fue asimilando, junto con diminutas iglesias desiertas, granjas y albercas, aldeas cuyas casas de madera, ennegrecidas por el tiempo, se inclinaban en ángulos absurdos y se arracimaban unas sobre otras como para protegerse del vacío circundante. La ciudad santa de Kiev le inspiró temor reverente, con sus iglesias espléndidas y blanqueadas, los monasterios con techos de pizarra cuyas cúpulas doradas resplandecían con los cálidos rayos del sol y sus bien regados jardines en pleno esplendor estival.

La vastedad de Rusia y la vastedad del entorno de la emperatriz empequeñecían la imagen de Catalina a pesar de su posición recientemente adquirida. Ella era sólo una entre miles en el gran palacio imperial, una boca más para alimentar, un cuerpo joven más que exigía refugio. El hecho de que ahora fuera la gran duquesa no impedía que Pedro le hiciera bromas con respecto a la forma en que debería mantenerla a raya cuando estuvieran casados y tampoco contribuyó a que Juana abandonara sus descortesías y su persistente e irritante malhumor. Juana, que no quiso participar de esos paseos veraniegos de la Corte porque Iván Betsky no estaba invitado, descargó su irritación en su hija y en Pedro, a quien estuvo a punto de abofetear cuando él la provocó, y a las doncellas de servicio, con quienes reñía en forma constante.

Tener que viajar en su carruaje con la irascible Juana, compartir una carpa con ella y tratar de mantener la paz entre su madre y Pedro eran cosas que sometían a Catalina a una tensión permanente. La emperatriz, que tiempo antes tenía siempre cerca de ella a Catalina y le enviaba cada día regalos costosos, comenzó a mostrarse cada día más distante, sumida en sus partidas de caza y en sus devociones. Sea como fuere, Isabel no podía proteger a Catalina del encono de los que estaban más cerca de ella; sólo podía ofrecerle su calidez y exuberancia para contrarrestarlo. Cuando el largo vagabundeo del verano llegó a su fin y la primera escarcha congeló el aire, Catalina ocupó su lugar en la larga procesión que regresaba a Moscú, sintiendo con más intensidad que nunca que era joven, vulnerable y estaba sola.

Capítulo 6

En octubre, una tos seca y dolores en la espalda obligaron a Pedro a permanecer en cama. Su médico lo revisó bien y le prohibió cansarse, pero sus síntomas no fueron motivo de preocupación porque muchas veces antes había estado enfermo y este episodio no parecía ser peor que los anteriores. Catalina, aliviada quizá por la oportunidad que se le brindaba de estar libre de los juegos rudos y las bromas desagradables de su prometido, le envió notas y continuó alegremente con su vida sin él.

Había encontrado nuevas amigas para reemplazar a la muchacha rusa que Juana había enviado de vuelta a su casa. Se trataba de Praskovia y Ana Rumyantsev, hijas de María Rumyantsev, la dama principal de compañía. Más o menos de la misma edad de Catalina, las dos jovencitas compartían el gusto de Catalina por los juegos tontos y enérgicos, y en su compañía ella pudo olvidar las preocupaciones que la acosaban y perderse en ese placer estrepitoso. María Rumyantsev permitió que las travesuras y los bailes continuaran en los aposentos de Catalina por considerarlos bastante inofensivos. La emperatriz, que todo el tiempo le decía a Catalina lo complacida que estaba con ella, que la amaba "casi más que a Pedro", no preguntó demasiado lo que sucedía en los apartamentos de la gran duquesa. Juana, quien apenas unos meses antes había intervenido para destruir la naciente amistad entre su hija y su joven doncella, esta vez no lo hizo, preocupada como estaba por su creciente relación con el conde Betsky y por estar alojada en el Palacio de Invierno en habitaciones alejadas de las de Catalina.

Noche tras noche, cuando terminaban los bailes y las fiestas, Catalina regresaba a sus habitaciones e invitaba a Praskovia a dormir en su dormitorio -a veces incluso en su cama- "y entonces durante toda la noche continuaban los juegos, los bailes y las tonterías", escribió en sus memorias, "a veces no nos acostábamos hasta las primeras horas de la mañana, y parecía no haber fin para nuestras travesuras".

Transcurrieron las semanas y Pedro contrajo varicela. La alarma cundió por toda la Corte y hubo temor por su seguridad. Al mismo tiempo, corrían rumores de escándalo. Se decía que la relación cada vez más turbulenta de Juana con el conde Betsky había llevado a complicaciones, y que ella estaba embarazada. Sea que Catalina creyera o no en estos rumores y que supiera o no la verdad genuina acerca de su madre, lo cierto es que una nube de deshonor pendía tanto sobre Juana como sobre ella misma, y una vez más tenía motivos para sentirse ansiosa por su situación. Si Juana deshonraba a la familia o si Pedro moría, Catalina sería enviada de vuelta a Anhalt-Zerbst en la primera oportunidad.

Llegó el invierno y la Corte se sumió en otra temporada brillante de fiestas y entretenimientos, y Catalina fue objeto de admiración por su esbelta figura, su espléndida tez rubia y su cuello largo y elegante. Gastaba todo el dinero que la emperatriz le daba para sus vestidos y sus accesorios elegantes -junto con los regalos caros de sus amigos- y, al igual que los demás integrantes de la Corte, desarrolló una pasión ardiente por el estilo francés. Cuando finalmente la salud de Pedro comenzó a mejorar y él estuvo en condiciones de unirse a los demás en las reuniones de la noche, Catalina sintió un gran alivio. Hacia fines de noviembre los dos aparecieron en un baile de disfraces, Pedro con aspecto un poco débil, pero claramente recuperado, y Catalina derrochando vitalidad y encanto, con un vestido caro y más feliz de lo que había estado en meses.

Pero este intervalo tan satisfactorio no habría de durar. Varias semanas más tarde, cuando la Corte emigraba a San Petersburgo para Navidad, Pedro volvió a sentirse mal. Cuando el cortejo se detuvo a cuatrocientos kilómetros de Moscú para que él descansara, el doctor Boerhave lo vigiló de cerca. Pero la fiebre aumentó y Pedro yacía inerte, casi sin poder moverse, con terribles dolores de estómago. Un día después le apareció una erupción cutánea, la temida señal de viruela.

Sin tardanza, Boerhave tomó precauciones extremas. A nadie se le debía permitir estar en la habitación con Pedro salvo él y algunos sirvientes cuya tarea no era imprescindible. Pocas horas más tarde

Catalina y Juana estaba en un trineo camino a San Petersburgo, donde mantendrían a Catalina recluida y sin conocer el estado de Pedro. Le enviaron un mensajero a la emperatriz, quien ya se encontraba en la capital, para informarle del cariz lamentable que había tomado la enfermedad de Pedro. Ella acudió inmediatamente junto a su lecho de enfermo e insistió en atenderlo ella misma.

Esa fría y sombría temporada de Navidad se ensombreció aun más por la gravedad de la enfermedad de Pedro. Catalina, encerrada durante seis semanas, aplicó su mente ágil al estudio del ruso y, con la ayuda de su tutor, escribió varias cartas que fueron enviadas a la emperatriz y que la complacieron. Catalina había empezado a entender y hablar el idioma; ahora estaba aprendiendo, imperfectamente, a escribirlo. Durante enero vio a muy pocas personas fuera de sus criadas, pues a Juana la mantenía lejos de ella, incluso a la hora de las comidas. La emperatriz había dado órdenes de que no le prestaran atención a Juana y de que la trataran con frialdad. Probablemente confió en que Juana decidiría regresar a Anhalt-Zerbst. Pero Juana, tan obstinada como furiosa, se negó a darle el gusto. Se aferró a sus derechos, tal como ella los entendía, y decidió quedarse en Rusia hasta que su hija se casara, algo que no sucedería por muchos meses. Y, como desafío a los severos castigos de Isabel, siguió escribiéndole al emperador Federico y participando en intrigas inútiles con los diplomáticos de Federico y otras personas.

A pesar de su historia de enfermedad crónica, Pedro demostró tener un físico resistente. Sobrevivió a la viruela y a fines de enero de 1745 estaba de vuelta en la Corte. Pero no era el mismo; tenía la cara deformada y tan hinchada que sus facciones estaban distorsionadas. Las marcas de viruela lo volvían repulsivo, como la enorme peluca que usaba porque le habían afeitado el pelo.

"Se había vuelto repugnante", escribió Catalina en sus memorias. "Se me congelaba la sangre cuando lo veía." Este ser repulsivo, con su rostro, que solía ser tan atractivo, alterado ahora más allá de la imaginación, habría de ser su marido. Él cenaba con Catalina todas las noches y ella, ansiosa por complacer, se tragaba su repugnancia y soportaba su compañía, pero en el fondo deseaba huir de allí, volver a Alemania, a algún lugar donde no tuviera que enfrentar la horrible perspectiva de convertirse en su esposa. Cuanto más se acercaba la fecha de la boda, más ansiaba ella olvidar todo lo que había pasado en Rusia y regresar a su casa.

En marzo, Isabel declaró que la boda tendría lugar en los primeros diez días del mes de julio. El anuncio hizo que Catalina se estremeciera. "Sentí una fuerte repugnancia al escuchar la fecha fijada", escribió en sus memorias, "y no me gustó en absoluto oír que hablaban de ella." Tuvo un presentimiento de desastre y se sintió cada vez más segura de que estaba a punto de formar un pésimo matrimonio. Sin embargo, tenía demasiado orgullo para permitir que alguien supiera de esos temores y, como se consideraba una heroína dispuesta a la lucha, se preparó para soportar lo que la esperaba. Sabía que Pedro no la amaba, que en el mejor de los casos sólo sentía por ella afecto fraternal y amistad, que a todas luces era preciso mantener; sus galanteos con las damas de honor de la emperatriz la ponían mal y la inquietaban, pero ella sabía que quejarse por esa conducta sería el colmo de la insensatez y, además, inútil.

Ocultó su preocupación cuando estaba en público, pero entre los que estaban más cerca de ella, sus damas de honor y sus doncellas personales, le resultaba difícil ocultar su incertidumbre y su fastidio. Trató de disipar sus temores participando en juegos enérgicos y caminando por los jardines de Peterhof hasta cansarse, pero sus fantasmas sombríos siempre regresaban. "Cuanto más se acercaba el día de la boda", escribió al pensar en esos acontecimientos muchos años más tarde, "más abatida me sentía y a menudo me echaba a llorar sin saber por qué." Las mujeres que la rodeaban estaban al tanto de esos ataques de llanto y trataban de levantarle el ánimo, pero esos intentos sólo lograron desanimarla más. Catalina temía que ceder a ese llanto era señal de debilidad y la expondría a burlas.

Para empeorar las cosas, Pedro estaba cada vez más replegado en sí mismo, la veía menos que antes y la amenazaba con un descuido insensible. También la emperatriz estaba por el momento en una actitud remota e inaccesible. Y Juana, cuyos talentos como madre nunca fueron excesivos, estaba demasiado ensimismada como para darle consuelo a su hija. Para alivio de su propio ego herido recurrió al histrionismo.

Cierta mañana de primavera Catalina fue a visitar a su madre en sus apartamentos y se topó con una escena aterradora. Juana, quien podía o no saber que su hija caería de visita, estaba extendida sobre un colchón ubicado en medio de su habitación, al parecer inconsciente, mientras sus asistentes corrían frenéticamente de aquí para allá y el doctor Lestocq estaba inclinado sobre ella con expresión perpleja. Al contemplar esa escena, Catalina lanzó un grito y quiso enseguida saber qué había ocurrido. Al parecer, nadie le podía hacer un relato coherente, pero con paciencia logró averiguar que Juana había sentido la necesidad de una sangría y había llamado a un cirujano. Pero el hombre era tan inepto que, al no poder extraerle sangre de los brazos, intentó hacerle los cortes en los pies, momento en que Juana, para quien someterse a una sangría siempre era algo terrible, se desmayó. Tiempo después revivió, pero en lugar de alegrarse de ver a su hija cerca, le dijo con furia que se fuera. Brotaron lágrimas de los ojos de Catalina, quien recordó entonces todo lo que las había separado.

Los preparativos continuaron mientras la fecha de la boda se aproximaba. Muchos nobles, anticipándose a las celebraciones venideras, ya habían ordenado ropa costosa para ellos y libreas elegantes para sus sirvientes. Algunos enviaron a los fabricantes de carruajes de París y Viena el pedido de nuevos carruajes y todos esperaban la llegada de cargamentos de atuendos y adornos finos de Europa, sedas de Nápoles y brocado inglés, junto con guantes suaves y calzado de satén de Francia y monturas y estribos dorados de los armeros del norte de Italia. La emperatriz dispuso que quienes pertenecían a los grados más altos de nobleza fueran atendidos por no menos de veinte lacayos, mensajeros, pajes y otros criados durante las festividades de la boda, y que toda la servidumbre debía estar vestida con ropa cara: sacos y breeches de terciopelo con bordes metálicos, pelucas con una bolsa de tela atrás, medias de seda y puños de encaje.

Isabel había tomado la decisión de poner en escena una boda nunca vista en ninguna corte europea. Tomando como modelo el casamiento del delfín francés e hijo de Luis XV, escribió a Versailles para averiguar detalles de la ceremonia con el propósito de superarla. Era una ambición nada despreciable, pues en esa época la corte francesa era una suerte de cuento de hadas dorado lleno de adornos, chucherías y decoración. Se decía que había en París quinientos orfebres, todos los cuales creaban exquisitas alhajas y dijes para embellecer el guardarropa de la aristocracia. Cientos de hábiles artesanos se dedicaban a tallar madera y a forjar metal, cientos más fabricaban porcelana fina, delicados muebles y objetos de arte. La extravagancia de los cortesanos de Luis XV se estaba haciendo legendaria, y ellos se habían superado al celebrar la boda del delfín.

En Europa, las contiendas armadas amenazaban con involucrar a Rusia, pero Isabel se opuso a los pedidos de su canciller en el sentido de que apartara un poco su atención de los preparativos para la boda y se ocupara más de cuestiones de Estado. El emperador Federico, cuyas incursiones contra Austria habían comenzado cinco años antes, una vez más atacaba los territorios de la joven emperatriz María Teresa y había capturado Praga. Bestuzhev urgía a Isabel a enfrentar el peligro que implicaba para Rusia la agresión de Federico y enviar tropas rusas en ayuda de María Teresa, pero para su gran frustración, ella no prestó ninguna atención a la violenta embestida prusiana. Cuando en mayo de 1745 los ejércitos de Francia, aliado de Prusia, obtuvieron una sorprendente victoria sobre los austríacos y sus aliados británicos en Fontenoy, Isabel quedó estupefacta... pero por poco tiempo. Muy pronto volvió a sumergirse en los preparativos para la boda y dejó que el canciller se preocupara en su lugar.

El intento de crear en San Petersburgo un espectáculo opulento y magnífico parecido al de Versailles desembocó en dificultades. No todos los embarques de bienes procedentes de las capitales occidentales llegaron a tiempo, los obreros eran lentos, no había suficientes costureras para cortar y coser los trajes elaborados ni bordadoras para agregarles los miles de adornos y joyas y enhebrar las perlas. Por mucho que la emperatriz supervisara renovaciones y arreglos del Palacio de Invierno, la decoración de la catedral, los planos para los banquetes, los bailes y otros entretenimientos a los que asistirían los invitados a la boda, las cosas salieron mal y hubo demoras inevitables. Fue preciso cambiar la fecha de la ceremonia, no una sino dos veces. Y, de todos modos, no era seguro que todos los embarques de alimentos procedentes del sur llegaran a la capital a tiempo, ni que hubiera suficiente carne fresca para todos los invitados, ni que los actores, cantantes y bailarines contratados para presentar óperas y obras de teatro estuvieran listos para subir a escena.

Prácticamente perdidos en el laberinto de los preparativos estaban la futura novia y el novio. Pedro, que recuperaba su fuerza y su carácter explosivo, capaz de abandonar su absurda peluca ahora que comenzaba a crecerle su pálido pelo, tenía una nueva obsesión: su papel como duque de Holstein. Emergía de la tutela no deseada de Brümmer, afirmaba su autoridad ducal y se paseaba por sus aposentos con aspecto altivo e impartiendo órdenes. Le habían enviado una tropa de soldados de Holstein y él se convirtió en su instructor: los hizo marchar de aquí para allá durante horas, ponerse en posición de firmes y hacer guardias, los sermoneó con su voz aguda e hizo simulacros de guerra. Ya no tenía cerca a su valet Roumberg para aconsejarlo y enseñarle; la emperatriz lo había hecho encarcelar. Pero esta nueva experiencia como comandante le estaba enseñando cómo gobernar a una esposa, e incluyó a Catalina en sus juegos militares y la instó a obedecerlo como sus soldados lo hacían.

Catalina, desdichada y sola, a menudo presa del llanto, obedecía sus órdenes y exteriormente se sometía a la nueva autoridad de Pedro. Todavía le costaba mucho mirarlo. Aunque la hinchazón de su rostro había disminuido, estaba marcado de por vida por las marcas de viruela, su piel era una masa de heridas que cicatrizaban con lentitud y sus pequeños ojos parecían incluso más pequeños ahora detrás de sus pestañas claras. De hombros estrechos, brazos y piernas delgados y un abdomen abultado, Pedro era un espécimen lamentable de hombre. Los trajes caros, el encaje y los botones de diamantes no hicieron mucho para mejorarlo, e incluso con los uniformes alemanes que tanto le gustaba usar, su aspecto era lastimoso y adolescente, como si estuviera ataviado para un papel que no le quedaba bien.

Imaginarlo como marido debe de haber sido muy desagradable para Catalina. Carente de experiencia, completamente inocente en cuanto a conocimientos sobre el sexo, Catalina sacó a relucir el tema de la diferencia entre hombres y mujeres en la privacidad de sus aposentos, con sus damas de honor. Faltaban pocas semanas para la boda y ella estaba llena de curiosidad y de temor. Todas habían observado el apareamiento de animales, pero en lo referente a esa misteriosa y sagrada unión entre marido y esposa, su imaginación no lograba llevarlas demasiado lejos.

Catalina se acercó a Juana y le preguntó sin vueltas acerca de lo que sucedía en la noche de bodas. Su pregunta sin duda tocó un punto crítico -probablemente el punto sensible de la fidelidad conyugal- así que, en lugar de responderle, Juana la reprendió con severidad. Lejos de reconocer su deber de eliminar la ignorancia de su hija, Juana sintió desconfianza y en otra ocasión acusó a Catalina de haber ido en busca de aventuras sexuales cierta noche cuando permaneció hasta tarde en los jardines del palacio con las mujeres que tenía a su servicio. Catalina protestó: dijo que era una acusación injusta porque no había habido ningún hombre presente, ni siquiera un valet. Pero Juana la castigó con más dureza que nunca, dejando a Catalina herida y llena de resentimiento, y tan ignorante como antes.

Por fin, se fijó la fecha definitiva para la boda: el 21 de agosto. Llegó el momento de la prueba final del vestido de novia de Catalina, hecho con bordados en plata en diseños de hojas y flores sobre el corpiño y metros y metros de galón de oro ribeteando el dobladillo de la amplia falda. Las calles de San Petersburgo resonaban con el sonido de trompetas y los gritos de los heraldos que anunciaban las festividades venideras. Los tambores redoblaban pidiéndoles atención a los habitantes de la ciudad. El camino que recorrería la procesión nupcial a partir del Palacio de Invierno hacia la catedral de Caza fue limpiado. En las cocinas del palacio, las tareas continuaban día y noche: hornear, guisar, asar y freír. Barriles de vino eran vaciados en las fuentes, las campanas tañían, los caballos eran rasqueteados y cepillados y las ruedas de los carruajes eran lustradas.

La noche anterior a la boda, Juana se ablandó y trató de darle a Catalina consejos y ayuda. Las dos tuvieron "una charla prolongada y cordial". "Ella me asesoró con respecto a mis deberes futuros", recordó Catalina en sus memorias, "lloramos un poco juntas y nos separamos con mucho afecto." El amor triunfó sobre los sentimientos heridos y madre e hija se prepararon para el gran cambio que traería el día siguiente.

Isabel, resplandeciente con un traje de seda marrón y cargada de joyas, fue a vestir a Catalina muy temprano la mañana del casamiento. Una por una le fue colocando las capas de ropa interior y enaguas y se las ató en su lugar y, después, le puso el reluciente traje de novia plateado, grueso y rígido por los bordados metálicos que tenía, y tan ajustado en la cintura que Catalina casi no podía respirar. Por un capricho Catalina se había hecho cortar sus rizos y su valet Timofei Yevrenev se los rizó con un hierro caliente. La emperatriz enfureció, le gritó a Yevrenev e insistió en que Catalina no podría usar su corona sobre una montaña de rulos. Salió hecha una fiera de la habitación y se requirió el tacto del valet y de María Rumyantsev, la doncella de cámara de Catalina, para lograr que regresara. Al final, se le apartó a Catalina de la cara su pelo castaño y rizado y sin empolvar y se le colocó la corona. Después de haber creado la escena que quería, Isabel se serenó y observó con gesto de aprobación a esa novia atractiva y delgada de dieciséis años.

La emperatriz era una gran partidaria de los cosméticos y Catalina debió de estar muy pálida esa mañana, así que aplicaron con habilidad una buena cantidad de rubor a su cara alargada, la mandíbula amplia y el mentón fuerte. Por último, Isabel le ofreció a Catalina todas sus joyas y permitió que ella eligiera una gargantilla de perlas, aros relucientes, pulseras y anillos. Una larga capa de encaje plateado flotaba sobre sus hombros.

Alta y atractiva, sonriente y al mismo tiempo virginal, Catalina era una visión encantadora y, al caminar con la emperatriz y Pedro hacia el carruaje que las esperaba, trató de ocultar su malestar. Ese magnífico vestido plateado pesaba casi la mitad que su propio cuerpo; dentro de él se sentía más como un caballero con armadura que una novia joven y alegre, y cada paso le demandaba un gran esfuerzo. Además, no se sentía precisamente alegre. Pedro, quien nunca se sentía cómodo en las funciones públicas, caminaba tieso junto a ella enfundado en su jubón plateado y sin duda deseaba que toda esa desagradable ceremonia rusa terminara lo antes posible para que él pudiera volver junto a sus soldados. Catalina percibió su incomodidad y también tuvo conciencia de sus propios recelos. Pero no había manera de dar marcha atrás. El destino la había elegido y ella había aceptado ese desafío, a ciegas pero con valentía. Continuaría hasta el final, aunque casi no podía soportar mirar a ese muchacho raro y desfigurado con el que estaba por casarse.

La carroza nueva y recién pintada que Isabel había ordenado, con paneles que eran obras de arte y ruedas que brillaban con planchas de oro, tirada por seis espléndidos caballos que usaban arneses enjoyados, inició la larga procesión de ciento veinte coches y que tardó tres horas en recorrer el camino desde el Palacio de Invierno hasta la catedral. Una multitud se había congregado para observar ese desfile maravilloso. Todos contemplaban, boquiabiertos, esos carruajes magníficos con sus querubines dorados y ruedas que resplandecían como espejos, y hacían todo lo posible por divisar a sus ocupantes, pues los caballeros y las damas de la nobleza que viajaban en cada uno de esos coches suntuosos estaban vestidos casi con el mismo lujo que la emperatriz y la pareja de novios. Las delicadas sedas de color claro y las gemas de las mujeres, sus vestidos con adornos de perlas y plumas, los hombres con trajes de brocado bordado o costosos caftanes ribeteados con oro, plata y diamantes, eran un festín para los ojos y rivalizaban con cualquier recuerdo reciente. "De todos los espectáculos de pompa de Rusia", escribió un viajero inglés presente ese día, "el de la boda del gran duque, tanto en atuendos como en carruajes, fue el más magnífico de todos."

En la inmensa catedral, la ceremonia religiosa llevó tres horas y mucho antes de su finalización Catalina, debiendo soportar el gran peso de su vestido ajustado, debió de haberse sentido muy cansada. El arzobispo de Novgorod pronunció un largo discurso exhortando a la pareja a amarse y cuidarse mutuamente y rogando a Dios que les otorgara una larga vida y muchos hijos, mientras las delicadas coronas eran sostenidas sobre sus cabezas y las voces del coro resonaban en la penumbra. En determinado momento una de las damas de la Corte, la condesa Chernyshev, le susurró algo a Pedro en el oído, y él le susurró a Catalina que la condesa le había advertido que no girara la cabeza mientras se encontraba de pie frente al arzobispo. Según una antigua superstición, cuando la pareja de novios estaba delante de un sacerdote, el que girara primero la cabeza sería el primero en morir. A Catalina esto le pareció algo demasiado truculento para una boda, pero lo dejó pasar. (Más tarde se enteró de que lo que la condesa había dicho realmente era "Sigue adelante con esto, pero ¡qué tontería!". Fue capricho de Pedro traer a colación la antigua superstición.)

Cuando finalmente la ceremonia terminó, y Catalina y Pedro se habían intercambiado anillos y recibido la bendición del arzobispo, regresaron al palacio. Pero ese día agotador estaba lejos haber finalizado. Debían ser los huéspedes de honor en un pantagruélico banquete al que asistieron todos los dignatarios que habían estado presentes en la boda. Además, hubo fuegos artificiales, música y baile, un largo desfile de barcos en el Neva, todos ellos decorados con estandartes de colores vivos y velas pintadas.

En el exterior, en la Plaza del Almirantazgo, se habían colocado mesas para los ciudadanos de San Petersburgo. El vino burbujeaba en las fuentes y en las tabernas, los hombres brindaban por el novio y la novia hasta caer en un sopor etílico. Los trabajos se suspendieron mientras la ciudad disfrutaba de unas largas vacaciones. Así, el día mismo de la boda fue sólo el comienzo; habría nueve días más de celebraciones, durante los cuales habría abundancia de comidas y entretenimientos.

En el amplio salón de banquetes, los invitados a la boda bebieron en abundancia el vino de la emperatriz y se atiborraron de sus viandas. Agotada, Catalina se quejó a la condesa Rumyantsev que el pesado vestido y la corona le estaban produciendo dolor de cabeza. ¿Tendría la condesa la amabilidad de sacarle la corona, sólo por un momento? María Rumyantsev se negó a hacerlo, alegando que sería un mal presagio, pero se mostró dispuesta a transmitirle su pedido a la emperatriz. Isabel le mandó decir que la gran duquesa podía sacarse la corona por un rato. Pero Catalina casi no tuvo tiempo de quitársela antes de tener que volver a ponérsela, pues el baile había comenzado. Durante una hora más Catalina debió permanecer sentada y escuchar mientras los músicos de la Corte ejecutaban polonesa tras polonesa -esa noche no se permitían bailes más animados- y trató de parecer alerta y alegre.

Por fin el baile terminó y Catalina pudo retirarse a la cámara nupcial. Había sido recientemente decorada bajo la supervisión de la emperatriz; las paredes estaban recubiertas con terciopelo color carmesí y la inmensa cama alta con su colcha bordada estaba decorada con postes de plata tallada. Las doncellas de cámara le quitaron a Catalina el pesado vestido de novia y le pusieron un suave camisón con adornos de encaje. Le cepillaron su largo pelo castaño, la metieron en la cama y dejaron encendida sólo una luz tenue en la habitación. Todo estaba listo para el novio.

Sintiéndose de pronto aprensiva, Catalina le rogó a la princesa de Hesse que se quedara un momento más con ella, pero sin éxito. La princesa alegó que no sería correcto que Pedro entrara en busca de su esposa y descubriera que no estaba sola. Todos se fueron y Catalina se quedó en la cama, aguardando, tensa por la anticipación, incapaz de dormitar y sumamente incómoda con su desvelo.

Transcurrió una hora, después dos y ella seguía sola. ¿Qué podía haber pasado? ¿Debería ella levantarse o quedarse en la cama? Confusa y nerviosa alertó el oído por si percibía pasos que se acercaban por el corredor exterior. Por último los oyó. Pero cuando se abrió la puerta de la habitación, quien entró no era Pedro sino la nueva asistente de Catalina, madame Kraus, quien le informó, con un júbilo disimulado, que su marido todavía estaba esperando su cena y que cuando terminara de comer se reuniría con ella.

Catalina permaneció en la cama, escuchando las campanadas del reloj mientras su mente era un laberinto de especulaciones y preocupaciones. Después de lo que le pareció una eternidad la puerta volvió a abrirse y allí estaba Pedro, tambaleándose con su jubón plateado y una sonrisa ebria en su rostro desfigurado. Bamboleándose, enfiló hacia la cama mientras trataba de sacarse la ropa y se desplomó junto a ella. No pasó mucho tiempo antes de que comenzara a roncar y Catalina, más perpleja que aliviada, cerró los ojos y trató de conciliar el sueño.

Capítulo 7

Imprevisible, suspicaz, vorazmente comilona, magnífica incluso en su obesidad, la emperatriz Isabel cruzaba a grandes zancadas la corte rusa como un coloso y mantenía a todos los que la rodeaban en un constante estado de temor. El hecho de que pudiera ser generosa y compasiva, incluso afectuosa, no lograba disipar este miedo, pues su naturaleza discordante era el núcleo de su poder; nadie sabía cuándo ese carácter suyo encantador y risueño podía verse reemplazado por una furia violenta que terminaba en salvajes represalias.

Cada vez que ella hacía algo inesperado, sus cortesanos temblaban. Si no llegaba a tiempo para el comienzo de un baile, la esperaban, conscientes del paso del tiempo y cada vez más nerviosos, mientras especulaban cuál sería la razón de ese retraso. ¿Estaría acaso interrogando a alguien que la había disgustado? ¿O estaría instruyendo a Bestuzhev para que enviara a alguien a Siberia? Miles de personas ya habían sido deportadas a ese lugar y cada mes partían más con ese destino. ¿Estaría investigando algún complot, real o imaginario, para destronarla? Y, en ese caso, ¿quién sería el siguiente en convertirse en sospechoso?

Cuando viajaba, cualquier desviación del itinerario previsto era tomado como indicación de que algo, probablemente desagradable, estaba preparándose. En un viaje realizado en 1746, camino a Riga, acompañada como de costumbre por casi todos los integrantes de la casa imperial, Isabel de pronto ordenó que la totalidad de esa procesión gigantesca se detuviera. Nadie sabía por qué. Entre los sirvientes, los funcionarios y los nobles cundió la alarma. Transcurrieron horas. Tiempo después se vio su carruaje avanzar a toda velocidad por el camino a San Petersburgo. ¿Por qué de pronto había decidido volver? Muchas horas más tarde, corrió el rumor de que había recibido una advertencia misteriosa por parte de un sacerdote luterano en el sentido de que unos asesinos la aguardaban en Riga. Si no emprendía el regreso, se enfrentaría a una muerte segura. Inmediatamente todos se convirtieron en sospechosos y el viaje se abortó.

Era imposible prever los estados de ánimo de Isabel o anticipar sus caprichos. Con la misma velocidad con que cambió de idea con respecto a visitar Riga, cambiaba de idea acerca de otros planes, cancelando cuidadosos preparativos y dejando boquiabiertos a los frustrados integrantes de su frustrado entorno. Movida por un impulso, con frecuencia la emperatriz ordenaba que toda su corte fuera con ella al campo para un picnic o acampara para pasar allí la noche; se preparaban deprisa los carruajes y los caballos, se ordenaban las carpas y se preparaba la comida. Sin embargo, no pocas veces el lugar donde ella quería acampar resultaba estar embarrado, las carpas llegaban tarde y una repentina tormenta de lluvia frustraba las posibilidades del picnic.

Las mujeres de la Corte eran las principales víctimas de Isabel. Ella las sometía a un cuidadoso escrutinio para averiguar si el rostro de alguna de ellas era más radiante que el suyo, si algún par de ojos resultaba más atractivo que el suyo, si los pechos de alguna eran más grandes y seductores. Desafiar sus atractivos era ser víctima de su ira: no era raro que Isabel ordenara a una mujer con un vestido hermoso que abandonara la habitación y se lo quitara sin tardanza, y con el tiempo todas las mujeres de la Corte tuvieron que aprender el arte de vestirse bien sin eclipsar a su emperatriz. Sin embargo, sabían que al mismo tiempo era capaz de conmoverse con una ternura casi maternal; le gustaba destacar a una mujer hermosa, tomarle la cara con las manos, murmurarle elogios a la ruborizada objeto de su admiración y llenarla de regalos y privilegios.

En el invierno de 1746 la emperatriz intempestivamente impartió la orden de que todas las mujeres de la Corte debían afeitarse la cabeza. Ellas obedecieron entre gemidos y llantos sin saber el motivo de esa orden y lamentando amargamente la pérdida de su gloriosa corona pilosa. Isabel se había enterado de que en las monarquías occidentales estaba muy de moda el pelo negro. Como estaba decidida a que su corte no fuera menos, les envió a sus cortesanas pelucas negras para que las usaran sobre su cabeza rapada y ella misma también usó una. Durante toda la temporada la plaga de las pelucas negras reinó en los bailes y las reuniones sociales. Contrarrestaban con las sedas color pastel y los damascos, que eran la moda prevaleciente, y más todavía con la tez clara de la mayor parte de las mujeres rusas. Incluso las visitantes transitorias a la Corte estaban obligadas a obedecer ese dictado imperial y ocultar su pelo bajo burdas pelucas color negro carbón. Pero la emperatriz se sentía encantada; había creado un oasis de buen gusto entre los páramos de Rusia y su corte estaba a tono con las mayores sofisticaciones de Francia. Las pelucas negras, mal peinadas y nada acordes con quienes debían usarlas, siguieron siendo obligatorias hasta la primavera cuando, con el permiso de la emperatriz, a las mujeres se les permitió quitárselas y ser vistas con su propio pelo en pleno crecimiento.

La emperatriz era extrañamente contradictoria, en especial en lo referente a puntos tan básicos como la comida, la ropa y el sexo.

En lo que tenía que ver con la comida, cedía a los ataques más atroces de glotonería: se atiborraba de cerdo en escabeche, patés franceses y suculentos panes y pasteles. Importó chefs de Francia y los mantenía ocupados en aprovisionar su mesa con alimentos deliciosos y ricos en calorías. Le encantaba la fruta fresca como los duraznos y las uvas, y como sólo crecían en los extremos más meridionales de su reino, ordenó la construcción de un camino especial que conectara Moscú con Astracán. A lo largo de sus más de mil novecientos kilómetros pasaban al galope jinetes veloces que transportaban fruta especialmente embalada en canastas de mimbre. Sin embargo, con frecuencia su glotonería se veía reemplazada por abstinencia y, cuando la iglesia prescribía ayuno, Isabel se privaba grandemente y enfurecía cuando quienes la rodeaban no enflaquecían por alimentarse sólo con hongos y agua.

Nadie sabía cuántos trajes caros había en el inmenso guardarropa de la emperatriz. Se calculó que serían quince mil, cada uno envuelto en metros y metros de seda y guardado en un monumental baúl de cuero. Las modistas amasaban fortunas al servicio de Isabel, aunque ella siempre les debía dinero y a menudo las hacía esperar años para saldar esas cuentas. Igual, Isabel gastaba sin control, como si sus recursos no tuvieran fin, en galones de satén y muchos metros de encaje, bordados delicados y cadenas de pimpollos de rosa de satén. Para hacer juego con sus muchos vestidos tenía incontables pares de calzado de taco alto, baúles de medias y guantes de seda y arcones de joyas y adornos para el pelo. No obstante, en cuestiones de ropa de pronto ella podía volverse austera y presentarse con el atuendo negro y sencillo de quienes están de duelo o castigar a sus mujeres por no adoptar formas de vestir más simples. Su atuendo concordaba con sus estados de ánimo; a veces reflejaba una sutil frivolidad, otras veces una piedad sombría, y nadie podía saber de antemano en qué medida su propia forma de vestir chocaría con el estado de ánimo de la emperatriz y tendría como resultado un estallido de enojo imperial.

En lo referente a hombres, Isabel satisfacía sus apetitos sin ninguna limitación. Alexei Razumovsky, un hombre de pelo y ojos negros, sumamente bien parecido y amable, no fue suficiente para ella. Había tenido amantes desde los catorce años y, como emperatriz, favoreció a muchos hombres con una invitación a compartir su lecho. Todos eran muy bien recompensados después. Cuando sus cortesanos violaban su fidelidad conyugal, sin embargo, la respuesta de Isabel era imprevisible. En ocasiones hacía la vista gorda y en otras se mostraba cruelmente crítica. Debajo de su exterior sensual existía una amplia veta puritana y cada tanto ella se sumía en una cólera indignada cuando se enfrentaba a cualquier señal de inmoralidad. Recorría con pasos vehementes los salones de sus palacios en busca de todos aquellos que tenían relaciones ilícitas, perseguía a cortesanas y a otras mujeres "despreciables" y ordenaba a sus oficiales que las encarcelaran. Al igual que la emperatriz austríaca María Teresa, cuya vida personal era irreprochable y quien creó una Comisión en Favor de la Castidad que regulaba la moral de quienes la servían, la emperatriz Isabel nombró una comisión encargada de descubrir y penalizar a las adúlteras y, si bien sus esfuerzos en esta dirección fueron esporádicos, ello contribuyó a volverla más temible.

A los observadores los sorprendió el temperamento quijotesco de Isabel. Para el emperador Federico, que no la conocía personalmente pero estaba bien informado por su embajador, parecía ser una mujer "reservada pero entretenida, que detestaba el trabajo y no estaba capacitada para gobernar". Lady Rondeau, esposa del embajador británico en la corte rusa y una jueza perceptiva del carácter de las personas, opinó que la emperatriz era adorable pero poseía una personalidad escindida. "En público presenta una jovialidad genuina y cierto aire de frivolidad." Lady Rondeau escribió en sus memorias de Rusia, que "parecen ocupar por completo su mente, pero en privado la he oído hablar con tan buen sentido y firme razonamiento que estoy persuadida de que su otra conducta es fingida".

También Catalina pensaba que la emperatriz era sumamente inteligente y que lo disimulaba con su exterior siempre en busca de los placeres y sus caprichos. "La pereza le impedía aplicarse a cultivar su pemente", escribió Catalina. Sin duda estaba convencida de que la pereza y la vanidad eran los vicios que dominaban a Isabel y la convertían en esclava de la autocomplacencia y de los aduladores que la rodeaban. La belleza de Isabel, que en otra mujer podría haber conducido a la confianza en sí misma, a ella sólo la hizo sentir rivalidad y celos, en especial mientras se acercaba a los treinta años y su belleza comenzaba a marchitarse. Su pelo seguía siendo de un precioso color cobrizo natural, pero las mejillas necesitaban rubor, los labios habían perdido su tonalidad y los ojos, que Catalina describía como "iguales a los de un pájaro delicioso y feliz", eran ahora de un azul menos intenso de lo que habían sido antes.

Era, en parte, un intento de negar el paso del tiempo que le robaba sus atractivos el que la emperatriz buscara olvido en una actividad frenética. Desde que se levantaba, generalmente tarde por la mañana, hasta que se volvía a acostar –a menudo al amanecer–, Isabel se mantenía ocupada con pasatiempos y placeres que llevaban mucho tiempo. Siempre en actividad, cabalgaba, cazaba, emprendía viajes, visitaba monasterios, atendía sus devociones y, por la noche, presidía majestuosos banquetes y bailes. Asistía a servicios religiosos por lo menos tres veces por día y más a menudo en las frecuentes temporadas de ayuno, y pasaba muchas horas en oración. Le llevaba más horas aún su toilette, que la vistieran y la peinaran y la pintaran, y pasaba todavía más tiempo con sus modistas y joyeros. Y mientras todo esto sucedía, en medio de quejas la emperatriz atendía los asuntos urgentes que su canciller le presentaba, conseguía apoyo de sus informantes por sus siempre presentes sospechas y ventilaba su furia sobre los que caían en desgracia.

Sus noches, sobre todo las largas noches de invierno, eran lo peor, porque se distendía, su corpulento cuerpo buscaba descanso y le costaba mucho más distraerse de las realidades más sombrías de su vida. Los miedos y las sospechas la acosaban, recordaba que se estaba librando una guerra en la frontera occidental de Rusia y que, en el gran tablero de ajedrez de la política europea, por el momento Rusia y sus aliados estaban perdiendo. A pesar de su fuerte resistencia para con los trabajos serios, Isabel no estaba por completo sorda a los pedidos de Bestuzhev en el sentido de que reflexionara sobre la difícil situación en que Rusia estaba metida; la acosaba, lo mismo que la cuestión de su sucesor.

Su sobrino, enfermo y con la cara picada de viruela, seguía decepcionándola. Después de haberlo nombrado su heredero, ella no se sentía más segura, como había esperado, pues él parecía tener un talento especial para alienar a las personas. Y no mejoraba al tener más edad. El matrimonio no lo había hecho madurar; por el contrario, en lugar de asumir sus responsabilidades con seriedad, se estaba retrayendo cada vez más a sus fantasías juveniles y no demostraba ninguna capacidad para gobernar. En cuanto a su esposa, la alemana Catalina, Isabel no estaba satisfecha con ella. En lugar de quedar embarazada inmediatamente, como era su deber, Catalina seguía estando tan delgada como un junco y día a día se volvía más atractiva, lo cual era inquietante. No era la reproductora robusta y obediente que Isabel había esperado sino algo totalmente distinto: era demasiado inteligente, demasiado sociable, demasiado astuta para juzgar a la gente y aprendía con demasiada rapidez. Hacía que Isabel se sintiera incómoda.

Isabel tenía miedos: de la oscuridad, de estar sola, de ser destronada o asesinada mientras dormía. Ella misma había llegado al trono gracias a una conspiración para derrocar a su predecesora Ana Leopoldovna, regente del infante emperador Iván VI, llevada a cabo cierta noche mientras Ana dormía. Fácilmente podía volver a ocurrir.

Todas las noches Isabel enviaba a las mujeres de su corte a buscar una habitación donde pudiera dormir sin correr peligro. Rara vez dormía en el mismo cuarto más de una noche, confiando en que si continuaba en movimiento, eso contribuiría a despistar a los asesinos que la acechaban. Una vez que estaba instalada en su dormitorio temporario, igual le daba mucho miedo dormir, así que congregaba junto a ella a mujeres muertas de sueño y las obligaba a hablarle y a contarle todos los chismes que circulaban en la Corte, por triviales que fueran y, además, a contarle sus aventuras amorosas y confesarle sus sueños más recónditos. Mientras hablaban le hacían cosquillas en las plantas de los pies para mantenerla despierta y entretenida y para distraerla de sus temores.

A los pies de la cama, sobre un colchón delgado se acostaba su guardaespaldas, el fornido Shulkov, un ex fogonero con brazos gruesos y musculosos y un aspecto amenazador para cualquiera que se acercara demasiado a su señora. Shulkov protegía a Isabel desde que ella era una criatura, y la emperatriz confiaba mucho en su fuerza. Sin embargo, sabía que incluso Shulkov, aunque armado y con aspecto intimidatorio, no sería rival de una banda inteligente de asesinos que se introdujeran en su cuarto en la quietud de la noche y lo tomaran de sorpresa. Por esa razón, ella permanecía despierta hasta el amanecer, examinando las sombras y con el oído alerta a las pisadas amortiguadas que podrían significar que el fin de su reinado estaba cerca.

Catalina, siempre en la temible órbita de la emperatriz pero rara vez congraciada con ella en los meses que siguieron a su matrimonio, temblaba y se preocupaba como todo el mundo y luchaba para desviar los caprichos airados de Isabel. Padecía todo el tiempo terribles dolores de cabeza, fiebres e inflamaciones de garganta fruto de ser arrastrada de un grupo de apartamentos expuestos a corrientes de aire a otro y por los viajes largos y cansadores. Soportó la ansiedad de saber que estaba constantemente bajo sospecha y que entre los cortesanos falaces y maquinadores -quienes, como escribió en sus memorias, "se odiaban todos mutuamente con cordialidad", y todo el tiempo se entregaban a sucias intrigas-, ella era tema de infinitos chismes y acusaciones. Comprendió que la emperatriz sospechaba que ella se proponía subvertir sus metas, que era una espía como Juana había intentado serlo, que la acusaba de desobediencia y deslealtad. Y sabía también que la emperatriz no sólo propinaba golpes libremente sobre aquellos de quienes desconfiaba -las mujeres de su entorno, sus funcionarios, incluso sus amigas y sus amantes- y cada tanto les provocaba verdaderas lesiones, sino que a menudo los enviaba al exilio. Sabiendo todo esto y sabiendo también que Isabel la vigilaba con atención en busca de indicios de embarazo, Catalina trató de portarse bien y de mantenerse a cierta distancia de ella.

La traición rodeaba a Catalina, quien ya no sabía en quién confiar. Las criadas eran sobornadas o chantajeadas para que actuaran en forma desleal; aquellos en los que ella más podía confiar eran alejados por órdenes de la emperatriz. Su fiel valet Timofei Yevrenev permaneció junto a ella como gran favor por parte de Isabel, pero cada mes despedían a otros, por lo general aquellos a los que más se había apegado Catalina, quien se veía obligada a tolerar esa pérdida en silencio. Abundaban los rumores y las acusaciones. Personas maliciosas se acercaban a Catalina con historias de infidelidades de Pedro: el conde Divier le contó que Pedro estaba enamorado de una de las damas de honor de Isabel y, más adelante, que él había descartado su primer amor por otra mujer del círculo interior de la emperatriz. A oídos de Pedro e Isabel llegaron historias de que Catalina flirteaba con este o aquel caballero de la Corte, que estaba arreglando una cita secreta, que deliberadamente frustraba los intentos de Pedro de ganarse su amor, que era una mujer fría y calculadora y no haría lo que se esperaba de ella. "Traidora" era la palabras que se susurraba con mayor frecuencia a sus espaldas, y ella lo sabía.

Antes de la boda Catalina había conseguido hacer a un lado las tensiones bajo las cuales vivía cuando estaba en compañía de jóvenes amigas. Ahora, sin embargo, su nueva ama de llaves madame Kraus prohibía esas reuniones. Catalina era aislada, confinada durante muchas horas cada vez, impedida de participar en sus pasatiempos preferidos porque la emperatriz no quería que ella corriera el menor riesgo físico. Al menos, esa era la interpretación más bondadosa de las reglas estrictas que le impusieron, y ella trató de recordarlo cuando estaba encerrada adentro, sola, las tardes calurosas de verano, deseando poder intervenir en las partidas de caza con el resto de la casa real y extrañando los prolongados paseos a caballo que tanto amaba.

Durante el otoño y el invierno, cada semana se realizaban dos bailes de disfraces, uno en el palacio y uno en casa de algún individuo eminente. Los bailes eran formales y ceremoniosos y los pocos asistentes estaban tensos y cohibidos detrás de sus antifaces y desesperados por demostrar su importancia y su habilidad para seguir el protocolo. A la emperatriz le encantaba hacer una entrada solemne en dichos bailes: hacía una pausa junto a la puerta para adoptar una pose atractiva con su atuendo ondeante y con todas las enjoyadas Órdenes del imperio brillando sobre su pecho. A menudo abandonaba el salón y regresaba una o dos veces en el curso de una velada, cada vez con un atuendo diferente.

A Catalina no le quedaba más remedio que asistir a esos bailes y tratar de comportarse como si se estuviera divirtiendo, a pesar de la monotonía de la compañía y de los flirteos de su marido. "Yo simulaba estar pasándolo bien", recordó muchos años más tarde, "pero en el fondo me sentía mortalmente aburrida." El aburrimiento la perseguía. En una corte en la que sólo la mitad de los nobles sabía leer (en líneas generales, las mujeres eran más educadas que los hombres) y quizás una tercera parte sabía escribir, en la que la ignorancia abundaba y el ingenio y el arte de la conversación eran cultivados sólo por unos pocos, Catalina estaba hambrienta de estar con alguien compatible con ella. Cada tanto, pero no muy a menudo, un visitante como el conde sueco Gyllenburg aparecía en escena y contribuía a elevar el nivel intelectual. Pero, en general, escribió Catalina, "no tenía sentido tratar de hablar de arte o de ciencia, porque no había nadie culto. Los insultos se consideraban comentarios inteligentes".

Cuando no tenía que protegerse de la malicia de los otros o era objeto de un escrutinio inquietante, nadie le prestaba atención y Catalina se sumía en el tedio. "Ninguna diversión, ninguna conversación, nada que me nutriera, ninguna bondad, ninguna atención endulzaba este tedio", escribió, rememorando aquellos días. No era de sorprender que llorara y sintiera desazón cuando las mujeres de su corte la descubrían llorando y llamaban al médico.

El doctor Boerhave, un hombre educado que estaba al tanto de la tensión y las privaciones que Catalina tenía que soportar, se mostró afectuoso y comprensivo cuando lo llamaron para que la atendiera. Sabía que la causa de sus dolores de cabeza y de su insomnio, de su llanto y su decaimiento eran tanto los miedos como la debilidad física, y que cuanto más tiempo pasara sin poder dormir, más probable era que contrajera sarampión -cosa que le había sucedido, dos veces- y sucumbiera a infecciones de tipo respiratorio. Durante los inviernos sumamente fríos ella sufría de resfríos de "doce pañuelos por día", escupía sangre y al médico le preocupaba la posibilidad de que tuviera una infección en los pulmones. Cierta mañana le examinó la cabeza antes de que entrara la peluquera y descubrió que, aunque apenas tenía diecisiete años, sus huesos del cráneo todavía no estaban bien formados y parecían los de una criatura de seis. Dijo que sus dolores de cabeza se producían cuando el aire frío se filtraba por la fisura que tenía en el cráneo.

Le dolían los dientes. Con frecuencia cuando se sentía muy mal y tenía las mandíbulas apretadas por el dolor, debía soportar una larga tarde de cortesías y no hacía más que desear y rogar al Cielo poder irse y sufrir a solas su desdicha. Durante muchos meses una de sus muelas de juicio la hizo sufrir mucho hasta que, con gran ansiedad, aceptó que se la extrajeran.

El cirujano de la Corte, inepto y sin duda muy asustado por lo que le podía pasar si su trabajo contrariaba a la emperatriz, tomó sus pinzas y le pidió a la gran duquesa que abriera la boca. Ella se preparó a su arremetida sentada en la silla de madera, con uno de los valets de Pedro sosteniéndole uno de sus brazos y el doctor Boerhave, el otro. Las crueles pinzas entraron en su boca, el cirujano las hizo girar y retorcer mientras la víctima aullaba de dolor, las lágrimas brotaban de sus ojos y su nariz "chorreaba como el pico de una tetera". Con un tirón terrible y definitivo, el cirujano extrajo la muela... junto con un trozo de hueso. Ahora la sangre manaba a borbotones, empapando el traje de Catalina y manchando el piso, y ella sintió que toda su cara estaba en llamas.

Justo en ese momento se asomó a la puerta la emperatriz y, al ver el sufrimiento de Catalina, también ella rompió a llorar. El médico le informó lo que le estaban haciendo y la misma Catalina, a medida que la hemorragia comenzó a disminuir, le dijo a Boerhave que el cirujano sólo había logrado extraerle parte de la muela y que una de las raíces todavía estaba incrustada en su mandíbula herida. El cirujano, petrificado, trató de localizarla con un dedo, pero Catalina no se lo permitió.

Los sirvientes llevaron palanganas y paños tibios y cataplasmas de hierbas para que se las pusiera en la herida, el cirujano comenzó a pasearse nerviosamente por la habitación y, al cabo de varias horas, Catalina pudo recostarse y descansar. Uno o dos días depués podría comer nuevamente. El fuerte dolor de muelas había desaparecido, aunque tuvo la mandíbula y el mentón amoratados durante varias semanas y sus dolores de cabeza y su insomnio persistieron.

Catalina estaba decidida a evitar una fuente de dolor. Pocos días después de su boda se hizo el firme propósito de no enamorarse nunca de su marido. "Si él hubiera sido cariñoso, aunque sólo fuera un poquito, yo podría haberlo amado", escribió. "Pero me dije: 'Si amas a ese hombre, serás el ser más desdichado de la Tierra'." Se sermoneó a sí misma con severidad y se recomendó mantenerse alejada del muchacho despreciable y a veces malvado con quien ahora estaba casada. "Siempre te hace a un lado", se dijo, "habla sólo de muñecos... y le presta más atención a cualquier otra mujer que a ti." Obstinada y perspicaz, Catalina tenía plena conciencia de lo descabellado que sería encariñarse con su marido. En el mejor de los casos él sería un amigo para ella, nunca su amor adorado.

Y, de hecho, la vida conyugal de ambos no favorecía el amor entre ambos. Entre ellos no existía intimidad sexual, Pedro parecía totalmente indiferente a Catalina como ser sexual y, por lo que ella había oído, les decía a sus sirvientes que el atractivo de Catalina era muy inferior al de su actual amor, *fräulein* Karr. "En lo referente a esa relación era tan discreto como un escopetazo", escribió Catalina en sus memorias.) Vivían en apartamentos separados y, aunque Pedro dormía todas las noches en la cama de Catalina, insistía en vestirse y desvestirse en sus propios aposentos y llevaba una existencia tan independiente como antes de su matrimonio. Parecía no tener ningún apuro en tener un hijo; aunque sabía perfectamente bien que su tía confiaba en que tendría hijos con su nueva esposa, él no prestó atención a esas expectativas, quizá porque sabía que Catalina cargaría con la culpa de no tenerlos. Es posible que él fuera impotente. Enfermaba a menudo, su médico acudía con frecuencia a sus habitaciones para realizarle una sangría y a comienzos de 1746 contrajo una fiebre severa que le duró casi dos meses.

Una vez más, mientras el gran duque luchaba por recuperarse de una enfermedad grave, la emperatriz entró en pánico con respecto a su sucesión. Si Pedro llegaba a morir antes de que Catalina quedara embarazada, los esmerados planes forjados por ella a lo largo de varios años, los preparativos para la boda y toda la secuencia de acontecimientos tendientes a culminar en el nacimiento de un hijo que continuara la dinastía Romanov habrían sido en balde.

La fiebre de Pedro cedió, pero transcurrieron meses y Catalina seguía sin presentar señales de embarazo. Después de casi un año de matrimonio, era estéril. Isabel creía conocer la razón.

Los rumores corrían desde hacía bastante tiempo. Se decía que la gran duquesa estaba enamorada de Andrei Chernyshev, uno de los valets de Pedro. La habían descubierto a solas con él en una situación comprometida. Ella le había entregado su corazón; apasionadamente enamorada de él, no podía ser una esposa para Pedro y, por ende, no tenía hijos.

Todos estos rumores llegaron a oídos de la emperatriz. Ella los escuchó, los fue filtrando durante sus horas nocturnas de vigilia y meditó sobre qué forma de castigo sería la más adecuada para la traición de Catalina. Les ordenó a Catalina y a Pedro que fueran a confesarse y le dijo al sacerdote que interrogara cuidadosamente a Catalina. ¿Había besado a Chernyshev? Catalina lo negó con vehemencia. El sacerdote le transmitió esa negativa a la emperatriz, junto con su opinión en el sentido de que la gran duquesa era sincera. Pero los rumores continuaron y las sospechas de la emperatriz se incrementaron hasta que, finalmente, cansada de esperar que la naturaleza siguiera su curso y convencida de que Catalina estaba poniendo en peligro el reino por su infidelidad, decidió tomar cartas en el asunto.

Sin anunciarse, entró en el departamento de Catalina y descubrió a la muchacha con los brazos vendados. Catalina había sufrido intensos dolores de cabeza durante varios días y el cirujano le había practicado una sangría para tratar de aliviarla. Al ver a la emperatriz, cuya expresión era feroz, el cirujano y los sirvientes abandonaron deprisa la habitación, dejando a la sorprendida Catalina sola para enfrentarse a Isabel.

Catalina, que describió la escena en sus memorias, recordó haberse sentido tan asustada que estaba segura de que Isabel la golpearía. Rara vez había tenido oportunidad de ver una expresión de furia tan intensa, y se sintió impotente e indefensa cuando la emperatriz comenzó a pasearse de aquí para allá frente a ella y después la acorraló contra la pared y con tono tremebundo la acusó de haber traicionado a Pedro con otro hombre.

"¡Sé que amas a otro!", no hacía más que gritar hasta ponerse en semejante estado de furia que los criados de Catalina, ocultos del otro lado de la puerta, se convencieron de que su ama estaba en peligro de muerte. Madame Kraus, como no sabía qué hacer, corrió a las habitaciones de Pedro, lo sacó de la cama y le dijo que fuera enseguida a rescatar a su esposa.

Pedro se puso una bata y fue lo más rápido que pudo. Tan pronto entró en el cuarto donde estaban las dos mujeres, la atmósfera cambió. Isabel se apartó y Catalina pudo alejarse de la pared, recuperar poco a poco el aliento y secarse la cara cubierta de lágrimas mientras seguía jadeando. De pronto la emperatriz se dirigió a Pedro afectuosamente y le habló con un tono normal de voz, sin prestar ninguna atención a Catalina. Permaneció un momento más en la habitación, sin mirar a Catalina en ningún momento, y luego se fue.

La alarmante escena había terminado... por el momento. Pedro fue a su dormitorio para vestirse para la cena y Catalina, todavía estremecida, se sentó y trató de recuperar la compostura. Se lavó la cara y se vistió, sabiendo que cuando emergiera de sus aposentos para ir a cenar ya el rumor del terrible incidente habría llegado a oídos de todos los moradores del palacio. Más tarde escribió: "tenía la sensación de tener un cuchillo clavado en el pecho", a pesar de lo cual logró, echando mano de todo su control, cenar con aspecto calmo.

Después de cenar, todavía muy mortificada, se dejó caer en un sofá y trató de leer. Pero no podía concentrarse y las palabras se volvían borrosas en la página. Mentalmente seguía viendo otra imagen, la de la emperatriz, con mirada feroz y la cara encendida, gritándole y sacudiendo el puño y diciendo una y otra vez que era culpa suya no tener hijos.

Capítulo 8

El canciller Bestuzhev estaba muy contrariado. La emperatriz no sólo había desatendido su consejo al elegir a la princesa de Anhalt-Zerbst para casarla con su sobrino y heredero, sino que estaba tolerando lo intolerable: que la princesa todavía no estuviera embarazada.

En opinión del canciller, Pedro y Catalina eran dos criaturas díscolas y malcriadas, a las que era preciso tener a rienda corta. Decidió que la mejor manera de hacerlo era nombrar tutores nuevos y estrictos que los disciplinaran. Redactó instrucciones para dichos tutores, una vez que fueran nombrados, y se las presentó a Isabel en mayo de 1746.

Las instrucciones para el nuevo tutor de Catalina subrayaban la importancia central de las obligaciones reproductoras de la gran duquesa. Bestuzhev escribió que era preciso hacer que Catalina entendiera que había sido elevada al rango imperial con la única finalidad de proporcionarle un heredero al trono y que nada debía interferir el cumplimiento inmediato de esa meta: ni las amistades personales ni jugueteos con "caballeros, pajes o sirvientes de la Corte", ni encuentros clandestinos con representantes de poderes extranjeros y, por cierto, ni familiaridades ni flirteos con nadie. Era imperativo que el nuevo tutor fijara un patrón de conducta para la gran duquesa, un patrón en el que se evitara la frivolidad y la superficialidad y se cultivara la seriedad, junto con la devoción y la fidelidad propia de una esposa.

En sus instrucciones, Bestuzhev insistía en que, al mismo tiempo, el nuevo tutor de Pedro debía contrarrestar los malos efectos de su pésima crianza. Había que obligar a Pedro a madurar y poner coto a sus lamentables hábitos. Ahora que era un hombre casado, era preciso hacerle entender que tenía nuevas y muy serias obligaciones. Debía evitarse que malgastara su tiempo con soldados vulgares y lacayos ignorantes, obligarlo a renunciar a sus regimientos de soldaditos de madera y hacerlo adoptar una actitud digna y modales corteses.

Las instrucciones de Bestuzhev revelan lo raro que era Pedro: sus brazos y piernas se sacudían y se crispaban todo el tiempo, su cara llena de cicatrices era una máscara grotesca de ceño fruncido y expresiones payasescas, su manera de hablar era repugnante y su diversión favorita era verter vino sobre la cabeza de sus siervos durante la cena. Había una cualidad maníaca en los pasatiempos de Pedro: se carcajeaba y cloqueaba en la iglesia durante los servicios religiosos y provocaba a los dignatarios contándoles chistes de mal gusto. Su pronunciada veta cruel tenía bastante de locura. La gente decía que estaba loco o que pronto lo estaría, y desviaba la mirada de sus ojos con expresión a veces salvaje.

El canciller le entregó sus recomendaciones escritas a la emperatriz y ella finalmente las leyó dos semanas más tarde. Decidió nombrar tutora de Catalina a su prima hermana María Choglokov, una bonita mujer joven de poco más de veinte años, quien, aunque bastante estúpida, poseía un fuerte sentido de propiedad y no era probable que fuera susceptible a los encantos de Catalina ni cayera en sus ardides. Sin sentido del humor, nada imaginativa y con inclinación a sentirse resentida, María era, no obstante, una esposa modelo que adoraba a su apuesto marido y ya le había dado varios hijos. Más que alguna de sus otras cualidades, fue su fecundidad lo que más atrajo a Isabel; María estaba siempre embarazada, y la emperatriz confiaba en que, al ponerla a cargo de Catalina, algo de esa fertilidad se le contagiaría a la gran duquesa.

En lo relativo a Pedro, el problema era más difícil. Los tutores del gran duque y su gobernador Brümmer, quien se había encariñado con Catalina y "la amaba como a una hija", no fueron fáciles de reemplazar. Isabel eligió al príncipe Repnin, un aristócrata culto cuyos gustos refinados -esperaba- lograrían con el tiempo elevar los de Pedro, que eran aberrantes. Ocurrente, galante y sociable, el príncipe era también un militar, de hecho un general, y poseía el candor propio de un soldado y un gran sentido de lealtad. Si Repnin conseguiría controlar, para no hablar de transformar, al obstinado gran duque era una pregunta que todavía no tenía respuesta. Pero, por el momento, era Catalina quien concentraba toda la atención de la emperatriz.

Hubo aun otra purga entre los criados de Catalina y Pedro, y fueron despedidos los preferidos. En el período que siguió a esta purga, en que los sirvientes que permanecieron en sus puestos se sintieron mortificados y ansiosos, según Catalina escribió en sus memorias, ella y Pedro compartieron "algunas tristes reflexiones".

Esa misma tarde el canciller fue a visitar a Catalina y llevó con él a la malhumorada y embarazada María Choglokov. Tan pronto Catalina la vio, estalló en llanto. "Fue como un trueno para mí", recordó. María no sólo era secuaz de ese canciller enemigo, sino que se sabía que era una persona despreciable y rencorosa y, Catalina, que había estado sufriendo bajo los "ojos de Argos" de madame Kraus, ahora previó que estaría sometida a un escrutinio incluso peor: lleno de malicia.

Las lágrimas de Catalina comenzaron a fluir incluso con más intensidad cuando el canciller anunció que la emperatriz había nombrado a María Choglokov su ama de llaves principal. Las dos mujeres casi enseguida cruzaron sus espadas, aunque Catalina, entre sollozos, aseguró que "las órdenes de la emperatriz eran una ley inmutable" para ella y que desde luego obedecería ese cambio en su entorno. Transmitiendo lo que pensaba Isabel, María acusó a Catalina de ser obstinada. Catalina quiso saber qué había hecho para ser objeto de esa acusación, y María le retrucó ásperamente que ella se lo había dicho por orden de la emperatriz y que no había más que decir.

Fue un mal comienzo y las cosas empeoraron rápidamente. María Choglokov rara vez permitía que Catalina quedara fuera de su vista, y Catalina se transformó en su prisionera. Pasaban hora tras hora juntas, la correcta, pesada y aburrida chaperona y la gran duquesa, una mujer mercurial, enérgica e inteligente, a quien se le negaba la compañía de sus compañeras preferidas y se la obligaba a soportar el tedio de las correcciones constantes de María. Con frecuencia Catalina no tenía nada que hacer salvo leer, y se concentraba con gusto en sus libros, mientras marcaba los días por el tamaño de la panza de su chaperona y rogaba que María diera a luz pronto para que ella, Catalina, tuviera algunos días de respiro de esa vigilancia incesante y esa lengua cruel.

A Catalina le estaba permitido pasar algún tiempo con Pedro, pero su contacto con todos los demás estaba muy limitado. María les prohibió a los miembros de la servidumbre de Catalina que conversaran con ella. "Si llegan a decirle más que sí o no", le dijo la tutora a cada uno, "le diré a la emperatriz que están complotando contra ella, pues son bien conocidas las intrigas de la gran duquesa." Temiendo ser víctimas de la ira de la emperatriz, los que trabajaban en los apartamentos de Catalina estaban más que ansiosos de no dar la impresión de deslealtad, de modo que servían a su ama en silencio y aumentaban así su aislamiento.

Nadie podía hablar con Catalina sin despertar sospechas en María, e incluso el más insignificante de los elogios la hacía desconfiar. "Ese invierno", recordó Catalina en sus memorias, "pasé gran parte del tiempo ocupada en mi aspecto. La princesa Gagarin me decía a menudo, furtivamente y a escondidas de madame Choglokov -pues para ella era un delito terrible que alguien me elogiara, aunque sólo fuera al pasar- que yo me estaba volviendo día a día más hermosa." En su aislamiento, siéndole negadas sus recreaciones habituales, Catalina pasaba cada vez más tiempo frente al espejo, y contrató a un hábil peluquero, un jovencito kalmuk, para que la peinara dos veces por día. El pelo de Catalina era envidiablemente grueso y se curvaba de manera atractiva alrededor de su cara. Isabel la había eximido de tener que afeitarse la cabeza y usar la ubicua peluca negra, y su pelo fluía lujuriosamente por su espalda -para envidia de las otras mujeres- y, como no se lo empolvaba, su atractivo color cobrizo despertaba una admiración universal.

Esas lisonjas llegaron a oídos de Catalina, aunque sólo fuera en susurros. Alguien le dijo que el embajador sueco Wolfenstierna la consideraba "muy hermosa", lo cual hizo que ella se sintiera turbada cuando, en raras ocasiones, se le permitía hablar con él. ("Por modestia o coquetería, no sé bien cuál de las dos", escribió tiempo después, "lo cierto es que la turbación era real.")

Catalina florecía, pero allí estaba María para poner escarcha sobre su florecimiento, para deprimirla y frenar su entusiasmo. "¡Iré a informárselo a la emperatriz!", anunciaba María cada vez que percibía un dejo de frivolidad o de desorden -y, tal como lo describió Catalina, "llamaba desorden a todo lo que no fuera un aburrimiento total"-. Para inducir un estado de ánimo más serio, María puso en efecto el deseo de la emperatriz de que Catalina y Pedro sumaran a su asistencia diaria a misa dos otras observancias religiosas: maitines y vísperas. E hizo todo lo posible para estar segura de que cada vez que ellos salían del palacio real, fuera para asistir a un evento social o para seguir a la peripatética emperatriz en sus paseos por el campo, y no volvieran a caer en sus antiguas actitudes frívolas.

Catalina recordaba en particular un viaje deprimente, en el que durante casi dos semanas estuvo clavada en un carruaje con María, Pedro y su tío Augusto, el cansador e insípido hermano de Juana, a quien la emperatriz había encargado la tarea de ocuparse de las propiedades en Holstein pertenecientes a Pedro. (Juana se había ido, deportada por Isabel poco después de la boda de Catalina.) El tío Augusto no era una compañía muy divertida: era petiso, lerdo, se vestía andrajosamente y tenía firmes puntos de vista sobre la subordinación que debían demostrar las esposas -opiniones que vertía a menudo para beneficio de Pedro-, y pasaba con incoherencia de un tema a otro. María lo interrumpía y le decía "Ese tema le resulta desagradable a Su Majestad", o, "Eso no recibiría la aprobación de la emperatriz". La conversación era virtualmente imposible y María tenía éxito en "sembrar tedio y desolación dentro de nuestro carruaje", escribió Catalina.

Cuando se detenían para pasar la noche continuaba la actitud censora de la chaperona con respecto a las conversaciones; a los viajeros ni siquiera se les permitía hablar de los inconvenientes causados por las carpas inundadas ni el clima helado. Día tras día continuó el tedio, con María acosando a los sirvientes y alienando a todo el mundo. Catalina trataba de dormir todo lo posible, tanto durante el día como por la noche, para evitar a su fastidioso marido, su aburrido tío y la siempre presente y tétrica María.

Cuando llegaron a destino y se instalaron en una casa rural, la escena mejoró un poco. El príncipe y la princesa Repnin, que no eran insensibles a los excesos de la insoportable madame Choglokov, alejaban a Catalina de ella cuantas veces podían y la llevaban junto a compañías más afectuosas, entre las que se contaban la condesa Shuvalov y madame Ismailof, las más agradables damas de compañía de la emperatriz. Por su parte, María estaba distraída por los juegos de cartas que proseguían de la mañana a la noche en la antecámara del dormitorio imperial. Catalina recordó que esa temporada existía en la Corte un "furor enloquecido" por los juegos y María era una ávida participante que se enojaba mucho cuando perdía. Se sumergía en los juegos de cartas y olvidaba supervisar de cerca a Catalina, quien aun así no se animaba a estar fuera de su vista.

La tiranía de María Choglokov, sumada a las constantemente repetidas amenazas de la emperatriz de desheredar a Pedro unieron bastante a Pedro y a Catalina, a pesar de las diferencias radicales de temperamento de cada uno.

"Nunca fueron dos personalidades tan distintas como las de nosotros dos", escribió Catalina al recordar los primeros años de su matrimonio. "Teníamos gustos diferentes y nuestra manera de pensar y de entender las cosas era tan distinto que jamás habríamos llegado a un acuerdo sobre nada si yo no hubiera transigido."

Hubo momentos en que Pedro buscaba a Catalina y hablaba con ella de lo que le estaba molestando, pero sólo cuando se sentía angustiado. ("Era frecuente que él se sintiera angustiado", recordó ella, "porque en el fondo era bastante cobarde y su comprensión era poca.") Cuando la emperatriz lo regañaba o echaba a los valets que eran sus compañeros preferidos de bebidas, él se replegaba en sí mismo e iba en busca de su siempre indulgente esposa, quien lo escuchaba y lo trataba como a un niño mimado.

"Él sabía o intuía que yo era la única persona con la que podía hablar sin arriesgarse a cometer un delito por decir la cosa más insignificante. Comprendí cuál era su situación y me compadecí de él. Traté de darle consuelo." Aunque a menudo su visita la aburría, Catalina disimulaba su tedio con una cara agradable, aunque él se quedara muchas horas y la agotara con su incesante conversación de estilos de charreteras, maniobras de artillería y castigos para los soldados desobedientes.

"Me hablaba de destacamentos militares, en realidad de minucias, y nunca parecía poner fin a sus palabras", escribió Catalina en sus memorias. "Él nunca se sentaba y caminaba de aquí para allá sin cesar, con pasos largos, de un rincón del cuarto al otro, así que resultaba difícil mantenérsele a la par." Pero ella lo hizo, incluso en las largas tardes en que le explotaba la cabeza y le dolían las muelas, sabiendo que por el momento ella era su único amigo y hablar con ella su única forma de entretenimiento permitida. A veces, después de horas de pasearse por el cuarto y de charlas, la energía de Pedro flaqueaba y él aceptaba sentarse y leer. Catalina sacaba entonces el libro que estaba leyendo en ese momento -las cartas de madame de Sevigné era uno de sus favoritos- y Pedro encontraba una novela de aventuras o una historia de salteadores de caminos para pasar el tiempo.

Muchas veces Catalina se sometió a los caprichos de su marido y permitió que él la convirtiera en un soldado; le daba un mosquete y la hacía montar guardia junto a la puerta de su dormitorio con la pesada arma sobre el hombro durante infinidad de horas. Permanecía allí de pie, una muchacha alta y delgada con una túnica de seda, que hacía lo posible por no derrumbarse aunque el mosquete le dejara un moretón en el hombro y le dolieran los pies y las piernas por tantas horas de inmovilidad, hasta que Pedro decidía que ella había servido durante suficiente tiempo y le permitía abandonar su puesto.

Pero su entrenamiento no terminó allí. Él le enseñó a hacer marchas y contramarchas, y a obedecer órdenes como una veterana. "Gracias a sus esfuerzos", escribió ella, "todavía sé cómo realizar el ejercicio completo con el mosquete con tanta precisión como el más experimentado de los granaderos."

Cada verano, Pedro y Catalina se quedaban por un tiempo en Oranienbaum, la magnífica propiedad cerca de Peterhof próxima a San Petersburgo que la emperatriz les había regalado como residencia de verano. Allí, el gran duque tenía oportunidad de hacer realidad sus fantasías militares en escala mucho mayor, mientras Catalina lo observaba sin tomar parte. Toda la servidumbre de la casa -mucamas, barrenderos, cocineras, asadores, valets, chambelanes, pajes- se reunía para formar un regimiento, junto con los jardineros, los mozos de cuadra y los monteros. A cada una de esas personas se la convertía en un soldado y se le entregaba un uniforme y un mosquete. Pedro entrenaba a sus tropas todos los días, con buen o mal tiempo, impartía órdenes a los gritos y amenazaba con castigar a los desobedientes. La mansión misma se transformó en un cuartel y la planta baja en un cuarto de guardia, donde las tropas pasaban el día cuando no debían desfilar. Al mediodía, esos supuestos soldados debían comer el rancho y, por la noche, todavía enfundados en esos uniformes inventados, debían asistir a bailes preparados por Pedro, en los que Catalina y una media docena de sus damas de compañía y Pedro los aguardaban para bailar con ellos.

Acerca de esos bailes, Catalina escribió que "entre las mujeres, estábamos solamente yo, madame Choglokov, la princesa Repnin, mis tres mucamas y mis doncellas de cámara. De modo que del baile no participaban demasiadas personas y estaba mal organizado. Los hombres se sentían hostigados y estaban de mal humor debido a los constantes ejercicios militares a que estaban sometidos".

Todos se sentían furiosos, irritados, aburridos e inquietos. Todos excepto Pedro.

Pero Pedro tenía en mente planes aun más ambiciosos. Mientras se paseaba por la habitación de Catalina compartía con ella su fantasía de construir un fantástico monasterio en el que ellos, sus criados y cortesanos vivirían, vestidos de monjes y monjas con sencillos hábitos de ordinaria tela color marrón. Sería poco lo que necesitarían al vivir la existencia simple que él imaginaba, sólo los alimentos más elementales, que podrían conseguir ellos mismos en las granjas más cercanas, montados en burros.

Era un sueño de simplicidad, paz y armonía, el sueño de un joven atribulado por la opulencia y la atmósfera de invernadero de la corte brillante de su tía. Al igual que María Antonieta una generación más tarde, Pedro anhelaba lo genuino en medio de la artificialidad. María Antonieta se hizo construir su rústico refugio en los terrenos del palacio de Versailles. Pedro, sin embargo, no poseía la tenacidad de mandar construir el suyo, aunque mantenía ocupada a Catalina dibujando bosquejos de ese edificio. O, quizás, era tenaz, pero sus sueños eran frustrados por la implacable emperatriz.

Al cumplirse los dos años de su matrimonio con Pedro, Catalina sintió que se había ganado una buena dosis de afecto y confianza de su marido. Él acudía a ella con lágrimas en los ojos cuando se sentía afligido, la buscaba cuando la emperatriz lo censuraba por algo, se refugiaba en ella cuando necesitaba consuelo. Fue a Catalina a quien le confió que su gran amor, mademoiselle Lapushkin había sido arrancada de su lado cuando su madre fue deportada a Siberia. Con mademoiselle Lapushkin era con quien él había querido casarse y el hecho de perderla destrozó su joven corazón. Pero se había resignado a casarse con Sofía porque ella era su prima, tenía sangre alemana -un gran punto a favor a sus ojos- y, además, gustaba de ella.

Conmovida a veces por la ingenuidad y el candor de Pedro y llena de piedad por él, Catalina sentía una inequívoca ternura hacia su peculiar marido, aunque era un sentimiento más maternal que propio de una esposa. Soportaba sus malos tratos y tenía una actitud tolerante con sus caprichos, alentaba su amor por la música –Pedro tenía buen oído y el príncipe Repnin le contrató profesores de violín–, jugaba al billar con sus chambelanes mientras él bebía y se divertía en un cuarto adyacente con sus criados. Permanecía pacientemente sentada mientras él ponía en escena obras en su teatro de marionetas –"el espectáculo era la cosa más insípida del mundo", escribió Catalina tiempo después– y conspiraba con sus valets para que le sirvieran carne durante la Cuaresma, cuando se suponía que debía comer sólo hongos y pescado.

A pesar de las tensiones inherentes a su situación, sus preocupaciones por su matrimonio no consumado, el constante escrutinio de su chaperona y de madame Kraus y la ansiedad que le causaba la creciente desaprobación de la emperatriz, Catalina logró vivir momentos de serena vida doméstica y una intimidad fugaz con Pedro. Cada tanto un grupo de personas jóvenes nuevas, entre los que se contaban el conde Pierre Divier, Alejandro Galitzyn, Alejandro Trubetskoy, Sergio Saltykov y Pedro Repnin, sobrino del príncipe Repnin, irrumpían en el apartamento de Catalina, conducidos todos por un Pedro atiborrado de vino y de excelente buen humor. Se organizaba así una fiesta improvisada, cuyos invitados tenían menos de treinta años de edad. El vino fluía libremente, Catalina participaba con alegría en los juegos y los bailes y ella y Pedro olvidaban por algunas horas las cargas que pesaban sobre ellos y las responsabilidades que no estaban cumpliendo.

O Pedro entraba solo en los aposentos de Catalina llevándole un regalo o un juego en el que los dos podían enfrentarse. En una ocasión le llevó un cachorrito negro de sólo seis meses. "Fue el animalito más sorprendente que vi en la vida", recordó ella, pues le gustaba caminar en sus patas traseras y bailar tontamente por el cuarto. Sus doncellas se enamoraron del perrito y lo bautizaron Iván Ivanovich. Lo vestían con cofias, mantones y faldas y lo contemplaban deleitadas mientras el animal brincaba y saltaba.

Sin embargo, estas escenas no eran frecuentes y se volvieron incluso menos frecuentes con cada mes que transcurría, al tiempo que los abusos y las humillaciones aumentaron. Pedro le daba a Catalina más disgustos y dolor que placer, al mantener a una docena de sus perros de caza encerrados en el cuarto contiguo al dormitorio de ella, de modo que ese olor nauseabundo le provocaba arcadas toda la noche, reñía con ella y la amenazaba, la atormentaba con sus aventuras -ya no limitadas a las damas de compañía sino que ahora incluían a mujeres de edad suficiente para ser su madre- y hacía alarde de sus aventuras amorosas frente a toda la Corte, haciendo que las damas de la nobleza sonrieran detrás de sus abanicos o sacudieran la cabeza con conmiseración cuando Catalina caminaba frente a ellas. Alguna que otra vez él llegó incluso a golpear a Catalina cuando otras formas de tormento no lograban una respuesta satisfactoria, si bien esto lo hacía con mayor frecuencia después de una larga velada bebiendo alcohol.

La adicción de Pedro a la bebida era, en el mejor de los casos, una fuente de vergüenza y, en el peor, una amenaza. Bebía en la mesa de la emperatriz, bebía en los bailes, las comidas y los conciertos, bebía con sus sirvientes y, cuando estos perdían la cabeza hasta el punto de tratarlo como uno de su misma clase, entonces él se tomaba a golpes con ellos. Bebía en secreto, privadamente, y escondía las botellas en viejos armarios y detrás de biombos. Cuando estaba achispado le gustaba cabalgar por los bosques de Preobrazhensky con uno de sus excelentes caballos, ataviado con el uniforme de general del ejército prusiano. Un gentío se congregaba para observarlo con la esperanza de ver aunque fuera de lejos a su futuro emperador, pero el espectáculo que él daba, balanceándose de un lado al otro sobre la montura de su caballo, haciendo muecas y sacudiéndose como un idiota sólo despertaba repulsión.

Pese a lo mucho que lo intentó, el príncipe Repnin no había tenido éxito en domar al gran duque y convertirlo en algo que se pareciera a un noble culto y refinado. Bestuzhev y la emperatriz no estaban nada satisfechos. Era necesario encontrar otro tutor.

Nicolás, el marido de María Choglokov, que había estado al servicio de Pedro con el rango de chambelán algunos meses antes, fue nombrado su tutor. Bien parecido dentro de su robustez, y sintiéndose muy orgulloso de haberse casado con la prima de la emperatriz, Nicolás Choglokov se pavoneaba por los aposentos de Pedro con sus puños rebosantes de encaje y brillantes que resplandecían en las hebillas de sus zapatos, haciendo comentarios intrascendentes e imaginándose que eran recibidos con admiración, mientras exhibía visiblemente en el pecho su única condecoración, la Orden del Águila Blanca.

"Se consideraba extremadamente apuesto y ocurrente", escribió Catalina. "En realidad era engreído, tonto, autosuficiente, despectivo y avieso con su esposa." Choglokov pensó que era posible controlar a Pedro con la fuerza bruta y, de hecho, logró convertirse en alguien temible. Pero Pedro, que era mucho más inteligente que su nuevo tutor, siguió encontrando maneras de burlarlo y, a los diecinueve años, era demasiado viejo para ser domesticado.

La vida siguió transcurriendo como antes, con María siempre remolcando a Catalina y Nicolás impartiéndole órdenes a Pedro y los dos Choglokov cosechando la antipatía de todo el mundo. Pero los esfuerzos de ambos fueron inútiles. A pesar de su vigilancia, su coerción sofocante y brutal, no pudieron lograr el objetivo tan deseado por la emperatriz: que Catalina quedara embarazada.

Las estaciones llegaron y terminaron y la Corte se mudó de Moscú a San Petersburgo y nuevamente de San Petersburgo a Moscú. Durante un intervalo de calma entre celebraciones oficiales Pedro planeó una diversión, un baile de disfraces que se realizaría en los aposentos de Catalina aunque ella tuviera fiebre y un intenso dolor de cabeza. Pedro ordenó a sus sufrientes criados y a los de Catalina que se disfrazaran y se pusieran antifaces y los hizo bailar alrededor del sofá en el que ella se encontraba recostada, mientras él tocaba el violín. También bailó, extasiado por su ejecución musical y por haber creado un mundo en miniatura, como de juguete; un baile de la Corte en un microcosmos.

Pero Catalina, quien también se había puesto un disfraz para aplacar a su marido, permaneció recostada en el sofá, por sentirse demasiado enferma y deprimida para participar de la fiesta. Estaba cansada de su papel de compañera de juegos y niñera, harta de ser el chivo expiatorio de Pedro mientras se esforzaba por conservar la dignidad propia de una gran duquesa.

Poco antes se había sentido profundamente dolida al recibir la noticia, desde Anhalt-Zerbst, de que su adorado padre Christian Augusto había muerto. La noticia la afectó mucho más de lo que quienes la rodeaban habían imaginado. Christian Augusto, ese honesto pero limitado pequeño príncipe, tan diferente en temperamento y carácter de los excéntricos rusos como su principado lo era del imperio ruso, ya no estaría allí para que Catalina recurriera a él. Hacía muchos meses que Juana se había ido y María ya no le permitía a Catalina siquiera escribirle. Y ahora también le era negado su padre, no por órdenes de su maléfica tutora sino por culpa de un destino cruel.

"Durante ocho días me permitieron llorar todo lo que quisiera", escribió Catalina en sus memorias, recordando los días penosos posteriores a la muerte de su padre, "pero al cabo de esos ocho días, madame Choglokov vino a decirme que ya había llorado suficiente, que la emperatriz me ordenaba poner fin a mis lágrimas y que mi padre no era un rey."

Ella le respondió, entre lágrimas, que aunque no llevara un rango real igual era su padre, y que lamentaba muchísimo su muerte. Pero María se mostró inflexible.

"No es apropiado que una gran duquesa llore durante más de ocho días la muerte de un padre que ni siquiera era rey", insistió y le ordenó a Catalina terminar con el aislamiento que se había impuesto y participar de nuevo en la actividad social de la Corte. Se le permitió usar luto, pero sólo durante seis semanas; después de eso tendría que comportarse como si su pérdida nunca hubiera sucedido.

Durante esas semanas de duelo el canciller armó un alboroto al hacer que uno de sus sirvientes hiciera correr una historia falsa acerca de Catalina. Según el rumor, la gran duquesa había sido insultada al no recibir cartas formales de condolencia por parte de todos los embajadores extranjeros de la corte de Isabel. Esa historia perjudicó a Catalina y la hizo parecer altanera y arrogante. Cuando llegó a oídos de la emperatriz, Isabel mandó llamar a María y le ordenó que regañara a Catalina, quien, a pesar de estar agobiada por la pena, de alguna manera hizo acopio de suficiente energía para defenderse. Así, consiguió desbaratar el rumor -y desenmascarar al que lo había echado a correr- y finalmente la emperatriz comprendió que Catalina había sido objeto de un engaño.

Pero el daño estaba hecho y, aunque el sirviente mentiroso se acercó a Catalina y le pidió perdón, era demasiado tarde para mitigar la injuria. Y, de todos modos, Bestuzhev y sus mezquinas incursiones eran apenas alfilerazos en comparación con el profundo dolor que se había abatido sobre Catalina y que la acongojaba. El baluarte de su infancia, su padre, el soldado justo que siempre había dicho la verdad y cumplido con su deber, y que había vacilado en enviarla tan lejos de casa, ya no estaba allí. En medio de su dolor Catalina debe de haber reflexionado que su difunto padre había sido todo lo que la pérfida y traicionera corte de la emperatriz Isabel no era: honesto, directo, auténtico. Cuánto debe de haber deseado su presencia campechana y al mismo tiempo consoladora mientras ella, reclinada en el sofá, vacía y desalentada, veía a su atolondrado marido divertirse como enloquecido en esa fiesta simulada.

Capítulo 9

Así describía Catalina su vida cuando salió de su adolescencia y cumplió veinte años: "Nunca me faltaron un libro ni una pena, pero siempre felicidad. Mi situación no era de las más felices; yo estaba encerrada en la Corte y aislada del mundo. Sin embargo, me había acostumbrado a eso." Tenía sus lecturas, y los libros eran su salvación porque le formaban la mente y fortalecían su temperamento. Estaba sana, pese a ataques de depresión e hipocondría y largas horas pasadas en iglesias sin calefacción, de las que regresaba helada, sintiéndose desdichada y "del color morado de una ciruela". Su sentido del absurdo brotaba en los momentos más extraños, a menudo en medio de una tristeza más profunda, y los observadores con frecuencia advertían regocijo en sus indómitos ojos azules.

Esos cambios súbitos de talante, de un ánimo juguetón a una concentración serena y a la tristeza más intensa, permitían que Catalina se adaptara a las extrañas polaridades emocionales de su entorno y así, gradualmente, el mundo comenzó a parecerle menos desolado. Ya por el año 1750, cuando Catalina tenía veintiún años, se dio cuenta de que lloraba menos que en los años anteriores y de que su "temperamento alegre" le resultaba muy útil. "Yo soy filósofa hasta donde puedo serlo", escribió en una carta a Juana –una carta prohibida, que fue necesario sacar de contrabando de Rusia–, "y no cederé a mis pasiones."

Día tras día seguía atrapada en una ronda sofocante de aburridos encuentros con personas opacas, pasando las mañanas leyendo y estudiando, leyendo incluso más mientras Timofei Yevrenev o alguna de sus criadas la peinaban, visitando brevemente a Pedro o recibiendo una visita de él –todo el tiempo apretando los dientes y deseando que terminara– y luego, a las once y media, vistiéndose para la parte pública del día. En su antecámara estaban sus damas de honor y los hombres decorativos y con frecuencia poco profundos a quienes la emperatriz había apostado en su suite como "caballeros en servicio". Catalina solía buscar a la princesa Gagarin, una mujer inteligente y entretenida, pero era también amable con las otras, aunque su compañía estaba lejos de ser brillante en el curso de la prolongada comida del mediodía. María y Nicolás Choglokov presidían las comidas, "haciendo todo lo posible para asegurarse de que la conversación no tomara caminos indeseables" y suprimiendo todo lo que fuera divertido; a menudo Pedro mortificaba a los comensales al promover una discusión o provocar a los Choglokov con alguna salida ultrajante.

La tarde estaba dedicada a más lectura, a caminar por los jardines o a pasar el tiempo con la princesa Gagarin y María Choglokov. María tenía ahora una actitud mucho más suave hacia Catalina e incluso cultivaba su amistad. La princesa era divertida y podía seguir el curso de la mente ágil de Catalina, pero constantemente le recordaba a la gran duquesa la posición en que se encontraba. La princesa Gagarin tenía otro defecto: le fascinaban el lujo y los atractivos de la sociedad de Moscú y San Petersburgo, al tiempo que Catalina prefería el campo, con su simplicidad y paz y sus oportunidades para la recreación.

Cuando llegaba la noche Catalina cenaba con el mismo grupo de cortesanas que la había aburrido durante el almuerzo, después de lo cual se dirigía a sus aposentos y leía hasta acostarse. Pedro seguía acudiendo a su lecho, con frecuencia bastante borracho y, alguna que otra vez, con una actitud antagónica y abusiva. Pero nunca trató de hacer el amor con ella, y ella dudaba cada vez más de que él fuera capaz de hacerlo. Por mucho que a él le gustara humillarla con sus enamoramientos, Catalina estaba convencida de que él era incapaz del amor físico, al menos en ese momento, y esto hacía que sus incesantes amoríos fueran huecos e incluso grotescos.

Existía algo farsesco en su intensa pasión por la diminuta y jorobada duquesa de Courland, la principal dama de compañía de Isabel en 1750. Con su cuerpo pequeño y deformado, su tez oscura y su fuerte acento alemán, la duquesa no era precisamente una belleza y no podía compararse con la alta y fuerte Catalina, cuya piel blanca y atractiva y cuerpo esbelto eran objeto de gran admiración. Sin embargo Pedro, como Catalina había tenido oportunidad de observar durante años, nunca había sentido rechazo frente a la deformidad física -en esto, él le recordaba a Catalina a su tío Adolfo, rey de Suecia, quien "nunca tuvo una amante que no fuera jorobada, tuerta o renga"- , y estaba tan enamorado de la duquesa que la seguía a todas partes, la miraba fijo y la elogiaba hasta el cielo, sobre todo cuando Catalina estaba cerca.

Catalina hacía todo lo posible por no darle importancia a los insultos despiadados de su marido, pero en sus memorias reconoció que comenzaban a socavar su vanidad y su entereza. El hecho de que prefiriera a la deformada y monstruosa pequeña duquesa de Courland por encima de ella le parecía un ultraje, y aunque solía sacudir la cabeza y tratar de ignorar las provocaciones de Pedro -y las expresiones de rechazo y de furia de su servidumbre en defensa de ella-, Catalina no podía evitar sentirse herida. Mientras tanto Pedro, no contento con un objeto amoroso, inició otro galanteo cuando la duquesa jorobada estaba fuera de su vista. Arrinconó a una joven mucama griega ("realmente bonita", en opinión de Catalina) en un cuarto contiguo al dormitorio de Catalina y permaneció encerrado allí con ella durante todo un día y parte de la noche, sabiendo que Catalina estaba en la cama del otro lado de esa pared delgada, volando de fiebre y oyendo todos los ruidos que ellos hacían.

"Fue una relación pasajera", escribió más tarde Catalina, "y duró lo que un suspiro." La fiebre cedió, a Pedro se le pasó el entusiasmo por la mucama griega y por la duquesa de Courland y la vida prosiguió. Catalina se volvió una muchacha "muy alegre" y rió como loca cuando su doncella finesa Catalina Voinova se puso un almohadón debajo de la falda y comenzó a caminar pesadamente por el cuarto imitando a la siempre embarazada María Choglokov. La misma Catalina desarrolló una habilidad para las imitaciones e hizo reír a todos, incluyendo al engreído Nicolás Choglokov, cuando se puso a resoplar como un chancho y a aullar como un búho. Estas payasadas sonoras de Catalina atrajeron a una multitud y a ella la fascinó recibir tantos aplausos y entonces repitió sus imitaciones pero con más intensidad. El conde Hendrikov, cuñado de María Choglokov, que había estado alejado de la Corte durante un año, comentó el cambio que se había operado en la gran duquesa y le dijo que sus representaciones "lo habían maravillado". Sedienta de aprobación,

Catalina se tomó en serio esos elogios y durante varios días repitió esa rutina.

El físico exuberante de Catalina contribuyó a levantarle el ánimo. Aunque encerrada durante los largos meses de invierno, salvo para deslizarse por un tobogán o para participar en juegos de interior, en el verano podía ejercitar sus músculos y ventilar sus energías en una variedad de pasatiempos. No sometida ya al escrutinio cercano de la emperatriz, quien se ocupaba de sus asuntos y sólo en ocasiones intervenía en la vida de Catalina, ella podía salir a andar a caballo tan seguido como se le antojara y durante el tiempo que quisiera, y a veces se pasaba todo el día galopando por los campos.

"Me apasionaba cabalgar y yo era infatigable", escribió Catalina recordando la época en que tenía poco más de veinte años. Su hipocondría desapareció y cada día despertaba ansiosa por practicar algún deporte. Le gustaba cazar liebres en la propiedad de Nicolás Choglokov, cerca de Moscú, avanzar a todo galope por el borde de praderas pantanosas en busca de su presa. Hizo que un sastre le preparara ropa de montar con botones de cristal, y con ella usaba un gorro negro ribeteado con diamantes. El atuendo no dio buen resultado: la seda se ajaba y se resquebrajaba cuando llovía y se desteñía cuando estaba expuesta al sol. El sastre se quejó de que estaba siendo presionado para que confeccionara los nuevos atuendos de montar y regañó a la gran duquesa, pero nada podía hacer que Catalina renunciara a esas horas gloriosas sobre la montura.

"En realidad, cazar no me importaba nada", escribió, "pero amaba apasionadamente montar mi caballo. Cuanto más violento era un ejercicio, más me gustaba, a tal punto que si un caballo escapaba, yo lo perseguía a galope tendido y lo traía de vuelta." Era tan ágil que le tomó el gusto a saltar a la grupa del caballo y dejar que su falda con tajo se transformara en dos montañas de seda, una a cada lado. Era un truco que hacía que la emperatriz gritara de azoramiento y elogiara el estado atlético de su sobrina. "Uno hubiera jurado que usaba una montura de hombre", Isabel rezongó, pero Catalina encontró la manera de transformar su montura de amazonas para poder montar a horcajadas la mayor parte del tiempo.

Catalina encontró una rival a su medida en cierta madame Arnheim, quien cabalgaba con un estilo perfecto y era capaz de subir de un salto a la montura casi con la misma gracia y aplomo que

Catalina. Las dos mujeres competían, cada una ansiosa de superar a la otra, y cuando la jornada de andar a caballo terminaba llevaban su competencia a la pista de baile. Madame Arnheim era incluso mejor bailarina que amazona, y cierta noche ella y Catalina hicieron apuestas para ver cuál de las dos soportaba bailar durante más tiempo. La noche avanzó y Catalina y su rival siguieron saltando y girando y haciendo reverencias hasta que finalmente madame Arnheim, agotada, se desplomó en una silla. Pero Catalina continuó con sus giros y saltos y cuando llegó el final de esa larga noche había vencido a todos los demás bailarines.

Desde el punto de vista de la emperatriz, el vigor y la energía de Catalina, su decidida alegría y descaro y, en particular, los encantos de su cuerpo atlético y tenso representaban una burla para la Corte. ¿Para qué servían esos dones cuando lo único que importaba -la maternidad- seguía eludiéndola? La gente sonreía y reía con disimulo y susurraba que todavía era virgen; el canciller Bestuzhev sacudía la cabeza y levantaba las manos; la emperatriz pataleaba y perjuraba que Catalina debía de tener alguna "deformidad estructural" oculta que le impedía tener hijos. Ordenó a María Choglokov que hiciera que una comadrona revisara a Catalina y un médico hiciera otro tanto con Pedro para comprobar de una vez por todas qué les impedía tener hijos.

Pero las amenazas airadas de la emperatriz eran tan huecas como espaciadas. Parecía tener poco interés en la sucesión, evitar a su abominable sobrino toda vez que le era posible y entregarse decididamente a sus diversiones. El hecho de pensar en la sucesión la obligaba a pensar también en su propia muerte, cosa que la espantaba. Le recordaba que estaba envejeciendo, que sus mejillas abultadas estaban cada vez más pálidas y que su hermoso pelo estaba cubierto de canas.

El colorete aplicado con generosidad ya no conseguía ocultar las zonas ahuecadas que tenía debajo de los ojos o las arrugas de su piel cada vez más floja; todavía quedaban vestigios de su antigua belleza, pero desaparecían con rapidez, al tiempo que su cuerpo se transformaba en un bulto malsano. Fue necesario agrandar los miles de vestidos que tenía para que cupieran los rollos de grasa que ahora le rodeaban la cintura y el vientre, pese a lo cual ella seguía atiborrándose de pastas hasta la saciedad. Su cuerpo se rebelaba en docenas de formas, tenía cólicos estomacales y estreñimiento. Pero igual seguía adelante, incluso cuando el dolor la hacía doblarse en dos y sus médicos le rogaban que descansara y tomara sus medicamentos. Los miembros de la Corte se estremecían al verla, muy enferma y pálida, viajar en su carruaje, los labios apretados formando una línea, decidida a continuar con la partida de caza.

Isabel siguió exasperando a su canciller: evitaba los negocios y eludía las responsabilidades. A veces se negaba a firmar un documento importante porque, al haber puesto el papel debajo de su reliquia favorita de Santa Verónica, su corazón le decía que sería mejor no firmarlo. A veces se oponía a leer un documento porque una mosca se había posado sobre él y ella lo consideraba un mal presagio. Cerró los ojos a las presiones políticas y trató de no prestar atención al descontento que existía en su reino. Cuando tres mil siervos se amotinaron, se armaron y derrocaron a un regimiento de dragones, ella no le dio importancia a la noticia y pareció hacer caso omiso del hecho de que hicieron falta seis regimientos para aplastar la rebelión.

Tales incidentes no podían evitarse y la emperatriz dejó en manos de sus funcionarios locales ocuparse de ellos y confió en que su Canciller Secreto acabara con quienes fomentaban ese descontento. Los agentes de la Cancillería Secreta estaban por todas partes, escuchaban por los ojos de las cerraduras, reunían información de los informantes, se infiltraban en cada departamento gubernamental y revisaban los registros de cada caso legal. Sólo tenían que salir de las sombras e invocar la suprema autoridad de la emperatriz –"¡Por la palabra y obra de la soberana!", era su grito de batalla– para sembrar terror en el corazón de los súbditos de la emperatriz. Era responsabilidad de la Cancillería Secreta descubrir traiciones y, con esta finalidad, arrestaban, torturaban y castigaban a cualquiera cuyo nombre llegara a su conocimiento, incluso aquellos que demostraban su lealtad al proporcionar información.

A la cabeza de la Cancillería Secreta estaba Alejandro Shuvalov, hermano del nuevo favorito de la emperatriz, Iván Shuvalov. Alexei Razumovsky, el marido morganático de Isabel, había sido sustituido y se había retirado a un segundo plano. Quien reinaba ahora era Iván Shuvalov. Pero también Shuvalov tenía rivales, pues la emperatriz, a medida que iba envejeciendo, se rodeó de muchos jóvenes bien parecidos y se aferró a ellos como si creyera que algo de su brillo y juventud lograría permitirle recuperar el color rosado de sus mejillas y el vigor a su andar. Hacía que en su corte los jóvenes cadetes de los regimientos de guardias pusieran en escena una serie de tragedias rusas y los llevaba a sus aposentos privados, donde les elegía el vestuario y les aplicaba el maquillaje con sus propias manos.

Los cadetes eran excepcionalmente apuestos, recordaba Catalina, con ojos tan azules como flores y rostros tersos y suaves. Un lindo joven llamado Trebor llamaba más la atención que otros. La emperatriz le puso colorete en las mejillas, lo vistió con sus colores favoritos y siguió manteniéndolo cerca de ella incluso después de que las representaciones terminaban. Trebor se convirtió en una suerte de mascota erótica, la mascota especial de la emperatriz; ella lo mimaba como si fuera un perro faldero y lo colmaba de regalos y favores.

Aunque no veía a la emperatriz muy a menudo, Catalina hacía lo posible por mantenerse informada día a día del estado de salud de Isabel. El doctor Lestocq ya no estaba porque la emperatriz había empezado a dudar de él y lo había deportado a Siberia, pero otros médicos y sacerdotes eran fuentes confiables de información y las criadas más confiables de Catalina acudían a ellos -o a sus sirvientes- para obtener esa información.

En febrero de 1749 Isabel estuvo varios días sin hacer sus habituales apariciones en la Corte y los rumores comenzaron a circular. Los médicos anunciaron que ella se había retirado a sus aposentos por sufrir de constipación, pero transcurrieron varios días más sin que hubiera señales de ella. Pedro fue a ver a Catalina muy consternado. ¿Y si la emperatriz padecía una enfermedad realmente grave? ¿Y si llegaba a morir? ¿Qué sería entonces de ellos? ¿Pedro sería reconocido como el siguiente soberano, o tal vez otros tratarían de matarlo y de apoderarse de la corona? Catalina recordó que él estaba tan asustado que "ya ni siquiera sabía a qué santo rezarle".

Catalina, también un poco preocupada, trató de tranquilizar a su marido. Los apartamentos que ellos ocupaban por aquella época estaban en la planta baja; ella le dijo que si eran amenazados por asesinos o por secuestradores políticos, podrían escapar saltando al jardín por las ventanas. Catalina le recordó a Pedro que ellos no carecían de amigos. Estaban seguros de la lealtad de al menos algunos oficiales de la Guardia. Y también estaban Zacarías Chernyshev, el antiguo admirador de Catalina y un miembro de su entorno. Él acudiría en ayuda de la pareja y agruparía a otros para que los apoyaran.

Catalina trató de alentar a Pedro y sin duda la sensación de un peligro compartido contribuyó a acercarlos, aunque sólo fuera temporariamente. Pero lo cierto es que estaban cautivos en su situación; no sabían oficialmente cuál era el estado real de la salud de la emperatriz, estaban confinados a sus aposentos, ignorantes de las importantes decisiones que se estaban tomando y de las reuniones que tenían lugar en secreto. En medio de esa incertidumbre y aprensión generales, no todos eran vigilados. Así fue cómo Catalina se enteró de algunos rumores, y ella y sus criadas alcanzaron a ver al canciller Bestuzhev y al otro consejero de la emperatriz, el general Stepan Apraxin, caminando deprisa por los pasillos del palacio con actitud preocupada. Le llegó también la información de la existencia de reuniones clandestinas, aunque sólo podía adivinar lo que se estaría planeando en ellas. Agentes de la Cancillería Secreta de pronto estaban por todas partes, vigilaban a todos y anotaban cualquier palabra o hecho sospechoso que podía ser considerado una traición.

Una cosa era indiscutible: la emperatriz estaba gravemente enferma, posiblemente padecía una enfermedad fatal, y se estaban haciendo arreglos para la inminente cesión de poder en el caso de su muerte.

Durante varias semanas siguieron creciendo el suspenso y la tensión. Si la emperatriz estaba en su lecho de muerte –razonaron Pedro y Catalina–, no era probable que confiara en ellos ni que ayudara a Pedro a afirmar su posición de heredero. Estaba disgustada con Pedro. Le había dicho a Iván Shuvalov: "Mi sobrino es un horror, ¡que el demonio se lo lleve!". Se sentía estafada, furiosa con Pedro por no haber tenido un hijo. Por lo que Pedro y Catalina sabían, la emperatriz había tomado medidas secretas para que Iván la sucediera, bajo la guía de un consejo de regentes. También era posible que una serie de conspiradores estuvieran urdiendo un plan para que pareciera que Isabel había cambiado de idea acerca de la sucesión y hubieran forzado a esa mujer agonizante y semiconsciente a dar el consentimiento a sus intrigas.

Cuando, al cabo de varias semanas, la emperatriz emergió de su prolongado aislamiento, más pálida de lo habitual pero en todos los demás sentidos mucho mejor que antes, Pedro y Catalina sintieron un enorme alivio. Pero sabían que esa recuperación sería forzosamente transitoria en cuanto a la salud. El hecho de que Isabel hubiera estado tan cerca de la muerte no la había vuelto más prudente ni frugal, sino todo lo contrario; casi enseguida reanudó sus hábitos insalubres y los dolores de estómago y los trastornos digestivos no tardaron en reaparecer. Nadie sabía cuándo un nuevo episodio de "constipación" podía llevársela a la tumba.

En la Corte se operó un cambio de estado de ánimo. El tema de la sucesión lo dominaba todo, y tanto Catalina como Pedro cobraron conciencia del grado en que ellos eran sólo peones en los planes de otras personas.

Cierto día, mientras participaba de una partida de caza, lejos de la mirada escrutadora de los agentes de la Cancillería Secreta, se acercaron a Pedro varios de sus cazadores, quienes le dijeron que una persona que lo admiraba estaba ansiosa por conocerlo. Él aceptó esa entrevista y poco tiempo después vio acercarse a un joven guardia montado, un teniente del regimiento de Butyrsky. El joven militar dijo llamarse Yakov Baturin, desmontó, se puso de rodillas y juró que a partir de ese momento consideraría a Pedro su "único señor" y que estaba dispuesto a "obedecer todas sus órdenes".

Pedro, que desde hacía años había estado impartiendo órdenes ficticias a soldados ficticios, se estremeció. Algo en la actitud de ese joven temerario le dijo que Baturin era un aventurero, un hombre imprudente y peligroso y un oportunista político. Sin esperar a oír más, Pedro galopó en su corcel en busca de Catalina y, todavía asustado y entre tartamudeos, le relató lo sucedido.

A esa altura ya el teniente Baturin había sido arrestado, junto con los cazadores que le habían permitido tener acceso al gran duque. Los hombres de la Cancillería Secreta se habían enterado del complot elaborado de Baturin para matar a la emperatriz, quemar el Palacio Golovin y, en medio de esa confusión, reunir un ejército rebelde de soldados y trabajadores, quienes pondrían a Pedro en el trono vacante. Incluso sometidos a torturas y con la amenaza de muerte, los conspiradores no traicionaron a su ídolo, el gran duque. No mencionaron el encuentro de Baturin con Pedro durante la cacería, razón por la cual Pedro logró evitar toda sospecha y la venganza de la emperatriz. Baturin fue encarcelado y Pedro, todavía temblando, mantuvo la boca cerrada y sobrevivió al incidente.

Más o menos al mismo tiempo Catalina se convirtió en blanco de un plan incluso más siniestro. Quizá porque hasta el momento no había quedado embarazada, pero más probablemente porque su inteligencia y su astucia eran percibidas como una gran amenaza a quienes confiaban en controlar al sucesor de Isabel, se trató de infectar a Catalina con viruela, una enfermedad que por lo general era mortal, en particular cuando la víctima era una mujer joven. Catalina nunca la había padecido, así que era muy vulnerable a esa enfermedad. Fue invitada a la casa del general Apraxin y entretenida en una habitación donde la pequeña hija del general había muerto recientemente de esa enfermedad. A lo largo de la tarde se la hizo entrar y salir muchas veces de ese cuarto tan contaminado, con la esperanza de que ella se contagiara. Para desazón de los conspiradores, ella siguió en perfecto estado de salud, aunque cuando más tarde se enteró de lo que le había sucedido a la hija del general y del peligro a que ella misma había estado expuesta, supo que ya nunca podría sentirse completamente segura.

Era evidente que Catalina y Pedro tenían enemigos. Incluso aquellos que deseaban apoyarlos y ayudarlos a cumplir sus metas representaban un peligro para ellos. Si tan solo Catalina quedara embarazada y diera a luz a una criatura sana, el peligro disminuiría, pero tal vez no desaparecería por completo.

A fines de la primavera de 1752, cuando Catalina tenía veintitrés años y la Corte residía en el palacio de verano, ella advirtió que uno de los chambelanes, el muy apuesto, moreno y afable Sergio Saltykov, asistía con mayor asiduidad que de costumbre a cada función y reunión social. Ella no pudo evitar nota que era "tan hermoso como el amanecer" y que era completamente distinto de su hermano mayor Pedro, un hombre horrible cuyos ojos saltones, nariz chata y boca siempre abierta le conferían el aspecto de un idiota. Pedro era un chismoso, y Sergio tenía fama de ser frívolo y narcisista. Catalina conocía bien a Matriona Balk, la esposa de Sergio, porque era una de las mujeres que dedicaba su tiempo a coserle ropa a Iván, el pequeño e inteligente perro de Catalina. Con el tiempo el perro se aficionó tanto a Matriona que Catalina se lo regaló.

En lo relativo a personalidad, Sergio y Pedro se vieron eclipsados por completo por su constante compañero León Naryshkin, un ayudante de cámara prácticamente adolescente que tenía aptitudes de payaso. León era un muchacho grandote, corpulento y torpe que parecía fuera de lugar en el ambiente brillante de la Corte y cuya sonrisa y conversación divertida cautivaban a todos. "Era una de las personas más singulares que conocí en la vida", escribió Catalina en sus memorias, "y nunca nadie me hizo reír tanto. Era un payaso innato y si no hubiera sido por su buena cuna, podría haberse ganado la vida con su talento cómico."

Una de las virtudes de León era su habilidad para discursear sobre cualquier tema, lo conociera o no. Hablaba de cualquier cosa y de todo, desde pintura hasta química y arquitectura, "empleando términos técnicos y haciéndolo durante cuarto de hora o incluso más, de modo que al final ni él ni nadie más tenía la menor idea de qué hablaba". Y todos, en especial Catalina, terminaban riendo a carcajadas.

Mientras León Naryshkin distraía a todos con sus inspiradas tonterías, Sergio Saltykov se congraciaba con los Choglokov. Con el encanto propio de sus veintiséis años logró infiltrarse en su círculo elogiando al vano Nicolás Choglokov al decirle que tenía gran talento para componer música y volcando luego toda su solicitud en la embarazada María, quien con frecuencia se sentía mal. Catalina se dio cuenta de lo que estaba sucediendo, pero no le importó. Le gustaba observar al hombre a quien la sociedad de San Petersburgo llamaba, con un dejo de desprecio, "el bello Sergio". Su pelo negro, sus ojos negros y su piel atezada y curtida parecían viriles en comparación con el aspecto adolescente de su marido. Sergio comentó, con cierta humildad, que con el "uniforme" color blanco y plateado que usaba en los días que acudía a la Corte, parecía "una mosca en la leche". Pero a Catalina le resultó muy atractivo -como él calculó que pasaría- y no podía quitarle los ojos de encima.

Sergio se mostraba meloso y lleno de halagos. Para Catalina era obvio que él deseaba algo -nadie buscaría deliberadamente la compañía de los aburridos Choglokov por el atractivo de ese matrimonio-, pero no alcanzaba a adivinar de qué se trataba.

Noche tras noche María invitó a Sergio, junto con Catalina, León Naryshkin, Pedro Saltykov, la amiga de Catalina la princesa Gagarin y otros, a reunirse en sus apartamentos. Allí Sergio se entretenía llevando a Nicolás Choglokov a un rincón cercano a la estufa y pidiéndole que compusiera una canción, tarea que tenía ocupado a Nicolás por el resto de la velada. (Catalina recordó que las canciones de Nicolás eran bastante pedestres; después de todo, él era "el hombre más estúpido del mundo, sin un gramo de imaginación".)

Con Nicolás fuera del camino y León entreteniendo a los presentes con sus absurdos desopilantes, Sergio procedió a ocuparse de su objetivo principal. Noche tras noche desplegaba su ingenio, su *savoir-faire*, su encantadora modestia. Sabía perfectamente bien que nadie podía igualarlo en su aspecto físico; por consiguiente exhibía su brillo, su urbanidad, su forma de ser encantadora que siempre, hasta ese momento, le habían permitido conseguir lo que quería.

Entonces cierta noche, después de haber elegido con gran habilidad el momento apropiado, se acercó a Catalina y le dijo con tono sincero que ella era la razón de que él acudiera al apartamento de los Choglokov todas las noches. Ella y sólo ella era el objeto de su deseo.

Al principio ella no le contestó. Posiblemente estaba realmente sorprendida por sus palabras y temía que se notara, con cualquier respuesta que diera, que se sentía muy atraída hacia él. Sin embargo, Sergio insistió y se propuso no dejarla en paz.

Catalina le preguntó sin vueltas qué pensaba él ganar al tener una relación con ella.

Era justo la oportunidad que ese hábil seductor estaba esperando. Comenzó a contarle a Catalina sus fantasías, fascinándola con la intensidad de su amor, con el gozo que alcanzaría si finalmente él la hacía suya.

"Siguió describiéndome la felicidad que él se había prometido", escribió Catalina años después. "En realidad, me pareció bastante irrisorio, tan irrisorio como apasionado." Irrisorio o no, Catalina era claramente vulnerable, y Saltykov lo sabía.

"Le dije: '¿Y su esposa, a quien usted amaba hasta la locura -y ella correspondía ese amor- y con quien se casó hace apenas dos años? ¿Qué dirá ella de todo esto?'."

En ese momento, Sergio puso manos a la obra. Con la cabeza baja y la mirada desviada, le confió a Catalina que lo que el mundo creía que era un matrimonio de amor era sólo una farsa. Él estaba angustiado. Cada día pagaba un precio muy alto por el único momento de ceguera en el que creyó que amaba a Matriona.

"Traté por todos los medios de hacerlo abandonar esa idea", recordó Catalina. "Y realmente creí que tendría éxito." Pero él apeló a la piedad; ella lo escuchó y sucumbió.

Sergio sabía cómo manejar los sentimientos de una mujer y cómo ocultar el cinismo calculador que se ocultaba detrás de sus propias palabras. Su verbosidad melosa logró derribar las defensas de Catalina. Cuando sus ojos negros la miraron, derritieron la poca resistencia que quedaba.

A Catalina la habían advertido en contra de él. A la princesa Gagarin no le gustaba nada "el bello Sergio" y Catalina por lo general le prestaba atención. Pero sumida en ese estado vulnerable, su sensatez la abandonó. Allí, en el salón de los Choglokov, caldeada por el vino y el calor de su juventud, la filósofa que había jurado no ceder nunca a sus pasiones estaba presa en la trampa de seda del amor cortesano.

Capítulo 10

El minué de seducción duró varios meses. Sergio avanzaba y Catalina retrocedía. Ella lo veía casi todos los días, y lo más seguido que podía él le decía cuánto soñaba con ella y la deseaba. Ella lo mantenía a distancia, tratando de evitar estar a solas con él, sintiendo todo el tiempo la deliciosa tensión que existía entre ambos, la tentación por lo prohibido y la peligrosa promesa de futuras delicias.

En lo escrito por Catalina acerca de su relación con Sergio no aparece ningún indicio de que ella se abstuviera de alentarlo por temor. El clima había cambiado: ahora los Choglokov estaban tan impacientes por ver embarazada a Catalina que estaban dispuestos a persuadirla de que tuviera un amante. La emperatriz había cambiado sus órdenes. Del mismo modo en que antes habían sido perros guardianes, ahora debían ser casamenteros. Isabel ya no podía darse el lujo de permitir que su reino se enfrentara al desastre; su sobrino tenía que tener un hijo y heredero y si, como todo el mundo decía, no era capaz de engendrar uno, entonces era preciso que su esposa quedara embarazada de otro hombre. Los Choglokov tenían la misión de asegurarse de que ese objetivo deseado se cumpliera, y lo antes posible.

¿Quién mejor que el apuesto Sergio, que era tan agradable y a todas luces estaba enamorado de Catalina, para desempeñar el papel de amante de la gran duquesa? María habló con Catalina y la instó a que dejara a un lado sus escrúpulos relativos a la fidelidad conyugal y se rindiera a Saltykov. Mientras tanto Nicolás, que había caído en desgracia por seducir a una de las doncellas, mademoiselle Kosheliev, había comenzado a flirtear con la mismísima Catalina.

Pedro se mostraba complaciente; Sergio le caía bien y él era suficientemente *voyeur* como para disfrutar del hecho de observar cómo ese hombre trataba de seducir a su esposa. No era en absoluto posesivo y, aunque la sucesión no le resultaba del todo indiferente, al parecer sí le importaba quién engendraba a su heredero. O sea que no hizo nada y dejó que los acontecimientos siguieran su curso.

De modo que Sergio continuó con su galanteo y por un tiempo Catalina se mantuvo firme y trató a Sergio con la misma cortesía que le dedicaba a cualquier otra persona, mortificándolo cuando él no le daba paz con sus incesantes declaraciones de amor. "¿Cómo sabes que no le he entregado mi corazón a otra persona?", le preguntó, pero en lugar de desalentarlo, eso no hizo más que alimentar su pasión.

Llegó el verano y la Corte Joven, como se conocía al círculo del gran duque y la gran duquesa, comenzó sus recorridas peripatéticas. Nicolás Choglokov ofreció una partida de caza en una isla en el Neva y un grupo selecto de cortesanos, incluido Sergio, fue llevado a la isla en barco para pasar un día en el campo. Como recordó Catalina tiempo después, Sergio "aprovechó un momento en que los demás estaban cazando liebres para acercarse a mí con su tema preferido". Ella lo escuchó con más paciencia que la habitual mientras él le esbozaba su plan para que ambos vivieran su felicidad secreta y él, al advertir que por primera vez ella no reaccionaba con mil objeciones, aprovechó su silencio para demostrarle cuánto la amaba.

Durante una hora y media, aislados en su tranquilo refugio, Catalina escuchó a Sergio, mientras el viento helado barría el río y soplaba alrededor de ellos. Él le suplicó que lo dejara creer que ella no le era totalmente indiferente, y Catalina, mientras fingía una tolerancia divertida, estaba casi dispuesta a aceptar por lo convincente de sus palabras. "Él me agradaba", escribió, aunque se reía de su vanidad y de su galanteo incesante y algo cansador. Probablemente sentía bastante curiosidad con respecto al amor; después de siete años de un matrimonio simulado, viviendo entre intrigas sexuales que parecían rozar a todos excepto a ella, de leer romances y observar el erotismo irrefrenable de la emperatriz, Catalina debe de haber deseado ser iniciada en los misterios de la pasión sexual.

"En el fondo yo estaba convencida", confesó en sus memorias, aunque todavía tenía suficiente control de sí misma como para decirle a Sergio que se fuera "porque una conversación tan prolongada resultaría sospechosa. Él me dijo que no pensaba irse a menos que yo le dijera que me parecía aceptable."

-Sí, sí, ¡pero vete!

-Trato hecho, entonces -dijo Sergio mientras espoleaba a su caballo y se alejaba.

-No, no -le gritó ella.

-Sí, sí -gritó él, pero su voz se perdió en la distancia.

"Y, así, nos separamos", escribió Catalina, aunque con sentimientos contradictorios regresó al pabellón de caza de la isla para enfrentar a Pedro y a los otros. "Ese día, mil preocupaciones me llenaron la mente y me sentía muy enojada y descontenta conmigo misma. Creí poder gobernar y disciplinar mi propia cabeza, pero ahora entiendo que era difícil, si no imposible, gobernar nuestras inclinaciones."

También los elementos estaban fuera de control. Mientras los invitados almorzaban el viento aumentó y una tormenta comenzó a soplar desde el Báltico. Las aguas subieron y toda la isla y la planta baja del pabellón de caza se inundaron y las olas comenzaron a lamer la escalera. Los sirvientes y sus señores no tuvieron más remedio que refugiarse en el piso superior y aguardar a que la tormenta amainara... lo cual sucedió cerca del amanecer.

Sergio, varado con su adorada, estaba feliz. "¡Hasta los cielos se muestran favorables!", declaró y se pavoneó, encantado, entre los cortesanos enlodados, la imagen misma del amante triunfante. A Pedro no se le pasó por alto el significado de semejante exhibición y poco después le comentó a su valet que Sergio y Catalina estaban "engañando a Choglokov" y haciendo de las suyas a sus espaldas. El amor actual de Pedro era Marta Shafirov, la dama de compañía de Catalina, y no podía haber pasado por alto -como tampoco Catalina- que Sergio llevaba a cabo más de una intriga, pues al mismo tiempo perseguía a la esposa de Pedro y a Ana, la hermana de Marta.

La seducción de la gran duquesa Catalina por parte de Sergio Saltykov no solamente fue tolerada sino bien recibida. Los Choglokov, al comprender que Catalina bien podía quedar embarazada muy pronto de un hijo de su amante, tomaron medidas para asegurarse de que ese hijo pasara por legítimo. Para silenciar los rumores de que Pedro seguía siendo virgen, María encontró a una viuda complaciente, madame de Groot, quien le enseñó lo que él necesitaba saber. La iniciación de Pedro en la vida sexual fue publicitada y el escenario estaba listo para que Catalina asegurara la sucesión.

En algún momento del otoño de 1752 Catalina concibió un hijo. Sus memorias no dicen nada acerca de estos primeros meses de su aventura con Sergio, quien casi con toda seguridad era el padre de la criatura. No podemos saber si este amor le trajo a Catalina felicidad, cierta sensación de sentirse realizada, angustia o, quizá, decepción. Sí registró que Sergio no demostró ser un amante estable ni devoto; que a veces estaba malhumorado y distraído y sólo esporádicamente era atento con ella -más tarde Catalina descubriría que sus atenciones románticas estaban divididas-, y su arrogancia y engreimiento la enfurecían. Cuando se lo dijo, de la boca de Sergio brotó una catarata de burlas y, apoyándose en su posición aristocrática, la acusó de no entenderlo. Después de todo, ella era por nacimiento sólo una princesa alemana de segundo orden, mientras que él era un noble ruso de cuna ilustre.

A mediados de diciembre la emperatriz ordenó que la Corte se trasladara de San Petersburgo a Moscú. Catalina se preparó para hacer el viaje, pero Sergio se quedó con María Choglokov, quien acababa de dar a luz y no estaría en condiciones de viajar hasta varias semanas después. Catalina tenía motivos para sospechar que ella misma estaba embarazada, pero igual decidió arriesgarse a viajar a Moscú por esos caminos terribles. El viaje fue difícil, pues el camino estaba lleno de huellas muy profundas y rocas puntiagudas. En lugar de avanzar a paso cómodo, los conductores fustigaron a los caballos hasta hacerlos galopar y apurar el paso, día y noche. Catalina sufrió violentas sacudidas y zarandeos y cuando llegaron a la última parada antes de la capital, tuvo fuertes dolores y calambres y perdió a la criatura.

Su recuperación fue solitaria e incómoda. Alojada en Moscú en un ala nueva y no muy bien construida del Palacio Golovin, donde el ruido de ratas que corrían de aquí para allá la mantenía despierta por las noches y el agua goteaba incesantemente por las paredes revestidas en madera haciendo que las habitaciones estuvieran llenas de vapor por la humedad, ella trató de consolarse por su pérdida y de pensar bondadosamente en su amante ausente. Cuando finalmente Sergio llegó de San Petersburgo, la evitó. Le dijo a Catalina que Moscú era una ciudad grande, que tenía allí muchos amigos y parientes a quienes debía ver y que vivían a gran distancia unos de otros. Sergio tenía mucha práctica en engañar con convicción, así que tuvo éxito en dejar a Catalina confundida. "Para decir la verdad", escribió ella en sus memorias, "yo estaba afligida, pero él me dio razones tan buenas y plausibles que cuando lo vi y hablé con él mis pensamientos nefastos desaparecieron."

Habiendo sufrido un aborto espontáneo y consciente de que, por mucho que tratara de negarlo, la pasión de su amante comenzaba a enfriarse, Catalina sufrió mucho durante esos oscuros días de invierno y ordenó que le pusieran biombos en la habitación que compartía con sus diecisiete damas de compañía a fin de crear, al menos, una ilusión de privacidad. Leía, soportaba las nada bienvenidas intrusiones y quejas de Pedro, observaba a las ratas entrar y salir del revestimiento de madera comido por los gusanos y aguardaba las visitas ocasionales de Sergio.

Sabía que era más vulnerable que nunca ahora que -aunque fuera por las mejores razones- había violado sus votos matrimoniales. Necesitaba un protector y recurrió al envejecido canciller Bestuzhev.

Mucho había cambiado desde los encuentros iniciales de Catalina con el canciller cuando, nueve años antes, ella llegó a Rusia. En aquella ocasión Bestuzhev había considerado a Catalina un peón de la facción pro-francesa de la corte imperial, una muchacha joven y peligrosamente precoz a cuya elevación al rango de gran duquesa él se había opuesto. Ahora la veía como una aliada política potencialmente valiosa, disminuida por su fracaso en tener un hijo pero astuta más allá de su edad gracias a mucha lectura y astuta observación.

Y ahora el canciller necesitaba aliados. Se aferró a su cargo aunque la emperatriz tuviera hacia él, en el mejor de los casos, una actitud tibia y sus actuales favoritos, los Shuvalov, estaban haciendo todo lo posible por desbancarlo. Cuando la emperatriz muriera él necesitaría la aprobación de su sucesor, y si Pedro era ese sucesor, entonces a Bestuzhev le vendría muy bien el apoyo de la esposa de Pedro, quien probablemente sería una fuerza dominante en el nuevo régimen. Para el canciller era claro, como lo era para la gran duquesa, que los dos se necesitaban mutuamente, que a ambos les convenía ese acercamiento.

Bestuzhev otorgaba el beneficio de su ayuda y protección a Catalina y Sergio y estaba "intimando mucho con nosotros", escribió Catalina, "sin que nadie lo supiera". A lo largo del invierno, mientras los cortesanos pasaban la vida en reuniones y bailes de disfraces, en mezquinas rivalidades e intrigas románticas –Nicolás Choglokov se embarcó en un peligroso intento de seducir a la emperatriz enferma mientras María Choglokov vivía una aventura con el príncipe Repnin–, Catalina se reunió con Bestuzhev y subrepticiamente lo hizo entrar en su círculo.

Ese invierno hubo muchas diversiones. Aparte de los acostumbrados paseos en trineo sobre hielo, las carreras en tobogán y el patinaje en los lagos y estanques helados, hubo por lo menos un duelo casi fatal e infinidad de accidentes. Estallaron incendios en todo Moscú. Catalina recordaba haber mirado por la ventana del palacio y visto tres, cuatro o hasta cinco incendios simultáneos en diferentes barrios de la ciudad. La emperatriz se salvó de heridas graves cuando estaba en un convento cercano al que había ido en uno de sus peregrinajes. La iglesia principal se incendió y el techo se desplomó; por fortuna Isabel acababa de salir de ese santuario principal y se encontraba en ese momento en una capilla más pequeña en los terrenos del convento.

La emperatriz desarrolló un nuevo interés. Cuando uno de sus lacayos de cámara enloqueció, con un ataque de furia y espuma en la boca, ella se lo entregó al doctor Boerhave y le dijo que lo alojara en una habitación especial del palacio. A partir de entonces, cuando se enteraba de que alguna otra persona era víctima de la misma afección, hacía que la llevaran a la Corte y formara parte de su pequeño manicomio. Al finalizar el invierno tenía una colección bastante grande de lunáticos: un mayor de los guardias del Regimiento Semenovsky, quien confundió al Sha de Persia con una deidad; otros dos oficiales de la guardia que habían perdido la razón; un monje –posiblemente fanático religioso– que se hizo seccionar los genitales con una navaja, y varios otros. El que más le interesaba era el oficial de la guardia del Regimiento Semenovsky, pues al margen de su decepción en lo relativo al Sha, parecía bastante cuerdo. Isabel decidió sacarlo de la égida del doctor Boerhave y entregárselo a los sacerdotes. Cuando estos le informaron que estaba poseído por un demonio y le realizaron un exorcismo, la emperatriz asistió a la ceremonia y se decepcionó cuando el mayor, al parecer con naturalidad, siguió aferrado a su error.

Algunos dijeron que también el gran duque debería estar internado en ese manicomio imperial. Bebía más que nunca, golpeaba sin piedad a sus criados y vivía en su propio mundo infantil. Permanecía alejado de Catalina, se quejaba de ella y la insultaba sin control, a pesar de lo cual confiaba en que ella lo ayudaría a administrar sus tierras de Holstein y a tener a raya a sus sirvientes. Catalina escribió que lo enfurecía que no lo obedecieran, a pesar de que golpeaba a quienes lo servían, mientras que los sirvientes de Catalina obedecían sus órdenes sin que fuera necesario repetírselas.

Un día Catalina fue a los aposentos de Pedro y quedó helada al ver a una enorme rata colgando de una pequeña horca erigida adentro de una alacena. Pedro le informó que la rata había cometido un acto criminal y que, por consiguiente y bajo el código militar, merecía ser ejecutada. Había entrado a mordiscones en una de las fortalezas de juguete de Pedro y se había comido a varios de los diminutos soldados apostados allí. Pedro dijo que las leyes de la guerra eran severas. Exigían que la rata fuera capturada, ejecutada y dejada en la horca durante tres días como ejemplo para las otras ratas que podían sentir la tentación de dañar al anfitrión ducal.

Llegó la primavera y, en mayo, Catalina estaba nuevamente embarazada de un hijo de Sergio Saltykov. Con la llegada del buen tiempo, la Corte Joven abandonó Moscú y se trasladó a Labritza, ubicada a trece o catorce kilómetros de allí. La emperatriz le había regalado recientemente a Pedro esa propiedad con su derruida mansión de piedra, y él había ordenado que se añadiera una nueva ala de madera a la vieja casa en ruinas. Pero ese agregado todavía no estaba terminado, así que los huéspedes durmieron en carpas armadas en el terreno adyacente.

Parece que Catalina se cuidó apenas un poco más que la vez anterior para salvaguardar este nuevo embarazo. Se instaló en una carpa con corrientes de aire y su sueño se veía interrumpido todas las mañana antes del amanecer por los obreros que serruchaban y martillaban, y sus días transcurrían siguiendo las partidas de caza en un carruaje abierto. Cuando volvió a Moscú varias semanas más tarde dormitaba durante buena parte de esos días estivales, pero por las noches se quedaba levantada y asistía a bailes y cenas y no escatimaba comidas ni recreaciones. Como resultado, empezó a sentir repentinos dolores en la parte inferior de la espalda y, cuando María Choglokov llevó a una comadrona a revisarla, esta predijo que perdería a la criatura.

Una vez más Catalina tuvo un aborto espontáneo, pero esta vez las consecuencias físicas fueron severas. El feto fue expulsado, pero no la placenta, y durante varias semanas se temió que Catalina no sobreviviera. A ella no le hablaron de la gravedad de su estado, pero debe de haber adivinado que algo malo sucedía; la emperatriz, ese ser distante y censor a quien rara vez veía, de pronto apareció junto a su cama con sus más preciadas reliquias en la mano y una expresión preocupada en la cara.

La sucesión -y, por un tiempo, la vida de Catalina- colgaba de un hilo, a pesar de lo cual tanto Pedro como Sergio se mantuvieron lejos de Catalina y, después de esa visita inicial, la emperatriz hizo otro tanto. Durante un tiempo se elevaron oraciones y se encendieron velas en los altares de todas las iglesias de Moscú, pero cuando la crisis pasó y la gran duquesa no murió, la dejaron muy sola.

"Durante mis seis semanas de descanso obligatorio", escribió Catalina en sus memorias, "morí de aburrimiento. Sólo tenía a María, y ella venía rara vez a verme, y a la pequeña Kalmuk, a quien yo adoraba, porque era amable conmigo. Con frecuencia me echaba a llorar de aburrimiento." Los días eran intolerablemente calurosos y las noches, molestas. Enferma y llena de fastidio y de tedio, y gran parte del tiempo con dolores, Catalina anhelaba casi con desesperación sentir alivio y recibir atención. Tal vez lamentaba mucho haber perdido contacto con su madre quien, después de la muerte de Christian Augusto, se había ido a vivir a París. Catalina tenía prohibido comunicarse con Juana, pero cada tanto se las ingeniaba para conectarse con un viajera que le llevaría una carta suya en secreto y, ocasionalmente, un visitante de Occidente le traía una contestación de contrabando. Un año antes, en 1752, Juana le había mandado de París varios cortes de una tela costosa de París, pero María enseguida los confiscó -dejando a Catalina sin habla por la furia- y se los envió a la emperatriz.

Por el otoño de 1753 Catalina ya estaba levantada y recuperada físicamente, pero seguía muy decaída anímicamente. Había fracasado dos veces en llevar su embarazo a término y ello a costa de su seguridad y de su tranquilidad de espíritu. Había permitido que el insensible Sergio jugara con sus sentimientos; había confiado en él y descubierto que era indigno de confianza, malhumorado y, a veces, alarmantemente frío. Ese juego de amor cortesano estaba resultando ser sórdido y angustioso: le hería el corazón y le dañaba el amor propio. Sin embargo, Catalina estaba obligada a seguirlo, no tenía otra opción. Debía haber un heredero y Sergio era quien debía dárselo.

Cierta tarde fría de noviembre Catalina estaba sentada en el salón de los Choglokov, en el Palacio Golovin, cuando oyó gritos en el pasillo. Sergio y León Naryshkin irrumpieron de golpe en la habitación gritando que un ala del palacio estaba en llamas.

Catalina se levantó de un salto y se dirigió a sus aposentos, donde sus criadas se apresuraban a sacar la mayor cantidad de cosas posible. El humo denso llenaba con rapidez los corredores y las antecámaras, y la balaustrada de la gran escalinata, a sólo seis metros de los aposentos de Catalina, ya estaba en llamas. El fuego fue consumiendo un cuarto tras otro, las llamas devoraban la madera putrefacta y provocaban un calor insoportable. Mientras Catalina observaba la escena, miles de ratas negras y de ratones grises bajaron ordenadamente por las escaleras y salieron a la seguridad del patio.

María Choglokov y Catalina se abrieron camino entre las ratas y los ratones, salieron corriendo del palacio y se refugiaron en un carruaje perteneciente al maestro de canto español, mientras contemplaban esa tremenda destrucción. Había estado lloviendo durante días y en el patio del palacio el barro llegaba hasta los tobillos. Todos tosían y los sirvientes luchaban bajo el peso de baúles, cajas, camas y pilas de ropa blanca, se tambaleaban hacia el exterior y dejaban caer sus cargas en el lodazal, agradecidos de estar fuera de peligro. Catalina vio cómo sus doncellas le salvaban la ropa, las alhajas y un par de escritorios y mesas. Le preocupaban sus libros. Durante dos años había estado leyendo el Diccionario Bayle, ese monumento a la irreverencia y a un escepticismo razonado y mordaz escrito en los últimos años del siglo anterior, y había saboreado cada tema tal como había saboreado el racionalismo astringente de Babette Cardel. Poseía cuatro tomos del diccionario y tenía miedo de que se convirtieran en pasto de las llamas. Para su gran alegría, sus criadas le trajeron intactos esos libros amados y ella sintió un inmenso alivio.

Mucho se había logrado salvar, pero mucho más se perdió. Pinturas, tapices, plata valiosa, muebles con marquetería y mármol, trajes adornados con joyas e incalculables adornos fueron alimentando esa inmensa hoguera hasta consumir la totalidad del palacio. Los lacayos de Pedro consiguieron salvar algunas de sus cómodas con uniformes y sus baúles llenos de soldaditos de juguete. Sus muchos aparadores repletos de botellas vacías de vino y de licor ahora estaban apilados y expuestos a la lluvia, y sus puertas abiertas revelaban el caos privado del gran duque.

Durante tres horas las llamas flamearon hacia lo alto. La emperatriz, que estaba en otro palacio cuando el fuego se inició, se apresuró a llegar al lugar para inspeccionar los daños y supervisar los vanos intentos para extinguir el incendio. "Con la mayor frialdad imaginable", escribió alguien que la vio allí, Isabel impartía órdenes mientras se aferraba a sus reliquias e íconos y suplicaba la intervención divina. Pero sus oraciones fueron en vano. La mayor parte de sus objetos valiosos quedaron reducidos a cenizas y pasarían meses, quizás años, antes de que pudieran ser reemplazados.

Cayó la noche, pero el resplandor anaranjado del fuego se convirtió en un crepúsculo falso que duró muchas horas en las cercanías del palacio. A medida que los maderos ennegrecidos se desplomaban, lluvias de chispas rojas se elevaban en la oscuridad, hasta que la una vez espléndida estructura quedó convertida en nada más que una montaña de pavesas. El fuerte hedor a madera quemada siguió flotando en el aire, acre y penetrante, y se filtraba en la ropa, el pelo y la cara de quienes habían logrado escapar del fuego mientras cumplían la tarea de salvar lo que podían de las ruinas. Mientras ellos trabajaban, las ratas y los ratones se subían como hordas ruidosas a los bienes apilados y empapados que había en el patio.

Para Catalina, que estaba desanimada y sin energía, el incendio del palacio real puede haber simbolizado una tragedia más importante. Hacía nueve años que estaba en Rusia y en todo ese tiempo había conseguido poco. Al igual que el gran palacio, su vida estaba por derrumbarse, su matrimonio era una farsa, su aventura con Sergio Saltykov era una traición al amor que todavía la eludía, sus intentos de ser madre terminaron en un desastre. Mientras observaba cómo ardía y se desplomaba esa imponente estructura, debe de haber sentido la tentación de ver en esa llameante destrucción el fin de todas sus esperanzas.

Capítulo 11

Seis semanas después de la destrucción del Palacio Golovin por efecto del fuego en noviembre de 1753, la emperatriz Isabel presidió un gran banquete de Año Nuevo en un flamante palacio que había hecho construir en el interín. Había ordenado que los obreros tomaran las inmensas vigas de madera de otras tres mansiones y las utilizaran para erigir una suite de apartamentos a los que ella se mudó en los últimos días del viejo año. Los carpinteros de Moscú estaban acostumbrados a edificar con rapidez; cuando la emperatriz ordenaba, ellos obedecían. Se levantó la estructura, las paredes de madera verde se colocaron en su lugar, se instalaron estufas y cocinas, se edificaron despensas y se colocaron los muebles. Al llegar el día de Año Nuevo, el palacio estaba en condiciones de albergar a la Corte y la emperatriz se sentó debajo del baldaquino real, su figura obesa resplandeciente de joyas, y Pedro y Catalina tomaron asiento junto a ella.

Isabel estaba "muy alegre y locuaz" esa tarde, recordó Catalina en sus memorias. Aunque había estado sufriendo una tos fuerte y en gran medida había perdido el apetito, consiguió ocultar su enfermedad y tener buen aspecto. Ya no podía bailar un minué sin tener que recostarse y descansar un buen rato después, y subir escaleras se había vuelto demasiado para ella. Se construyeron ascensores especiales que la llevaban de un piso del palacio a otro, y cuando ella visitaba las mansiones de sus súbditos más ricos, en las casas de estos era necesario instalar artefactos mecánicos para transportarla desde el hall de entrada hasta el salón de baile. Pero siempre y cuando permaneciera sentada no se notaba la debilidad de sus piernas, y en ese día de Año Nuevo era fácil olvidar que hacía muy poco se había temido por su vida e incluso se habían hecho preparativos para un inminente cambio de soberano.

Una larga mesa sostenida por caballetes llenaba el gran salón y cientos de cortesanos estaban sentados en hileras sobre bancos duros, cenando y bebiendo, bajo la mirada avizora de la emperatriz.

"¿Quién es esa mujer delgada que está allá?", le preguntó a Catalina en determinado momento, indicando el lugar donde estaba sentada esa persona. "La fea, la que tiene el cuello tan largo que parece una jirafa." La pregunta era solapada; la emperatriz sabía perfectamente bien que esa mujer era Marta Shafirov, la amante de Pedro, a quien ella misma había ubicado entre las damas de compañía de Catalina. Una de sus asistentes le había informado el nombre de esa mujer. Lanzó una carcajada y se inclinó hacia Catalina. "Eso me recuerda un proverbio ruso", dijo. "Los cuellos largos sólo sirven para un nudo corredizo."

"No pude evitar sonreír frente a este ejemplo de la malicia y el sarcasmo imperiales", recordó tiempo después Catalina. "El comentario no pasó desapercibido; los cortesanos lo oyeron y fue repetido con tanta rapidez que cuando me levanté de la mesa descubrí que muchas personas ya lo habían oído."

Estos pequeños aguijonazos a Catalina acerca de Marta Shafirov le daban placer a la emperatriz. Ella sabía que Pedro había estado flirteando con Marta -y, tomando en cuenta su ejército de espías, es posible que estuviera enterada de que Sergio Saltykov estaba teniendo una aventura con la hermana de Marta, a espaldas de Catalina- y la referencia a la horca fue demasiado mordaz. Isabel disfrutaba al recordarle a la gente su poder, y de hecho casi no había persona en el banquete de Año Nuevo que no sintiera el peso opresivo de su autoridad y de su carácter vengativo.

En sus días buenos, la emperatriz seguía siendo formidable. Controlaba a sus ministros, los enemistaba entre sí y los descolocaba mientras se aprovechaba de sus tareas y de sus consejos. A pesar de que aborrecía tener que gobernar, se mantenía más que adecuadamente informada; sabía, por ejemplo, que sus ingresos estaban aumentando y que el ritmo de producción de las minas de oro y plata de Siberia era vertiginoso. Todo parecía indicar que había más que suficiente dinero para pagar el nuevo y enorme Palacio de Invierno, cuya construcción ella le había encargado que iniciara al arquitecto italiano Bartolomé Rastrelli, y para los cientos de nuevos vestidos que ella había comprado para reemplazar los perdidos en el incendio. En sus días buenos Isabel se deleitaba con su poder, con su salud y con sus jóvenes amantes. Pero en sus días malos -que ahora superaban a los buenos- se sentía llena de miedos.

Pues la Corte Joven estaba ganando influencia. Todos sabían que el poder de Isabel, aunque inspirara temor reverente, se estaba debilitando, y que el del gran duque y la gran duquesa lentamente aumentaba. Todo el personal de la Corte, desde los ministros más ilustres hasta los empleados de menor rango, sabían que cuando la emperatriz muriera los nuevos soberanos harían cambios radicales en el gobierno y en el palacio real. Y procuraban protegerse a sí mismos y su posición ganándose el favor de quienes muy pronto tendrían ese poder.

En sus despachos secretos, los embajadores extranjeros residentes en la corte rusa especulaban con respecto a cómo y cuándo el nuevo régimen asumiría cuando la emperatriz estuviera fuera del camino. Daban por sentado que Catalina desempeñaría un papel importante en ese nuevo régimen, a menos que su marido encontrara la manera de librarse de ella. Catalina -y no Pedro- era la elección obvia para suceder a Isabel. Poseía inteligencia, astucia y sentido común; asimismo, una evidente obstinación y fuerza de voluntad que hacía que, en comparación, Pedro pareciera frágil. Pero tenía una desventaja abrumadora: seguía sin hijos.

Semanas después del banquete de Año Nuevo, sin embargo, Catalina estaba una vez más embarazada de Sergio Saltykov, y esta vez estaba decidida de no perder el bebé. La emperatriz ordenó que Catalina fuera protegida y resguardada. Sin embargo, la envió a vivir en una vieja casa llena de corrientes de aire, con inmensas estufas de porcelana tan antiguas que sus paredes eran casi transparentes y tan llenas de agujeros que, cuando se las encendía, volaban chispas hacia afuera que provocaban pequeños incendios. Sólo una constante vigilancia por parte de la servidumbre prevenía un desastre de proporciones. Muy descompuesta con las náuseas matinales y con escozor y ardor en los ojos por vivir en habitaciones llenas de humo, Catalina inició su embarazo con un constante dolor de garganta y fiebre alta. El tedio agravaba su sufrimiento, y ella pasaba muchas tardes aburridas y largas noches esperando en vano una visita de Sergio, quien parecía haberla abandonado.

Hacia fines de abril Nicolás Choglokov falleció y se rumoreaba que su muerte había sido deliberadamente apresurada por la falta de atención de médicos pagados por sus enemigos políticos, en especial Iván y Alejandro Shuvalov. Este, "el terror de la Corte, de la ciudad y de todo el imperio", en palabras de Catalina, reemplazó a Choglokov como cabeza del gobierno de Pedro. Catalina temía a Shuvalov, no sólo debido al miedo que inspiraba como autoridad máxima de la Cancillería Secreta sino por el grotesco tic que convulsionaba la parte derecha de su cara cada vez que experimentaba una emoción intensa. El solo hecho de ver esa mueca horrible de Shuvalov estremecía a Catalina, y en un momento en que se creía que lo que afectaba a la madre afectaría también a su hijo no nacido, la elección de Shuvalov por parte de la emperatriz como personaje fundamental en la corte ducal ponía en tela de juicio la sinceridad de su preocupación por su sobrina.

Poco tiempo después Catalina recibió otro golpe. María Choglokov fue retirada de la Corte y se decía que su lugar sería ocupado muy pronto por la condesa Rumyantsev, una mujer alborotadora y chismosa cuyas palabras maliciosas habían injuriado a Juana muchos años antes. La condesa era una "enemiga jurada" de Sergio Saltykov y para nada amiga de la princesa Gagarin, la compañera más cercana de Catalina. El significado de ese nombramiento le resultó muy claro a Catalina, quien "perdió la paciencia" y lloró con amargura por esa "gran desdicha". Estaba segura de que la condesa mancharía su reputación y le causaría una gran injuria, y le suplicó a Alejandro Shuvalov que impidiera el nombramiento.

La emperatriz se ablandó y no se volvió a hablar de la condesa Rumyantsev. Sin embargo, Catalina tuvo que seguir soportando la compañía constante y no deseada del horrible Shuvalov y a una comadrona se le asignó la tarea de vigilar cada uno de sus movimientos. En mayo, la Corte se trasladó a San Petersburgo en lentas etapas que implicaron pasar veintinueve días en los caminos. En este viaje Catalina no tuvo que sufrir los sacudones que habían provocado su primer aborto espontáneo, pero igual no se salvó de estar confinada durante interminables semanas con Shuvalov y su agresiva e impertinente esposa y sin poder mantener ni siquiera una conversación intrascendente con Sergio, quien formaba parte de los escoltas montados.

Por fin arribaron a la capital y durante los siguientes dos meses

Catalina se sintió llena de aprensión, convencida de que muy pronto enviarían lejos a Sergio y temiendo, en sus momentos de mayor melancolía, que él disfrutara de esa separación. Se sintió abandonada, usada y enferma de amor. "Mis ojos nunca estuvieron libres de lágrimas y me sentí acosada por mil temores", escribió. Trató de sacudirse esos pensamientos sombríos realizando largas caminatas, pero no encontró consuelo.

Cuando entró en su noveno mes se enteró de que se estaba preparando una sala de parto para ella dentro de la suite de la emperatriz. Fue un shock severo. Era claro que la emperatriz se proponía supervisar de cerca cada aspecto del trabajo de parto y el nacimiento. Catalina estaría por completo a su merced. No se le permitiría dar a luz en sus propios aposentos, en presencia de las personas caras a ella; la privarían de amigos, de posesiones familiares y de un entorno familiar.

Alejandro Shuvalov la llevó a ver la sala de parto: una habitación desnuda y desolada, amueblada con apenas algunos muebles sencillos cubiertos de damasco color carmesí. El aire helado procedente del Neva soplaba a través de dos enormes ventanales que no cerraban bien. Una diminuta antecámara, también muy poco amueblada, daba a la sala principal. No había comodidades, nada cuya finalidad fuera brindar comodidad a la nueva madre o ayudarla a pasar por el difícil trance que muy pronto debería enfrentar.

"Me di cuenta de que allí estaría completamente aislada", escribió Catalina, al recordar su reacción, "sin ninguna compañía, tan desdichada como una piedra." Ni siquiera Pedro, cuya compañía normalmente ella detestaba, estaría cerca, y esto la consternaba. Culpaba al desfigurado Shuvalov y se quejaba a la princesa Gagarin y a Sergio. Los dos parecían preocupados, pero no podían hacer nada.

Después de todo, la criatura que ella llevaba en su seno representaba un gran tesoro: era el heredero al trono de los Romanov. Su nacimiento sería algo similar a un evento sagrado, esperado ansiosamente y fruto de muchas oraciones, una señal del favor divino sobre Rusia y su pueblo. Catalina sería meramente el recipiente a través del cual ese regalo bendito sería entregado. El hecho de que ella se sintiera incómoda o molesta no tenía ninguna importancia a la luz del propósito más elevado al que ella serviría. Sugerir siquiera lo contrario podría significar atraer sobre sí la ira de la emperatriz.

Estaba llena de temor y de presentimientos, y sentía su cuerpo pesado y difícil de manejar. Acostaron a Catalina en esa ventosa sala de partos la noche del martes 19 de septiembre, y cuando al cabo de varias horas ella despertó muy dolorida, llamaron a la comadrona. El trabajo de parto había comenzado.

Despertaron a Pedro y también a Alejandro Shuvalov, quien avisó a la emperatriz que la hora de Catalina había llegado. Isabel se puso una capa sobre el camisón y se dirigió a la sala de partos, donde Catalina yacía sobre una tarima dura junto a su cama, retorciéndose por el intenso dolor. A lo largo de la noche la emperatriz mantuvo su vigilia y oró ante sus íconos para que el parto se produjera sin problemas, mientras la comadrona oprimía el vientre de Catalina para comprobar la frecuencia de los espasmos que la convulsionaban.

Durante toda la mañana continuó la agonía de Catalina, hasta que finalmente cerca del mediodía nació la criatura. La comadrona lo sostuvo en alto e informó que se trataba de un varón, bien formado y aparentemente sano. Tan pronto lo lavaron y lo fajaron con largas tiras de lino y franela, siguiendo la costumbre rusa, la emperatriz llamó a su confesor y le pidió que le pusiera al bebé el nombre de Pablo. Catalina no había sido consultada sobre el nombre; en cualquier caso, sus deseos no habrían sido considerados significativos. Pablo había sido el nombre del hermano de Isabel, el primer hijo de Pedro el Grande y su segunda esposa Catalina, pero no había sobrevivido a la infancia.

En cuanto el confesor terminó con sus oraciones la emperatriz tomó a la criatura, le indicó a la comadrona que la siguiera y salió de la habitación. Pedro y los Shuvalov también la siguieron y dejaron sola a Catalina, con una única asistente, madame Wladislava, quien tenía tanto miedo de actuar sin las órdenes expresas de la emperatriz que descuidó por completo a Catalina.

"Y yo permanecí en mi lecho de dolor", recordó Catalina en sus memorias. "Había transpirado mucho, así que le supliqué a madame Wladislava que me cambiara las sábanas y me pusiera en la cama. Ella me dijo que no se animaba." Cuando Catalina le dijo que quería un sorbo de agua, la respuesta fue la misma. Durante tres horas Catalina permaneció allí acostada, con frío, sedienta y sintiéndose muy mal, mientras la corriente de aire helado soplaba sobre su cubrecama humedecido por el sudor. Madame Wladislava envió a buscar a la comadrona, pero la emperatriz no permitió que abandonara al recién nacido. Por último, la esposa de Alejandro Shuvalov visitó a Catalina y quedó estupefacta al ver que seguía acostada en la tarima dura, en el mismo estado en que estaba varias horas antes. "¡Esto es suficiente para matarla!", gritó y fue enseguida en busca de la comadrona. Media hora después la comadrona regresó, atendió a su paciente y la acostó en la cama.

Pero tampoco entonces alguien fue a verla, y ese hecho hirió profundamente a Catalina. Lágrimas de furia y de autocompasión brotaron libremente de sus ojos a medida que más horas pasaron y ella seguía aislada. El alborozo y el regocijo era algo que tenía lugar en los aposentos de la emperatriz, en las calles frente al palacio, en la habitación de Pedro, donde él celebraba el acontecimiento. Pero la madre del heredero al trono no participaba de esas celebraciones. Acalambrada y dolida, con los pechos hinchados de leche, deseando ver al hijo que le habían arrebatado, empezó a tener mucha fiebre y un fuerte dolor y palpitaciones en la pierna izquierda.

El día siguiente fue bastante parecido. Catalina "no hacía más que llorar y gemir" en su cama, quejándose a madame Wladislava por su pierna dolorida, la vista fija en la puerta con la esperanza de que finalmente alguien enviara a un criado para ver cómo se sentía. Pero la única persona que la visitó fue Pedro, quien entró por un momento en el cuarto y enseguida se fue, alegando estar muy apurado.

"Yo no quería quejarme ni ser motivo de quejas", escribió. "Tenía demasiado orgullo. Incluso la idea de estar en semejante estado me resultaba insoportable." Ella trataba -a través de sus lágrimas- de mantener su dignidad, pero su sufrimiento era intenso. Transcurrieron horas y de pronto Catalina oyó cañonazos procedentes del otro lado del río y el tañido de cientos de campanas cortó el aire. Pero el único sonido que ella anhelaba, el sonido del llanto de su bebé, le fue negado.

El tercer día posterior al nacimiento, una de las damas del entorno de la emperatriz entró en el cuarto, no para averiguar el estado de salud de Catalina sino para preguntarle a madame Wladislava dónde estaba la capa de satén que la emperatriz usaba mientras aguardaba el nacimiento. La capa apareció en la antecámara y la dama en cuestión se mandó a mudar con ella.

Como Catalina habría de descubrir más adelante, en los apartamentos de la emperatriz se produjo un alboroto. Durante la búsqueda de la famosa capa apareció un paquete de raíces entreveradas con pelo humano debajo de la almohada de la cama de Isabel. Era un hechizo, algo relativo a la brujería. La emperatriz tuvo un ataque de furia. Además del miedo de ser asesinada, lo que más temía era ser objeto de una brujería. Se apartó del paquete como si fuera una serpiente y ordenó que esa cosa detestable fuera destruida.

Todas las doncellas fueron sometidas a un rudo escrutinio. ¿Cuál de ellas había estado haciendo magia negra? ¿Cuál se había atrevido a poner ese malévolo hechizo tan cerca de la cabeza imperial?

Las sospechas recayeron en una de las damas de compañía favoritas de la emperatriz, Ana Dmitrievna Dumachev, cuya prolongada amistad con su señora hacía que los Shuvalov la temieran. Ana fue arrestada, junto con su marido y dos hijos jóvenes. Ella reconoció, tal vez bajo tortura, que había escondido hechizos cerca de la persona de la emperatriz para que entre las dos hubiera un fuerte vínculo de amistad, y que también le había administrado a la emperatriz un vino húngaro adulterado.

Estas confesiones sembraron pánico en la alcoba imperial. Por un momento, el bebé Pablo fue olvidado en el alboroto para erradicar cada prueba de hechicería y purgar el entorno de criadas sospechosas. (Ana y sus hijos fueron enviados al exilio; su marido, enloquecido de terror, se cortó el cuello con una navaja.) Cuando el orden quedó restablecido, habían pasado los días y Catalina comenzaba a reponerse.

Ahora, lo único que la preocupaba era su hijo. Estaba desesperada por saber cómo estaba y encontrar una manera de enterarse por medios secretos. Que ella preguntara directamente por su estado estaba prácticamente prohibido, como lo era también dar a entender alguna crítica hacia la emperatriz. Para su consternación, Catalina se enteró de que muy pronto después del nacimiento el bebé había presentado lastimaduras ulceradas alrededor de la boca, que hacían que le resultara difícil chupar y, por consiguiente, ponían en peligro su vida. Las heridas cicatrizaron con el tiempo, pero el pequeño no estaba todavía fuera de peligro. Las niñeras y las mujeres de edad avanzada que lo rodeaban prácticamente lo sofocaban con sus malsanas atenciones. La emperatriz misma corría hacia él –rengueando con sus piernas débiles– cada vez que lo oía llorar, y se lo mantenía en una habitación demasiado calefaccionada, fajado con tiras de franela, bajo pilas de cobijas de terciopelo y piel negra de zorro.

A Catalina no se le permitió asistir a la ceremonia del bautismo de Pablo, pero la emperatriz la visitó después para entregarle un cheque del tesoro imperial por valor de cien mil rublos y un pequeño estuche con alhajas. Las alhajas eran pocas y de un valor relativamente bajo –un collar, un par de aros y dos anillos, todas engarzadas con piedras de calidad inferior y realizadas por un orfebre no demasiado hábil–, pero el cheque del tesoro fue muy bien recibido, ya que Catalina había gastado toda su asignación y estaba muy endeudada. Por esa razón, estaba impaciente por recibir ese dinero. Pero cuando a su debido tiempo fue a verla el barón Czercassov, secretario del gabinete, para honrar ese cheque del tesoro, lo hizo con las manos vacías. Le explicó que, en realidad, los cien mil rublos que debía recibir Catalina se le habían entregado a Pedro; al enterarse de que Catalina iba a recibir ese regalo cuantioso, Pedro exigió que se le diera a él uno del mismo valor, y como en el tesoro no había suficiente dinero disponible para cubrir ambos regalos, Catalina tendría que esperar por el suyo.

Los días transcurrieron con lentitud, el otoño estaba llegando a su fin y el invierno se acercaba. Catalina volvió a sus propios apartamentos, pero, siguiendo la tradición, permaneció recluida, con sus doncellas de honor para atenderla. Cada tanto Pedro la visitaba, no porque deseara verla sino porque estaba fascinado con la menos atractiva de las mujeres del entorno de Catalina: la vulgar y marcada de viruela Isabel Vorontzov. Ese galanteo de Pedro molestó a Catalina, pero el impacto de esa actitud de su marido fue eclipsada por penas más fuertes. Se enteró de que la princesa Gagarin, su compañera más cercana en los últimos años, iba a casarse y sería alejada de la Corte. Y le informaron que Sergio Saltykov pronto partiría en una misión a Suecia para anunciar el nacimiento del heredero al trono y no regresaría hasta después de muchos meses.

Lo que ella más temía acababa de sucederle. Sergio, después de cumplir con su misión de engendrar su hijo, iba a ser apartado de ella, quizás indefinidamente.

"Me hundí más en mi cama y me acurruqué en mis aflicciones. Di la excusa de que no me sentía bien, de que el dolor de mi pierna había empeorado y que no podía levantarme. Pero lo cierto era que me resultaba imposible levantarme. Tenía el corazón tan destrozado que no quería ver a nadie."

Catalina no vio a nadie, pero el pequeño Pablo recibió muchísimas visitas. Todos querían ver a ese bebé tanto tiempo anhelado, acostado en la cuna forrada con piel. La emperatriz lo cuidaba con cariño maternal, rezaba por él y se preocupaba sin cesar por esa criatura.

"¡Qué tez oscura que tiene!", exclamaban taimadamente los cortesanos, sabiendo que su padre era Sergio Saltykov y no el gran duque, que era tan pálido como un hongo. Pero a Isabel no le importó. Desechó todas las referencias a la dudosa paternidad de Pablo al murmurar que no sería el primer bastardo que nacía en su familia, y no hizo nada para silenciar los rumores acerca de Catalina y Sergio. Lo único que le importaba era que la gran duquesa había dado a luz a un heredero del sexo masculino. Una criatura que la emperatriz podría amar y mimar y que aseguraría la continuidad de la dinastía.

Tan maternal fue la actitud de la emperatriz que en la Corte empezó a correr el rumor de que, en realidad, Pablo era hijo de ella y no de Catalina. A pesar de su edad avanzada y de sus múltiples enfermedades, Isabel no parecía del todo incapaz de ser madre. Además, se sabía que tenía relaciones con amantes jóvenes y viriles. ¿Por qué no podía entonces haber dado a luz a una criatura a esa edad un poco avanzada?

La emperatriz no hizo nada para silenciar ese rumor y esperó casi seis semanas antes de permitirle a Catalina ver, aunque fuera fugazmente, a su hijo. "Me pareció muy hermoso", escribió Catalina, "y el hecho de verlo me hizo sentirme un poco más feliz." Sin embargo, se lo sacaron casi enseguida y ella se sintió más desdichada que nunca.

El 1º de noviembre, el día fijado para que Catalina recibiera las felicitaciones oficiales de los cortesanos, los sirvientes decoraron los aposentos de la gran duquesa con un esplendor desacostumbrado. Canapés y mesas finamente forjados, costosos tapices, elegantes pinturas y objetos de arte fueron llevados para reemplazar los muebles de Catalina hasta lograr que la habitación fuera casi tan majestuosa como la de la propia emperatriz. En el centro del recinto había una cama magnífica, tapizada en terciopelo color rosado con bordados en plata.

En esta cama real, Catalina se encontraba reclinada, esperando pacientemente que, uno por uno, los miembros del gobierno imperial y del palacio, los embajadores de países extranjeros, los dignatarios de la ciudad y los integrantes de la nobleza pasaran frente a ella y que cada uno le besara la mano. Ella era la imagen misma de la maternidad modesta y radiante, una joven mujer bonita y cautivante cuya tez delicadamente blanca era casi inmaculada, cuyo pelo cobrizo era grueso y ondulado, su figura era esbelta y sus manos y brazos tan finamente formados como los de una estatua clásica. Ella le habló a cada uno de sus visitantes en un tono agradable y le dedicó a cada uno una sonrisa amable. Sólo sus ojos, grandes, azules y atribulados, revelaron lo que había soportado y seguía soportando, aunque ella hiciera todo lo posible por mantenerlos brillantes.

Después de varias horas agotadoras la recepción terminó y Catalina se recostó, agradecida, en los almohadones de terciopelo rosado. Pero no le habrían de permitir descansar. En cuanto el último invitado salió, las criadas de la emperatriz aparecieron para llevarse todos esos muebles espléndidos. Sacaron de allí cada mesa y cada silla, cada jarrón y candelero, hasta que la habitación quedó desprovista de su elegancia y en su desolado estado anterior. Hasta la gran cama de terciopelo rosado, una cama apropiada para la madre de un futuro emperador, fue desmantelada y retirada, dejando a su ocupante de pie, sin mucha estabilidad, con su pierna dolorida, reflexionando sobre su destino.

Capítulo 12

Descuidada y abandonada, privada no sólo de comodidades sino de ver a su hijo recién nacido, Catalina se replegó en sí misma y apeló a los recursos de su mente aguda y siempre sedienta de conocimientos. En una situación en la que otra mujer habría perdido la razón o sucumbido a la enfermedad o la depresión, Catalina se retiró a una habitación pequeña y mal iluminada -el único refugio que pudo encontrar para protegerse del viento helado procedente del río- y comenzó a leer.

Devoró la *Historia Universal* de Voltaire (Voltaire se estaba convirtiendo en su escritor preferido) y una historia de Alemania, una pila gruesa de libros en ruso, incluyendo dos inmensos tomos sobre historia de la Iglesia traducidos al ruso del latín por el erudito historiador del siglo XVI cardenal Baronius, el *Espíritu de las leyes* de Montesquieu, un agudo y elocuente análisis de los orígenes y formas del poder gubernamental, y *Anales*, de Tácito.

Voltaire la divertía, Baronius le llenaba la cabeza de información, Montesquieu la intrigaba, pero Tácito era el que le disparaba la imaginación y le ampliaba su comprensión. Los *Anales* contaba la historia de Roma durante los inciertos años de comienzos del Imperio, una época de decadencia y cinismo en que los herederos de Augusto luchaban por obtener preeminencia. Los ideales republicanos se habían desmoronado, los refinamientos morales habían sido olvidados; las intrigas palaciegas y la fuerza bruta de la Guardia Pretoriana fabricaban emperadores y los derrocaban con sorprendente frecuencia. Sorprendente, al menos para los no iniciados, los "de afuera", quienes, inevitablemente, se convertían en víctimas de toda la perfidia y la traición. Los "de adentro", aquellos que habían aprendido no sólo a cuidarse las espaldas y protegerse sino a tomar la ofensiva y obstaculizar a sus enemigos antes de ser destruidos por ellos, tenían éxito en hacer que los acontecimientos jugaran a su favor.

Catalina, dolida por los efectos de muchos años de maltrato e insultos, llena de resentimiento y, a pesar de su reciente infortunio, llena también de ambiciones, leyó a Tácito e imaginó su venganza. No seguiría siendo una víctima. Adoptaría las tácticas de los vencedores de la Roma de Tácito y con ello protegería sus intereses en la Rusia de Isabel. Le habían abierto los ojos y ya nunca volvería a ser una jovencita ansiosa que, por encima de todo, necesitaba complacer a los demás. A partir de ese momento obligaría a los otros a complacerla a ella.

El hecho de leer a Tácito, escribió Catalina tiempo después en sus memorias, "me provocó una extraña revolución en la cabeza, a la cual quizá contribuyó mucho el abatimiento y la tristeza que sentía en ese momento. Empecé a ver las cosas de otra manera y a buscar causas más profundas".

Llegó el invierno. El río estaba congelado y el sol pálido y aguachento se elevaba tarde y flotaba por el horizonte como una mancha borrosa de color amarillo grisáceo y sólo durante unas pocas horas crepusculares. Catalina siguió encerrada en su habitación diminuta, descansando en una chaise longue, leyendo frente a un pequeño escritorio, con la pierna herida apoyada en almohadones. Aunque hizo todo lo posible por protegerse de las corrientes de viento helado, volvió a resfriarse una y otra vez y con los resfríos llegó la fiebre. Al cabo de dos meses de aislamiento, abandonó su cuarto para asistir a los prolongados servicios de Navidad, pero tuvo escalofríos, dolores y una fiebre muy alta, por lo cual tuvo que volver a estar en cama varios días.

Durante todo el invierno urdió su venganza; reflexionó acerca de la forma de llevarla a cabo en la corte a la luz de su nueva comprensión del comportamiento del mundo y, sobre todo, del mundo de la corte. Estaba decidida a "rehacerse". "Hice acopio de todas mis fuerzas", escribió más tarde. "Tomé la firme resolución de no abandonar mi habitación hasta haber recuperado suficientes fuerzas como para superar la hipocondría." Mientras los cortesanos se agotaban celebrando el nacimiento de Pablo en fiestas y bailes de máscaras, con iluminaciones *a giorno* y fuegos artificiales, y mientras Pedro y su entorno de guardias y satélites bebían y se divertían bulliciosamente entre nubes de maloliente humo de tabaco, Catalina permaneció en su retiro ascético adquiriendo cada vez más fuerza y sintiéndose cada vez más segura de sí misma. Cuando terminó la temporada de Carnaval, ella se había transformado en una persona completamente distinta.

La primera prueba a que se vio sometida fue dolorosa. Sergio Saltykov regresó a Rusia de su larga estadía en la corte sueca y no demostró el menor apuro en ver a Catalina. Ella supo, porque Bestuzhev la había mantenido informada, que mientras estaba en Suecia Sergio había vuelto a sus hábitos de mujeriego. Esto, sumado a su resistencia a reanudar su relación con Catalina, resultó muy significativo; en el fondo de su ser Catalina sabía que a él lo alegraría no tener que continuar con la relación atormentada de ambos. Sin embargo, ella se vio obligada a enfrentar su orgullo... y su deseo. Se fijó un encuentro clandestino, pero aunque Catalina aguardó con cierta ansiedad hasta las tres de la mañana la llegada de Sergio, él nunca se presentó. Para ella fue un golpe muy duro y comprendió que había estado sufriendo mucho por un hombre que no se merecía ese sacrificio. Ella había dado a luz a su hijo, había sido privada de su presencia durante muchos meses, meses pasados con gran padecimiento espiritual. Sin embargo, a él no le importó nada ese sufrimiento de Catalina y ni siquiera se había molestado en cumplir con la cita.

Le escribió una carta furiosa a Sergio en la que le censuraba la forma en que la había tratado, y esto hizo que él se presentara inmediatamente en los apartamentos de ella. Cuando lo tuvo delante, Catalina se suavizó momentáneamente y dejó que su enamoramiento la dominara, pero muy pronto se hizo fuerte e insensible para con él y con todas las personas que la habían maltratado. Resolvió no permitir que nadie volviera a lastimarla impunemente, y cuando Sergic la persuadió de que pusiera fin a su largo aislamiento y apareciera en público, Catalina causó una formidable impresión en todos los que la vieron.

Se aproximaba el cumpleaños de Pedro y la Corte se reunió para conmemorar la ocasión. Catalina le había pedido a sus modistas que le hicieran un traje maravilloso de terciopelo azul con bordados en oro, y así vestida asistió a la reunión, alta, delgada, con mejillas sonrosadas y el auténtico aspecto de la esposa del heredero al trono y madre de un futuro emperador. Nadie podía dejar de observarla con admiración. Miradas preocupadas y cuchicheos la seguían cuando ella se movía con elegancia por el salón, les daba la espalda a los Shuvalov y a sus aliados y a sus enemigos les dedicaba atenciones y favores especiales.

Era imposible no advertir el cambio operado en Catalina. Su seguridad, su audacia y su inesperado ataque al favorito de la emperatriz, Iván Shuvalov, y sus primos Alejandro y Pedro sorprendieron a todos los observadores. Su risa cristalina y su voz agradable resonó en toda la habitación y con ellas se burló maliciosamente de los Shuvalov, ridiculizando su estupidez y tontería y poniendo de manifiesto su maldad. El sarcasmo era la mejor arma de Catalina; tenía una gran habilidad para inventar pullas y mofas y contar historias que despertaban la imaginación de los cortesanos y luego eran repetidas *ad nauseam*.

"Enderecé la columna y caminé con la cabeza bien alta", escribió después Catalina. "Los Shuvalov no sabían dónde meterse." Alarmados, se refugiaron uno en el otro, sabiendo que Catalina representaba una amenaza inesperada para su dominio.

Catalina había arrojado el guante a la facción más poderosa de la Corte. Alejandro Shuvalov no sólo era la autoridad máxima de la Cancillería Secreta y representaba un peso importante en el consejo real sino que era además la cabeza del entorno del gran duque Pedro. El hermano de Alejandro, Pedro, tenía las riendas de las finanzas y había enriquecido el país fomentando el comercio y la construcción de fábricas, además de desempeñar un papel clave en la expansión del ejército ruso y de poseer el grado de Maestro General de Artillería. Y el apuesto y culto Iván Shuvalov, normalmente un chambelán de la casa real, era el más influyente de todos, amante e íntimo de la emperatriz y amante también de todo lo francés y quien había alentado a Isabel a adoptar el estilo francés en su vestuario, sus modales y su cultura y a hablar sólo francés entre sus cortesanos.

Al oponerse a los Shuvalov, Catalina se alineaba no sólo con quienes, como el canciller Bestuzhev, eran sus enemigos personales sino con una tendencia política de oposición a Francia y afín a los estados alemanes y a Inglaterra. Esta era una orientación natural en la Corte Joven, dados los orígenes de Catalina, la fijación de Pedro con Holstein y su idealización de Federico II de Prusia, pero existía en ello un peligro. Los rusos recordaban con rencor el reinado de la emperatriz alemana Ana, la predecesora de Isabel que, durante sus diez años en el poder, había abusado de sus súbditos y les había fijado impuestos tan gravosos que poco faltó para que todos murieran de hambre. La Naturaleza pareció levantarse en contra de Rusia bajo el reinado de la cruel Ana y sus secuaces alemanes, afligiendo a la gente con imponentes tormentas y hambrunas generalizadas, plagas y voraces incendios que destruyeron lo poco que la emperatriz les había dejado.

Más allá de esto, la emperatriz Isabel sentía un odio permanente contra Federico de Prusia, y el poderío militar de Prusia y sus continuas agresiones representaban una amenaza no sólo para la soberanía rusa sino también para la estabilidad política de Europa.

Catalina comenzó a asumir un papel más agresivo en las políticas de la Corte y la política exterior, justo en el momento en que la precaria estabilidad de Europa amenazaba con colapsar. Una vez más las ambiciones expansionistas de Federico II estaban haciendo que la guerra pareciera inevitable, y los tratados de Rusia con sus aliados de Europa Occidental hacían imposible que Rusia evitara verse involucrada, por más que la emperatriz detestara la idea de entrar en guerra.

En junio de 1755 un nuevo embajador británico llegó a San Petersburgo. Se trataba de Sir Charles Hanbury-Williams, un diplomático veterano si bien no precisamente distinguido; era un inglés rubicundo y corpulento de algo más de cuarenta años, con gustos literarios y un ingenio rápido. Su misión era delicada: persuadir a la emperatriz y a sus ministros de comprometerse a enviar tropas rusas en defensa de Hanover en el caso de un ataque de Prusia. (El rey inglés, Jorge II, era también Elector de Hanover: estaba apasionadamente dedicado al menor de sus dos dominios y, como no tenía un ejército propio, debía depender de que ejércitos extranjeros defendieran su territorio alemán.)

No cabía duda de que Rusia estaba predispuesta a oponerse a los ejércitos de Federico II. Lo que estaba en disputa era el precio que Gran Bretaña tendría que pagar para asegurarse la asistencia de los rusos. Con respecto a este punto las negociaciones se habían interrumpido durante el ejercicio diplomático del predecesor inmediato del embajador Hanbury-Williams, con los británicos convencidos de que los rusos eran venales y los rusos dudosos de la buena fe de Gran Bretaña.

Hanbury-Williams era un diplomático avezado pero sin demasiado tacto; había reñido con Kaunitz, el ministro en jefe de María Teresa, se había enemistado con Federico de Prusia y sus funcionarios y exhibía un talento perverso para ofender a los personajes importantes o a los casi importantes con su franqueza y falta de delicadeza. Su ingenio era a menudo agresivo y carecía de suficiente disciplina como para mantenerse callado. Pero era un observador perceptivo y su gobierno -que no era del todo sincero con él- confiaba en que se transformaría en los ojos y los oídos británicos en Rusia en un momento crucial.

En esto no se equivocaron, pues las cartas y despachos de Hanbury-Williams durante su misión en Rusia pintaron un cuadro perspicaz de la corte de Isabel y sus personalidades.

Eligió como residencia una mansión sobre el Neva, que alquiló y amuebló a sus propias expensas -en otro tiempo, la Corte le había proporcionado al embajador británico una casa amueblada-, e incluso encargó que le mandaran de Gran Bretaña pececillos vivos para que nadaran en los estanques helados de la mansión. Trajo con él varias docenas de criados y contrató también a docenas de rusos para mantener aprovisionados los hogares y la cocina. Se esperaba que tomara guardaespaldas rusos, a un precio alto, y él se quejó de tener que pagar sesenta libras por año para ser protegido "contra nadie", en sus propias palabras, por dieciséis hombres y un sargento que se mudaron a su casa y resultaron un verdadero incordio.

Hanbury-Williams estaba acostumbrado a las cortes extranjeras pues hacía muchos años que pertenecía al servicio diplomático, pero la corte rusa lo sorprendió. Nunca había visto nada parecido a su lujo extraordinario, a las gruesas incrustaciones de oro y la lluvia de gemas con que la emperatriz se rodeaba. Los magníficos palacios de Isabel, con sus enormes salones con hileras de relucientes arañas de cristal cuyas facetas reflejaban la luz en mil direcciones, sus intrincados pisos taraceados y los altos espejos que reflejaban el brillo de cada gema y cada adorno, los tapices tejidos y los muebles de madera lustrada y las porcelanas y los mármoles eran mucho más ostentosos que cualquier residencia real que el inglés hubiera visto jamás. Incluso el famoso esplendor de Versailles no podía compararse con la majestuosidad de los palacios rusos, donde hasta los cuartos más humildes estaban ornamentados con oro sólido y a los huéspedes se les servía champán fino en copas de oro y trozos de ananá en platos de oro.

"Los gastos fortuitos de esta corte son altísimos", escribió el diplomático a sus superiores, con la esperanza de recibir un subsidio adicional. Carecía de la delicadeza para presentarse decentemente entre los cortesanos opulentos de la emperatriz, y tuvo que ordenar nueva ropa a un costo personal muy alto. Aun así, sus terciopelos y brocados y encajes parecían andrajos comparados con el ropaje deslumbrante de los grandes nobles.

Alejandro Razumovsky, el pastor aldeano de Tchemer, lanzó la moda de las hebillas con diamantes en los zapatos y los cinturones; sobre sus amplios hombros brillaban charreteras de diamantes de las que colgaban las órdenes que su soberana le había conferido. Los otros hombres eminentes que rodeaban a la emperatriz eran igualmente pródigos con su riqueza. Si Razumovsky ordenaba de París un coche que valía tres mil rublos, sus rivales debían tener carruajes que valían cuatro mil e incluso más. Alejandro Shuvalov vestía a sus lacayos e incluso al último de sus pajes con libreas de tela de oro y se decía que ordenaba sus maravillosos trajes de su sastre, pero no de a uno sino de a diez. El general Apraxin, otro integrante de la élite dorada, jamás viajaba sin su colección de enjoyadas cajas de rapé (tenía una para cada día del año) y le gustaba cerrar sus fiestas saliendo al balcón de su mansión en Moscú y arrojando puñados de monedas de oro y adornos valiosos a los pordioseros que se encontraban abajo, en el patio.

El atavío de las mujeres de la Corte no era menos lujoso. Sus amplios vestidos de seda crujían al rozar con el parqué, sus gargantas y muñecas estaban rodeadas por tiras gruesas de gemas, de su pelo brillaban plumas y cintas enjoyadas con diamantes. Cada mujer deseaba ser considerada suficientemente hermosa como para que su retrato colgara del Gabinete de Modas y Lujos de Peterhof de la emperatriz, donde unas trescientas bellezas sonreían desde las paredes. La emperatriz no podía seguir simulando que era la bella reinante de su corte; la edad y las enfermedades le habían robado su preeminencia. De modo que las mujeres competían más abiertamente que en el pasado para ser admiradas, y Hanbury-Williams estaba muy sorprendido por la cantidad de encaje plateado y bordados de oro, de plumas ondulantes y de alhajas fastuosas con que adornaban sus vestidos.

Entre las mujeres, la gran duquesa Catalina se habría destacado si su rango no la hubiera distinguido. "Su personalidad es muy ventajosa y su modo de ser, muy cautivante", escribió el inglés. La vio caminar con la cabeza en alto, magníficamente vestida, acariciando a sus amigas y lanzando flechas verbales cuidadosamente elaboradas a sus enemigos. Se estaba convirtiendo en una maestra de la política y él quedó muy impresionado con ella.

Sentado junto a Catalina en los banquetes imperiales, Hanbury-Williams tenía amplia oportunidad para calibrar su mente y sus juicios, así como sus atractivos personales, y su conversación le pareció "merecedora del buen sentido de Richelieu y del genio de Molière". Cada uno eclipsaba el ingenio del otro. Descubrieron que muchos de los libros que habían leído eran los mismos, que compartían su admiración por Voltaire y una aversión por la presunción en todas sus formas. ("No conozco ningún plato tan apetitoso como el buen sentido sazonado por el ridículo", le comentó el diplomático a Catalina, "cuando un zopenco presumido o con falsa confianza produce semejante espectáculo." Y ella coincidió con entusiasmo.)

Con la emperatriz cada vez más enferma y su sucesor prácticamente impotente por el alcohol (Hanbury-Williams opinó que Pedro era "débil y violento"), Catalina era la heredera natural al poder. Él escribió a sus superiores en Londres que si Isabel llegaba a morir repentinamente, Catalina tomaría el poder. Pues, a pesar de sus crueldades mezquinas, su torpe altanería y su gran ego, Pedro recurría a su esposa cuando se trataba de asuntos importantes. Él se inclinaba ante los conocimientos de Catalina; según el embajador, Pedro le decía a la gente que "aunque él mismo no comprendía las cosas, su esposa lo entendía todo". La llamaba "Madame Recursos".

A Hanbury-Williams le impresionaba la manera inteligente con que Catalina se había adaptado a sus circunstancias. "Desde su llegada al país", les dijo a sus superiores, "ha intentado con todas sus fuerzas ganarse el afecto de la nación." Se había puesto a aprender ruso, lo hablaba con fluidez –aunque imperfectamente– y lo entendía muy bien. En opinión del embajador, se había hecho "estimada y admirada" en un alto grado, y agregó que Catalina "tiene un gran conocimiento de este imperio y lo convierte en su único estudio". "Tiene gran sentido común", concluyó, "y el Gran Canciller me dice que nadie posee más firmeza y decisión que ella."

Por cierto, la firmeza y la decisión, para no mencionar el sentido común, escaseaban bastante en la corte imperial. "La Corte está gobernada por la pasión y los acontecimientos, y no por la razón", señaló el inglés después de haber estado seis meses en Rusia. La emperatriz, con su tos persistente y su dificultad para respirar, sus extremidades débiles y su cuerpo hinchado, todavía reinaba, aunque con una mano paralizada. Los Shuvalov carecían de la audacia necesaria para incautarse del poder, a pesar de lo cual tenían actitudes malévolas; Hanbury-Williams pensaba que, si un embajador francés fuerte era enviado a la corte rusa, no le costaría mucho abrirse paso entre los Shuvalov para socavar y dañar gravemente los intereses británicos.

El embajador cultivaba la amistad de la gran duquesa y ella le respondía con la calidez de una mujer culta hambrienta de compañía urbana. Conversaban en las grandes cenas, él la visitaba en el Oranienbaum donde Catalina y Pedro pasaban cada vez más tiempo y donde ella supervisaba la plantación de amplios jardines. Ella le presentó al jardinero Lamberti, a quien le interesaban las profecías y quien predijo que Catalina no sólo se transformaría en emperatriz soberana de Rusia sino que viviría para ver a sus nietos y no moriría hasta tener bien pasados los ochenta años.

El embajador y la gran duquesa, juntos, observaron con una mezcla de vergüenza y de horror el desarrollo del escándalo del verano.

Pedro, objeto ya de cierto desdén por su amor por Alemania y los alemanes, cosechó el resentimiento profundo y permanente de las tropas de la casa de Oranienbaum. La mayor parte de estos soldados eran fineses, procedentes de una región llamada Ingermanland. Eran leales al trono de Rusia, pero su lealtad se vio gravemente puesta a prueba cuando el gran duque, su comandante nominal y un teniente coronel del honroso regimiento Preobrazhensky, comenzaron a usar el uniforme de oficiales de Holstein y llevaron a Oranienbaum en el verano del 1755 a un gran contingente de soldados de Holsteiners.

Los Holsteiners instalaron su campamento en el terreno de propiedad del gran ducado, a cierta distancia de la mansión y de los demás edificios anexos. Allí levantaron sus carpas, establecieron su arsenal e instalaron sus caballerizas. Eran un pequeño ejército heterogéneo, formado no por soldados auténticos sino por vagabundos, aprendices fugitivos y desertores de los ejércitos de una docena de pequeños principados. Muchos no eran de Holstein y no pocos eran muchachitos poco desarrollados que casi no podían sostener un mosquete. Pero, igual, eran los hombres de Pedro, sus regimientos de juguete hechos realidad. Él los entrenaba como una vez había entrenado a Catalina y a sus sirvientes, sacudiendo un largo látigo militar que siempre portaba, gritando órdenes, enseñándoles a realizar marchas y contramarchas con algo parecido a la precisión.

Tan enamorado estaba el gran duque de esos juguetes suyos tamaño natural que armó una carpa junto a ellos y vivió en el campamento, participaba de juergas con ellos, compartía su coñac barato y su tabaco, disfrutaba del sonido gratificante de su tosco idioma alemán y se imaginaba de vuelta en Holstein.

Junto a él se encontraba su asesor más reciente, el coronel Brockdorff, un hombre alto y fanfarrón procedente de Holstein, con una inteligencia limitada y gran capacidad para el licor. Con su chaqueta roja de coronel y su tricornio, Brockdorff era una presencia bien visible, muy irritante para las tropas rusas, en especial cuando les ordenaba a los rusos servir a los de Holstein casi en calidad de sirvientes.

Era necesario alimentar a esos hombres de Holstein; como no tenían provisiones propias, dependían de las cocinas de Oranienbaum. De modo que les tocó a los de la guardia del palacio, quienes murmuraban entre ellos que los de Holstein eran traidores y espías del rey de Prusia, llevarles bandejas de comida y bebida a esos despreciados visitantes extranjeros y tener que comer las sobras de los platos cuando ellos terminaban de cenar. No se les ofreció un dinero adicional por este servicio, y esto, sumado al insulto, los hizo rebelarse.

"¡Ahora nos hemos convertido en criados de esos malditos alemanes!", les gritaban y maldecían a Brockdorff, a los hombres de Holstein y al fanfarrón del gran duque.

En cuanto a Catalina, ella mantenía la calma frente a este gran fiasco, aunque permitió que se supiera que no aprobaba la conducta de su marido. Se mofó abiertamente de Brockdorff, lo llamó "un inservible y un idiota" y se refirió a él como "el pelícano". Él, a su vez, la llamó "la víbora" y usó su influencia sobre Pedro para ampliar la brecha que separaba a la pareja.

A medida que transcurría el verano y la presencia de los hombres de Holstein seguía ofendiendo no sólo a las tropas del palacio sino también al público en general, Catalina le confió a Hanbury-Williams que la conducta de su marido se estaba volviendo cada vez más problemática. Con la aprobación entusiasta de Pedro, Brockdorff actuaba de maestro de ceremonias de una ronda perpetua de parrandas de borrachos y de cenas disolutas que terminaban en "auténticas orgías". El hedor del vino agrio, del tabaco fuerte y de la ropa sin lavar se le pegaba al gran duque y alejaba de él a los demás. Su aliento, nunca dulce, se había vuelto nauseabundamente desagradable y sus pataletas se habían convertido en ataques de sadismo.

Cuando él creía que nadie lo miraba, Catalina lo pescó golpeando a sus perros o haciendo que sus sirvientes sostuvieran a esos animales indefensos por la cola mientras él los azotaba sin piedad. En su mente retorcida estaba convencido de que los animales habían cometido alguna ofensa y que era preciso corregirlos y castigarlos. La visión de la crueldad de su marido hizo que la compasiva Catalina llorara, pero cuando le protestó a su marido, él azotó con más fuerza a los perros con su látigo y ella se vio obligada a abandonar la habitación. Para Catalina, Pedro despreciaba la piedad. Era algo que lo enfurecía y lo hacía cometer atrocidades aun peores. Ella sabía que esa era sólo una de las muchas señales de que tenía la mente trastornada, aunque ella no se animaba a decirlo con todas las letras.

Creía saber qué lo había desequilibrado. Como tiempo después ella escribiría sus memorias, Pedro, de poco más de veinte años, había desarrollado "una sed de reinar". Sabiendo que él era el heredero del trono sueco tanto como del ruso, alimentó un deseo secreto de ser rescatado de Rusia para convertirse en rey de Suecia. En 1750 creyó que esa oportunidad había llegado, pero al final los acontecimientos le demostraron que estaba equivocado.

"Se moría de envidia", escribió Catalina. La decepción lo hacía sentirse resentido. Ahora estaba atrapado, obligado a vivir en un lugar que detestaba, manejado por una tía que lo despreciaba y a quien había llegado a aborrecer, unido a una esposa a quien no podía amar y que, en todos sentidos, era más capaz que él. Su deseo imperioso de reinar sin duda se vería desbaratado, pues el reino que un día sería suyo lo estaba hostigando. De allí su forma descontrolada de beber, sus ataques de sadismo, la furia interior cáustica que lo consumía y lo hacía perder el sentido.

Como siempre, Catalina cayó víctima del estado de ánimo sombrío de su marido. Unos pocos meses antes de la llegada de Hanbury-Williams a Rusia, Pedro había entrado tambaleándose en el cuarto de Catalina, gritando y blandiendo una espada, "reducido a la brutalidad de un animal", en palabras de ella, por la bebida y la furia. Le dijo que ella se estaba volviendo insoportablemente orgullosa, la acorraló contra la pared y la amenazó con su espada.

Ella le siguió el juego, se defendió, como lo hacía con frecuencia, con buen humor. "Le pregunté qué significaba eso", escribió más adelante en sus memorias al recordar esa escena desagradable, "si se proponía luchar conmigo. Y que, en ese caso, también yo necesitaba una espada."

Él volvió a enfundar la espada y le dijo mordazmente que era insoportablemente malévola. Hablaba con dificultad, pero Catalina igual entendió lo que decía; se estaba quejando de su nueva osadía y seguridad y de su ataque contra los Shuvalov.

Ella lo enfrentó, no retrocedió. "Vi con toda claridad", escribió, "que el vino lo había despojado de la razón." Le dijo con firmeza que se fuera y se acostara y Pedro, obnubilado y lejos ya su breve estallido de hostilidad, la obedeció y se alejó tambaleándose.

Ella había ganado. Ya no tenía nada más que temer de Pedro, al menos por el momento. No tenía ilusiones con respecto a él, sabía que la necesitaba y que seguiría necesitándola cada vez más en el futuro. No obstante, era y continuaría siendo su enemigo, y un enemigo sumamente peligroso, imprevisible, irracional y lleno de resentimiento.

Catalina se había guardado todo esto para sí. Pero ahora que Hanbury-Williams estaba en la escena, ofreciéndole su compañía amena, deleitándola con su amistad y demostrando que era su aliado, al fin ella tenía alguien en quien confiar. Sabía perfectamente bien que cultivar la amistad del embajador equivalía a apoyar sus propios intereses y, a su vez, ella pensaba usarlo para aumentar su propia seguridad y lograr sus metas privadas. Le proporcionó mucha información útil para su gobierno; a cambio, ella le pidió que le prestara grandes sumas de dinero y empleó parte para pagar a sus informantes que servían en casa de la emperatriz.

Pero, intereses aparte, la amistad entre ese diplomático de mediana edad y la firme, decidida y combativa gran duquesa floreció y benefició a ambos. Para Catalina, que hasta ese momento no tenía ningún mentor político salvo Bestuzhev, Charles Hanbury-Williams fue algo así como un regalo del cielo.

"¿Qué no le debo a la Providencia que lo envió aquí, como un ángel guardián, para unirme a usted con los lazos de la amistad?", le escribió Catalina a su amigo inglés en abril de 1756. "Ya verá, si algún día llego a ceñirme la corona, que en parte se lo deberé a sus consejos."

Capítulo 13

A fines de octubre de 1756 la emperatriz perdió el equilibrio con sus piernas hinchadas y se desplomó en un desmayo de muerte. Inmediatamente sus damas de compañía se agruparon alrededor de ella gritando y llamando al cirujano, quien se presentó enseguida y apoyó la oreja en el pecho de la anciana.

Respiraba, pero apenas. De sus pulmones brotaban ruidos graves y ásperos y cada respiración se desplazaba por su garganta con una tos estrangulada. Tenía los ojos fuertemente cerrados y aunque las mujeres trataron una y otra vez de revivirla frotándole los pies y gritándole al oído, poniéndole junto a la nariz manojos de hierbas y aplicándole compresas calientes y frías en las sienes, Isabel permaneció sumida en un estupor cadavérico, los músculos de su cara y su mandíbula laxos y su piel del color blanco y mortal del mármol.

Llamaron a su confesor, la acostaron en la cama y la cubrieron con mantas de piel. El pequeño grupo de ancianas que la habían cuidado los últimos meses, campesinas sanadoras rurales, sacudieron la cabeza y se santiguaron una y otra vez. Habían errado en sus pronósticos. Estaban seguras de que, aunque débil, la emperatriz estaba ganando fuerzas; cada noche habían observado la luna menguante, confiando en que cuando la luna nueva se elevara en el cielo, ella comenzaría a librarse de la enfermedad que la había atacado. Ahora, sin embargo, no estaban seguras de nada, excepto de que el médico imperial, el griego Condoidi, había abandonado toda esperanza y de que los cortesanos esperaban que la emperatriz muriera.

"Un poco de paciencia, se lo imploro", se oyó que el griego le decía a una de las ancianas que había estado de vigilia junto al lecho de Isabel durante dos noches. "No tendrá que esperar mucho más. Ella no puede vivir."

Isabel estaba gravemente enferma desde hacía meses. Una hemiplejia la había confinado a la cama a comienzos del verano. Los dolores intensos en el estómago, las piernas y la cabeza la atormentaban y casi no podía pronunciar una palabra sin que le dieran accesos de tos. Tan sensible estaba su piel que las mujeres ya no podían atarle la ropa sin provocarle un dolor intolerable. Así que se hizo cortar la ropa y se envolvió en túnicas largas y sin forma. Con ese atuendo se arrastró de una habitación a otra, decidida a aparecer en público a pesar del tormento que significaba para ella. No podía darse el lujo de que se supiera que se estaba muriendo, no con su país en guerra y su sucesión, incierta.

A Pedro y Catalina los mantuvieron fuera del camino en Oranienbaum, y el pequeño Pablo, que ya tenía dos años, estuvo cerca de su tía abuela en la *nursery* imperial. Iván, el joven familiar de la emperatriz, el ex chiquillo emperador a quien ella había depuesto muchos años antes, había sido traído de su exilio en Siberia a la fortaleza de Schlüsselberg, más cerca de la capital y, desde allí y en gran secreto, fue llevado de contrabando al Palacio de Invierno para que ella pudiera observarlo.

Oculta detrás de un biombo, a través del cual contemplaba con los ojos entrecerrados a ese ser pálido y bajito, de dieciséis años, que ella había mantenido encerrado en la cárcel durante casi toda su vida, Isabel escuchaba mientras otras personas entrevistaban a Iván. En una o dos ocasiones se calzó botas de hombre, pantalones sueltos y una túnica y habló personalmente con el muchacho por un momento sin permitir que él sospechara quién era ella en realidad.

Iván era un espécimen deplorable. Sus largos años de aislamiento, su falta casi total de educación y de un compañerismo normal lo habían transformado en un ser débil y casi en un idiota. No era una alternativa realista al infante Pablo ni al embrutecido Pedro como heredero de la corona rusa.

El tema de la sucesión pesaba sobre la emperatriz en plena declinación casi más que la guerra en la que su país se había visto recientemente involucrado. Los ejércitos de Federico II avanzaban y la emperatriz, cuando era capaz de levantarse, desvariaba con respecto a cómo iba ella a conducir a sus soldados al campo de batalla para luchar contra los detestables prusianos.

–¿Cómo podría? –le preguntó una de sus asistentes–. Usted es una mujer.

–Mi padre lo hizo –fue la respuesta de la emperatriz–. ¿Acaso crees que yo soy más estúpida que él?

–Él era hombre –insistió la otra–, y usted no lo es.

Fue un diálogo poco feliz. La asistente, que debería haber tenido la prudencia de callarse, sólo logró volver más irascible a esa anciana cascarrabias. Se había mostrado más irritable y malhumorada que nunca desde que sufrió la hemiplejia, y con frecuencia exhibía una petulancia infantil. Ahora juraba y perjuraba que iría a reunirse con los soldados, dijera lo que dijera la gente, e hizo esfuerzos patéticos para cumplir con su palabra. Por supuesto, su fragilidad no tardó en ganarle y ese esfuerzo la cansó y le provocó terribles dolores en el abdomen. Igual, no había manera de aquietarla y fue preciso llamar a Condoidi –estaba siempre disponible, pues se había mudado a una habitación contigua a los apartamentos imperiales– para que le administrara drogas que la durmieran.

A lo largo del verano y principios del otoño esa vigilia de muerte continuó. Los cortesanos recorrían en puntas de pie los pasillos del palacio en busca de noticias del lecho de enferma de la emperatriz, pendientes de los boletines de los médicos y conferenciando acerca de las últimas informaciones. Algunos dijeron que la emperatriz tenía "agua en el abdomen", algo que se sabía era fatal. Otros esperaban que lo que la llevaría a la muerte sería un ataque inminente de apoplejía. Los informantes de Hanbury-Williams le informaron que el "problema" de la emperatriz estaba radicado "en su útero"; se trataba de un tumor canceroso que pronto le quitaría la vida.

Casi sin aliento, semidopada, desconfiando de todos los que la rodeaban, incluso de su médico –aferró con fuerza la manga de Condoidi y lo obligó a que le jurara que realmente la estaba tratando por una enfermedad y no había sido sobornado para envenenarla–, Isabel luchó por su vida. Cuando el 2 de octubre un cometa fue visible en el cielo, incluso al mediodía, ella tomó sus íconos y, aterrada, los sostuvo con fuerza contra el pecho. Se sabía que los cometas presagiaban muerte y, apenas horas después de esa aparición en el cielo, uno de los cortesanos, el barón Stroganov, cayó muerto. La emperatriz temía que ella sería la próxima, y sus síntomas empeoraron. Se sentía a punto de perder el conocimiento y entró en convulsiones. "Los dedos de la mano se le pusieron negros, sus pies y manos, fríos como el hielo, y perdió la visión de sus ojos", le escribió Catalina a Hanbury-Williams. "Le extrajeron mucha sangre y ella recuperó la vista y el tacto."

Por último, al cabo de tres semanas de accesos cada vez más graves, en la última semana de octubre la emperatriz se sumió en un desmayo como de muerte y entró en lo que todos en la Corte estaban convencidos de que sería su última recaída. Las luchas por el poder comenzaron y todos los que tenían aspiraciones políticas se prepararon a cristalizarlas.

Pedro Shuvalov reunió un ejército privado de treinta mil hombres, y se rumoreaba que los Shuvalov complotaban para capturar a Iván, sentarlo en el trono y convertirlo en su títere. Catalina, que había estado haciendo planes con la asistencia y los consejos de Hanbury-Williams y Bestuzhev durante casi un año, se preparó para actuar en cuanto recibiera la noticia de la muerte de la emperatriz, y solicitó la ayuda de quienes le habían jurado lealtad.

Pedro, informado acerca del ejército de los Shuvalov, corrió a reunirse con su esposa, "lleno de alarma", como escribió ella, "pues en momentos de gran crisis recurría solamente a mí para que le sugiriera soluciones". Sus soldados de Holstein habían sido mandados de vuelta a su ciudad y él ya no los tenía para protegerlo y, aunque todavía contaba con sus comandos rusos, tenía sobradas razones para dudar de que esos soldados rusos lo obedecerían. Estaba en pleno ataque de pánico. La amenaza de los Shuvalov "le parecía terrible" y Pedro no sabía a quién más recurrir.

Catalina consiguió, con bastante dificultad, calmar a su marido y hacerlo sentir cierto grado de confianza en los planes y preparativos que ella había hecho. Le explicó que la seguridad de dichos planes dependía de la velocidad con que se los pusiera en práctica, una vez que la emperatriz muriera. Y ella lo sabría casi en cuanto sucediera, gracias a las tres informantes pagas que tenía entre las mujeres que servían a la emperatriz en su alcoba.

Cuando le llegó la noticia de que la emperatriz había exhalado su último suspiro, Catalina le dijo a Pedro que enviaría a una persona confiable para que certificara que no había habido ningún error en la información. Entonces se dirigiría inmediatamente a la nursery de Pablo y buscaría a su hijo, a quien lo confiaría al cuidado de un hombre cuya lealtad estaba fuera de toda duda, el conde Kiril Razumovsky -hermano del marido de la emperatriz y anterior favorito Alejandro Razumovsky–y al grupo de guardias de Razumovsky. Si por alguna razón no se encontraba al conde, ella se llevaría a Pablo a su propio dormitorio mientras enviaba a mensajeros a que alertaran a cinco guardias pagados por ella, cada uno de los cuales traería a cincuenta hombres para protegerla a ella, a Pablo y a Pedro. Cada uno de esos hombres había sido fuertemente recompensado (con dinero que Catalina había recibido del gobierno británico por intermedio de Hanbury-Williams) y había jurado no recibir órdenes más que de Catalina o de Pedro.

Catalina dijo que, una vez hecho esto, entraría personalmente en la cámara mortuoria, llamaría al capitán de la guardia y le exigiría que les jurara lealtad a ella y a Pedro. Los miembros del consejo imperial y el general Apraxin, el general de rango más alto, también serían convocados. Presentados con un *fait accompli*, no les quedaría otra opción que apoyar a Pedro como su emperador. Si se negaba o si la facción Shuvalov intentaba reunir sus propias fuerzas o interferir los arreglos de Catalina, los tenientes que habían jurado fidelidad a la gran duquesa los arrestarían.

Ella había urdido ese plan con mucho cuidado -sin olvidar las lecciones aprendidas por su lectura de Tácito– y había comprado la lealtad de una gran cantidad de guardias. Algunos, en particular los oficiales de menor graduación de la guardia imperial, estaban dispuestos a seguirla incluso sin recibir sobornos. Catalina se había ganado su devoción a lo largo de muchos años. Ellos la consideraban -y no a su marido– la sucesora natural de la emperatriz Isabel. La mayoría de los oficiales le dijo a Hanbury-Williams pocos meses antes de la crisis de octubre de 1756, que "estaban en el secreto". Ella confiaba en que la apoyarían, aunque tenía plena conciencia de que la facción de los Shuvalov intentaría "todos los trucos sucios posibles" en las primeras horas posteriores a la muerte de la emperatriz.

La clave del éxito o el fracaso residía en la lealtad del conde Razumosvsky, algunos oficiales importantes de la guardia y las tropas del palacio. Ella creía que serían confiables, que no la abandonarían cuando llegara el momento de la verdad. Pero aunque lo hicieran, Catalina estaba dispuesta a seguir luchando. "Estoy decidida", le dijo a Hanbury-Williams, "a reinar o morir."

No obstante, Catalina no podía reinar sola. La base de todos sus planes, sus sobornos, sus alianzas cuidadosamente preparadas era que su marido usara la corona, mientras ella sería, como siempre lo había sido, su principal consejera y partidaria. Muchos decían que Catalina debía ser, si no emperatriz por derecho propio, al menos co-soberana con Pedro. Hanbury-Williams, el principal mentor y portavoz de Catalina en esa época, confiaba en que, quienquiera usara la corona, de hecho la única que gobernaría sería Catalina. ("Usted nació para comandar y reinar", le dijo. "Usted no se da cuenta de su verdadero poder. Lo posee, y en gran medida.")

Bestuzhev, cuya propia posición política se había vuelto muy débil como resultado de la preeminencia que habían logrado los Shuvalov, opinaba que Catalina debía reinar por completo, sola, o como regente de su propio hijo pequeño, y trazó elaborados planes escritos para tal fin. (No dijo qué sería del inepto Pedro.) Pero Catalina, al comprender el peligro extremo que correría si la emperatriz no moría y esos documentos llegaban a su poder, prudentemente le dijo al canciller que ese plan no se pondría en práctica.

No se atrevía a reconocer que también ella se imaginaba reinando sola, aunque en su correspondencia con Hanbury-Williams daba por sentado un futuro en el que, después de haber accedido al trono, no compartía su poder. Sabía perfectamente bien que en la corte de Isabel nadie creía que Pedro fuera capaz de gobernar; si se convertía en rey, sería un soberano títere, y Catalina manejaría los hilos.

Ya se imaginaba emperatriz y así se refería a ella misma en sus cartas al embajador británico. Le dijo lo agradecida que estaba por su apoyo y sus consejos y le aseguró que, cuando llegara el momento, lo recompensaría con su prodigalidad imperial. "La emperatriz recompensará las obligaciones de Catalina y las suyas propias", escribió, otorgándose una personalidad dual, y agregó "intentaré, en la medida en que mi debilidad natural me lo permita, imitar a los grandes hombres de este país". Había estado leyendo acerca de los "grandes hombres" de Rusia, incluyendo a Pedro el Grande y al temible tirano Iván el Terrible. Soñaba que algún día su nombre, como los de Iván y Pedro, "adornaría los archivos" de los Estados europeos.

Miedo, aprensión y un entusiasmo estimulante reinó en los cortos días de octubre. Catalina sabía que era mucho lo que se esperaba de ella, que muchas personas esperaban ser regidas por ella. No estaba muy segura de su propia habilidad para gobernar con sabiduría, aunque se sentía más segura de su coraje. ("No existe una mujer más audaz que yo", le dijo a un cortesano. "Poseo una osadía casi temeraria.")

"Le digo en confianza", le escribió a Hanbury-Williams, "que tengo miedo de no ser capaz de estar a la altura de un nombre que demasiado pronto habrá de convertirse en famoso." No se tenía demasiada fe en cuanto a mantener su independencia de juicio. Sabía que tenía debilidades, y que su vanidad y sus ambiciones la volvían vulnerable. "Tengo en mi interior grandes enemigos que se oponen a mi éxito", confesó. Ni siquiera estaba segura de que no perdería su "osadía temeraria" si llegaba a enfrentarse cara a cara con los hombres de Shuvalov, empuñando mosquetes, o a soldados traidores pertenecientes a la guardia del palacio.

Nadie podía prever qué sucedería cuando la emperatriz expirara, pues con su último suspiro todo el orden desaparecería. ¿Y si los Shuvalov estaban mejor preparados que Catalina para la transición del poder? ¿Y si ellos habían anticipado los planes de ella cuidadosamente trazados y ya estaban preparados para darle jaque mate cualesquiera fueran las medidas tomadas por ella?

"Cuanto más cerca se aproxima el momento, más miedo tengo de que mi espíritu me haga una mala jugada y demuestre ser sólo oropel o una moneda falsa", le dijo a su confidente Hanbury-Williams. "Ruegue al cielo que se me conceda claridad mental."

Cuando su aprensión creció, abrevó en una única fuente de esperanzas. Había llegado a creer que una fuerza más grande que la suya la guiaba a un destino predeterminado. ¿De qué otra manera podía explicar su supervivencia? Había pasado por tantas cosas: enfermedades graves, una tensión extrema, prolongada a lo largo de muchos años, privaciones y peligros. "La mano invisible que me ha conducido durante trece años a lo largo de un camino muy difícil nunca me permitirá renunciar a aquello acerca de lo cual estoy convencida con firmeza y, tal vez, tontamente", le dijo Catalina al embajador. "Si usted supiera todos los precipicios y desdichas que me han amenazado y que logré superar, pondría más confianza en conclusiones que son demasiado huecas para aquellos que tienen un pensamiento tan profundo como el suyo."

Sin embargo, existía una complicación que ni siquiera esa mano invisible había podido prevenir. Casi todos los días Catalina padecía un fuerte dolor de cabeza y náuseas. Estaba bastante segura de estar nuevamente embarazada.

El padre de la criatura era un joven noble, muy bien parecido y afable, que era el secretario de Sir Charles Hanbury-Williams. Estanislao Poniatowsky era rubio, tenía ojos grandes color avellana y una boca con forma de arco tan bonita como la de las mujeres. Cuando se conocieron él era más joven que Catalina, veintitrés años frente a los veintiséis de ella, y su rostro combinaba la inocencia de un niño cantor con una gracia felina.

En el sórdido mundo de la Corte, Poniatowsky se destacaba como un modelo de inocente amor y de afecto sincero. Antes de abandonar Polonia le había prometido a su madre que no se entregaría a la bebida ni al juego y que no le propondría matrimonio a ninguna mujer hasta tener por lo menos treinta años. No le prometió castidad, pero los amores complacientes de la vida cortesana no tenían encanto para él. Lo intimidaban la frivolidad y la intriga y, cuando se enamoró de Catalina –su primer amor– tenía intenciones de seguir amándola hasta el día de su muerte.

Poniatowsky era completamente diferente del experimentado seductor Sergio Saltykov: era rubio mientras que Saltykov había sido morocho; reservado mientras Saltykov había sido agresivo; pensativo y culto, mientras Saltykov había sido superficial e imprudente. Y, más importante aun, mientras Sergio Saltykov había visto en Catalina un desafío peligroso y excitante para su ambición de poder, Poniatowsky vio en ella a una mujer hermosa y radiante y sumamente inteligente, que estaba en su momento de mayor atracción. Él la admiraba y la amaba como sólo podía amar un joven tierno y reflexivo.

Y Catalina, deleitada con la admiración de Poniatowsky y llena de audacia, se embarcó en una precipitada y excitante aventura romántica.

Poniatowsky le venía a la perfección; mucho mejor, por cierto, que el alto y pálido conde Lehndorff, que Bestuzhev había llevado a la Corte con la esperanza de que ayudara a Catalina a olvidar a Saltykov. Lehndorff era bien parecido, pero Poniatowsky poseía una ternura y un afecto sincero que era como un bálsamo para su corazón herido. Pertenecía al entorno de su querido amigo el embajador británico. Compartía su amor por los libros franceses y el gobierno inglés. No quedan registros de la cualidad de la pasión de ambos, pero a juzgar por las cartas de él, Poniatowsky era un hombre desusadamente sensible e incluso poético que sentía un temor casi morboso de ofender a los demás. (En cierta ocasión, cuando creyó haber contrariado a Charles Hanbury-Williams, amenazó con arrojarse de una pared alta. El embajador, horrorizado, perdonó cualquier leve infracción que el joven hubiera cometido y le suplicó que no pensara en terminar con su vida por una cuestión tan poco importante.)

Aunque en general Pedro se mostraba indiferente -y, con el tiempo, hasta hizo bromas y alentó la relación de ambos-, la discreción seguía siendo necesaria para la aventura que vivían Catalina y Poniatowsky y, para ella, la necesidad de mantenerla en secreto la hacía incluso más atractiva. Le gustaba concertar citas apresuradas y privadas. Le gustaba saber que, en cualquier momento, un guardia o un criado podía pescarlos por accidente e informar a la emperatriz de la intimidad de ambos. Se reunían con la mayor frecuencia posible, por lo menos una vez por semana y, a veces, dos o tres veces. León Naryshkin les proporcionó un refugio lejos del palacio y Catalina, quien no confiaba en las damas de su entorno, se fue de sus apartamentos, se puso pantalones de montar, una camisa fruncida y un saco que le pidió prestado a su peluquero Kalmuk para el trayecto a la mansión Naryshkin. Varias veces, después de haber pasado toda la tarde allí, debió emprender el regreso sola y enfrentar los peligros de esas calles oscuras.

"Disfrutábamos de manera especial esos encuentros furtivos", escribió en sus memorias al recordar su aventura con Poniatowsky. Vaya si los disfrutaba: Poniatowsky, sabiendo lo que había sucedido con Saltykov como resultado de su relación con Catalina y habiendo leído que las princesas rusas trataban con dureza a sus amantes cuando se cansaban de ellos, tal vez no se mostró demasiado optimista.

Escapar en secreto del palacio, usar disfraces, eludir a los espías de la emperatriz y luego, con el corazón latiéndole con fuerza por la excitación, caer en brazos de su amante: todo esto hizo que las mejillas de Catalina se encendieran y le confirió un brillo especial a sus ojos. El Chevalier d'Eon, un espía francés que la conoció en esa época, escribió una memorable descripción de Catalina.

"La gran duquesa es romántica, apasionada, ardiente; sus ojos brillan, fascinados, con la expresión de una bestia salvaje. Tiene una frente distinguida y, si no me equivoco, en esa frente está escrito un futuro prolongado y aterrador. Es afable y cortés, pero cuando se me acerca, yo instintivamente retrocedo. Me asusta."

El *chevalier* fue testigo de la faceta feroz de Catalina. Siempre había habido en ella cierto salvajismo, incluso en su infancia. Ahora, como un animal enjaulado que ha encontrado una forma de escapar, disfrutaba de su libertad, aunque esa libertad tuviera límites concretos que ella jamás olvidaba. Era, en realidad, sólo una ilusión de libertad, pues no pasó demasiado tiempo antes de que su relación con el conde polaco con cara de querubín fuera conocida en toda la Corte. La aventura se toleraba sobre todo debido a que la política de Poniatowsky resultaba aceptable para Bestuzhev y la emperatriz.

Catalina y Poniatowsky habían sido amantes durante poco más de medio año cuando, en agosto de 1756, lo enviaron de regreso a Polonia. Las náuseas y dolores de cabeza de Catalina comenzaron no poco después y ella pensó que Poniatowsky la había dejado embarazada. Hizo todo lo posible por conseguir que lo enviaran de vuelta a la corte imperial, aunque la necesidad que sentía de él no se parecía nada a la desesperación o angustia de su anterior necesidad de Saltykov. Y, con el agravamiento de la salud de la emperatriz, otras preocupaciones eran para ella más acuciantes.

A pesar de las náuseas y de los fuertes dolores de cabeza, Catalina trabajaba frente a su escritorio, alerta durante todo el día y gran parte de la noche a los boletines del lecho de enferma de la emperatriz. Ella era su propia secretaria, leía papeles y escribía las respuestas, se comunicaba con quienes le eran leales y copiaba hoja tras hoja de grueso papel de escribir con su propia letra. "Desde la mañana hasta este momento", le escribió a Hanbury-Williams, "y salvo la hora de la cena, no he hecho otra cosa que escribir y leer documentos. ¿No sería apropiado decir que yo soy un Ministro de Estado?

Desde ya, a medida que el viejo reino declinaba, Catalina sentía el peso de las responsabilidades que muy pronto debería asumir. Varios años antes había tomado a su cargo el manejo de los dominios de su marido en Holstein; un arreglo que aliviaba a Pedro y le permitía a Catalina darse una idea de lo que sería gobernar. Ahora enfrentaba una tarea mucho más grande: el gobierno imperial. Era una tarea agotadora y devastadora -más todavía tomando en cuenta los dolores de cabeza y las náuseas- pero, al mismo tiempo, estimulante. Cuando no le quedaban documentos por leer y responder, Catalina emprendía otra tarea, la de escribir sus memorias.

Sólo tenía veintisiete años y, sin embargo, su vida había sido más extraordinaria que la de la mayoría de las personas de sesenta. Había pasado la mitad de su vida en Rusia, luchando contra ese clima feroz y las traicioneras hostilidades de la Corte. A sugerencia de Hanbury-Williams, hizo el esfuerzo de escribir algunos recuerdos de su infancia, de su educación, del desarrollo de su mente y su temperamento, del curso de su matrimonio. Era la clase de tarea para la que estaba bien preparada. Su fuerte amor propio, su intelecto, todas esas facultades de la mente y del espíritu que la habían apuntalado durante su larga prueba, ahora tenían voz para expresarse.

Los días se hacían más cortos y el aire, más ventoso. Corrientes de aire frío atravesaban el dormitorio de la anciana emperatriz, donde ella yacía, pálida e inmóvil, debajo de una montaña de mantas de piel. Transcurrió una semana y ella todavía seguía gastando el aire que le bombeaban a los pulmones y de su garganta destruida brotan gorgoteos de vida. Las mujeres de edad avanzada que habían mantenido una vigilia de muerte alrededor de ella comenzaron a cuchichear.

Pasó otra semana y la corte de funcionarios, con los nervios destrozados por prologados días llenos de ansiedad y noches tensas, se fueron a dormir y les dejaron la orden a sus sirvientes de que los despertaran tan pronto sucediera algo importante. Los Shuvalov, intuyendo un cambio de viento, les pagaron a sus soldados y los hicieron irse, con instrucciones de que volvieran en cuanto se los llamara. Pedro, todavía temeroso y fácilmente distraído incluso en medio de sus miedos, flirteaba con una sobrina de los Razumovsky, madame Teplof, e invitó a una cantante alemana llamada Leonora a cenar con él en privado en sus habitaciones. Las náuseas y los dolores de cabeza de Catalina mejoraron y entonces -para su gran alivio- su cuerpo le dio pruebas de que, después de todo, no estaba embarazada de un hijo de Poniatowsky.

Condoidi, el cirujano imperial, estaba harto y exasperado. Su paciente se negaba a morir. Accesos de tos seguían brotando del pecho de la emperatriz, pero un leve color había teñido su cara y ahora ella abría los ojos. La palidez propia de una muerte inminente había sido reemplazada por un leve rubor que anunciaba salud. Condoidi tuvo que reconocer que existía la probabilidad de que Isabel se recuperara.

Las campesinas curanderas se miraron con aire de complicidad y señalaron el cielo. Después de todo, ellas habían estado en lo cierto y el médico se había equivocado. Cada noche ellas habían permanecido junto a las ventanas de la cámara imperial mirando hacia la oscuridad y esperando la salida de la luna.

Capítulo 14

Pedro había encontrado el amor de su vida. Cansado de seducir a cantantes mundanas, promiscuas damas de la Corte e inocentes criadas, encontró un alma gemela en Isabel Vorontzov, la más detestable y fea de las damas de compañía de Catalina, y le entregó su corazón.

Incluso de chica, Isabel había sido extraordinariamente poco atractiva. Cuando la llevaron a la Corte a la edad de once años como dama de honor de Catalina, ella había ofendido los ojos de las demás mujeres. Renga, bizca y desprovista de gracia, se transformó en una muchacha desaliñada y rolliza que parecía pertenecer más a una granja que a las telas finas y salones con pisos de mármol del palacio. La piel blanca era un punto a favor, pero la de Isabel era tosca y atezada y, cuando al cabo de algunos años al servicio de Catalina contrajo viruela, su cara quedó llena de marcas de esa enfermedad y con cicatrices rojas que la desfiguraban. Sólo su cuna noble –era la sobrina de Miguel Vorontzov, aliado de los Shuvalov y rival de Bestuzhev en el gabinete imperial– la protegía de ser alejada de la Corte. Isabel Vorontzov no sólo era fea: era también torpe y descortés. Su insolencia, grosería y fanfarronería alejaba a todos y arruinaba cenas y fiestas. Aprendió a contonearse y a lanzar imprecaciones como un soldado y atacaba a cualquiera que tratara de corregirla o reprimirla. Cuando llegó a los primeros años de la adultez se había transformado en una descarada y vulgar salvaje que rara vez se bañaba y que puntuaba sus estallidos de insultos verbales con una generosa lluvia de esputo.

Pedro vio en Isabel un alma gemela. Al igual que él, ella era malcriada, indisciplinada y malhumorada, y también físicamente nada atractiva. Igual que él, disfrutaba de la bebida y tenía los modales de una cantinera estridente. Invariablemente molestaba y enfadaba a la gente, lo mismo que hacía Pedro. Este siempre había preferido la compañía de sus inferiores a las personas decorosas, con frecuencia cortesanos frágiles de modales refinados. Lo divertía observar cómo la grosería de Isabel chocaba con la fina urbanidad de Catalina y sus damas. Sin duda encontraba en la Isabel desvergonzada y provocativa de dieciocho años el contraste perfecto de todo lo que le disgustaba de la corte imperial, y la perfecta amante con la cual insultar a su esposa.

Pedro necesitaba distracciones. Su peor pesadilla se había hecho realidad: Rusia había entrado en guerra con su ídolo, Federico el Grande, y había ganado una victoria importante contra los prusianos en Gross Jägerndorf. Lloró, no sólo por la humillación de los prusianos sino porque estaba convencido de que, si él no fuera ruso, habría sido un general del ejército de Federico, un héroe militar y un líder de hombres. Trató en vano de no prestar atención a la inquietante probabilidad de que Rusia ganara la guerra y descargó su frustración en las unidades de élite de los guardias rusos, a cuyos integrantes humilló e insultó, elogiando a Federico cuando ellos lo oían y usando un inmenso anillo con la imagen de Federico.

En privado, Pedro compensaba su incapacidad para tomar parte de la guerra en el bando prusiano reforzando su aspecto militar. Sus aposentos, que habían estado repletos de soldaditos de juguete que defendían fortalezas en miniatura, ahora se transformaron en arsenales repletos de mosquetes, espadas y pistolas. Cada verano sus Holsteiners invadían Oranienbaum en número creciente, atraían hordas de partidarios de San Petersburgo y convertían los terrenos del palacio en un campamento militar al aire libre, completo con tabernas y prostíbulos. Ofrecer fiestas a estos huéspedes ruidosos era uno de los placeres más grandes de Pedro; él e Isabel Vorontzov presidían una gran mesa formada por tablones y caballetes en la que el vino fluía libremente y el entretenimiento corría por cuenta de los cantantes y bailarines de la propia compañía de ópera de Pedro.

Cuando los hombres de Holstein regresaron a casa en el otoño, Pedro siguió rodeándose de militares, pues sólo tenía soldados rasos para servirlo en sus aposentos y no iba a ninguna parte sin su círculo de dos docenas de oficiales de Holstein, liderados por el ofensivo Brockdorff. Brockdorff y Catalina se llevaban peor que nunca. Según Catalina, quien se mantenía bien apartada de su marido y sus compañeros de baja estofa y se retiraba a sus apartamentos cuando el barullo que ellos hacían era más intenso y turbulento, Brockdorff era un imán para los aventureros y la escoria de las tabernas de cualquier origen, hombres alemanes y de San Petersburgo que "no tenían ninguna fe, no obedecían ninguna ley, no hacían otra cosa que beber, comer, fumar y hablar de tonterías con lenguaje soez".

Sin la influencia de Catalina para reprimirlo, Pedro dejó volar su imaginación y comenzó a contar historias acerca de cómo, de chico en Kiel, hacia fines de su infancia, su padre lo había enviado a luchar contra bandas de gitanos asesinos y él los había derrotado con valentía. Cuando su estado de ánimo era más sombrío, iba a ver a Iván Shuvalov y le suplicaba que persuadiera a Isabel de que lo dejara viajar un tiempo al extranjero hasta que el penoso conflicto con Prusia hubiera terminado. Cuando ella se negó, Pedro comenzó a beber más que antes y se tambaleaba por el palacio profiriendo a los gritos amenazas en un alemán farfullado.

Poniatowsky, quien regresó a la corte rusa en enero de 1757, consideraba a Pedro un campesino ridículo demasiado borracho para ser tomado en serio. También los Shuvalov se burlaban del gran duque a sus espaldas y le restaban importancia por considerarlo un borracho sin remedio que no viviría mucho tiempo. Pero Catalina, que tenía plena conciencia de la atmósfera de "disipación extrema" en que vivía su marido, igual tenía una actitud precavida con respecto a él. La emperatriz oscilaba entre la vida y la muerte; cada dos meses tenía una recaída, que llenaba de pánico a toda la Corte y desencadenaba una lucha de poder en la Corte Joven. En cualquier momento Pedro podía convertirse en emperador. Y Catalina sabía, por boca de sus espías, que Pedro le había confiado al nuevo embajador británico Lord Keith que se proponía divorciarse y casarse con su amante.

Pedro tenía un plan, de eso Catalina estaba segura. Él ya no recurría a ella en busca de información, consejos, consuelo en momentos de crisis. Las visitas a sus aposentos eran menos frecuentes que antes y, aunque parecía ser afable con Poniatowsky y gustarle ese polaco poliglota porque podía conversar con él y confiarle sus problemas en alemán, Catalina recelaba esa afinidad superficial. Estaba convencida de que Pedro sólo se estaba tomando tiempo y esperaba que la emperatriz estuviera fuera del camino para librarse de su esposa. La estridente Isabel Vorontzov y su ambicioso tío ahora estaban ofreciéndole al gran duque todos los consejos que él anhelaba; por ejemplo, le decían que debía alejar a su entrometida esposa y transformar a Isabel en su consorte.

Al menos en un punto Pedro no necesitaba ningún consejo. Sabía bien, como también lo sabía Catalina, que la Iglesia no sólo permitía el divorcio sino que les proporcionaba otra opción conveniente a los maridos que deseaban desembarazarse de una unión conyugal no deseada. Una esposa molesta podía ser enviada a un convento donde, con o sin su consentimiento, sería encarcelada junto a otras esposas repudiadas y las que habían huido de sus maridos al refugio seguro de la Iglesia. Allí se la despojaría de todo lo que la ligaba al mundo, le quitarían sus posesiones, le afeitarían la cabeza y le envolverían el cuerpo en alguna tela negra. Nunca más vería a sus hijos ni a sus otros parientes, pasaría el resto de su vida entre esas mujeres muertas para el mundo como ella, sin ninguna esperanza de volver a reunirse con los vivos.

Cada vez que Catalina se encontraba con la pestilente Isabel Vorontzov u oía que Pedro conversaba con sus amigos íntimos de dudosa reputación, se estremecía. Pedro casi siempre se mostraba irritable con ella y, aunque Catalina sabía que al menos parte de su irritabilidad era el resultado de su tristeza por las pérdidas de los prusianos en el campo de batalla, no podía evitar darse cuenta de que su actitud hacia ella había cambiado, quizá para siempre. Lo más probable era que, mientras Pedro viviera, ella no estaría nunca a salvo de humillaciones y amenazas.

En parte para aplacar a su colérico marido y en parte para impresionar a sus rivales y observadores, alertas a las señales de que la Corte Joven estaba por ser eclipsada, Catalina ofreció un gran baile en julio de 1757. Los entretenimientos de esta clase siempre eran mirados de manera favorable por la emperatriz, quien hizo que la llevaran, tosiendo y aferrándose al costado de la silla, a observar las festividades detrás de un biombo.

Catalina se esmeró a fondo para planear su fiesta y la Naturaleza cooperó. Era la temporada de las prolongadas "noches blancas" y, en la fecha elegida, el aire era refrescante. Largas mesas se habían colocado en el jardín y, al llegar, cientos de invitados encontraron la Gran Avenida iluminada por cientos de linternas que en noches en penumbras ardían con tanta intensidad que los objetos se veían con la claridad del día. Al final del primer tramo un amplio cortinado había sido abierto para revelar, a lo lejos, un inmenso vehículo con ruedas tirado por veinte bueyes adornados con guirnaldas. Sentados en ese carro enorme iban sesenta músicos y cantantes, que ejecutaban música y poesía especialmente encargadas para la ocasión por el poeta de la Corte y el maestro de canto de la capilla imperial. Cientos de bailarines brincaban junto a los músicos mientras el carro avanzaba majestuosamente hacia las visitas. Justo en el momento en que llegaba cerca de las mesas para la cena, una inmensa luna amarilla se elevó detrás de ella, como si hubiera sido orquestada para participar en el espectáculo.

Más tarde, sonó una fanfarria y se invitó a los asistentes a servirse de pequeños puestos que regalaban abanicos, guantes, borlas para espadas, cintas y artículos de porcelana, chucherías, cada una de las cuales costaba menos de cien rublos, escribió Catalina en sus memorias, pero que encantaban a los invitados. Incluso más tarde, cuando ingentes cantidades de vino habían sido servidas y la luna, ya alta en el cielo, iluminaba los terrenos de la mansión con luz plateada, comenzó el baile. Olvidando por el momento todo lo que no fuera placer, los invitados danzaron hasta mucho después de que cantara el gallo a la mañana siguiente.

La fiesta fue un gran acontecimiento y no fue objeto de críticas mordaces ni de intrigas mezquinas. Después de la fiesta todos, desde la emperatriz hasta el servidor más humilde, llenaron de elogios a la gran duquesa y aseguraron haber estado felices con los vinos finos, la comida excelente, los entretenimientos y los generosos regalos. Hasta Pedro, con sus ruidosos hombres de Holstein y los enemigos más acervos de Catalina fueron ganados temporariamente por ese gran banquete y baile y exhibían con orgullo los *souvenirs* que habían recibido.

"Esto me lo dio Su Alteza Imperial la Gran Duquesa", se decían todos entre sí blandiendo sus trofeos. "Ella es la bondad personificada, les dio regalos a todos." "Qué encantadora que es; me sonrió con gran cordialidad." "La alegró mucho vernos bailar, comer y divertirnos."

Estos comentarios prosiguieron durante varios días, le fueron transmitidos a Catalina por sus informantes y ella lo registró tiempo después en sus memorias. Su alegría y buen humor también recibieron excelentes elogios. Se notó que ella se había preocupado de que en la fiesta hubiera lugar para todos, incluso para quienes no poseían una posición social destacada. Mil virtudes nuevas se descubrieron en ella.

"Desarmé a mis enemigos", escribió Catalina. "Esa era mi meta. Pero no habría de durar mucho." Gastó una suma equivalente a casi la mitad de sus ingresos anuales para esa fiesta, contando con el dinero que le dio Inglaterra por intermedio de los buenos oficios de Charles Hanbury-Williams para compensar el déficit. No obstante, su causa política estaba lejos de haberse perdido. Su gran amigo y mentor Sir Charles fue llamado a Inglaterra un mes después del baile extravagante de Catalina por considerar que su misión había sido un fracaso, y fue reemplazado por el diplomático mediocre Lord Keith, quien, desde el punto de vista de Catalina, ni siquiera estaba en condiciones de comenzar a ocupar su lugar. Catalina le escribió a Sir Charles una carta afectuosa en la que le agradecía todo lo que le había enseñado y también su inestimable apoyo. "Adiós", escribió, "mi querido y mejor amigo."

La influencia inglesa estaba en su punto más bajo; los franceses, en cambio, habían adquirido preeminencia en la corte rusa. Un nuevo embajador francés, el marqués de L'Hôpital, llegó a San Petersburgo en el verano de 1757 llevando consigo, no sólo un séquito numeroso de funcionarios y gente de servicio sino también una cantidad de espías. Ahora que Rusia estaba aliada con Francia contra los prusianos, y con los ejércitos rusos demostrando ser victoriosos en el campo de batalla, los intereses políticos de la Corte Joven se encontraban en declinación. Catalina, Pedro y el canciller Bestuzhev siguieron considerando a Inglaterra como su mejor amigo y el que ocupaba una posición más ventajosa, pero los Shuvalov y su aliado Miguel Vorontzov tomaban en cambio partido por los franceses, y ellos eran los que tenían más acceso al oído de la emperatriz. Isabel siempre había detestado Prusia y los prusianos, y nunca le había gustado demasiado Bestuzhev; despreciaba a Pedro y, si bien cada tanto demostró afecto por Catalina, casi siempre era un sentimiento intermitente y venía acompañado de algunas púas. Era claro que el viraje político hacia Francia representaba una amenaza para la seguridad de Catalina, por muchas fiestas que ella ofreciera.

Tenía, además, otra preocupación. Su embarazo de Poniatowsky llevaba cinco meses y por la tarde del día en que había ofrecido el baile, mientras viajaba en un coche para inspeccionar los preparativos, había sufrido una fuerte caída. Durante toda esa noche, mientras departía con sus amigos y los impresionaba con su afabilidad, tuvo miedo de sufrir un aborto espontáneo. Por fortuna el peligro pasó, pero esa preocupación disimulada debe de haber sido grande mientras se desplazaba entre los invitados y elegía a quiénes acariciar y a quienes desairar, dando al mismo tiempo una imagen de serenidad real.

Su embarazo prosiguió sin problemas, aunque la Corte pasó del regocijo frente a las victorias militares del verano a la ansiedad cuando la emperatriz tuvo otra hemiplejia -más grave que la anterior- en septiembre. Como Catalina ya había tenido un hijo, su segundo embarazo no era considerado crucial para la sucesión. Sin embargo, precisamente por esta razón, el tema de la paternidad de la criatura resultaba bastante incómodo. Pedro, tal vez por orgullo, se negó a jurar que ese hijo no era suyo, pero en la Corte todo el mundo sabía que el padre era Poniatowsky.

Además de esto, otra preocupación inquietaba a Catalina. ¿Y si la emperatriz moría mientras ella estaba en trabajo de parto o en las primeras semanas después del alumbramiento, cuando se sentiría demasiado débil para defender sus intereses y poner en práctica el plan de contingencia que había estado puliendo durante varios años? En ese caso, sus enemigos podían aprovecharse de ella, o Pedro podía elegir ese tiempo, su momento de mayor debilidad, para declararla adúltera y ordenar que fuera encerrada en un convento.

Fue en el otoño de 1757 -escribió Catalina en sus memorias-, mientras la emperatriz estaba confinada en la cama después de su hemiplejia, que Catalina comenzó a percibir qué le depararía el futuro. Pedro había estado enojado con ella durante los meses de octubre y noviembre, pues su peso cada vez mayor le dificultaba a Catalina presidir las funciones públicas, lo cual significaba que los funcionarios de la Corte le insistirían a él que asumiera esa responsabilidad. Lo fastidiaba que alguien frustrara sus deseos; cuando estaba ordenando su arsenal privado o bebiendo con su amante, detestaba ser interrumpido para tener que hacer alguna otra cosa. A lo largo de esos meses llenos de tensión, Catalina vio a Pedro, y también su propia situación, bajo una luz diferente.

"Tres caminos, todos ellos igualmente peligrosos, se abrían frente a mí", escribió. "Primero, yo podía compartir la fortuna de Su Majestad Imperial, cualquiera fuera. Segundo, podía hacerme vulnerable al destino que él eligiera para mí. Tercero, podría fijar mi propio curso, pasara lo que pasara. Más claramente, yo podía morir con él, o por sus órdenes, o de lo contrario salvarme a mí, a mis hijos y, quizás, al Estado del naufragio que amenazaba con producirse."

Sólo el tercer camino tenía sentido, aunque le exigía a Catalina toda su osadía adherirse a él. Ella resolvió, en los últimos meses de su embarazo, seguir asesorando a Pedro en las ocasiones cada vez menos frecuentes en que él recurría a ella, pero no ofrecerle ninguna opinión que pudiera ofenderlo y, en general, envolverse en lo que ella denominaba "un silencio dolorido" y cuidar de sus propios intereses y de sus hijos lo mejor que pudiera.

La noche del 8 de diciembre comenzaron los dolores de parto de Catalina. Ella le pidió a madame Wladislava que le anunciara la situación a Pedro y, por intermedio de Alejandro Shuvalov, a la emperatriz. Las comadronas se reunieron y se preparó la "cama del sufrimiento". Al cabo de varias horas, con Catalina padeciendo intensos dolores pero contracciones no tan frecuentes, Pedro entró en la sala de partos.

Estaba ataviado con su uniforme de combate, el de los de Holstein, botas y espuelas y con una cinta en su pecho delgado de la que colgaban sus medallas. En la cintura llevaba sujeta una espada inmensa.

Atónita al notar su presencia, Catalina olvidó sus dolores y le preguntó a su marido por qué se había tomado tanto trabajo con su vestimenta a las dos y media de la madrugada.

"Sólo en tiempos de necesidad conocemos a nuestros amigos verdaderos", fue la respuesta de Pedro en un tono monótono. "Con este uniforme estoy preparado para cumplir con mi deber, y el deber de un oficial de los Holstein es obedecer su juramento y defender la casa ducal de todos sus enemigos. Como estás enferma, he venido a ofrecerte mi ayuda."

Catalina tuvo que mirar dos veces a Pedro para asegurarse de que no estuviera hablando en broma. Su marido era una figura patéticamente cómica, allí de pie con sus botas bien lustradas y su larga espada lista, entre las pilas de toallas y de las palanganas humeantes de la sala de parto. Entonces Catalina vio el brillo vidrioso de sus ojos y comprendió que estaba tan borracho que casi no podía mantenerse en pie. Le insistió que saliera de allí y se acostara, no fuera que la emperatriz lo viera y se sintiera ofendida por ese uniforme -Isabel detestaba ver siquiera un uniforme de los Holstein- y por su embriaguez. Él se mostró reacio a irse, pero con la ayuda de madame Wladislava y de la comadrona, quien la aseguró a Pedro que su esposa no daría a luz hasta por lo menos varias horas más tarde, Catalina finalmente lo persuadió de que se fuera.

Muy pronto apareció la emperatriz y exigió saber por qué su sobrino no estaba presente junto al lecho de su mujer. La aplacaron con mentiras y, después de asegurarse de que el parto no era inminente, también ella abandonó la habitación.

Agotada aunque con un poco menos de dolor, Catalina pudo dormir hasta la mañana siguiente, en que se levantó y se vistió como de costumbre. Fuera de alguna puntada ocasional, se sentía bien y decidió que el episodio de la noche anterior había sido una falsa alarma. Comió con ganas y la comadrona, sentada junto a ella, la instó a comer incluso un poco más diciéndole que le haría bien. Entonces, justo en el momento en que ella se levantaba de la mesa, una nueva puntada muy fuerte la hizo lanzar un grito. Enseguida la comadrona y madame Wladislava la levantaron en brazos y la llevaron a la sala de partos y de inmediato llamaron una vez más a Pedro y a la emperatriz. Poco tiempo después Catalina tuvo una criatura y a la emperatriz, que apenas si había llegado a tiempo para presenciar el parto, se le informó que se trataba de una bebita.

Catalina solicitó que se le permitiera ponerle a la beba el nombre de la emperatriz, pero Isabel se negó. Ella ya había decidido cómo se la llamaría: Ana Petrovna, como su difunta hermana, la madre de Pedro. De modo que fue, no más, Ana Petrovna. Catalina casi no tuvo tiempo de ver a su hija antes de que se la llevaran y la instalaran en los apartamentos de la emperatriz, junto con el pequeño Pablo.

Una vez más, después del parto Catalina fue descuidada e ignorada por completo. La emperatriz impartió la orden de que nadie se le acercara. Madame Wladislava la atendía, pero nadie más fue a preguntar cómo se sentía ni a felicitarla por el nacimiento de su hija. "Yo había sido abandonada y dejada sola como una pobre infeliz", escribió Catalina. "Como antes, ese abandono me hizo sufrir mucho." Esta vez, sin embargo, había tomado la precaución de alejarse de las corrientes de aire y había arreglado su dormitorio de manera de tener mucha privacidad.

Al cabo de varias semanas descubrió una manera de burlar la prohibición de visitas de la emperatriz y de disfrutar de la compañía de las personas que más le importaban -Poniatowsky y varias de sus damas-, ocultándolas detrás de un biombo. Cuando Pedro Shuvalov, a quien Catalina llamaba "el oráculo de la Corte" se presentó a espiar a la gran duquesa, la encontró a solas. (Sus amistades, conteniendo la respiración y reprimiendo la risa, permanecieron ocultas y, después, rieron a carcajadas por la forma en que habían engañado al hombre más sabio de la Corte.) Con su notable gusto por las intrigas y las aventuras, a Catalina le fascinaban esas reuniones clandestinas, pero al mismo tiempo se sentía excluida por saber que, noche tras noche, se ofrecían bailes y fiestas para celebrar el nacimiento de la pequeña Ana Petrovna, a las que a ella no se le permitía asistir. Pedro y su amante sí ocupaban una posición importante en ellas y Pedro tenía un motivo adicional para celebrar: la emperatriz le regaló sesenta mil rublos, la misma suma que le envió a la nueva madre.

Ahora Catalina era la madre de dos hijos a los que no veía jamás. Ella parece haber aceptado esta situación penosa y nada natural como parte del alto costo de su encumbrada posición. Algún día, si la sucesión se llevaba a cabo como ella esperaba, su hijo gobernaría Rusia y su hija disfrutaría de un destino casi tan eminente. A salvo bajo el cuidado de la emperatriz, los chicos estaban bien protegidos; si a Catalina llegaba a pasarle algo, ellos no sufrirían las consecuencias de ese hecho. Saberlo debe de haberle dado cierto consuelo cuando el invierno llegaba a su fin y una vez más Catalina comenzó a sentir que el nudo corredizo de la conspiración se apretaba alrededor de su cuello.

En febrero de 1758 un temblor sacudió la Corte. El canciller Bestuzhev fue arrestado, junto con otras tres personas muy relacionadas con él y con Catalina: el joyero Bernardi, que había transportado mensajes secretos de Catalina y estaba enterado de sus negocios políticos, Iván Elagin, un amigo de los Poniatowsky y ferviente partidario de Catalina, quien estaba convencido de que ella y no su marido sucedería a Isabel, y Vasily Adadurov, el antiguo tutor de Catalina en ruso y, durante años, un cercano confidente del canciller.

El arresto de Bestuzhev fue secreto, pero Poniatowsky se enteró y logró advertir a Catalina.

Ella supo enseguida que estaba en grave peligro. No sólo había mantenido una correspondencia secreta con Bestuzhev sino que ambos habían hablado en forma exhaustiva del problema de la sucesión, algo perfectamente comprensible dadas las circunstancias pero que, igualmente, era considerado traición. Bestuzhev había urdido un plan ambicioso en el cual, cuando la emperatriz muriera, Catalina regiría con el canciller como principal puntal, a cargo de las funciones más importantes del gobierno. Catalina no había dado su aprobación a este plan; en realidad lo había desaprobado, con lo cual demostró más circunspección y cautela que el anciano canciller. De todos modos, la existencia misma de una correspondencia secreta entre la gran duquesa y Bestuzhev daba motivos más que suficientes para su arresto.

Por fortuna para Catalina, el canciller había quemado sus papeles antes de que Alejandro Shuvalov y su ejército de agentes e informantes pudieran encontrarlos. Catalina también quemó su correspondencia, aun sabiendo que el hecho de destruir todas las pruebas de tratos secretos con Bestuzhev no bastaría para salvarla. Bernardi, Elagin y Adadurov fueron expulsados de la Corte, Bestuzhev fue despojado de sus cargos y honores y entregado a una comisión especial de investigación.

En abril, Catalina fue llamada a los apartamentos de la emperatriz. Durante semanas había esperado y sin duda temido ese momento. Ya había comenzado a sentir la mano helada de la emperatriz extendiéndose hacia ella. Alejandro Shuvalov se presentó una mañana a la puerta de los apartamentos de Catalina y se llevó a madame Wladislava, que durante mucho tiempo había servido a la gran duquesa. Catalina lloró de tal manera la pérdida de esa mujer en quien tanto confiaba que derritió el corazón de Shuvalov, quien, también entre lágrimas, le aseguró que la emperatriz hablaría en persona con ella sobre el tema. Catalina se sintió obligada a advertir a todas las demás integrantes de su servicio que también ellas podían estar en peligro, y la agitación que sentía era tal que lo único que podía hacer era pasearse de aquí para allá, incapaz de comer o de dormir.

La entrevista de Catalina con la emperatriz tuvo lugar después de la medianoche. Alejandro Shuvalov fue a escoltarla por los pasillos iluminados por antorchas hasta las antecámaras de los apartamentos imperiales. En el momento en que llegaban a la puerta de la galería, Catalina vio que Pedro entraba por otra puerta en la suite de la emperatriz. Hacía mucho que no lo veía; al igual que los otros cortesanos, él había evitado todo contacto con ella, y Catalina lo tomó como una indicación de que estaba bajo sospecha y que corría el riesgo de ser arrestada. Sólo podía imaginar cuál sería el papel jugado por él en determinar su destino futuro. Pedro quería sacarla del medio para poder casarse con Isabel Vorontzov. De eso Catalina no tenía la menor duda. Pedro estaba lleno de resentimientos mucho tiempo reprimidos. Diría cualquier cosa con tal de librarse de ella.

Desesperada ante la probabilidad de que eso sucediera y muy angustiada, tan pronto Catalina vio a la anciana emperatriz, se arrojó a sus pies y con lágrimas en los ojos le rogó que la enviara de vuelta a casa con su familia.

Isabel, desarmada por la capitulación de Catalina, la instó a que se pusiera de pie, pero ella permaneció donde estaba, humillándose ante la emperatriz como una criatura arrepentida.

–¿Cómo podría enviarte de vuelta? –le preguntó Isabel, ahora también con lágrimas en los ojos–. Recuerda que tienes hijos.

–Mis hijos están en tus manos y no podrían estar mejor cuidados –respondió Catalina–. Confío en que no los abandonarás.

–¿Pero cómo podría explicar yo tu partida?

–Su Majestad Imperial sencillamente dirá, si le parece apropiado, que me he deshonrado a sus ojos y que me hice merecedora del odio del gran duque.

Hasta ese momento, Pedro no había abierto la boca. Tanto él como Alejandro Shuvalov permanecían en silencio mientras proseguía la conversación entre las dos mujeres. No había nadie más en esa habitación tan amplia, aunque Catalina pensó que podía haber otros testigos escondidos detrás de algunos biombos que ocultaban las altas ventanas.

La emperatriz insistió en que Catalina se pusiera de pie y la enfrentara.

–Sólo Dios sabe –dijo Isabel– cuánto lloraste cuando llegaste aquí y enfermaste de gravedad. Si yo no te hubiera amado, nunca habría permitido que te quedaras aquí.

Catalina le agradeció todo lo que había hecho por ella. Nunca olvidaría su bondad -dijo-, y siempre consideraría como su mayor tragedia haber caído en desgracia a sus ojos.

Pero Isabel ya no estaba dispuesta a ser aplacada. Sus ojos estaban secos cuando acusó a Catalina de un orgullo arrogante y de creerse más inteligente que todos.

-Si yo me creí más inteligente -le retrucó Catalina-, nada podría convencerme mejor de lo contrario que el estado en que me encuentro en este momento. De hecho, esta misma conversación.

Pedro empezó a susurrarle algo a Shuvalov. Un momento después la emperatriz se unió a esa conversación privada y sumó sus cuchicheos a los de ellos. Catalina no podía oír mucho de lo que decían porque estaban lejos de ella y la habitación era muy grande. Pero sí le oyó decir claramente a Pedro:

-Tiene muy mal carácter y es terriblemente obstinada.

-Si te refieres a mí -contestó Catalina dirigiéndose a Pedro-, no tengo ningún inconveniente en reconocer en presencia de Su Majestad Imperial que es verdad que tengo mal carácter para con los que te aconsejan mal, y que me he vuelto obstinada al observar que por ser agradable contigo sólo recibí a cambio tu hostilidad.

-Ahí lo tienes -exclamó Pedro-. Puedes ver por ti misma el mal carácter que tiene. Ella misma lo confiesa.

Ese duelo verbal continuó, pero gradualmente Catalina percibió que Isabel se iba ablandando. Pedro, en cambio, se alienó incluso más al enterarse de que, en una conversación anterior con la emperatriz, Catalina había denigrado a su amado Brockdorff. Le hicieron también otras acusaciones.

-Te has entrometido en muchas cosas que no tienen nada que ver contigo -dijo la emperatriz acercándose a Catalina-. Yo no me habría atrevido a hacer algo así en tiempos de la emperatriz Ana.

Señaló varias cartas que había en un amplio recipiente de oro y acusó a Catalina de haber escrito al mariscal Apraxin -quien se había convertido en uno de los partidarios de Catalina- mientras él conducía el ejército el año anterior. La gran duquesa negó haber hecho algo desleal. Dijo que le había escrito a Apraxin solamente porque le tenía afecto y se interesaba en su bienestar. Agregó que, además, en una de las cartas le deseaba feliz Año Nuevo y en la otra lo felicitaba por el nacimiento de su hijo.

-Bestuzhev dice que hubo muchas otras cartas -dijo Isabel con tono amenazador.

-Si Bestuzhev lo dice, entonces miente.

-Pues entonces miente con respecto a ti. Tendré que hacerlo torturar.

Catalina sabía que con esas palabras Isabel esperaba escandalizarla, pero ella permaneció impasible. Durante una hora y media volaron acusaciones y Catalina logró desviarlas. La emperatriz, totalmente despierta, con sus síntomas físicos en suspenso, siguió ametrallando a Catalina con acusaciones. Entró y salió de la habitación varias veces, por momentos se dirigía a Catalina y por momentos a Pedro, e incluso más seguido conferenciaba con Alejandro Shuvalov. Pedro y Shuvalov mantenían una conversación constante, gran parte de la cual Catalina no conseguía oír.

Pedro, sintiéndose cada vez más rencoroso, estaba perdiendo el control. Con frecuentes estallidos de furia hizo todo lo posible por fomentar la ira de la emperatriz contra Catalina. Pero ella se dio cuenta de que la emperatriz estaba mucho más impresionada con sus respuestas bien razonadas que con los borbotones de furia de Pedro. "Ella me escuchó", escribió Catalina tiempo después en sus memorias, al recordar esa escena en detalle, "con especial atención y una suerte de aprobación involuntaria de mis respuestas firmes y serenas." Isabel sabía perfectamente bien que Pedro quería destronar a su esposa y reemplazarla con su amante, y ella no estaba dispuesta a ceder a ese capricho de su sobrino. Pero seguía habiendo temas importantes que era preciso discutir.

Por último, a eso de las tres de la mañana, la emperatriz le habló en voz baja a Catalina.

-Tengo mucho que decirte, pero no puedo hablar porque no quiero que estés más confundida de lo que ya estás.

Catalina cobró aliento y le susurró que lo único que ella quería era "abrirle el corazón y el alma" a Isabel.

Por el momento, Catalina había ganado. Una vez más vio lágrimas de comprensión brillando en los ojos de la emperatriz antes de que abruptamente abandonara la habitación. Sin mirar siquiera a Catalina, Pedro salió y regresó a sus aposentos. También Catalina, mientras en su mente giraba todo lo que acababa de suceder, echó a andar hacia sus apartamentos. Una vez allí, mientras sus damas la preparaban para la cama, ella oyó que alguien llamaba a la puerta. Era Alejandro Shuvalov, quien se había quedado atrás para conferenciar con Isabel.

-La emperatriz le envía sus saludos -dijo con tono grave- y le suplica que no se angustie. Dice que conferenciará sólo con usted.

Enormemente aliviada, Catalina le hizo una gran reverencia al conde Shuvalov y le envió saludos a la emperatriz. En los días que siguieron, las espías de Catalina le repitieron lo que Isabel le decía a todo el mundo: "Mi sobrina es una mujer brillante", insistía. "Venera la verdad y la justicia. Pero mi sobrino es un idiota."

Capítulo 15

La guerra contra Prusia estaba en su tercer año y las tropas rusas, que se creía estaban mal equipadas y en completo desorden, demostraban ser más que un rival de los soldados de Federico II.

Mantener un ejército consumía capital. Los caminos estaban llenos de tropas, de las tabernas brotaban soldados que cantaban y armaban camorra y se burlaban y provocaban mutuamente, mientras en la Corte era poco lo que se hablaba con respecto a salvar el futuro del ejército.

Aunque sus frecuentes problemas de salud hacían que su participación fuera intermitente, la emperatriz seguía con gran interés el desarrollo de la guerra. Declaró que ningún gasto era demasiado grande, ningún sacrifico demasiado extremo cuando se trataba del bienestar de los hombres que luchaban por Rusia. Para financiar la guerra ella estaba dispuesta a vender toda su ropa y sus alhajas, si fuera necesario. (De las dos cosas tenía grandes cantidades, pues había renovado su guardarropa en los años que siguieron al incendio del palacio.) Cuando los rusos ganaban una batalla, Isabel ordenaba que se acuñaran medallas para conmemorar ese hecho y que con ellas se condecorara a los oficiales victoriosos, quienes caminaban por todas partes muy orondos, con oro y plata brillando en el pecho, hablando de sus hazañas y evitando, en lo posible, cualquier contacto con el gran duque partidario de loa alemanes, con su guardia de hombres de Holstein y su anillo con un retrato del soberano de Prusia.

Después de cada batalla, los cortesanos se reunían para analizar cuáles oficiales habían demostrado mayor valentía, cuáles habían sido ascendidos y cuáles habían sufrido heridas o muerto en combate. Por momentos las pérdidas eran cuantiosas. En la horrible batalla de

Zorndorf, una escena de espantosa masacre, murieron más de diez mil soldados, entre rusos y prusianos. Cuando la noticia del resultado llegó a San Petersburgo hubo gran consternación, y durante las semanas que siguieron los cortesanos se reunieron en pequeños círculos para llorar a sus muertos y agonizantes; casi cada persona del palacio imperial había perdido por lo menos un pariente o amigo. Resultaba difícil de creer –como dijo la emperatriz– que los rusos hubieran ganado la batalla y que, por consiguiente, correspondía celebrar ese triunfo.

En medio de los lamentos hubo un episodio positivo. Las personas se repetían unas a otras la sorprendente historia de un tal Gregorio Orlov, un oficial de artillería perteneciente al regimiento de élite Ismailovsky.

Orlov, un individuo casi gigantesco cuyos hombros amplios, sus largas y musculosas piernas y su torso pétreo lo habían convertido en el soldado más formidable de su regimiento, había demostrado no sólo osadía sino también una energía fenomenal en Zorndorf. Con hombres muriendo junto a él, se lanzó al centro mismo de la refriega, prácticamente a merced del fuego asesino de los prusianos. Al verlo caer, sus camaradas le gritaron que tratara de salvarse. Para sorpresa de todos, él volvió a levantarse y, en lugar de ponerse a salvo, volvió a participar de la lucha. En tres ocasiones fue herido y tres veces superó sus dolores y desafió una vez más a la muerte.

Los elogios para Orlov surgían cada vez que un grupo de soldados se reunía, ya fuera en las tabernas de la capital, en las cuarteles de los guardias o incluso en las salas del palacio real. Se decía que sus hazañas no se limitaban al campo de batalla; también corría riesgos en las mesas de juego, era un audaz cazador y había sobrevivido a muchas riñas sangrientas en tabernas. Las mujeres caían rendidas a sus pies, fascinadas por el atractivo de su cuerpo fuerte y su apostura. Se susurraba que en la cama era infatigable.

Una mujer en particular no había podido resistirse a él. Era Elena Kurakin, la hermosa amante de Pedro Shuvalov, el coronel del regimiento de Orlov. Con consumada audacia Orlov había secuestrado a Elena, con lo cual corría el riesgo de –por lo menos– ser ejecutado a manos de su poderoso coronel. No obstante y como siempre, al desafiar a la muerte Orlov la había vencido. Antes de poder vengarse Shuvalov murió, dejando a Orlov en libertad para continuar haciéndole el amor a Elena y aumentar así su reputación de hombre intrépido e invencible.

Gregorio Orlov llegó a San Petersburgo en la primavera de 1759 con un eminente prisionero de guerra prusiano, el conde Schwerin, ex asistente del emperador Federico. Al conde se lo alojó en medio de lujo y comodidades y se transformó en un invitado frecuente al palacio, donde solía pasar su tiempo con el gran duque. Allí Catalina vio a Orlov; sin duda al igual que todos y antes de su llegada había oído hablar de su notable desempeño en la guerra.

Lo que vio la dejó sin aliento: el magnífico Orlov no sólo era el oficial más valiente de la guerra sino, evidentemente, el más atractivo. Se destacaba tanto entre compañeros de armas y tenía tanta fuerza -era capaz de vencer a la mayoría de ellos y dejarlos tendidos en el suelo-, que era algo así como un héroe de la antigüedad vuelto a la vida. Ningún antiguo romano podía ser tan admirable -pensó Catalina- como ese intrépido guardia con su obstinado coraje y audaz espíritu guerrero, para no mencionar su reputada virilidad. Catalina quedó subyugada y eligió al alto Orlov para concederle sus favores.

Catalina había llegado a un *impasse*. El ex canciller Bestuzhev, principal exponente de sus antiguos aliados, había caído en desgracia y sido deportado. Ella misma se había salvado raspando de ser arrestada y conservaba su posición en la Corte sólo por un capricho de la emperatriz. Su amante Poniatowsky había sido enviado lejos y Catalina sabía que no sería nada realista esperar que regresara. Sentía una gran necesidad de personas que la apoyaran y la defendieran, pero tratar de reclutarlas o alentarlas la exponía a un peligro político mayor. Y, aunque seguía siendo atractiva, ya no era tan joven; el mismo mes de la llegada de Gregorio Orlov a San Petersburgo, la gran duquesa cumplió treinta años y, de acuerdo con los cánones de aquella época, ya había pasado sus momentos de mayor belleza.

Jean Louis Favier, un informante francés que veía a menudo a Catalina en aquellos días, escribió sus impresiones de ella, impresiones basadas en una observación cercana y una evaluación inteligente. Favier no era precisamente partidario de Catalina, se oponía resueltamente a la Corte Joven y tendía a contradecir los elogios exagerados de los admiradores de la gran duquesa.

En cuanto a los atractivos personales de Catalina, Favier escribió que Catalina era, "quedándose corto, deslumbrante". Tenía una cintura esbelta, pero no flexible; caminaba con porte aristocrático, pero le faltaba gracia y exageraba cuando se proponía que su andar fuera majestuoso. Sus pechos no eran suficientemente turgentes y su rostro largo y delgado, con sus pequeñas manchas, su mentón prominente, su boca chata y su nariz "con una pequeña joroba" era también demasiado angosta para considerarla una verdadera belleza. Sus ojos, "alertas y agradables" no eran particularmente hermosos. En líneas generales, Favier concluyó que Catalina era "más bonita que fea", pero que carecía de una belleza excepcional.

En lo referente a sus capacidades y su carácter, Favier desechó los "elogios infundados" de otras personas, pero señaló que, debido al aislamiento forzado que se le había impuesto durante el tiempo que pasó en Rusia, se había vuelto excepcionalmente culta; su inteligencia, si bien no brillante, poseía una formación excelente. Se había educado con la esperanza de que algún día se transformaría en consejera de su marido. "La lectura y le reflexión eran para ella el único medio para alcanzar ese fin", según Favier. Y ella había llevado adelante la elogiosa tarea de no sólo informarse con respecto a muchas cosas sino también de enseñarse a pensar.

Catalina era una pensadora teórica; las cuestiones abstractas y los temas filosóficos eran el mejor alimento para su mente curiosa y vivaz. Sin embargo, en opinión del francés, al fomentar este pronunciado gusto por lo intelectual ella estaba cometiendo un error fundamental. "En lugar de adquirir un conocimiento teórico y práctico de la administración del Estado", escribió, "ella se dedicó a abrevar en la metafísica y los sistemas morales de los pensadores actuales." (Al parecer, Favier ignoraba que durante algunos años Catalina había sido, de hecho, una aprendiz útil en la administración práctica y en gobernar las propiedades de Pedro en Holstein.) Gracias a haber leído a Montesquieu, Voltaire y la *Encyclopédie* de Diderot, había adquirido buenas ideas acerca de cómo reformar a los ignorantes, incitarlos a la virtud y enseñarles a razonar y a pensar con sensatez; preveía ser capaz de gobernarlos, no como tradicionalmente habían sido gobernados los rusos, vale decir, por medio del miedo, la fuerza bruta y la fuerza superior, sino con persuasión y el rigor de una ley administrada en forma imparcial.

La Emperatriz Catalina II de Rusia, en la plenitud del poder. Óleo de Dimitri Levitzki, Rusia (1735-1822). Colección Zubov. Cortesía de Museo Nacional de Arte Decorativo, Buenos Aires.

La Emperatriz Catalina II, representada como Minerva. Acuarela sobre marfil montada en la tapa de una caja de oro, obra de Johann Gottlieb Scharff. San Petersburgo, 1778. Colección Zubov. Cortesía de Museo Nacional de Arte Decorativo, Buenos Aires.

Sergio Saltykov, primer amor de Catalina y padre de Pablo I. Óleo de Pietro di Rossi. Colección Zubov. Cortesía de Museo Nacional de Arte Decorativo, Buenos Aires.

Pedro III. Óleo de Fedor Rokotov, 1758,
Galería Tretykov, Moscú.

La Emperatriz Catalina con el cetro en la mano. Óleo de Fedor Rokotov, 1763, Galería Tretyakov, Moscú.

Gregorio Potemkin, ferviente apoyo en la tarea de gobierno de la Emperatriz.
Óleo de Giovanni Baptist Lampi, 1790, Museo Hermitage, San Petersburgo.

La Emperatriz Catalina la Grande, de mediana edad y acompañada de uno de sus perros favoritos, de paseo por el parque de Tsarskoe Selo. Óleo de Vladimir Borovikovsky, 1794, Galería Tretyakov, Moscú.

Alejandro Lanskoy, bienamado favorito de Catalina, muerto trágicamente a temprana edad. Óleo de Dimitry Levitzky, 1782, Museo Ruso de San Petersburgo.

Medalla con cabellos entrelazados de Lanskoy y Catalina con esta inscripción: "Mi amor, como estos cabellos, será siempre el mismo". Colección Zubov. Cortesía de Museo Nacional de Arte Decorativo, Buenos Aires.

Catalina vestida con traje de invierno y orden de San Andrés en el pecho. Óleo de Dimitri Levitzki, Rusia (1735-1822). Colección Zubov. Cortesía de Museo Nacional de Arte Decorativo, Buenos Aires.

Catalina la Grande en edad madura. Óleo sobre tela de Joseph Baptist Lampi, el Viejo, Italia (1751 – 1830). Colección Zubov. Cortesía de Museo Nacional de Arte Decorativo, Buenos Aires.

Emperador Pablo I. Óleo de Vladimir Borovikovsky, 1796, Museo de Arte e Historia de Novgorod.

Favier creía que Catalina había desarrollado "un código de convicciones políticas, bastante elevado, pero impracticable en la práctica". No sólo sería imposible sino también muy peligroso aplicar esos conceptos arrogantes a las crudas realidades que su marido enfrentaría -con su ayuda- cuando se convirtiera en emperador. Los rusos eran, después de todo, un pueblo bárbaro; según Favier, "un pueblo rudo desprovisto de ideas y lleno de supersticiones, carentes de refinamiento y acostumbrados sólo a una esclavitud estúpida y llena de miedo". Opinaba que la barbarie de Rusia era algo inmemorial y que sería el colmo de la insensatez tratar de enseñar nuevas tradiciones al pueblo ruso.

Sin embargo, si Favier tenía una opinión desfavorable de las actitudes intelectuales de Catalina, no dudaba en cambio en defender su carácter contra la acusación de que, debido a sus aventuras amorosas, era una mujer gobernada por sus pasiones y desprovista de integridad moral.

"Su tendencia a la coquetería también ha sido exagerada", escribió Favier. Aseguró que ella era "una mujer de sentimientos" que anhelaba amor y "cedía sólo a los deseos de su corazón y, quizás, al deseo natural de tener hijos."

Por un breve tiempo, poco después de que Catalina cumplió treinta años, sus sentimientos maternales quedaron satisfechos, pues la emperatriz le permitió ver a sus hijos una vez por semana, para lo cual ella viajaba de Oranienbaum a San Petersburgo. Su pequeña hija Ana Petrovna todavía era una beba que gorjeaba y daba grititos y recién comenzaba a gatear cuando Catalina inició sus visitas y, a medida que transcurrían las semanas, ella vio cómo la pequeña aprendía a pararse y, después, a dar sus primeros pasos. Pablo, un chiquillo rubio de cuatro años y ojos marrones, estaba un poco endeble y de un tamaño menor que el normal la primera vez que su madre lo visitó. Sin duda Catalina no podía mirarlo sin recordar a Saltykov, mientras que la pequeña Ana, hija del más bondadoso y afectuoso Poniatowsky, despertaba en ella recuerdos más agradables, aunque tristemente nostálgicos.

La pequeña Ana no habría de prosperar. A fines del invierno cayó enferma, posiblemente víctima de las corrientes de aire heladas del palacio, y en marzo de 1759 falleció. Nadie registró la naturaleza de su enfermedad o si su muerte fue un suave empeoramiento o el resultado de un sufrimiento prolongado. ¿Se le permitió a Catalina permanecer junto a su hijita en sus últimos días u horas? Nunca lo sabremos. Catalina no dejó ningún registro de lo que sintió al perder a su hija y, quizá, su silencio constituye un testimonio elocuente de su dolor. La muerte de bebés era una tragedia demasiado frecuente a mediados del siglo XVIII, y a las hijas se las valoraba mucho menos que a los hijos varones. Igual, es difícil imaginar que la compasiva y sensible Catalina no hubiera sentido un gran dolor por esa pérdida y sin duda se sintió despojada al estar de pie junto al pequeño ataúd y escuchar las oraciones fúnebres y el canto de los monjes.

En esas horas difíciles debe de haberla intranquilizado también el precario estado físico de su hijo. Estaba lejos de ser un chiquillo fuerte. ¿Moriría él también, privándola así de la importantísima contribución que había hecho a la sucesión de los Romanov? Si Pablo llegaba a morir, Pedro tendría una excusa plausible para encerrar a Catalina en un convento y casarse con la más joven y supuestamente más fértil Isabel Vorontzov.

La fortuna de los Vorontzov aumentaba. Miguel Vorontzov había reemplazado al exiliado Bestuzhev como canciller, y su sobrina Isabel se había instalado en los apartamentos de Pedro y se daba aires y hacía los honores como si ya fuera su esposa. Catalina sabía que nada complacía más a Pedro y a su amante que su presente estado de desgracia, y que Pedro confiaba en que en poco tiempo podría volver a casarse. Catalina apodaba a Isabel "Madame Pompadour", una referencia en broma a la mujer más joven y a su campaña bastante peligrosa para suplantarla, tal como Pompadour había suplantado a la reina de Luis XV.

Una vez más los integrantes de la Corte estaban pendientes del desarrollo de la guerra. En el verano de 1759, el ejército ruso se trabó en lucha con los prusianos en Künersdorf, a sólo noventa y seis kilómetros de Berlín. Durante doce horas los soldados formaron, se mantuvieron en pie, dispararon sus armas y recibieron disparos del bando contrario, y cientos de hombres caían abatidos con cada andanada. El sol brillaba sin piedad sobre el campo de batalla lleno de humo, y los prusianos, superados en número por sus enemigos, atontados por el hambre y la fatiga, comenzaron a abandonar sus filas. El emperador Federico en persona fue al campo de batalla para alentar a sus hombres, sabiendo que la suerte de su capital estaba en juego, pero él estaba dispuesto a arriesgarlo todo con tal de asegurarse la victoria. Su heroísmo hizo que por un momento el curso de los acontecimientos cambiara, pero con el tiempo los prusianos fueron derrotados.

Los relatos de esta victoria llegaron hasta los rincones más recónditos de San Petersburgo y todos los regimientos rusos comenzaron a reclutar más hombres. El invierno hizo su aparición, el invierno más frío de muchos años. Los prusianos, acampados en la nieve e inadecuadamente equipados, empezaron a morir, víctimas de enfermedades y de hambre. Rusia y sus aliados cobraron valentía. Ahora la victoria final parecía cerca. Una campaña más y la amenaza prusiana sería aplastada para siempre.

Cuando llegó la primavera, un enorme ejército de rusos, austríacos y franceses, cerca de cuatrocientos mil hombres en total, marcharon contra las plazas fuertes de los prusianos. Durante todo el verano el gran ataque continuó. En octubre de 1760 Berlín cayó frente a un empecinado ataque ruso y aunque los rusos muy pronto abandonaron su botín, lo mantuvieron el tiempo suficiente para destruir sus defensas, saquear su arsenal y enriquecerse con un cuantioso rescate de los aterrados berlineses. Todavía Federico se negaba a rendirse, aunque sus pérdidas eran monumentales y la lealtad de sus hombres estaba siendo puesta a prueba casi al máximo de la tolerancia. Otra victoria prusiana en Torgau en el mes de noviembre serenó bastante a los aliados y los dos bandos se prepararon para el respiro de un invierno prolongado.

Catalina, embarcada en su propia lucha para lograr supervivencia política, preparaba sus defensas lo mejor que podía. Mientras esperaba contra toda esperanza que la emperatriz eliminara a Pedro de su sucesión y declarara a Pablo su heredero -con Catalina como regente-, formó un nuevo grupo de aliados.

Para reemplazar a Bestuzhev como su asesor político eligió a uno de los *protégés* del ex canciller. El conde Nikita Panin era un diplomático de carrera y un confirmado anglófilo, como lo era también Catalina. Panin había roto con las políticas pro-francesas de los Vorontzov y los Shuvalov y era el tutor del joven Pablo. Era un hombre astuto y capaz y Catalina creyó poder confiar en él. Durante varios años le había echado el ojo a Panin como candidato para integrar el nuevo gobierno cuando la emperatriz muriera. Ahora confió en él y la gratificó descubrir su gran desprecio por Pedro y lo mucho que anhelaba que una regencia reemplazara a Isabel.

Los acercamientos diplomáticos secretos que antes habría realizado por intermedio de Bestuzhev, ahora le llegaban a Catalina en forma directa. Varios gobiernos europeos hicieron saber a la gran duquesa que estaban dispuestos a prestar un respaldo financiero a cualquier plan para eliminar a Pedro de la sucesión. A los aliados militares de Rusia, en especial Austria y Francia, los alarmaba la posibilidad de que el pro-prusiano Pedro llegara al trono y enseguida hiciera salir a Rusia de la guerra. Le abrieron sus tesoros a Catalina y ella aceptó de buen grado lo que le ofrecían, sabiendo que tal vez muy pronto lo necesitaría.

Del campo enemigo, sorprendentemente, surgió un nuevo aliado de Catalina: Isabel Borontzov, la amante de Pedro, tenía una hermana menor, Catalina, casada con un oficial de la guardia, el príncipe Dashkov. Catalina Dashkov tenía muy poco en común con su insolente y desaliñada hermana mayor, excepto que era más bien sencilla. Al igual que la gran duquesa, a quien admiraba mucho, la princesa Dashkov poseía una mente penetrante y curiosa y una gran sed de nuevas ideas. A los diecisiete años, cuando inició su amistad con Catalina, la princesa Dashkov era la orgullosa poseedora de una de las bibliotecas más grandes de la capital y había leído casi todos los trabajos de los filósofos franceses. No resultaba sorprendente, entonces, que Catalina disfrutara de conversar con esa precoz princesa. Antes de que pasara mucho tiempo, descubrió que la idealista Catalina Dashkov anhelaba verla en el trono de Rusia y trabajaba en las sombras para conseguirle apoyo.

Poco a poco, uno por uno, la lista de partidarios de Catalina fue creciendo. Un grupo de oficiales de los regimientos prestigiosos y estratégicamente cruciales de guardias le hicieron saber que le brindarían su apoyo si su lealtad era puesta a prueba. Kiril Razumovsky, coronel del regimiento Ismailovsky, le había dicho a Catalina varios años antes que estaba dispuesto a defenderla "a costa de su propia vida" y que muchos otros partidarios suyos harían lo mismo.

Catalina sabía bien que los regimientos de guardias eran el puntal militar clave de la corte imperial. Ningún gobierno resistiría mucho tiempo si esos regimientos se rebelaran, y ningún intento de golpe de Estado tendría éxito si los regimientos Preobrazhensky, Semenovsky e Ismailovsky permanecían leales al emperador o la emperatriz.

En el gobierno todos conocían la historia de cómo, dieciocho años antes, los reclamos de Isabel con respecto al trono de su padre se habían concretado gracias a los regimientos de guardias de San Petersburgo. Cierta noche terriblemente fría de diciembre de 1741 Isabel había ido a los cuarteles de los Granaderos Preobrazhensky. Hermosa en su valiente vulnerabilidad, con una coraza de cuero alrededor de sus frágiles hombros y una cruz rusa en la mano, Isabel les había pedido a los hombres apoyo contra la regente Ana y sus ministros alemanes. Con gritos y vítores, los soldados le juraron su eterna lealtad y aseguraron que ella merecía reinar como la hija rusa de Pedro el Grande. Isabel condujo a los hombres al Palacio de Invierno montando un trineo sobre la nieve casi solidificada y, una vez allí, despertó a la regente y los envió a ella y al bebé emperador Iván a la cárcel.

Los hombres del regimiento Preobrazhensky habían creado a la emperatriz Isabel. Con sus hermanos oficiales en las guardias, podrían hacerlo de nuevo... por Catalina.

Gregorio Orlov, el apuesto héroe de Zorndorf, era teniente de los guardias Ismailovsky. Y tenía cuatro magníficos hermanos: Iván, Alexis, Feodor y Vladimir. Todos guardias. Todos corpulentos y sumamente fuertes. Todos líderes respetados en sus regimientos, admirados por sus hombres y capaces de dirigirlos políticamente.

Nada se sabe con certeza acerca de cómo fue que Catalina y Gregorio Orlov se convirtieron en amantes. Ella era una mujer experimentada de treinta años, romántica y apasionada, con pretensiones de poder, pero perjudicada por su género y por el estado precario de sus relaciones con su marido. Necesitaba un hombre que la amara, le fuera fiel y defendiera su causa. Orlov era un hombre mundano y un guerrero famoso de veinticinco años, que gastaba su desenfrenado ardor en luchas, juergas y haciendo el amor. Estaba impaciente por escalar posiciones, pero no poseía una cuna ilustre, educación ni conexiones importantes en la Corte. Necesitaba una oportunidad para hacerse útil. Tal vez la pasión de Catalina fue lo que encendió su ambición o, quizás, él amó a Catalina como nunca había amado antes.

Lo que sí se sabe es que en el verano de 1761, con los prusianos todavía no derrotados y cuantiosas pérdidas en ambos bandos, con la emperatriz prisionera en un círculo macabro de desfallecimientos parecidos a la muerte, volviendo a la vida y lanzando imprecaciones contra el odiado Federico, con Isabel Vorontzov contando los días que le faltaban para transformarse en esposa de Pedro y con Pedro pasando secretamente informaciones militares a los prusianos, Catalina quedó embarazada de un hijo de Gregorio Orlov.

La relación entre ambos no era conocida por todos, y en el otoño Catalina logró ocultar su embarazo y permanecer en segundo plano mientras los acontecimientos seguían su curso.

Nadie sabía lo que la caprichosa emperatriz haría a continuación. Desesperada por asegurar una victoria rusa sobre su archienemigo Prusia, impartió orden tras orden al ejército, cambió generales e insultó y maltrató a cualquiera que se cruzara en su camino.

Ya no podía pararse y a menudo se llevaba la mano al corazón como para detener sus latidos erráticos. Cuando se excitaba le salía sangre de la nariz; sus asistentes siempre tenían a mano metros de tela de hilo para detener esa hemorragia. Una terrible lastimadura que nunca cicatrizaba le deformaba el pie izquierdo y la preocupaba. La miraba como si estuviera en trance, murmurando que era un castigo de Dios, enviado porque su padre, el Gran Pedro, le había besado el pie cuando ella era chica. A veces su mente parecía dormida o perdida en reflexiones bizarras y, sin embargo, una y otra vez salía de su letargo mental e impartía órdenes, castigos y exigencias.

Nuevos miedos atormentaban a todos aquellos cuya fortuna dependía de la sucesión. ¿Y si la emperatriz perdía el juicio? Durante muchos años a ella le había intrigado la locura y había apartado habitaciones del palacio donde se internaba a los lunáticos y cada tanto aumentaba el número de hombres y mujeres dementes. Catalina escribió en sus memorias que en una ocasión doce mujeres dementes fueron llevadas al mismo tiempo a la Corte, quizá porque la emperatriz se compadeció de ellas o, más probablemente, porque su conducta descabellada la entretenía.

Ahora existía el riesgo de que la misma Isabel se volviera tan loca como sus lunáticos preferidos. Si así era, ¿Miguel Vorontzov y su facción la controlarían? ¿O Pedro lograría maniobrar de modo de llegar al poder, como regente de su incapacitada tía?

Llegó octubre, empezó el frío y, a pesar de ello, el recientemente nombrado general ruso Buturlin envió a miles de tropas rusas a luchar contra los prusianos. Buturlin tenía motivos para confiar en que esa campaña sería la definitiva. Grandes ejércitos de austríacos y suecos se unieron a los rusos en este gran asalto contra el agotado y desalentado adversario prusiano.

Prusia se había debilitado mucho después de seis años de lucha. Cerca de medio millón de soldados y civiles habían muerto, en una población total de menos de cinco millones. Por cada hombre que moría en el campo de batalla o como resultado de heridas sufridas en combate, otros sucumbían como consecuencia de la guerra, con cosechas arruinadas, ciudades enteras incendiadas, negocios destruidos. Cada familia prusiana estaba de luto. Ya no quedaban hombres con vida, aparte de los ancianos; los muchachitos de catorce años eran obligados a entrar en el ejército para reemplazar a los caídos. El final de la guerra no podía estar lejos. El emperador Federico, con gran secreto, había enviado un mensaje al gran duque varios meses antes; ¿podría él, a cambio de un soborno de doscientos mil rublos, prevalecer sobre su tía, la emperatriz, firmar una paz separada con Prusia y retirar las tropas rusas?

Antes de que Pedro pudiera enviar su respuesta, una nueva ola de pánico cundió hacia el exterior de los apartamentos imperiales. La emperatriz había entrado en convulsiones. Tenía hemorragias. Médicos y sacerdotes rodeaban su lecho; los primeros sacudían la cabeza con expresión lúgubre, y los segundos entonaban las oraciones para los agonizantes. Los últimos ritos los administró el confesor de la emperatriz, quien, aunque ya la había visto varias veces antes *in extremis*, ahora estaba seguro de que realmente estaba preparando a su emperatriz para la eternidad.

Por una curiosa burla del destino, también Pedro Shuvalov entró en el mundo lúgubre de los agonizantes. Le había fallado el corazón y yacía pálido e inmóvil sobre su cubrecama de seda, al parecer sin sentido mientras sus párpados se agitaban sin control.

Era pleno diciembre, del cielo oscuro caía nieve muy densa y el Palacio de Invierno estaba iluminado *a giorno* con velas incluso a mediodía. En los aposentos imperiales, integrantes de la servidumbre entraban y salían en silencio mientras se elevaban oraciones por la salvación del alma inmortal de Isabel. Catalina fue una de las personas que mantuvo vigilia junto al lecho de la emperatriz, consciente de la respiración dificultosa de la anciana y del debilitamiento gradual de su cuerpo ya inútil. Sin duda ensayaba mentalmente los actos esenciales que debería realizar cuando la emperatriz muriera: proteger a sus hijos, reunir junto a ella a Gregorio Orlov, los hermanos de este y todos los guardias que habían jurado mantenerla fuera de peligro y protegerse ella misma, si llegaba a ser necesario, de la venganza de Pedro. Tomando en cuenta su embarazo, había decidido no pasar de eso, no hacer caso de las voces que la urgían a aprovecharse de la muerte de la emperatriz para ocupar el trono.

Cinco días antes de la Navidad, la princesa Dashkov acudió en secreto a Catalina y le suplicó que liderara un golpe de Estado junto a sus partidarios. Catalina se opuso a ese plan.

-Suceda lo que suceda -le dijo a la princesa-, yo lo enfrentaré con valentía.

La princesa estaba impaciente.

-Entonces sus amigos deben actuar en su nombre.

-Le ruego que no se arriesgue por mí -insistió Catalina-. Además, ¿qué se podría hacer?

A Catalina le costó mucho persuadir a sus partidarios de que debían contenerse. Incluso mientras realizaba su vigilia junto al lecho de la emperatriz agonizante, fue interrumpida por mensajes procedentes de quienes querían verla proclamada emperatriz. Ella respondió a todos esos mensajes con preocupadas negativas. "¡No nos lleven a una anarquía!" fue su respuesta apremiante. En su opinión, el mejor curso de acción era permitir que Pedro accediera al poder. Quizá, después del parto, cuando ella se sintiera más fuerte y ya no fuera vulnerable a la acusación obvia de que era una adúltera que había traicionado a la dinastía, trazaría otros planes.

Isabel eliminó cualquier duda que quedara con respecto a su sucesión cuando mandó llamar a Pedro y a Catalina y le dio a Pedro una serie de instrucciones finales. Mientras Catalina permanecía allí en silencio, oyó que la emperatriz le aconsejaba a su marido olvidar viejos rencores e iniciar el nuevo reinado con un espíritu de indulgencia. Con lágrimas en los ojos, Isabel le rogó a Pedro que cuidara de su pequeño hijo Pablo y que se mostrara bondadoso con los sirvientes que muy pronto ella dejaría a su cuidado. Le debió de haber costado mucho entregar todo lo que ella había valorado en la vida -su trono, su poder, todas las personas que amaba- a ese hombre tan peculiar que se arrodilló junto a la cama, tieso y sin muestras visibles de emoción, al parecer ajeno de la solemnidad de la ocasión. Debió de haber apenado también a Catalina verlos así, tía y sobrino, ella todavía majestuosa incluso en su muerte, y él raquítico, formado a medias, insensible; nada preparado para convertirse en emperador.

Isabel no tuvo palabras finales para Catalina. Siempre había envidiado a su sobrina, y es posible que esta envidia se hubiera acrecentado en sus últimas horas de vida. Debe de haber sabido, o intuido, que al entregarle su reino a Pedro en realidad se lo estaba dando a Catalina para que lo gobernara, ya sea personalmente o en segundo plano; es posible que deliberadamente hubiera desairado a Catalina con el objeto de desalentar a los conspiradores. ¿Acaso sus ojos viejos y débiles habían detectado el bulto creciente debajo del traje de Catalina? De ser así, Isabel no dijo nada. La luz comenzaba a apagarse. Ella había hecho todo lo que podía.

La mañana de Navidad amaneció fría y despejada. Por todo San Petersburgo las campanas tañían en celebración de esa gran fiesta de la Iglesia, y existía otro motivo para el alborozo: la noche anterior había llegado la noticia de que el ejército ruso, bajo las órdenes de Buturlin, había capturado las importantes fortalezas prusianas de Schwidnitz y Kolberg. La guerra estaba prácticamente ganada.

Sin embargo, en el Palacio de Invierno no reinaba la alegría. Una multitud de cortesanos se habían reunido junto a la puerta del dormitorio de la emperatriz esperando tener noticias de su estado. A pesar de estar felices por las noticias acerca de la guerra, tenían recelos con respecto al nuevo régimen que estaba por tomar las riendas del país. ¿Se produciría un intento de ocupar el trono? ¿Pedro sería capaz de asumir el poder y, si lo hacía, de qué manera gobernaría? ¿Apartaría de su lado a su esposa?

Transcurrían las horas y no había noticias del interior del dormitorio de la emperatriz. Los cortesanos, cansados de su vigilia, tenían la vista fija en las talladas puertas dobles que conducían a los apartamentos interiores. Por último, a las cuatro de la tarde, las puertas se abrieron y el temido anuncio se produjo.

-Su Majestad Imperial Isabel Petrovna se ha dormido en el

Señor. Que Dios salve a nuestro gentil soberano, el emperador Pedro III.

Todos los que allí se encontraban se pusieron de rodillas, muchos de ellos llorando sin disimulo. Después de santiguarse tres veces elevaron sus oraciones por la emperatriz y por su sucesor, y también por el tan esperado regreso de la paz.

Capítulo 16

Catalina se arrodilló al pie del féretro de la emperatriz en la Catedral de Kazan, su cuerpo cubierto por el negro intenso del luto, su rostro, velado. Las piedras duras y heladas del piso de la catedral le lastimaron las rodillas y sus músculos estaban cansados y acalambrados. Sin embargo, permaneció allí hora tras hora, la cabeza gacha, persignándose y cada tanto postrándose en un aparente paroxismo de aflicción. Le habían dicho que esas eran las formalidades prescriptas para el duelo que debían ser observadas por la esposa del nuevo emperador, y Catalina se proponía cumplirlas al pie de la letra.

Habían pasado casi seis semanas desde la muerte de la emperatriz. Su cuerpo, embalsamado y ataviado con una mortaja de encaje plateado y con una corona de oro sobre la frente, hedía tanto que ese olor le producía arcadas a Catalina, pero ella no se atrevió a alejarse de ese catafalco de mármol por miedo de parecer irrespetuosa. Por fortuna el aroma acre del incienso tapó un poco el hedor de la muerte; el humo de los incensarios que se balanceaban llenó la catedral cuando docenas de sacerdotes con ornamentos bordados en oro se agruparon alrededor del féretro repitiendo oraciones para los difuntos.

Cientos de personas pasaron junto al féretro para saludar por última vez a la emperatriz; funcionarios, militares, embajadores de cortes extranjeras, sacerdotes y monjes, el pueblo de San Petersburgo. Todos tomaron nota de esa figura arrodillada y vestida de negro y muchos comentaron su piedad. Catalina había sido fiel en su vigilia junto al cuerpo de la emperatriz, a pesar del clima helado y de su propia incomodidad extrema. No podía decirse lo mismo de su marido, ahora Pedro III, quien casi no apareció por la catedral y, cuando lo hizo, no se quedó allí mucho tiempo. Fue obvio que Pedro no se arrodilló ni rezó ni le ofreció sus respetos a su difunta tía, la mujer que lo había convertido en emperador, sino que se portó como un chico de colegio, insultó a los sacerdotes y puso incómodo a todo el mundo con sus carcajadas, sus chistes y su flirteo constante con las damas de su entorno.

En realidad, Pedro estaba aturdido de alegría. La muerte de Isabel lo dejó exultante y él no hizo nada por disimular su regocijo. Por fin, después de veinte años de coerción, humillación y virtual encarcelamiento, él era su propio dueño, no tenía que darle cuenta a nadie de sus actos ni obedecer reglas salvo las que él mismo creaba. Por primera vez en su vida adulta estaba libre de la sombra amenazadora de la emperatriz, no necesitaba temer sus caprichos ni sus venganzas, finalmente estaba libre de la preocupación de que ella pudiera designar a otra persona heredera del trono. Su larga pesadilla de sumisión había llegado a su fin. Ahora podía hacer lo que se le antojara.

Al cabo de seis semanas de solemnidades y oraciones, Pedro se sentía impaciente. No le importaba nada ese cuerpo que se pudría en el catafalco de mármol y con gusto habría ordenado que se lo llevaran y lo arrojaran en una zanja. No quiso usar ropa negra de luto y no le gustaba ver que otras personas la usaran, en especial su esposa, cuya presencia junto al féretro de su difunta tía lo irritaba. En lugar de cumplir con los ritos prescriptos de duelo, Pedro le ordenó a su chambelán que organizara grandes fiestas en el palacio para celebrar el fallecimiento de su predecesora. Cientos de personas fueron invitadas y a todas se les ordenó que abandonaran su ropa de duelo y usaran vestidos y trajes de colores claros y todas sus alhajas. Él presidió sus fiestas ataviado con su uniforme favorito, el de teniente general prusiano, ofendiendo así a todos los oficiales rusos que estaban en el salón y a las muchas familias que habían perdido hijos, hermanos, maridos y padres en la guerra.

Sin embargo, como Pedro les recordó a sus invitados, la guerra había terminado. El emperador Federico ya no era el enemigo y, por consiguiente estaba permitido brindar por él e incluso era preciso hacerlo. El primer acto oficial del nuevo emperador, llevado a cabo la noche de su asunción al trono, fue enviar veloces mensajeros a los generales rusos en el campo de batalla con la orden de no avanzar más en territorio prusiano y poner fin a todas las hostilidades. Las proposiciones de paz de los prusianos debían ser aceptadas y los prisioneros prusianos debían ser invitados a banquetes, colmados de regalos y enviados de vuelta a casa.

Y había más. El nuevo emperador anunció que la totalidad del ejército ruso sería reformado. Se nombró un nuevo comandante en jefe: nada menos que Georg, el tío de Pedro y Catalina (y antiguo pretendiente de Catalina), quien carecía de experiencia militar pero cabía esperar que impondría una disciplina teutónica. El Regimiento de Guardias Montados rusos sería reemplazado por tropas de Holstein. Los uniformes verdes de la infantería rusa se cambiarían por túnicas cortas de color azul prusiano. Tendrían que someterse a nuevos entrenamientos, nuevas formaciones, nuevas órdenes, todo ello tomado prestado del ejército prusiano. Hasta los oficiales tendrían que hacer a un lado su orgullo y recibir una nueva instrucción, una instrucción inspirada en la de quienes habían sido sus enemigos.

Los soldados, particularmente los guardias de San Petersburgo que durante los últimos días de la emperatriz patrullaban los alrededores del palacio para procurar que nadie desafiara la sucesión del actual emperador Pedro, comenzaron a lamentar el papel que habían tenido en salvaguardarlo. Se habían enterado de la forma en que, en privado, Pedro se refería a ellos como "jenízaros" e impugnaba su valor. Intuían que él se proponía quebrantar su espíritu y convertirlos en títeres, de hecho, en títeres alemanes. Tantos años de sufrimiento, toda su valentía y su resistencia, cada metro de territorio prusiano ganado a un alto costo, todo eso estaba por ser sacrificado por el capricho del nuevo emperador. El hecho de mirarlo, un hombre feo y menudo, con saco azul ajustado con botones de oro y una espada ceremonial sujeta a su cintura delgada, les provocaba desprecio. Él no era uno de ellos y jamás lo sería. Obedecían sus órdenes, pero con un odio secreto y ansiaban que llegara el día en que pudieran servir de nuevo a un soberano ruso.

Para algunos, Pedro parecía haber tomado una nueva estatura al asumir el poder. El embajador británico Keith les escribió a sus superiores comentándoles la mayor conveniencia que observaba en las medidas tomadas por el gobierno ruso bajo las órdenes de Pedro y aprobando la forma en que el emperador tomaba personalmente las decisiones relativas a las relaciones exteriores en lugar de dejarlas en manos de otros, como lo había hecho su predecesora. Pedro tampoco parecía mostrarse vengativo para con sus antiguos enemigos políticos. No deportó a nadie ni mandó a nadie a las fortalezas de Pedro y Pablo. Mantuvo a Miguel Vorontzov como canciller, a pesar de su simpatía pro-francesa, y parecía tener una actitud esclarecida en cuanto a la necesidad de continuidad en los asuntos políticos, excepto, desde luego, cuando se trataba de continuar con la guerra.

Pedro tomó decisiones que hasta Catalina aprobó. Abolió la Cancillería Secreta, esa temible máquina de terror que había malogrado o segado tantas vidas. Abrió las puertas de las prisiones estatales y liberó a los enemigos de la emperatriz desaparecida. Llamó a todos los que Isabel había exiliado; a todos salvo a Bestuzhev, quien había tenido una alianza demasiado estrecha con Catalina como para que conviniera tenerlo cerca. Se ganó el favor de la nobleza al promulgar una ley liberándolos de la obligación de servir como funcionarios del Estado, una carga que habían debido soportar desde el reinado de Pedro el Grande. En líneas generales, en sus primeros meses como emperador Pedro sorprendió a muchos con su comprensión de los asuntos y su sentido de responsabilidad. En lugar de recurrir a su esposa para que fuera su guía, él se había convertido en su propio consejero y hasta exhibía cierta dosis de madurez.

Sin embargo, los viejos demonios de Pedro -las borracheras, los caprichos, la excitabilidad y los ataques repentinos de furia- acechaban en los rincones de su vida. No podía controlar su tendencia a la disipación. "La vida que lleva el emperador", escribió el embajador francés Breteuil, quien había reemplazado a L'Hôpital, "es la más vergonzosa que imaginarse pueda. Se pasa las noches fumando, bebiendo cerveza, y no para hasta las cinco o seis de la mañana, casi siempre tan borracho que pierde el conocimiento." Las prolongadas noches de indulgencia de Pedro lo obligaban a tener que enfrentar el trabajo del día siguiente atontado y con dolor de cabeza y, las más de las veces, con un terrible malhumor. Catalina se mantenía lo más lejos posible de él, pero Isabel Vorontzov, que en muchos aspectos había asumido el papel anterior de Catalina, era quien recibía las consecuencias de su despiadado rencor.

Una serie de peleas tumultuosas se produjeron entre el emperador y su amante, a veces en público. Breteuil, que no era amigo del nuevo régimen y a quien le fascinaba registrar en detalle las violentas escenas presenciadas por él o por sus informantes, describió una cena en casa del canciller en la que Pedro, Isabel Vorontzov y Catalina estuvieron presentes.

Isabel estaba enojada y nerviosa esa noche porque Pedro, el tenorio de siempre, tenía una nueva favorita, una cortesana de diecisiete años llamada mademoiselle Schaglikov. La jorobada mademoiselle Schaglikov no era ninguna maravilla -para el embajador era "pasablemente bonita" pero no precisamente una belleza-, pero tenía la ventaja de tener más frescura y ser más joven que la amante reinante y, por cierto, menos irascible. A las dos de la madrugada Isabel ya no pudo reprimir sus celos. Comenzó a hacer comentarios mordaces y Pedro, que había bebido mucho, le respondió con una conducta abusiva. Imprecaciones, epítetos, acusaciones volaron por encima de la gruesa mesa de roble. Todos los presentes, excepto quizá Catalina, quien estaba ya habituada a los estallidos de su marido, se movían con incomodidad y se disponían a presenciar una pataleta imperial.

Finalmente Pedro se puso de pie, se tambaleó sobre piernas nada firmes y le ordenó a Isabel que se fuera a casa de su padre. Ella se echó a llorar, regañada, y se mantuvo en sus trece. Sabía justo cómo desconcertarlo; él titubeó, todavía enojado pero vacilante. La batalla de voluntades continuó, pero al final Isabel ganó. A las cinco de la mañana, con los invitados con ojos turbios y exasperados, el emperador y su amante se habían amigado y estaban en el mejor de los mundos.

Sin embargo, cuatro días más tarde se produjo entre ellos una disputa mucho más prolongada y virulenta. Esta vez el maltrato fue tan cruel que hasta los cortesanos más insensibles se taparon las orejas, y no hubo reconciliación. Durante días una nube negra colgó sobre el palacio; todo el mundo sabía que Pedro y su amante estaban enemistados y nadie sabía cuál sería la venganza de Pedro o si la furia de ese altercado lograría desquiciarlo. El emperador redobló sus atenciones a mademoiselle Schaglikov y buscó consuelo en el alcohol.

No se trataba de una pelea común y corriente. Isabel Vorontzov había tocado un tema particularmente irritante, un punto que durante años había estado supurando en la mente de Pedro: ella lo había acusado de ser impotente.

La sucesión era algo que preocupaba mucho a Pedro desde el comienzo de su reinado. Su predecesora lo había urgido a prestar juramento de que protegería a su hijo, Pablo, y él lo había hecho. Sin embargo, Pedro sabía que Pablo no era hijo suyo sino de Catalina. De Catalina y Saltykov. Pedro no quería tener nada que ver con él. Hasta se rehusaba a ver al muchachito, y esa negativa despertó comentarios. La gente susurraba que si Isabel Vorontzov -o la jorobada mademoiselle Schaglikov o cualquiera de las otras mujeres que Pedro podía favorecer con sus atenciones- tuviera un hijo, el emperador estaría justificado en repudiar a su esposa y casarse con la madre de su hijo o hija. Pero si en realidad era impotente, tales especulaciones carecían de sentido.

Pedro estaba deseando apartar a Catalina de su vida, pero necesitaba un heredero y, si él no era capaz de engendrar un hijo, tendría que nombrar a Pablo su sucesor -algo que por cierto no quería- o encontrar otro heredero apropiado.

Preocupado por estos problemas fue a visitar al infortunado Iván, el que fuera Iván VI, en la prisión de Schlüsselburg. Pedro ya sabía que Iván era un retardado mental; ahora descubrió que el pobre hombre estaba completamente trastornado. Su mente desordenada tomaba direcciones extrañas. Le confió a Pedro que en realidad él no era Iván, el hombre que tiempo antes, de chico, había sido Emperador de Rusia, sino otro hombre, un impostor. El verdadero Iván estaba en el cielo desde hacía muchos años. Debe de haber sido una escena bien extraña, con el perturbado Pedro enfrentando al demente Iván, cada uno de ellos un soberano, ninguno de ellos realmente capaz de gobernar. Cuando la entrevista terminó, Pedro ordenó que trasladaran a Iván a San Petersburgo, para mantenerlo estrictamente vigilado o porque contemplaba la posibilidad de nombrarlo su sucesor. De cualquiera de las dos formas, el supuesto "impostor" podría convertirse una vez más en una persona importante.

En una jugada que, como es comprensible, provocó recelo en Catalina, Pedro también llevó a la Corte a Sergio Saltykov. Saltykov había estado en París, trabajando en un cargo diplomático menor, y el llamado urgente desde San Petersburgo debe de haberlo aterrorizado. Era fácil que imaginara qué quería Pedro de él: un reconocimiento formal de que había sido el amante de Catalina y padre de Pablo.

Tan pronto Saltykov llegó a la capital rusa, en abril de 1762, Pedro lo llevó a su gabinete personal y estuvo hablando con él durante horas. La conversación de ambos fue privada y, sin duda, intensa. Saltykov tenía plena conciencia del peligro que corría. Si reconocía la verdad y el emperador decidía mostrarse vengativo, podía hacer que lo ejecutaran o lo encarcelaran de por vida. Sabiendo cuáles serían las consecuencias de una confesión plena, Saltykov se negó a decir lo que Pedro deseaba oír. Tuvo lugar otro encuentro, y luego un tercero. El asustado pero desenvuelto Saltykov siguió insistiendo en que Catalina y él no habían sido amantes y que él no era el padre de esa criatura. Al final, Pedro se dio por vencido. Saltykov no le proporcionaría las pruebas que él buscaba para declarar a Pablo hijo ilegítimo y divorciarse de Catalina.

Durante esa primavera Catalina estuvo sometida a una gran tensión. Su embarazo estaba llegando a su fin, Pedro la detestaba y trataba de librarse de ella, y la amante de su marido estaba a mitad de camino de reemplazarla. Aunque se había granjeado una gran dosis de simpatía por su modestia y su observancia estricta de los complicados ritos religiosos que siguieron a la muerte de la emperatriz, y muchos integrantes del clero y del pueblo de San Petersburgo tenían una actitud favorable hacia ella, en el fondo Catalina estaba muy sola. Sus partidarios políticos, que estaban dispuestos a realizar un golpe de Estado en su favor, permanecían en las sombras esperando una señal suya, una señal que ella no se atrevía a hacer hasta haber tenido a su hijo y haberse recobrado del parto. Mientras tanto, debía soportar pruebas cotidianas del desdén de Pedro y del menosprecio de Isabel Vorontzov y comenzaba a acostumbrarse a ser ignorada y deshonrada.

El embajador Breteuil, que se convirtió en confidente de Catalina al iniciarse el nuevo reino, escribió en sus despachos que ella estaba sufriendo la peor de las humillaciones y que parecía permanentemente alicaída. Sin embargo, debajo de esa pose suya abyecta él detectaba un creciente resentimiento.

"La situación que vive la emperatriz es de total crueldad, y es tratada con evidente desprecio", escribió. "Ella tolera la conducta del emperador hacia su persona con gran impaciencia, así como también la actitud altanera de mademoiselle Vorontzov. No dudo de que la fuerza de voluntad de esta princesa, cuyo coraje y firmeza conozco bien, tarde o temprano la llevará a tomar medidas extremas."

Agregó que Catalina estaba bien al tanto del poder que tenía su marido para librarse de ella, tal como Pedro el Grande había hecho con su primera esposa. La historia era bien conocida en la Corte. El emperador Pedro, cansado de la esposa con quien había tenido que casarse por razones de Estado -tal como Pedro III se había visto obligado a casarse con Catalina- había tomado una amante a la que amaba mucho. Exigió que Eudoxia, la esposa no deseada, entrara voluntariamente en un convento y, así, el matrimonio quedara disuelto. Cuando ella se negó a hacerlo, él le ordenó a sus criados que la secuestraran. Ellos llegaron a los apartamentos de Eudoxia furtivamente, sofocaron sus protestas, la ataron y la pusieron en un carro. Nadie acudió en su ayuda. Algunos meses más tarde Eudoxia se hizo monja y el emperador se casó con su amante.

Sin duda Catalina tenía en mente este poder que tenía Pedro de repudiarla cuando el 18 de abril entró en trabajo de parto. Recientemente se había mudado a una suite de habitaciones lejos de las de su marido, en un ala del Palacio de Invierno terminada poco tiempo antes. Dado su estado, le convenía estar lejos de los apartamentos reales, pero el hecho de que él hubiera impuesto esa distancia física equivalía también a menospreciar a su esposa, y ella lo sabía. (Significativamente, a Isabel Vorontzov le asignaron habitaciones contiguas a las del emperador.)

Los preparativos para el parto de Catalina se habían mantenido en el mayor de los secretos. La Corte no reconocía oficialmente el embarazo; la versión que daban las criadas de Catalina era que su señora tenía fiebre y estaba indispuesta. Las pocas personas que la vieron los días previos al alumbramiento comentaron que Catalina se sentía peligrosamente deprimida y enferma. Estaba casi irreconocible y les preocupaba la posibilidad de que no sobreviviera.

No queda claro cómo supieron muchas personas que Catalina llevaba en su seno un hijo de Orlov. Ella no hizo nada, por cierto, para divulgarlo y, al contrario, trató por todos los medios de ocultarlo. No puede haber ninguna duda de que Pedro lo sabía, al igual que sus consejeros más cercanos. Pero, para él, esa criatura era sólo una prueba más de que Catalina le había sido infiel y era inmoral. Y, si las cosas salían como él quería, muy pronto dejaría de ser importante lo que Catalina hacía o cuántos hijos bastardos tenía. Sería expulsada de la Corte y ya nunca más volvería a causarle problemas a Pedro.

Al bebé diminuto que nació el 18 de abril, justo tres días antes de que su madre cumpliera treinta y tres años, le pusieron por nombre Alexis Gregorevich, Alexis hijo de Gregorio. No sonaron ningunas campanas ni se oyeron disparos de cañones. No hubo celebraciones, oficiales ni de ningún otro orden. Por primera vez en la experiencia de Catalina, su hijo permaneció junto a ella, un hijo sano a quien ella podía mirar y complacerse. El pequeño le pertenecía a ella, a ella y a Gregorio Orlov. Ninguna emperatriz celosa podía entrar y llevárselo.

El día del cumpleaños de Catalina, cuando la costumbre era que los cortesanos fueran a presentarle sus respetos, la nueva madre se puso presentable y recibió las felicitaciones de sus amistades. Pero se acostó temprano, demasiado exhausta para permanecer sentada las muchas horas de la cena y la noche de disipación que seguramente seguiría. Ella sabía que nadie la echaría de menos.

Apenas una semana después del nacimiento de su hijo, Catalina tuvo lo que debe haber sido una entrevista tensa e incómoda. La etiqueta exigía que recibiera a Sergio Saltykov, y ella no se atrevió a negarse a hacerlo por miedo a que esa negativa despertara sospechas. Sabía cuál era la razón de que a él lo hubieran traído a la Corte y puede que supiera -o supusiera- que hasta el momento él se había mantenido en silencio cuando Pedro lo interrogó acerca de lo que había sucedido entre ellos dos muchos años antes.

En el tiempo transcurrido desde la última vez que se vieron, Catalina había madurado y se había convertido en una sobreviviente política cuidadosa y astuta, visiblemente fatigada por el papel que le había tocado pero hermosa en su madurez, al tiempo que Saltykov, su apostura estropeada por la piel floja y las arrugas, su pelo negro raleando y retrocediendo de su frente arrugada, era un libertino hipócrita y envejecido. Por informes que le llegaban de las cortes extranjeras en las que él había residido, Catalina sabía que Saltykov había continuado con su carrera de seducción casual. Sin duda a ella ya no le importaba lo que él hacía, pero dada su sensibilidad romántica, Catalina debe de haber sentido un eco de aquel antiguo dolor cuando lo vio. Él se había aprovechado de ella, había sacado provecho de esa relación y la había dejado desilusionada. Ahora estaba en condiciones de causarle un daño sustancial, pero sólo con un gran costo para sí mismo. "A la gente siempre la mueve el egoísmo", le gustaba decir a Catalina, citando a Maquiavelo. Si hubo alguna vez un momento en que ella esperaba que lo que prevaleciera fuera el egoísmo, ese momento era ese.

No existe ningún registro del encuentro entre Catalina y Saltykov. Catalina escribió en sus memorias que, cuando lo conoció, Saltykov era "un hombre muy orgulloso y desconfiado." Cabe preguntarse si su orgullo seguía sustentándolo, pues ya por 1762 estaba desacreditado y decepcionado. Su indiscreción con Catalina había sellado su suerte; nunca sería nada más que un diplomático de rango bajo, exiliado de su patria, un cosmopolita peripatético que vagaba de una corte a otra y de un dormitorio a otro. Aunque escapara de toda la fuerza de la ira de Pedro, sin duda tendría que sufrir. Sabiendo todo esto, y viendo lo que el tiempo le había hecho al hombre al cual ella se había entregado con alegría, el hombre que había tomado su virginidad, Catalina debe de haber tenido que hacerse fuerte para poder salir ilesa de esa hora con Saltykov, una hora de cortesías mutuas y de agudezas superficiales, pero uno supone que sin mencionar en absoluto a ese muchachito rubio y de ojos marrones que siempre sería un vínculo entre los dos.

Los acontecimientos estaban superando el nuevo régimen. En los cuarteles de los soldados, los murmullos de descontento se habían convertido en gritos clamorosos de protesta. Alimentada por las constantes arengas de los Orlov, quienes incitaban a los hombres elogiando a Catalina y difamando a Pedro en cada oportunidad que se les presentaba, y quienes les pasaban dinero y bebidas en nombre de Catalina, la insatisfacción se estaba transformando en rebelión. Las reformas militares de Pedro eran consideradas punitivas y su tratado de paz con Prusia -un tratado, se decía, que había sido redactado por un enviado de Federico-, una afrenta demasiado grave para tolerarla. Los hombres detestaban a su nuevo comandante alemán y odiaban incluso más tener que usar el uniforme azul de los prusianos. La paga tardaba mucho en llegarles y se hablaba de una nueva campaña contra Dinamarca, no con la finalidad de defender la soberanía de Rusia sino para preservar la integridad de las tierras de Holstein de propiedad del emperador.

Los preparativos para la nueva campaña se intensificaban mientras el frío disminuía y el hielo del río, que había sido una capa gruesa y sólida, comenzaba a triturarse y a resquebrajarse en enormes bloques que flotaban hacia el mar. Cantidad de armas y provisiones, equipos y suministros fueron transportados en carros a los cuarteles de San Petersburgo y almacenados en depósitos. Se rumoreaba que Pedro se proponía conducir personalmente el ejército ruso tan pronto se iniciara la estación más calurosa y todos los equipos necesarios hubieran llegado. Sería su momento de gloria, la oportunidad que la difunta emperatriz le había negado durante tanto tiempo: la oportunidad de ponerse a prueba en el campo de batalla. Y estaría luchando del lado de los prusianos, que era lo que siempre había querido hacer. Se decía que algunas unidades rusas ya estaban siendo transferidas al comando prusiano.

Mientras se preparaban para seguir a un líder que detestaban en una aventura que aborrecían, los hombres empezaron a hablar abiertamente de cuánto mejor estarían las cosas si la esposa del emperador, una mujer que sabía y comprendía su país adoptado en lugar de despreciarlo, ocupara el trono. Algunos seguían siendo fieles al hombre que consideraban su legítimo soberano, por despreciable que les pareciera. Pero muchos esperaban un cambio y, en secreto, se comprometieron a ayudar a conseguirlo.

A la inquietud extrema entre los soldados se sumó la condenación del clero cuando el emperador decidió aumentar sus arcas vacías confiscando tierras de la Iglesia.

En el reinado anterior se habían hecho planes para secularizar vastas cantidades de propiedades ocupadas por casas religiosas, pero Isabel no había tomado ninguna medida para implementarlos. Ahora Pedro revivía esos planes, y con una venganza. Nunca se había molestado en disimular su desprecio por la Iglesia rusa, con su liturgia extensa e intrincada, su música vocal rica y sonora y su panoplia de santos encerrados en íconos enjoyados. En realidad, a Pedro le repugnaban todas las religiones; en una ocasión Catalina dijo de él "que ella nunca había conocido un ateo en la práctica más perfecto que él, aunque con frecuencia temiera al demonio y también a Dios, y con mayor frecuencia aún despreciara a ambos". Durante todos sus años pasados en Rusia Pedro había seguido prefiriendo la simplicidad relativa y la severidad estética del luteranismo al brillo y los laberínticos rituales de la ortodoxia rusa, y a menudo había insultado a sacerdotes y a piadosos feligreses cuando deliberadamente interrumpía los servicios religiosos con risotadas estentóreas y comentarios obscenos.

Se enviaron tropas de soldados a zonas rurales para confiscar granjas que habían pertenecido a la Iglesia desde hacía cientos de años. Cuando encontraban resistencia, tomaban las propiedades por la fuerza. Aunque para muchos de los soldados fue una tarea odiosa, obedecieron cuando se les ordenó entrar en las casas de sacerdotes y clérigos de importancia mayor y saquear todo lo que encontraban a su paso. Ninguna capilla, ermita o monasterio se salvó de este tratamiento; incluso las celdas desnudas de los monjes fueron allanadas y desvalijadas.

No se prestó atención a las protestas oficiales en favor del clero y, de hecho, Pedro parecía estar llevando a cabo una *vendetta* personal contra los sacerdotes al ordenarles que se cortaran su pelo largo y sus barbas que llegaban hasta la cintura y que cambiaran sus túnicas negras y largas por sacos negros sobrios, pantalones de montar, camisas de lino y los tricornios de los ministros luteranos. A la injuria se añadió el insulto cuando el emperador anunció que los hijos de todos los clérigos casados ya no quedarían exentos de la conscripción, como sucedía tradicionalmente hasta ese momento.

Pero lo peor todavía estaba por suceder. No contento con atacar las riquezas de la Iglesia y las sempiternas tradiciones clericales, Pedro inició lo que muchos creyentes consideraron un ataque directo a la fe. Mandó llamar al arzobispo Dmitri de Novgorod, el hombre que apenas unos meses antes lo había saludado como autócrata y llevado a los dignatarios más antiguos de la Corte a pronunciar su juramento solemne de lealtad a él, y le ordenó que quitara de las iglesias todos los íconos excepto los que representaban a Cristo y a la Virgen María.

Imposible imaginar un golpe mayor a la piedad tradicional rusa. Los íconos de los santos eran la esencia misma de la fe ortodoxa. Cada día los feligreses se ponían de rodillas para venerarlos, los soldados marchaban hacia las batallas detrás de ellos, cada hogar ruso los exhibía en el "rincón hermoso", donde una lámpara ardía todo el día y la noche para iluminar los rostros elongados, de labios delgados y ojos brillantes, de las imágenes sagradas. En el mercado, enormes pilas de íconos estaban en venta y los comerciantes en arte sacro hacían muy buen negocio. Todo ruso tenía por lo menos un ícono; los íconos venerados eran pasados de generación en generación y formaban parte de las posesiones más valiosas de una familia. Se creía que las imágenes especialmente veneradas poseían poderes milagrosos para curar y bendecir. En las iglesias grandes y pequeñas, las imágenes sagradas abrumaban a los feligreses, mirando hacia abajo desde cada columna y cada pared, dispuestas en brillantes hileras sobre los altos *iconostasis* que representaban la puerta de acceso al santo de los santos.

Un grito brotó de los creyentes: sus preciosos íconos no debían ser quitados. Esas imágenes santas no debían ser profanadas. Finalmente, el emperador había ido demasiado lejos. Era preciso reemplazarlo. Y su reemplazo obvio era Catalina. En las calles de San Petersburgo y Moscú se hablaba del cambio que debía producirse. Se pronunciaban discursos sediciosos y murmullos de rebelión inquietaban a quienes apostaban a mantener el presente gobierno.

"Todo el mundo odia al emperador", señaló Breteuil. "La emperatriz posee coraje en el alma y la mente; es amada y respetada tanto como el emperador es odiado y despreciado." El odio se iba diseminando, pero todavía era impotente. "Para decir la verdad, todos son tan cobardes como esclavos", añadió el embajador, sin saber en qué medida el pueblo que él veía como cobarde y esclavo se preparaba ya para llevar a cabo un levantamiento de proporciones.

El barón Korff, jefe de policía, conocía bien el grado de insatisfacción que reinaba en la capital. A lo largo de abril y mayo sus espías le llevaron noticias de disturbios en cada barrio de la ciudad, de comentarios desleales en los cuarteles de los guardias, de resentimiento por parte de la misma policía. Él sabía que a menos que la policía actuara enseguida y con energía, podía producirse una insurrección. Sin embargo, decidió no hacer nada.

Durante meses el barón había pertenecido al círculo de íntimos del emperador y disfrutado de los beneficios de contar con el favor especial de Pedro. Había sido huésped frecuente de los banquetes ofrecidos en el Palacio de Invierno, testigo y participante de las orgías y el libertinaje que allí reinaba. Pero entonces, de pronto, a fines de mayo, el favor del emperador se evaporó. Caprichosamente y con bastante poco tino, Pedro se peleó con Korff, con el resultado de que el barón dejó de ser un huésped bienvenido en los apartamentos imperiales. Pocos días después, el barón se convertía en presencia familiar en los apartamentos de Catalina. Había elegido partido; apostaba a que, cuando el emperador partiera a la guerra, como se disponía a hacer, San Petersburgo se levantaría en armas en favor de Catalina. Y él se proponía apoyar con fuerza el bando victorioso.

A comienzos de junio Pedro ofreció un gran banquete para celebrar la paz concertada con Prusia. Cientos de invitados se abrieron paso al gran salón, donde había largas mesas cubiertas con finos manteles blancos, brillantes platos dorados e imponentes centros de mesa. Largos cirios blancos en candelabros dorados iluminaban ese vasto salón, aunque la noche, que se apreciaba a través de los grandes ventanales, era bastante clara. El sol no llegaría a su ocaso hasta cerca de la medianoche y en la superficie de sus profundidades azules el Neva reflejaba las tonalidades anaranjadas y doradas del cielo.

Cuando el salón estuvo lleno de invitados, se sirvieron los primeros platos. El emperador estaba sentado sobre una tarima elevada, con Isabel Vorontzov, cuya fealdad estaba adornada con los rubíes y zafiros de la difunta emperatriz, sentada junto a él. Cerca estaba el invitado de honor de la noche: el enviado de Prusia. En el otro extremo de la mesa, separada de la tarima por cientos de huéspedes, se encontraba sentada Catalina, muy serena y sociable, vestida conspicuamente de negro, pues seguía de luto por Isabel.

Con satisfacción, Pedro paseó la vista por la mesa. Él era allí el señor, y los funcionarios y cortesanos debían ahora obedecerlo, tal como habían obedecido antes a su odiada predecesora. Sin duda existía cierta intranquilidad en la ciudad, y le acababa de llegar la noticia de levantamientos entre los campesinos de Astracán. Pero Astracán quedaba muy lejos y, además, había enviado un regimiento para arrestar a los cabecillas y aplastar la rebelión. Un poco más irritantes fueron los informes que recibía de sus generales, en los que se señalaba que grandes cantidades de soldados alegaban estar enfermos y, por consiguiente, incapacitados para participar en la campaña danesa. Pero él sabía cómo tratar esa contingencia. Había dictado un ucase, una orden legislativa, ordenándoles recuperar la salud. Y ellos no se atreverían a desobedecer una orden imperial.

Se sirvieron más platos de comida y jarros de vino. El emperador vació su copa una y otra vez hasta que empezó a tener problemas para sostenerla cuando la levantó para saludar al enviado de Prusia. Sabía que estaban aquellos que se oponían a que abandonara el país para comandar personalmente la campaña danesa. Incluso su mentor Federico, a quien respetaba más que a nadie, le había escrito para aconsejarle que no abandonara Rusia hasta haberse sometido al rito de la coronación. Le señaló que no se debía confiar en el pueblo, porque podía rebelarse contra un soberano que no había recibido la sanción divina de la coronación. Pero él pensaba irse de todos modos, estaba impaciente por participar de la vida militar. No pensaba tomarse el trabajo de ir a Moscú -esa odiosa ciudad llena de sacerdotes, con sus cientos de iglesias y miles de ruidosas campanas- solamente para someterse a un ritual arcaico.

Pedro ordenó que volvieran a llenarle la copa y se puso de pie para hacer un brindis.

-Bebamos -dijo, pronunciando las palabras con dificultad- a la salud del rey, nuestro señor. -Se oyó un crujido de sedas y el ruido de sillas que se movían cuando los invitados se pusieron también de pie para hacer el brindis.

"Brindo por el rey Federico -continuó Pedro en voz bien alta-. Él me hizo el honor de darme un regimiento, que espero no se le ocurra quitarme. -Miró al enviado de Prusia.- Usted puede asegurarle de mi parte que, si me lo pide de vuelta, iré y le declararé la guerra con todo mi imperio.

Y, con esas palabras, el emperador vació su copa y sus invitados hicieron otro tanto. A esto siguieron más brindis, incluyendo uno por la familia imperial. Todos se pusieron de pie para levantar sus copas, hasta los embajadores de Francia y de Austria, los resentidos oficiales rusos, los sirvientes y funcionarios que habían sentido el látigo de la lengua del emperador y el impacto punitivo de su ira.

Todos lo hicieron, bueno, todos salvo Catalina. Ella permaneció sentada donde estaba, provocativa en su serenidad, sola en su mudo desafío para con los saludos de su marido. Él vio lo que ella estaba haciendo, trató de no prestarle atención, pero finalmente enfureció. Quiso saber por qué ella no se había puesto de pie como los demás.

Los asistentes contuvieron el aliento, los sirvientes se detuvieron donde estaban. No se oyó ni el tintineo de una copa ni el rasguño de un cuchillo sobre un plato. Catalina miró a Pedro.

-El brindis fue por la familia imperial. Yo soy miembro de esa familia, junto con el emperador y nuestro hijo. ¿Cómo iba a ponerme de pie para brindar por mí misma?

Tan furioso por la calma de Catalina como por su razonamiento, Pedro le gritó:

-¡Tonta! ¡Más que tonta! -y su voz resonó en ese salón inmenso. Los comensales, asustados por la fealdad y la agresividad del tono del emperador, se quedaron sentados como si estuvieran paralizados y casi ni se animaban a parpadear.

Pero Catalina, aunque sabiendo el peligro que corría, mantuvo su aplomo exterior. Ese día había tomado una decisión. No seguiría quedándose sentada y observando esa burla patética de autoridad imperial de su marido. No esperaría a que él se vengara de ella. Permitiría que quienes estaban impacientes por actuar en nombre suyo hicieran lo que habían planeado hacer. Con la ayuda de esas personas, y confiando en la mano invisible que guiaba todas las cosas, se apoderaría del trono.

Capítulo 17

El aire del Báltico era denso y húmedo, y caluroso incluso para junio. En el horizonte un sol color oro pálido y acuoso colgaba, inmóvil, mientras la lóbrega penumbra cedía el paso a un amanecer borroso. El coche desvencijado que avanzaba raudo hacia Peterhof desde la capital se tambaleaba sobre el camino irregular y lleno de baches, pero no reducía la velocidad, ni siquiera cuando los caballos tropezaban y esa frágil estructura de madera se estremecía como si estuviera por quebrarse. En su interior viajaban Alexis Orlov y su teniente Vasily Bibikov, este último disfrazado de valet. Iban a encontrarse con Catalina, pues le llevaban un mensaje sumamente urgente. Uno de los hombres en quien ella más confiaba para que la ayudara a apoderarse del trono había sido arrestado y los otros, temiendo que cuando fuera sometido a torturas revelara la totalidad del plan, decidieron que había llegado el momento de actuar.

Era el 28 de junio, dos días antes de que Pedro condujera a su ejército en campaña hacia Dinamarca. Durante semanas Catalina y sus aliados habían estado preparándose en secreto para tomar el poder; se reunían en casa de la princesa Dashkov y atraían cada vez a más oficiales de la guardia a la conspiración, junto con miles de los soldados privados que se habían juramentado acudir en defensa de Catalina cada vez que ella los necesitara. Gregorio Orlov lideró el movimiento y echó mano de su inmensa energía y de su inmenso prestigio en una campaña personal de persuasión. Él y sus hermanos trabajaban para sortear los peligros estrictamente militares -proteger los caminos, asegurarse de la lealtad del cuerpo de artillería, desactivar los bolsillos potenciales de resistencia- mientras Panin, el consejero principal de Catalina, se ocupaba de las cuestiones políticas y asumía la responsabilidad de salvaguardar al heredero al trono, Pablo, quien, se rumoreaba, estaba por ser repudiado por su padre putativo junto con Catalina.

Panin y Catalina habían redactado un manifiesto que sería dado a conocer el día en que ella asumiera el poder. En ese momento estaba siendo impreso, en el mayor de los secretos, por un oficial que con eso ponía en riesgo su vida.

El coche se detuvo frente a una pequeña villa llamada Mon Plaisir donde vivía Catalina, y los sirvientes, ya despiertos, condujeron al alto Alexis Orlov al dormitorio de la gran duquesa.

Con suavidad, él despertó a la amodorrada Catalina.

"Es hora de que se levante", recordó Catalina tiempo después haberle oído decir en una voz que transmitía una notable serenidad. "Todo está listo para su proclamación."

Todos los conspiradores habían convenido que, si alguien llegaba a traicionar el plan, los guardias se reunirían enseguida y Catalina sería proclamada emperatriz, no importaba dónde estuviera Pedro o qué estuviera haciendo. En ese momento Pedro estaba en Oranienbaum, a pocos kilómetros de allí, con sus mil quinientos soldados Holstein. Pero seguramente a esa hora estaría todavía en la cama, durmiendo el sueño de los borrachos, y si Catalina viajaba deprisa hacia la capital y su buena fortuna se mantenía, tenía bastantes posibilidades de asegurarse la ciudad antes de que su marido tuviera tiempo de impartir órdenes para su arresto.

Mientras las damas de Catalina se apresuraban a vestirla con un sencillo traje negro -todavía estaba de luto por la difunta emperatriz-, Orlov le informó del arresto del teniente Passek, a quien un espía del emperador había oído alentar conversaciones acerca de la sedición. Ella entendió enseguida la necesidad de apurarse y subió al coche que la aguardaba, que salió raudo hacia San Petersburgo.

Durante la tensa hora y media que siguió mientras el coche se sacudía sobre ese camino irregular y el conductor fustigaba a los caballos para que galoparan más deprisa, Catalina logró despertarse del todo y tratar de concentrar sus pensamientos. Finalmente había llegado la hora de poner a prueba su intrepidez. Ella, que le había dicho al embajador francés "No existe ninguna mujer más audaz que yo", y que le había confesado a Charles Hanbury-Williams que su ambición era "tan grande como es humanamente posible" estaba a punto de demostrarle al mundo que su alarde no había sido en vano.

Es posible que por un breve momento ella hubiera pensado en Hanbury-Williams, quien había creído en ella, la había alentado y quien, lamentablemente, no había sobrevivido mucho tiempo a su estadía en Rusia. Ella había hablado mucho con su amigo inglés acerca de su convencimiento de que su vida estaba guiada por una fuerza sobrenatural que la había preservado y seguiría haciéndolo hasta que ella cumpliera con su destino. Catalina tal vez elevó una o dos oraciones en silencio al ver los suburbios de San Petersburgo, momento en que tuvo que atender a preocupaciones más inmediatas.

El plan original había sido elegir un momento preciso y arrestar a Pedro en sus aposentos en el palacio, con los guardias encerrándolo y después confiando en su abrumador número para intimidar al guardaespaldas del palacio. Ahora los conspiradores tendrían que improvisar. Con el respaldo de los guardias, necesitarían proteger la ciudad, aislar a Pedro en Oranienbaum y sitiar el Estado si fuera necesario. A toda costa era preciso impedir que el emperador –y todos aquellos que apostaban a mantenerlo en el poder– se comunicara con gobiernos extranjeros y que huyera al exterior en busca de seguridad.

Cientos de dudas deben de haber desfilado por la mente inquieta de Catalina mientras el coche se lanzaba sobre el empedrado áspero y el camino poceado que conducía a la ciudad. ¿Los guardias la aclamarían o algunos se abstendrían de hacerlo? ¿Cuántas vidas costaría esa ambición suya de llegar al poder? ¿La gente de la capital la apoyaría? Se sabía que Pedro era casi tan popular entre los ciudadanos comunes y corrientes como odiado era por los nobles, los soldados y el clero, aunque también Catalina era popular, probablemente incluso más. ¿Podía ella tener éxito? ¿Tenía suficientes agallas para esa contienda?

Al margen de todas las dudas, ya no había elección posible. Apenas algunas semanas antes, la noche de la celebración por la paz, Catalina había intuido que se había llegado a un momento crucial y que ya no podía darse el lujo de vacilar. Conocía a Pedro desde hacía demasiado tiempo y demasiado bien como para no reconocer un cambio en él, una nueva temeridad en su trato con todos los que él percibía como sus enemigos. Estaba empeñado en una campaña de destrucción que se ensañaba con los regimientos de guardias, la Iglesia, los nobles en el gobierno, ella misma. Buscando protección de su ira ella se había refugiado en Peterhof, donde trataba de llamar la menor atención posible mientras secretamente enviaba y recibía mensajes de quienes habían prometido entronizarla. Y ahora, de pronto, ella y sus compañeros conspiradores estaban al descubierto. Ya no había ninguna zona de protección. Sólo existían dos opciones: el camino de la osadía o el camino de la cobardía. Y Catalina nunca había sido cobarde.

El coche se detuvo con una sacudida a un costado del camino, los caballos sudorosos y agotados. Otro coche aguardaba y, junto a él, la figura fornida de Gregorio Orlov, imponente con su uniforme verde y rojo.

El hecho de ver a Orlov debe de haberle levantado el ánimo a Catalina, pues desde el principio él había sido el corazón y el alma del complot cuyo propósito era destronar al emperador. Él había tomado a su cargo la tarea de asegurarse el apoyo de los soldados; la fuerza de su personalidad había sido el catalizador que convirtió en rebelión la insatisfacción de los hombres con Pedro. Con sobornos, promesas de bebida, exhibiciones de bonhomía en el momento adecuado, él había logrado acabar con las dudas mientras distraía a los espías del emperador e impedía que información vital llegara a sus oídos. "En esta aventura, todo lo hacía él", diría Catalina más adelante refiriéndose a Gregorio Orlov. Él era su heraldo, su amante, su paladín. Subió al coche junto a él y el cochero hizo restallar el látigo.

Orlov había planeado con cuidado la entrada de Catalina a la ciudad. Se dirigieron primero a los cuarteles de madera del regimiento Ismailovsky, donde muchos de los hombres y diez de los oficiales ya anteriormente habían jurado apoyar a Catalina. Sus vehementes discursos, suplementados por generosos regalos de dinero y barriles de vodka gratis, aseguraban que algunos de los hombres resistirían el audaz movimiento para entronar a Catalina. Diciéndole a Catalina que esperara, Orlov bajó de un salto del coche y entró a grandes zancadas a la sala de guardia, donde estaban reunidos algunos hombres que no hacían más que bostezar. Encontró al tamborilero y le pidió que tocara a retreta. Inmediatamente los hombres comenzaron a salir corriendo, desaliñados, muchos a medio vestir, para responder al llamado a las armas.

A una señal de Orlov, Catalina descendió del coche para quedarse de pie frente a los guardias amontonados, quienes abrieron los ojos de par en par al verla, una figura hermosa y majestuosa, con su abundante pelo castaño sin empolvar y peinado sencillamente en una trenza apartada de la cara. Los hombres habían oído el relato de la amenaza del emperador de arrestar a su esposa y, antes de que Catalina hablara, supieron que ella estaba en peligro.

-¡Matushka, Pequeña Madre! -exclamaron y se abalanzaron todos hacia ella para besarle las manos y los pies. Algunos lloraron, otros se inclinaron o arrodillaron con reverencia, felices de besar la polvorienta falda de su traje sencillo.

Cuando cada vez más hombres salieron de los cuarteles, algunos de los oficiales gritaron en favor de Pablo y una regencia, y es posible que otros vacilaran al pensar en el juramento que habían hecho de sostener a su emperador y recordar que Pedro y no Catalina había sido la elección de su amada y difunta emperatriz Isabel. Pero al final todas las dudas se diluyeron en medio de esa arremetida de emoción caballeresca con que recibieron la aparición de Catalina. Esa oleada afectiva se vio reforzada cuando el comandante del regimiento, Kiril Razumosvky ofreció su apoyo al reclamo de Catalina al trono y cuando el cura del cuartel, el padre Alexei, recibió de los hombres allí reunidos un voto de fidelidad.

Gritando, cantando, exhortando a los presentes que habían comenzado a apiñarse en las cercanías de los cuarteles, los guardias formaron una procesión detrás del coche de Catalina mientras ella avanzaba a los cuarteles del regimiento Semenovsky. La noticia de su visita la precedió; los hombres del Semenovsky, encantados frente a la perspectiva de librarse del emperador que detestaban y de rescatar a su heroína Catalina del peligro, y con el respaldo entusiasta de por lo menos una docena de sus oficiales, echaron a correr por el camino para reunirse con el carruaje y proclamar su fidelidad a la gran duquesa.

A esta altura ya eran casi las nueve y la capital no sólo estaba despierta sino viva y llena de entusiasmo. Soldados de otros cuarteles se apresuraron a unirse a esa larga procesión de partidarios que marchaban detrás del carruaje imperial, se despojaron de los uniformes estilo prusiano que Pedro les había obligado a usar y se pusieron en cambio los uniformes rusos. Los sacerdotes, preocupados por los informes recientes en el sentido de que Pedro había adoptado el rito luterano en la capilla de su palacio y muy molestos por la orden del emperador de quitar los íconos de los santos, recibieron de buen grado la noticia de que ya no serían regidos por un emperador sino por la emperatriz Catalina. Los rumores se propagaron a toda velocidad. Algunos aseguraban que Pedro había muerto y que Catalina lo sucedía. Otros susurraban que Pedro había vendido el ejército ruso al rey de Prusia y que, en consecuencia, los soldados habían decidido destronarlo.

Mientras tanto, los hombres de la recientemente desbandada guardia imperial, muchos de los cuales habían ayudado a poner a Isabel en el trono veintiún años antes, se unieron a esa creciente multitud, como lo hicieron también los Guardias Montados, que avanzaron en orden, con sus oficiales en primer lugar, lanzando gritos vehementes de que Rusia había sido rescatada. El gentío se hizo cada vez más numeroso y los vítores llenaron el aire húmedo de esa mañana. Ahora miles de soldados, a caballo y a pie, siguieron el vehículo en el que viajaban Catalina y Orlov, con el padre Alexei presidiendo la larga procesión que portaba su gran cruz de plata.

Muy pronto fue evidente que ni la policía ni los leales Holsteiners de Pedro –que todavía estaban en Oranienbaum, a varias horas de distancia de la capital– ni ningún integrante del gobierno del emperador iba a luchar contra el derrocamiento del régimen. A Catalina le habían asegurado que el general de Villebois, Gran Maestro de la Artillería, estaba de su lado y que él garantizaría que ninguno de los cuerpos de artillería disparara contra los rebeldes. En cuanto a los miembros del Senado, nominalmente en control de la capital en ausencia del emperador, hacía mucho que se oponían a los cambios radicales impuestos por Pedro y a su engreída actitud intimidatoria; durante los pocos meses que hacía que estaba en el poder se había arrogado muchas de las prerrogativas que antes pertenecían a los congresales y recientemente había ultrajado a los senadores al prohibirles emitir ningún decreto sin contar antes con su aprobación. Por consiguiente, estaban más que felices al ver el fin de su reinado. La totalidad del gobierno capituló sin siquiera una señal de resistencia.

Solamente en el orgulloso regimiento Preobrazhensky, el más antiguo y más respetado de los regimientos de guardias, hubo cierta resistencia. Mientras los hombres del Preobrazhensky, haciendo caso omiso de sus órdenes, salieron corriendo de sus cuarteles para unirse a la horda de partidarios de Catalina, un pequeño grupo de sus oficiales trataron de impedírselo. Se produjo un comienzo de escaramuza entre los hombres leales a Catalina y los que intentaban en vano defender la causa de Pedro, pero antes de que hubiera derramamiento de sangre, los defensores del emperador se rindieron y juraron lealtad a Catalina. Un joven mosquetero recordó más adelante haber visto a un oficial montado de los granaderos cargar contra sus propios hombres y atacarlos con su espada antes de ser superado y obligado a huir para salvar su vida. Pero los pocos hombres empecinados en ser leales al emperador muy pronto fueron vencidos y arrestados por lo que rápidamente se convirtió en el poder legítimo; legitimado, en opinión de quienes tomaron parte en ese torbellino de acontecimientos, por la aclamación tumultuosa de los soldados, la ciudadanía y la voluntad del cielo.

Con sorprendente velocidad los regimientos tomaron el palacio, donde los senadores se habían atrincherado esperando ver el resultado del intento de Catalina de tomar el poder, y se prepararon para defender la ciudad contra un posible ataque de fuerzas todavía leales al emperador. Mientras tanto, Catalina se apresuró a legitimar esa toma del poder recibiendo la sanción de la Iglesia. Entró en la catedral de Nuestra Señora de Kazan, flanqueada por una falange de oficiales y allí, en presencia de una numerosa congregación de testigos y bajo la mirada de los íconos sagrados, fue proclamada emperatriz "autocrática" y bendecida por el Metropolitano de San Petersburgo. Panin había llevado a Pablo a la catedral para que estuviera junto a su madre. Mientras el incienso flotaba en el aire y las campanas repicaban, el chiquillo de siete años fue bendecido como el heredero designado por Catalina.

El delirio popular que recibió a la nueva emperatriz cuando ella emergió de la perfumada oscuridad de la catedral excedió a todo lo visto en la capital en décadas. La pesadilla del caprichoso reinado de Pedro había finalizado y el de una nueva y benévola emperatriz acababa de comenzar. Las campanas tañían sin cesar. En la ciudad corrió la voz de que estaban sucediendo acontecimientos memorables. Los sirvientes, casi sin aliento, corrían a decirles a sus señores que, en menos tiempo de lo que llevaba comer el desayuno, el emperador había sido derrocado y ahora reinaba su esposa en su lugar.

En los vecindarios más lejanos del palacio –que siguieron siendo escenario de un regocijo casi salvaje– la noticia fue aceptada alegremente y con bastante calma. En las amplias avenidas no se vivió ningún tumulto ni agitación; de hecho, la única señal de cambio fue que aparecieron piquetes en cada puente y en cada esquina, y que soldados de caballería patrullaron la ciudad a intervalos regulares para que esa tranquilidad continuara.

El único daño se produjo en la mansión de Georg, el tío de Catalina, comandante de los Guardias Montados y detestado por sus hombres. Georg había tratado de abandonar San Petersburgo, sin duda para reunirse con el emperador en Oranienbaum, y había sido arrestado. Sus captores lo trataron mal; algunos elementos vengativos de la multitud, ansiosos de ventilar su resentimiento, saquearon esa mansión elegante que Pedro le había regalado y destruyeron su valioso contenido. Sabiendo que la vida de su tío podía correr peligro, Catalina envió una partida de rescate a salvarlo, pero llegó demasiado tarde para impedir los destrozos.

Sin hacer una pausa para saborear su triunfo, Catalina se dirigió al Palacio de Invierno, donde se encontraban los integrantes del Senado y los principales dignatarios eclesiásticos, junto con Panin. Allí se redactó su manifiesto oficial, que fue leído a la multitud que aguardaba afuera.

"Nosotros, por la gracia de Dios Catalina Segunda, Emperatriz y Autócrata de todas las Rusias", comenzaba. Era la primera vez que ese título rimbombante se aplicaba a la princesa alemana que había sido bautizada Sofía de Anhalt-Zerbst.

"Todos los hijos leales de la patria rusa han percibido con total claridad el peligro que amenazaba al Imperio de Rusia. La seguridad de la Iglesia Ortodoxa Griega peligraba por la falta de respeto a nuestras formas venerables de culto e incluso estaba amenazada de verse obligada a conformarse a otro credo. Nuestra Rusia sublime ha sido traicionada, despojada de sus valiosos premios de guerra y su cuello puesto bajo el yugo de su antiguo enemigo. ¿Y con qué fin? Para acceder a unos términos de paz ignominiosos." El documento pasaba a denunciar el estado ruinoso de las instituciones de gobierno de Rusia, que ponía en peligro la unidad y el bienestar del país.

"Por estos motivos, debido al peligro que corrían nuestros súbditos leales", concluía el manifiesto, "nos vimos en la obligación, con la ayuda de Dios y guiados por Su justicia y movidos por el deseo sincero y evidente de nuestros súbditos, de ascender al trono soberano de todas las Rusias, ante el cual nos han jurado fidelidad nuestros leales súbditos."

El documento anunciaba que Catalina era la defensora de Rusia y del pueblo ruso. Lo que Pedro había destruido, ella lo restituiría. Era como libertadora que ella reclamaba la corona, no como portadora de ningún derecho hereditario ni de prerrogativas legales. En realidad, al tomar ese derrotero Catalina desafiaba los derechos de sangre y de la ley; todo lo que hizo se basaba en su compromiso públicamente expresado de desempeñar el papel de salvadora del reino.

Nadie comprendió esto con más claridad que la nueva emperatriz misma. Después de pasar revista a sus tropas, más de cuarenta mil hombres en total, incluyendo guardias y soldados de regimientos locales impacientes por alienarse con el resto de la soldadesca de la capital, Catalina se encerró en el Palacio de Invierno con sus consejeros para decidir cuál sería su próximo curso de acción. Envió mensajeros a cada distrito provincial con copias de su manifiesto y envió al almirante Taliesin a la base naval de Kronstadt para asegurarse la lealtad de la marina. Al mismo tiempo, ordenó que se trasladaran al palacio los símbolos sagrados de la monarquía -la corona, el cetro y los libros sagrados- sabiendo el valor que tenían para sus súbditos y consciente también del hecho de que en un futuro próximo ella tendría que ser coronada para consolidar su ascensión al trono.

Durante toda la tarde al patio del palacio entraron correos con noticias de Peterhof y de cada barrio de la capital, con directivas destinadas a los gobernadores provinciales y comandantes de cuarteles, y mensajes para y de diplomáticos y otros funcionarios. En medio de esa actividad frenética, Catalina y sus consejeros impartieron órdenes, escribieron instrucciones, revisaron mensajes y formularon una estrategia. Ella iría personalmente a Peterhof, apoyada por su ejército, para sojuzgar cualquier resistencia que ofreciera Pedro. Si todo salía como esperaban, él sería tomado prisionero y confinado en la fortaleza de Schlüsselberg, donde Iván languidecía. Sólo cuando Pedro estuviera encerrado y custodiado por guardias, Catalina empezaría a sentirse a salvo.

Más tarde, ese mismo día, el canciller Vorontzov llegó de Peterhof, el primer miembro del círculo interior de Pedro en acercarse a Catalina en su papel recientemente reclamado de emperatriz. Los soldados le permitieron entrar en la ciudad sin trabas y lo escoltaron al palacio. Una vez adentro, frente a la mujer que durante años había sido su enemiga política, la mujer que ahora tenía a la capital bajo su autoridad, él no demostró ningún miedo; al contrario, trató a Catalina sólo como la esposa rebelde del emperador y la regañó. Sin responderle, Catalina ordenó que Vorontzov fuera llevado a la catedral donde, bajo coacción, le juró fidelidad.

Poco después llegaron dos enviados incluso más siniestros. El príncipe Trubetskoy y Alejandro Shuvalov, los delegados de confianza de Pedro, habían sido enviados a investigar un inquietante rumor que había llegado a Peterhof en el sentido de que el regimiento Preobrazhensky se había amotinado en apoyo de Catalina. En opinión de Catalina, a esos dos hombres se les había impartido la orden secreta de matarla. Antes de que tuvieran oportunidad de hacer nada semejante, los dos hombres fueron llevados a la catedral y obligados a pronunciar el juramento de fidelidad a la emperatriz.

Llegó el atardecer y sobre San Petersburgo se instaló la brillante penumbra de mitad de verano. Soldados apostados en toda la ciudad desde media mañana bostezaban en sus puestos, todavía vigilantes pero también cansados. Los habitantes de la ciudad, más alborozados que nunca con el triunfo de Catalina, habían invadido las tabernas donde sin tardanza se saciaron de cerveza y de vodka. La mayor parte de los alborotos que surgieron fueron leves, aunque a medida que entraba la noche se produjeron peleas entre los parranderos y hubo incluso algunas muestras de vandalismo. No había policía por ninguna parte; el jefe de policía, el barón Korff, había sido arrestado a pesar de ser partidario de Catalina y, aunque muy pronto fue liberado, permaneció al margen de lo que sucedía en las calles.

Catalina, sin duda también cansada pero animada por la excitación y algún escalofrío de miedo, se preparó para enfrentar la siguiente fase de su gran empresa. Pidió prestado un uniforme, se puso la chaqueta color verde y rojo de un coronel del regimiento Preobrazhensky y recibió una ensordecedora aclamación de los hombres al salir a reunirse con ellos montando su caballo blanco, las piernas cubiertas con botas negras largas y un tricornio negro ribeteado con piel sobre la cabeza. Ella montaba bien y su porte era majestuoso. Era un espectáculo espléndido: joven y erguida en la montura, los aperos de su caballo brillando en esa media luz, y su rostro pálido pero con expresión decidida. Por segunda vez ese día los soldados lloraron y quedaron roncos por sus vítores al verla, conmovidos al máximo por el marcado contraste entre su cuerpo femenino y su vestimenta y su pose resuelta y marcial.

Catalina presidía la retaguardia. Con ella cabalgaba la princesa Dashkov, también con uniforme de guardia, y una escolta de oficiales. En la escolta de Catalina había dos hombres que habían ido con la misión de matarla: el conde Shuvalov y el príncipe Trubetskoy. En cuestión de horas ambos hombres se habían vuelto contra su antiguo señor, convencidos, por todo lo que habían visto y oído en la capital, de que su causa estaba perdida.

El ejército abandonaba lentamente la ciudad por el camino que, hacia el noroeste, conducía a Peterhof. Aunque era tarde, la gente salía de su casa para vivar a los soldados y a Catalina. Cuando dejaron atrás los suburbios, sin embargo, sólo se oía el ruido de los cascos de los caballos y el chirriar de metal contra metal. Sumamente cansados, los integrantes del ejército siguieron cabalgando durante cuatro horas a través de esa luz crepuscular hasta que, agotados, llegaron a una posada y acamparon allí hasta el amanecer.

Mientras tanto, Pedro había pasado gran parte del largo día del 28 de junio reaccionando frente a noticias incluso más inquietantes.

El día había comenzado bien. Después de una mañana perezosa él se había dirigido de Peterhof a Oranienbaum con un grupo de cortesanos que incluía a Isabel Vorontzov, el embajador prusiano barón Goltz y varias docenas de mujeres. Se sentía animado; era un grupo despreocupado y él se sentía impaciente por partir dos días después a Dinamarca, donde esperaba dar pruebas de su valor como comandante y granjearse gloria militar.

El vehículo no había llegado todavía a Oranienbaum cuando uno de los ayudantes militares de Pedro, que había sido enviado adelante, regresó con un informe inquietante. Catalina había desaparecido en forma misteriosa. Ninguno de los sirvientes sabía dónde estaba. La irritación de Pedro aumentó. Lleno de furia, hizo bajar a las mujeres del vehículo, se dirigió a toda velocidad a Mon Plaisir y transpuso la misma puerta por la que Alexis Orlov había entrado apenas ocho horas antes y exigió saber dónde habían escondido los criados a Catalina. Indignado, recorrió toda la casa: abrió cada alacena y buscó detrás de cada ropa colgada, haciendo temblar de miedo a los sirvientes. En vano gritó una y otra vez el nombre de su esposa, como si al conjurarla lograría evocar su escurridizo fantasma. Pero ella no estaba en ninguna parte y cuando sus compañeros llegaron a la casa, ya él se había dado por vencido.

-¿Qué te dije? -le dijo a Isabel Vorontzov-. ¡Esa mujer es capaz de cualquier cosa!

Durante las horas que siguieron Pedro, cada vez con más recelo, pensó en todo lo que Catalina era capaz de hacer. Un Holsteiner que por casualidad estaba en la ciudad cuando Catalina fue proclamada y que consiguió irse antes de que los caminos estuvieran acordonados, le informó acerca del tumulto reunido en San Petersburgo. Atónito y después furioso por la traición de su esposa, al principio Pedro supuso que lo que su gobierno enfrentaba era sólo una breve conmoción, con un gran alboroto en las calles y refriegas en las tabernas. En cuanto a la absurda autoexaltación de Catalina al nombrarse a sí misma emperatriz, él no podía creer que sus súbditos le prestaran más que una atención pasajera.

Haciendo caso omiso de la alarma de sus cortesanos, quienes estaban mucho más preocupados por la situación que él, Pedro llamó a sus secretarios y los puso a escribir mordaces acusaciones contra Catalina y a condenar todo lo que ella había hecho. Autorizó a su canciller, junto con Alejandro Shuvalov y el príncipe Trubetskoy, a ir a la capital y echar mano de cualquier forma de persuasión o fuerza para sacar de la escena a Catalina. Envió mensajeros a San Petersburgo a averiguar qué estaba sucediendo allí y para que entregaran a los regimientos de guardias la orden de marchar inmediatamente a Oranienbaum a reunirse con él y defender su corte. No quiso seguir el consejo del embajador prusiano, quien le sugirió que olvidara todo y se dirigiera lo más rápido que podía a Finlandia.

Pedro despachó un jinete a Peterhof para que convocara a los Holsteiners a Oranienbaum en su nombre y les ordenara llevar su artillería. Si Catalina era suficientemente tonta como para tratar de sitiarlo en el palacio, que lo hiciera. Descubriría de qué tela estaban hechas sus tropas.

Mientras aguardaba el regreso de sus mensajeros de San Petersburgo y la llegada de sus regimientos de guardias en respuesta a su llamado, Pedro se dedicó a planear la manera en que formaría sus defensas. Más temprano, ese mismo día, había desoído el consejo del anciano general Münnich, un juez astuto y experimentado en revoluciones palaciegas, quien lo urgió con vehemencia que se dirigiera a la capital con una escolta militar y enfrentara personalmente a los rebeldes. Ahora tomaba a la ligera otra de las sugerencias sensatas de Münnich: que se refugiara en la isla de Kronstadt, fuertemente fortificada, que se encontraba justo frente a Oranienbaum, donde contaría con la protección no sólo de varios miles de tropas sino de la totalidad de la flota rusa.

Pedro sí envió a dos oficiales a Kronstadt -sin saber que el comandante ya había recibido órdenes de la nueva emperatriz de sellar la fortaleza-, pero no hizo planes inminentes de dirigirse allá. Mientras aguardaba a sus Holsteiners, cenó en el jardín con su amante y las otras mujeres, brindó por su éxito futuro y se permitió engañarse con la inactividad, el vino y falsas esperanzas. No quiso enterarse de que ninguno de sus emisarios había regresado de San Petersburgo y de que Vorontzov, Trubetskoy y Shuvalov tampoco habían llegado.

Cuando los guardias de Holstein arribaron él los llenó de órdenes y los hizo moverse de aquí para allá sobre el tablero de ajedrez de Oranienbaum como tiempo antes había movido a sus soldaditos de juguete en su habitación del palacio. Esa tarea lo absorbió por completo, no dejando lugar para las dudas que lo atenaceaban en los rincones de su mente. En realidad él nunca había comandado tropas en combate, a pesar de sus altivas afirmaciones en sentido contrario. Si Catalina lideraba una fuerza contra él, ¿tendría él el coraje necesario para enfrentarla? ¿Y si los guardias de San Petersburgo no respondían a su llamado?

Algo después de las diez, con los ojos hinchados y demasiado cansado para seguir resistiendo, Pedro permitió que lo persuadieran de ir a Kronstadt. Algo en él debió de haber sabido, a esa altura, que los refuerzos procedentes de San Petersburgo nunca llegarían y que su inteligente esposa le había arrancado el poder de las manos. Pero él se negaba a reconocerlo para sí. En cambio, comenzó a beber y agredió a los cortesanos, insistiendo en que él no subiría a bordo de la galera rumbo a Kronstadt hasta que hubieran embarcado una gran provisión de licor, junto con la totalidad de su equipo de cocina. A sus criados les llevó por lo menos una hora cargar las botellas y cajones, las cacerolas y sartenes del emperador y el entorno de cincuenta personas en la galera, con el exceso de equipaje apilado en un pequeño yate. Por último, justo antes de la medianoche, las embarcaciones zarparon.

El viaje helado no fue nada agradable y Pedro se consoló bebiendo cada vez más coñac hasta que su cerebro se transformó en un embrollo confuso de asombro, aprensión y miedo. No tenía a nadie que lo consolara salvo su amante, quien sin duda estaba lívida por la preocupación y la fatiga. Cuando a la una de la madrugada se avistaron las primeras luces de la fortaleza y el piloto de la galera informó que las cadenas del puerto estaban cerradas y les impedían la entrada, Pedro debe de haber sentido que su miedo aumentaba. Sin embargo, subsistían todavía fragmentos de su vanagloria.

Subió a un bote de remos e hizo que lo llevaran remando a la fortaleza.

-¡Suelten inmediatamente esas cadenas! ¡Lo ordeno yo, el emperador! -gritó Pedro cuando llegó a poca distancia del guardia. Después de ordenar que lo iluminaran de cerca con una linterna, se abrió el saco para exhibir una condecoración que brillaba en su pecho, la prueba de que era quien alegaba ser.

La respuesta le congeló la sangre.

-No hay ningún emperador... sólo una emperatriz.

Cuando el bote retrocedió, sonaron trompetas y tambores en la fortaleza, convocando a los hombres a las armas. Sus gritos llegaron a oídos de Pedro:

-¡Viva Catalina! ¡Viva Catalina! ¡Viva!

Pero no todo estaba perdido. Una vez a bordo de la galera, a Pedro todavía le quedaba una oportunidad. Podía tratar de evadir la flota y navegar hacia un puerto occidental donde estuviera a salvo, aunque hubiera barcos armados en su camino. Si lograba llegar a una fortaleza provincial, tal vez descubriría que algunas tropas le seguían siendo leales. Con su respaldo, quizá conseguiría recuperar el trono.

Pedro oyó el clamor de voces que lo rodeaba, pero en realidad no quiso oírlo. Ya no podía pensar y mucho menos actuar. Estaba atontado por el vino, por el frío, por el impacto de haber sido destronado. Después de ordenarle al piloto que pusiera rumbo nuevamente a Oranienbaum, se retiró a las profundidades de su cabina y se quedó dormido en las faldas de su amante.

Capítulo 18

A la mañana siguiente, 29 de junio, Pedro se rindió a Alexis Orlov y sus húsares en Oranienbaum. Poco después firmó un documento de abdicación redactado deprisa, entregó su espada y, totalmente desolado, se quitó su amado uniforme y se lo entregó a sus captores.

Ya no era más el Emperador de Todas las Rusias. Era solamente Pedro, el consorte de la emperatriz Catalina, un prisionero indefenso a merced de su sufrida esposa, quien tenía todas las razones imaginables para infligirle una terrible venganza.

Pedro le escribió a Catalina una carta patética en la que reconocía haberla tratado mal y le suplicaba su perdón; en ella decía que lo único que pedía era que se le permitiera irse de Rusia y refugiarse en Holstein junto con su amante y una escolta militar. Panin, quien presenciaba el triste espectáculo del ex emperador en desgracia, se sintió muy mortificado cuando Pedro le tomó la mano y trató de besársela mientras le rogaba misericordia. Isabel Vorontzov, aterrada por la nueva emperatriz, cayó de rodillas y le imploró a Panin que no la separara de su deshonrado señor. Pero las órdenes de la emperatriz eran explícitas: Isabel Vorontzov debía ser enviada a su casa con su padre, mientras que Pedro debía ser escoltado, con una guardia fuerte, a su propiedad de Ropsha, y mantenido allí bajo la estrecha supervisión de Alexis Orlov mientras se preparaba para él un alojamiento más permanente en Schlüsselburg, donde seguía languideciendo el desventurado Iván VI.

Aunque todavía no se había manifestado ninguna oposición a la transferencia de poder, ni Catalina ni sus consejeros podían tener la certeza de que Pedro no se convertiría en objeto de un contragolpe; por débil de carácter que fuera, seguía representando un riesgo peligroso, un foco potencial de descontento. Y, dado el estado de perturbación que reinaba en San Petersburgo, era mejor tener al ex emperador bien lejos y fuera de la vista.

Durante días después de los vibrantes acontecimientos del 28 de junio, la capital estaba en un estado de excitada confusión. El trabajo y el comercio se encontraban interrumpidos, la embriaguez y los altercados aumentaron a un grado tal que fue preciso cerrar todas las tabernas por orden imperial. Los ruidosos desfiles de soldados, las campanadas, los gritos de los grupos de jaraneros representaban un barullo constante de tal envergadura que la vida ordinaria resultaba imposible. Sin embargo, esa alegría estaba mezclada con temor. Aunque había tropas armadas apostadas en cada calle y en cada plaza, ni el pueblo ni los soldados se sentían a salvo. Cada tanto corrían rumores de perfidia prusiana, y cualquiera que fuera visto con uniforme prusiano debía huir para salvar su vida. En los cuarteles del regimiento Ismailovsky cierta noche, bien tarde, se produjo una batahola cuando los hombres se pusieron frenéticos al oír la historia descabellada de que un ejército prusiano formado por treinta mil hombres se dirigía a destronar a Catalina. Sólo después de que la emperatriz en persona apareció en los cuarteles para tranquilizar a los hombres, el alboroto cesó.

Entonces, el 6 de julio, llegó de Ropsha la noticia de que Pedro había muerto víctima de una pelea repentina y violenta con uno de sus guardias, el príncipe Feodor Baryatinsky. Era un comienzo espeluznante del reinado de Catalina y algo que la acosaría durante el resto de su vida.

Según Alexis Orlov, quien le envió a Catalina una carta desde Ropsha, el "percance" había sido sorpresivo e inevitable. Se produjo una pelea, se intercambiaron golpes, "no pudimos separarlos y de pronto él ya no estaba con vida". Lo más probable es que la verdad fuera mucho más sombría: que Orlov o sus subordinados hubieran estrangulado a Pedro, convencidos de estar haciéndole un favor a la emperatriz.

Cuándo o por sugerencia de quién se asesinó al ex emperador es algo que nunca se sabrá con certeza. Es obvio que Catalina se benefició con el crimen, que se llevó a cabo en presencia de su aliado clave Alexis Orlov y una serie de otras personas. Imputar la muerte de Pedro al exceso de celo de Orlov sería no tomar en cuenta la fortaleza de la decisión de Catalina y su astucia política, así como también su capacidad para abarcar lo impensable. Ella acababa de apoderarse de un imperio; no era ni demasiado bondadosa ni demasiado ética como para que la acobardara hacer lo que era preciso, por desagradable que fuera, a fin de salvaguardar su precaria autoridad. Sin embargo, es posible que ella no haya impartido la orden directa de que mataran a su marido o siquiera insinuado que su muerte sería bien recibida por ella. No obstante, sus críticos tomaron nota de que ella no castigó a nadie por ese crimen.

Cuando le llegó la noticia del hecho, Catalina la tomó con calma, aunque durante los días que siguieron lloró mucho y sollozó en el hombro de la princesa Dashkov. Dos cosas le preocupaban más que nada: la reacción popular a la muerte de Pedro y la reacción de su fiel consejero Panin, quien, temía Catalina, podía quedar tan consternado frente a lo inicuo de ese crimen que quizá querría desvincularse de su gobierno. Después de todo, Panin había preferido ver reemplazado a Pedro por una regencia y no por Catalina como emperatriz. Tal vez vería la muerte de Pedro no solamente como un crimen sino como un error colosal: la prueba de que Catalina no era la persona adecuada para gobernar.

Durante varias horas de gran tensión, Catalina, Panin y una o dos personas más se reunieron para analizar la crisis. No existe ningún registro de lo que se dijo en esa reunión, pero debe de haber representado una prueba crucial para el liderazgo de Catalina. Según el embajador francés Berenger, Catalina apeló a toda su persuasividad para convencer a Panin de que ella no había sido cómplice en el asesinato de su marido. Al final él se mostró dispuesto a cooperar y la ayudó a redactar el anuncio oficial de la muerte de Pedro.

De acuerdo con este anuncio, el ex emperador había muerto de un cólico –del cual realmente había estado sufriendo durante su cautiverio–, que tuvo después de un ataque severo de hemorroides. Se le pidió al pueblo ruso que tomara la tragedia como una "prueba de la voluntad de Dios", una señal del cielo de que Catalina había sido designada para reinar. También se invitaba a los ciudadanos a ver su cadáver, que sería expuesto en el monasterio Nevsky.

Miles de personas hicieron el viaje para contemplar los restos sin vida del emperador Pedro III, y muchos de ellos se alejaron, horrorizados, ante esa visión. Pues la cara del cadáver, imperfectamente oculta por un enorme gorro militar, era de un espantoso color negro púrpura y una voluminosa corbata le cubría todo el cuello, según las murmuraciones de la gente, para ocultar los moretones provocados por las manos del asesino. Se rumoreaba que Pedro había sido envenenado y luego estrangulado.

Una inquietante oleada de sentimientos contra el nuevo régimen cobró fuerza y brotó de la capital hacia los suburbios. En las provincias, donde Pedro nunca había sido el ogro odiado que era para los ciudadanos de San Petersburgo, el difunto emperador era sinceramente llorado. Algunos soldados de provincia denunciaron a los regimientos de guardias de San Petersburgo por haber tomado el poder en sus propias manos y haberlo usado para crear una nueva emperatriz. Muchos denunciaban a Catalina –a veces abiertamente, con más frecuencia en susurros– por haberse hecho cómplice de la iniquidad de la usurpación con el mal del regicidio.

La forma del entierro del difunto emperador también provocó murmullos de insatisfacción. Catalina le había negado a su marido ser enterrado en el honorable lugar de descanso de los soberanos rusos: la catedral de Pedro y Pablo. En cambio, fue sepultado en el monasterio Nevsky, aislado de sus antecesores, como en una suerte de desgracia eterna. Sin duda Pedro se diferenciaba de sus predecesores por el hecho de no haber sido coronado, por lo cual carecía de la chispa de divinidad que confería ese sacramento. De todos modos, su sepultura nada convencional parecía confirmar la sospecha general de que su forma de muerte había sido tanto innoble como deplorable. Y Catalina, que ni siquiera asistió al funeral, ostensiblemente disuadida de hacerlo por el Senado aduciendo razones de salud, era claramente la culpable.

La reacción de los súbditos de Catalina en Rusia fue ya bastante perturbadora, pero la de los periodistas y chismosos de la Europa Occidental fue extremadamente negativa. Casi sin excepción culpaban a la emperatriz de ser una soberana bárbara de un reino bárbaro, donde la crueldad y el asesinato eran el sello distintivo del poder y donde la luz de la razón y de un gobierno humano todavía no había llegado. A Catalina, quien se consideraba un faro de esclarecimiento en medio de un pantano de vulgaridad, ignorancia y disipación, esas calumnias le resultaban terribles y de mal gusto. Ser comparada con Iván el Terrible o con la reina inglesa Isabella, que había ordenado el asesinato de su marido Eduardo II, era una espantosa vejación, en particular porque ella se veía parecida a Pedro el Grande y a la reina inglesa Elizabeth, soberanos que fueron maestros por virtud propia y predestinados a sus reinos.

Eran pocos los observadores, en Rusia o fuera de ella, que creían que el gobierno de Catalina duraría mucho tiempo. Una mujer joven que gobernaba sola, sin la protección y la autoridad de un marido y sin experiencia como soberana, seguramente sería devorada por una revolución de palacio, una crisis gubernamental o una revuelta de los guardias. El embajador británico Lord Buckingham se refirió a Rusia como "una gran masa de combustibles con incendiarios ubicados en cada rincón", y otros representantes de cortes extranjeras estuvieron de acuerdo con él, más aún cuando los guardias del regimiento Semenovsky se sublevaron en el mes de agosto.

Alguna brasa de descontento -un rumor, algún altercado, algún insulto, algún desafío- prendió entre los guardias, volátiles, imprevisibles y siempre impetuosos, y eso provocó una pequeña conflagración. A medianoche los tambores llamaron a las armas, todos los hombres corrieron en busca de ellas y salieron al patio de los cuarteles, gritando y llamándose unos a otros. Se descargaron las armas y los golpes volaron en todas direcciones. Vecindarios enteros despertaron llenos de pánico y la gente pensó que estaba teniendo lugar otra revuelta. Con gran dificultad los oficiales lograron contener a sus hombres y aplacar su turbulencia, pero no antes de que la alarma hubiera llegado a oídos de la policía, las autoridades y la misma Catalina.

A la noche siguiente volvió a suceder lo mismo: el llamado a las armas a la medianoche, la corrida atropellada al patio, el alboroto, el pánico. Esta vez algunos oficiales se unieron a los hombres en desatar el caos y los oficiales restantes no lograron poner fin al tumulto.

La respuesta de Catalina no se hizo esperar. Muchos oficiales y soldados fueron arrestados y enviados a destinos desconocidos donde quedaron detenidos por tiempo indeterminado. Pero la amenaza de una rebelión entre los guardias no se disipó; todos sabían que, puesto que habían sido ellos los que pusieron a Catalina en el lugar que estaba, con la misma facilidad los guardias podían también suplantarla o derrocarla.

Aunque el inexperto gobierno de Catalina hubiera logrado controlar a esos guardias explosivos, no eran muchas las esperanzas que tenía de superar los altísimos obstáculos que representaban las deudas, la desorganización y el caos administrativo que eran el legado del reino de Isabel. En opinión de los observadores, solamente esos puntos se combinarían para aplastar a la nueva soberana y sus consejeros, quienes entonces serían vulnerables a otra revolución de palacio.

El gobierno de Catalina se enfrentaba al desastre. La crisis fiscal era de proporciones enormes y exigía una solución inmediata y drástica. El tesoro había sido virtualmente vaciado, las deudas eran ya de muchos millones de rublos y aumentaban con facilidad y, porque el crédito de Rusia había perdido todo su valor en los mercados extranjeros, era imposible conseguir más préstamos. La grave escasez de dinero provocaba otro problema: los pagos al ejército estaban atrasados, y el gobierno confiaba en esa fuerza, no sólo para protegerse y proteger el reino de los ataques sino también para mantener el orden, cobrar los impuestos y aplastar las sublevaciones.

Toda clase de calamidades se abatían sobre el nuevo régimen. Las cosechas fracasaban, produciendo hambre y haciendo que muchos campesinos no pudieran pagar sus impuestos; algunos escapaban de sus patrones, o se rebelaban, y como faltaba poco para que el gobierno local fracasara, las rebeliones estallaban sin control. En las fronteras con Ucrania, los turcos y los tártaros hacían frecuentes incursiones en territorio ruso y se llevaban a campesinos a quienes convertían en esclavos. Los bandidos aterrorizaban los caminos y los piratas atacaban el tráfico del Volga. Sumado a esto estaban los desastres naturales y los caprichos de un clima riguroso, que dejaba algunas regiones devastadas por las inundaciones y a otras víctimas de feroces tormentas o de sequías prolongadas.

Para enfrentar este conjunto de catástrofes la emperatriz confiaba en el Senado, en un puñado de gobernadores de provincia, poco fidedignos y mal pagos, y en una burocracia obsoleta y numéricamente demasiado pequeña para controlar la enorme superficie de Rusia. Nadie sabía mejor que ella la inmensa dificultad de la tarea que debía enfrentar. Como la misma Catalina escribió al recordar las primeras semanas de su reino, "el Senado siguió sumido en un letargo, sordo a los asuntos de Estado. Las bancas parlamentarias habían alcanzado un grado de corrupción y de desintegración que las volvía casi irreconocibles".

Y era necesario superar incluso otro obstáculo. Bien consciente de que el poder que tenía era precario, Catalina debía cortejar constantemente a los senadores y a los funcionarios civiles más antiguos para ganarse su lealtad. Sabía que si bien nadie quería asumir la difícil tarea de gobernar, todos en el gobierno deseaban sentirse importantes. Por eso, ella pasaba muchas horas con esos funcionarios de más edad que le ofrecían consejos nada informados, le hacían muchísimos pedidos y le proponían planes impracticables. Cada día en la Corte traía consigo un nuevo grupo de inoportunos pedigüeños y supuestos consejeros que ponían a prueba su paciencia y le robaban tiempo con sus exigencias y sus divagaciones. Hacía todo lo posible por convencer a cada uno de que tomaba en serio sus necesidades o sus proposiciones, recibía cada sugerencia lo mejor que podía y, cuando no podía poner en práctica algún consejo en concreto, se esforzaba por explicar la razón.

Todo este esfuerzo la dejaba agotada. Le confió al embajador francés que se sentía como una liebre acosada por cazadores, obligada a correr de aquí para allá y en todas direcciones, siempre alerta al peligro.

Igual, Catalina estuvo a la altura de ese desafío. Días después de su ascensión al trono, fue bien claro para cada secretario, empleado y ministro que un nuevo par de manos sostenía las riendas del poder. Allí donde Isabel había sido indolente y contraria a los negocios, y donde Pedro había sido un tirano hueco, Catalina era diligente, pragmática, atenta al detalle y llena de sentido común. Ella y Panin tenían ideas claras acerca de la dirección en que deseaban guiar el imperio y cómo llevarlo hasta allí.

Cada mañana la emperatriz se lo pasaba sentada frente a su escritorio, leyendo informes y despachos, contestando peticiones, decidiendo reuniones. Le escribió a cada gobernador de provincia y comandante militar regional ordenándole que le enviara en forma periódica un resumen escrito de las condiciones de su jurisdicción, y redactó ella misma órdenes especiales o ucases sobre temas tan variados como las condiciones del transporte vial, permisos de pesca o la consagración de santuarios religiosos.

Para proteger a sus súbditos de la explotación por parte de los especuladores de granos, ordenó que en cada ciudad se estableciera un granero imperial, para así poder regular ella misma los precios.

Tal vez recordando a los desdichados lunáticos que Isabel mantenía en la Corte para su diversión, Catalina encargó al Colegio de Asuntos Exteriores que obtuviera información de los países europeos en el sentido de cómo eran tratados allí los locos, para que en Rusia se pudieran instituir los mejores modelos occidentales disponibles.

Decidida a reforzar el principal cuerpo de gobierno, el letárgico Senado, Catalina le devolvió los poderes que su marido le había quitado, sobre todo el derecho de legislar y de revisar peticiones. Lo dividió en departamentos, cada uno de los cuales era responsable de una faceta diferente del gobierno, y agregó más empleados y secretarios para mejorar su eficiencia. En lugar de castrar el Senado, como Pedro había hecho, Catalina se propuso confiar en él para que fiscalizara las tareas de rutina a fin de que ella y Panin no se abrumaran con cuestiones triviales que demandaban mucho tiempo y pudieran así concentrarse en los temas más difíciles y de más largo alcance que enfrentaba el imperio. Sin embargo, al mismo tiempo Catalina dejó bien en claro que estaba decidida a permanecer firmemente en su cargo; en lugar de los informes resumidos y breves que por lo general los senadores enviaban al soberano, ella exigió informes detallados en los que no se omitía nada. Tal vez delegaba algunas tareas, pero igual permanecía siempre alerta y vigilante.

Durante años Catalina había pensado en el enigma de cómo debía gobernarse Rusia. Ella había definido sus principios políticos con la ayuda de Montesquieu. "Quiero que las leyes sean obedecidas", escribió en uno de sus cuadernos varios años antes de ser emperatriz, "pero no quiero esclavos. Mi meta general es la de crear felicidad sin todos los caprichos, las excentricidades y las tiranías que la destruyen". Ella quería que se promulgaran leyes justas, ponerlas en vigencia equitativa y humanamente, elevar el Estado por encima de la facción y de la falibilidad de los gobernantes. Los gobernantes vienen y se van, las generaciones de súbditos nacen y mueren -escribió-, pero un sistema de gobierno sabiamente constituido perdura para siempre.

En gran medida, ese sistema de gobierno, tal como Catalina lo imaginaba, debía venerar la moralidad y contrarrestar la ferocidad primitiva, la codicia y el egoísmo inherentes a la humanidad. Las instituciones existen para promover la primacía de relaciones razonables entre los hombres, para fomentar la moderación y la tolerancia y, por encima de todo, para crear un bastión contra los excesos a los que tiende la naturaleza inferior de la humanidad.

Esas eran las metas elevadas de la emperatriz, formadas en gran medida por sus lecturas cuidadosas y también por haber observado la inepta forma de gobernar de sus predecesores. Estaba decidida a no ser caprichosa, como lo había sido Isabel, ni narcisista, como lo había sido Pedro, ni perezosa e incoherente, como habían sido ambos. Mientras ellos se habían vanagloriado, ella se proponía vanagloriar al Estado y convertirlo en un instrumento de progreso. Ella sería la comadrona de ese progreso, ayudando a nacer a una Rusia reformada y esclarecida.

Panin y su asistente Teplov redactaron un documento en el que se fijaban los objetivos del nuevo gobierno. En él se establecía con toda claridad que en adelante no habría favoritismos ni individuos ascendidos a cargos superiores porque la soberana los encontraba agradables. La era del gobierno arbitrario había terminado y comenzaba una nueva era, en la cual los procedimientos legales establecidos gobernarían el ejercicio del poder y la monarca se rodearía de asesores profesionales que serían su conciencia moral y la ayudarían a controlar sus impulsos para no caer jamás en la tiranía.

Estos objetivos altruistas habrían sido huecos si Catalina no poseyera la energía, la sed de bondad y el fervor por perfeccionamiento para hacerlos realidad. Sin ser una fanática, Catalina estaba intensamente comprometida con sus metas y tenía la paciencia, la sensatez y la serena firmeza de voluntad necesarias para implementarlas. Su símbolo personal era la abeja, que incansablemente vuela de flor en flor, recogiendo todo lo que puede utilizar; la abeja aparecía en su corona, con la inscripción *L'Utile*, "La útil".

Durante esos primeros días su constante inspiración fue Pedro el Grande, cuya increíble energía, ambición visionaria y habilidad administrativa ella trataba de imitar. Los sucesores de ese gran Pedro habían sido indignos de él, pero Catalina no lo sería. Entre las cosas que ella llevaba a todas partes había un caja de rapé decorada con un retrato de su admirado Pedro el Grande. Les dijo a sus consejeros que le recordaba "preguntarle a cada momento qué habría ordenado él, qué habría prohibido, qué habría hecho si estuviera en mi lugar".

Catalina tenía la sensación de que el fantasma de Pedro el Grande la observaba por encima del hombro, sopesaba sus actos, le pedía cuentas. Él había llevado a Rusia a la esfera de la influencia europea, la había reforzado con su propio dinamismo y le había inculcado nuevos hábitos mentales, políticas activas y agresivas y contundencia para efectuar el cambio. Había desafiado todo lo que era estático, pasivo y obsoleto en la cultura rusa, y sacudido el viejo estilo de vida con la fuerza de su propia vitalidad y sus planes para el futuro. Catalina esperaba continuar su trabajo, un trabajo que virtualmente se había interrumpido durante el reinado de sus tres pero mucho menos capaces sucesores.

Y Catalina se proponía hacer mucho más. Así como a Pedro el Grande lo había preocupado importar habilidades militares y práctica tecnológica de Europa Occidental, ella traería a Rusia la brisa tonificante del pensamiento europeo.

Importaría un valioso cargamento de nuevas ideas, de audaces afirmaciones de libertad humana, de emancipación del peso muerto de la tradición. Les presentaría a un grupo de intelectuales rusos -un grupo muy pequeño cuyo número iría aumentando cuando aumentara la educación- los conceptos de gobierno limitado, pensamiento religioso libre de dogmas de siglos de antigüedad, desafíos racionales a las supersticiosas costumbres tradicionales, enfoques nuevos y creativos del aprendizaje. Les enseñaría a los rusos a jugar con las ideas, a contraponer unas con otras, a pesarlas no según la edad o los dictados de la autoridad aceptada sino de acuerdo con sus verdaderos méritos, tal como las determina el juicio colectivo de discernimiento de las mentes educadas. En la medida de sus posibilidades, ella transformaría a los miembros de la *intelligentsia* rusa en copias de ella misma. Y seguiría tomando como modelo, en lo posible, la imagen de Voltaire.

Voltaire, el archisacerdote de las letras europeas, tenía sesenta y ocho años cuando Catalina se convirtió en emperatriz. Sus trabajos llenaban millones de volúmenes e incluían historia, obras de teatro, ensayos y críticas. Todo ciudadano culto de la Cristiandad conocía su incomparable reputación, lograda por combatir la ignorancia, los prejuicios, la desigualdad y la opresión; durante décadas él había realizado una campaña solitaria contra la intolerancia y la tiranía clerical, y a favor de la libre expresión, y su única arma fueron su lapicera y las críticas devastadoras, ingeniosas, mordaces y despiadadas que escribió con ella.

Desde su propiedad en Ferney, cerca de la frontera suiza, Voltaire reinó sobre la Europa literaria. Cientos de admiradores emprendían el peregrinaje para visitarlo en persona -algunos volvieron decepcionados por haber comprobado que su héroe era un hidalgo viejo vestido andrajosamente, despeinado, cascarrabias y excéntrico-, miles más le escribían y se convertían en parte de su vasta red epistolar. Las cartas que Voltaire les contestaba eran mucho más que mensajes personales; eran reliquias atesoradas, pasadas ansiosamente de mano en mano, leídas en voz alta a quienes no podían leerlas personalmente. Algunas fueron publicadas. Voltaire diseminaba información y opiniones sobre cada tema significativo del día, y sus opiniones afectaban lugares de mucha o no tanta importancia. Lo que Voltaire pensaba y escribía realmente importaba.

Así, cuando Catalina comenzó a escribirse con el patriarca de Ferney, tenía varios objetivos en mente además del obvio de iniciar un diálogo con el hombre que ella llamaba su "maestro". Catalina sabía que si podía ganarse sus buenas opiniones, la notoriedad positiva que obtendría podría contrarrestar la mala prensa que había recibido después de la muerte de su marido. Confiaba en que, al interesarlo en sus intentos de llevar adelante cambios positivos en Rusia lograría darles a esos cambios una publicidad más amplia y, por consiguiente, atraer sobre ella la estima de los demás.

Sus primeras cartas a Voltaire -que iban firmadas con el nombre de su secretario Pictet, aunque la verdadera autoría de las cartas era un secreto conocido por todos- no obtuvieron más que una respuesta tibia, pero Catalina insistió y muy pronto ella y su "maestro" establecieron excelentes términos epistolares. Ella le suplicó que le enviara sus escritos más recientes y le informó que varias de sus obras de teatro estaban siendo representadas en su corte. Catalina lo elogió por haber "combatido los enemigos en masa de la humanidad: la superstición, el fanatismo, la ignorancia, la intriga, los jueces corruptos y el abuso de poder". Lo saludó por haber conquistado los obstáculos que se oponían al progreso y por mostrarles el camino a otros.

Voltaire, que había exhibido un interés constante en Rusia como una "civilización nueva", creada por Pedro el Grande a partir de la oscuridad y las marismas del bárbaro dominio eslavo respondió bien a los halagos sinceros aunque oportunistas de Catalina. Su respuesta se volvió más cálida cuando se enteró de que Catalina había invitado a su amigo Diderot, autor de la *Encyclopédie*, a viajar a Rusia para reanudar la publicación de su gran obra. (El gobierno francés había prohibido la obra, y los intentos de Diderot de continuar la publicación en secreto se habían vuelto cada vez más peligrosos.) También le pidió a D'Alembert, el antiguo colega de Diderot, que fuera el tutor de su hijo.

Convencido de que la dedicación de la emperatriz a las ideas progresistas era genuina, Voltaire fue pródigo en elogios hacia ella, la llamó "la estrella más brillante del norte" y la comparó favorablemente con su ilustre predecesor Pedro el Grande. También tendió a pasar por alto su falta de moral al tolerar la eliminación de su marido. ("Sé que se le reprochan algunas cosas con respecto a su marido", le escribió a uno de los que se carteaban con él, "pero esos son asuntos de familia con los que yo no me meto.")

Catalina había hecho un buen comienzo: construyó las bases para lealtades políticas, echó mano de todo lo posible de las instituciones existentes y planeó establecer otras más fuertes, trabajó para contrarrestar la fuerte condena que recibió al comienzo de su reinado. Ella había presentado un programa ambicioso e idealista que su gobierno debía seguir. Por encima de todo, Catalina había demostrado su capacidad para el trabajo constante y extenuante.

La emperatriz Catalina II se encontraba al borde del abismo, amenazada por una rebelión potencial, la anarquía provincial, la hostilidad de la soldadesca y la constante amenaza de una revolución en el palacio. Sin embargo, serena y firmemente ella impidió el desastre cumpliendo con sus deberes y actuando como si todo estuviera bien. Premió a sus partidarios con miles de rublos, como si las arcas del tesoro rebosaran de dinero. Presidió a sus oficiales como si estuviera a cargo del imperio mejor dirigido que el mundo había visto jamás. Planeó el futuro con confianza, como si no existiera ninguna amenaza al trono. Y, para sellar con el favor divino el reinado prolongado y próspero que imaginaba, hizo planes inmediatos para su coronación en el corazón mismo de la vieja Rusia, en la ciudad santa de Moscú.

Capítulo 19

La Moscú de piedra blanca, la ciudad resplandeciente que se elevaba majestuosamente sobre los alrededores boscosos. Moscú, la ciudad de las quinientas iglesias y sus quinientas cúpulas brillantes y doradas, campanarios y cruces, cada uno más colorido que el siguiente y cuyas cruces se unían entre sí con cadenas luminosas de metal dorado. Moscú, la de los techos brillantes escamados con azulejos rojos y verdes, barnizados en azul y plata, pintados con estrellas doradas o con un damero de cuadrados blancos y negros. La Moscú almenada, circundada por el esplendor imponente y la magnificencia del Kremlin en su alta colina.

La Moscú de las campanas. De cada uno de los mil seiscientos campanarios brotaba el estruendo incesante de docenas de inmensas y sonoras campanas metálicas cuyas enormes bocas abiertas repiqueteaban hasta sacudir la tierra, tapando toda conversación y haciendo que los recién llegados tuvieran que taparse los oídos y suplicar misericordia. Esas campanas repicaban sin cesar los domingos y los días festivos, todo el día y toda la noche, y en otras ocasiones para llamar a servicios a los feligreses, para advertir incendios u otros peligros, para señalar el comienzo y el final de la jornada de trabajo y para marcar funerales o el Día de Todos los Santos o, sencillamente, en señal de júbilo. Cada vez que el pueblo sentía la amenaza de la enfermedad o del mal clima, o de la presencia cercana del mal, todas las campanas repicaban al mismo tiempo y su estridencia cacofónica era al mismo tiempo una súplica al cielo y un ritual cuya finalidad era alejar a los demonios de la mala suerte. Las campanas eran mágicas, y Moscú tenía más de esa magia que cualquier otra ciudad de la Cristiandad.

Cada persona que visitaba la gran ciudad quedaba ensordecida por sus campanas y sobrecogida por su magnificencia. Los campesinos que traían su mercadería a los mercados se santiguaban al divisar los suburbios de la ciudad y saludaban a la "Madre Moscú". Los viajeros europeos que se acercaban a la ciudad por primera vez hacían que sus cocheros detuvieran el vehículo un momento en lo alto de las colinas circundantes para poder admirar desde allí la inmensa metrópoli, cuyas iglesias blancas formaban un halo luminoso alrededor de su vasta circunferencia.

Moscú era, según sus ciudadanos, la ciudad santa de Dios; la ciudad más sagrada de la Cristiandad. Se decía que Moscú perduraría para siempre porque era la Tercera Roma y una antigua profecía aseguraba que la Tercera Roma estaba destinada a ser eterna. La primera Roma había sido corrompida por la herejía y había sido conquistada por los bárbaros en la antigüedad. Había caído en manos de Bizancio y Constantinopla se había transformado en la Segunda Roma. Pero en 1453 Constantinopla cayó en manos de los turcos, y entonces el peso y la gloria de llevar consigo la verdad cristiana fueron asumidos por Moscú.

Durante trescientos años la Tercera Roma se había transformado en faro de la fe, gobernada por el sucesor de los Césares, el divino emperador. Y, ahora, Catalina II llegaría a la ciudad santa para ser ungida por Dios como su representante sobre la Tierra.

Pero Catalina detestaba Moscú. Su desprecio y su odio hacia la segunda ciudad más importante de Rusia había crecido a lo largo del reinado de Isabel hasta convertirse en un aborrecimiento monumental. "Moscú es la sede de la pereza", escribió Catalina en sus memorias, "en parte debido a su inmensidad. Uno pierde todo el día tratando de visitar a alguien o de entregarle un mensaje. Los nobles que viven allí aman excesivamente ese lugar y no es sorprendente, pues viven en medio del ocio y el lujo y se vuelven afeminados. Lo que tienen allí no son casas sino auténticas fincas."

La grandiosidad misma de su tamaño anulaba toda voluntad y fomentaba la lasitud y la inactividad; una suerte de adormecimiento o sopor agobiaba la vida de Moscú. Para la siempre diligente y trabajadora Catalina, que casi no podía pasar un día sin obtener todos los logros posibles, esta actitud hacia la existencia resultaba imperdonable. Lo que era peor, en opinión de Catalina lo único que hacían los moscovitas era dedicarse a los chismes y a la trivialidad, e insultaban su inteligencia al entregarse a satisfacer sus apetitos, caprichos e inclinaciones.

Para Catalina, en Moscú se hacía caso omiso de la ley, y el resultado era que las clases altas se convertían en pequeños tiranos que sólo se la aplicaban a sus inferiores y trataban con crueldad a sus sirvientes.

"La tendencia a tiranizar a los demás se cultiva allí más que en cualquier otro lugar habitado del mundo", escribió Catalina. "Se inculca desde la edad más tierna a través de la crueldad que los niños observan en la conducta de sus padres para con sus criados." Cada hogar tenía su cámara de horrores donde se guardaban cadenas, látigos y otros instrumentos de tortura para castigar a los sirvientes, y estos castigos eran severos incluso para la menor de las infracciones. Protestar, como lo hacía Catalina sin vueltas, que los sirvientes no eran menos humanos que sus amos era arriesgarse a ser muy censurada por la "burguesía vulgar", cuya brutalidad sólo era superada por su estupidez.

En la vida de Moscú, todas las peores tendencias eran exacerbadas por la religiosidad que florecía allí; no una piedad sincera, de la clase que Catalina favorecía, sino la clase más oscura de religión que conducía a la intolerancia, la irracionalidad y las aberraciones mentales. "La ciudad está llena de símbolos de fanatismo, iglesias, íconos milagrosos, sacerdotes y conventos", escribió ella. Interminables procesiones, rituales que duraban todo el día, el enloquecido estrépito de miles de campanas, todo esto creaba una atmósfera, no tanto de espiritualidad sino más bien de una sombría falta de lógica, donde no hay cabida para lo concreto y el sentido común; en Moscú, la razón se marchitaba bajo el estallido helado de lo sobrenatural.

Tan intratable, evasiva y labertíntica como San Petersburgo era sistemática, ordenada y rectilínea, Moscú era una afrenta para el amor que Catalina sentía por la armonía y la organización. Su magnificencia ofendía su gusto por la simplicidad; su lujo extravagante era un ultraje a su sentido de las proporciones; su descarada inercia representaba un enojoso desafío a su visión de una Rusia revitalizada que se incitaba a sí misma en una vehemente búsqueda de reforma. No resulta, entonces, sorprendente que ella detestara esa vieja ciudad supersticiosa y réproba y rechinara los dientes cuando se preparaba para entrar en ella para su coronación.

A pesar de su luminoso esplendor cuando se la ve desde lejos, vista de cerca Moscú demostraba ser un caos sucio, ruinoso y sin pavimentar. Porque el fuego estallaba con frecuencia en la ciudad borrando de un plumazo cientos o incluso miles de viviendas y construcciones en materia de horas, siempre había obras en construcción. En cada vecindario de la ciudad había pilas de maderos ennegrecidos y en las calles había montones desordenados de troncos recién cortados, y con el mismo desorden se veían pilas de ladrillos y restos de viviendas derrumbadas. Moscú había sufrido el descuido a lo largo de dos generaciones, desde que San Petersburgo se había convertido en sede del gobierno; a muchas casas se les había permitido caer en la ruina y otras, aunque ocupadas durante parte del año, exhibían signos de un deterioro severo.

Y había suciedad por todas partes. De las pilas de basura más altas que los techos de las casas brotaba un hedor que se extendía por cada vecindario. Los sumideros llenos enlodaban todas las calles. Las casas pequeñas y mezquinas de los pobres apestaban a excrementos, a aceite rancio y a desechos humanos y animales. Incluso en las mansiones de la gente de dinero, la suciedad estaba apilada en las antesalas y pasillos, y las escaleras estaban ocultas debajo de una acumulación de excrementos y del polvo de muchos años. Los visitantes deploraban la costumbre rusa de escupir descortésmente en el piso, "en todas direcciones y en todo momento", y tenían que apretarse la nariz cada vez que cruzaban las calles, que no eran senderos pavimentados sino más bien cenagales llenos de sedimentos pestilentes.

La gran población animal de Moscú contribuía a los olores de corral. Los amplios terrenos en que estaban edificadas las casas de los nobles o de la alta burguesía daban cabida a vacas y cerdos, pollos y patos, junto con establos y perreras, y el hedor de los chiqueros y de los excrementos de todos estos animales era una parte ineludible de la vida de Moscú.

El esplendor urbano a menudo chocaba con la mugre rural. Con su ojo de lince para todo lo que era absurdo, Catalina describió la manera en que, "en Moscú, es frecuente ver a una dama cubierta con joyas y elegantemente vestida, emerger de un patio inmenso lleno de toda clase de desechos y barro, junto a una casilla decrépita, y subir a un magnífico carruaje tirado por ocho horribles jamelgos, con arneses en estado ruinoso, y conducido por criados desaliñados que visten elegantes libreas que ellos arruinan con su apariencia tosca".

Estos espectáculos eran una visión común en el vecindario de los nobles, donde las casas espaciosas de las familias con títulos se extendían entre bosquecillos, lagos y arroyos. Más cerca del corazón de la ciudad había docenas de distritos de artesanos, donde los tejedores, los sombrereros, los cerveceros, los pintores de íconos, los armeros, los azulejeros y los caldereros creaban y vendían sus mercaderías. Estos distritos estaban muy especializados. Los panaderos ocupaban un sector, los pasteleros, otro. Los fabricantes de panqueques no se juntaban con los especializados en bizcochos. Los fundidores de campanas se diferenciaban mucho de los herreros, y los pintores de imágenes sagradas se mantenían bien aparte de los pintores de otros temas.

En el suburbio alemán -en el que sin duda Catalina se sentía más cómoda-, los comerciantes extranjeros habían construido a lo largo de los siglos una pequeña réplica de una ciudad del norte de Europa, con una cuadrícula de calles amplias, casas con jardines, plazas públicas y arquitectura neoclásica. Pero este oasis de relativa prolijidad y orden pautado parecía fuera de lugar, rodeado como estaba en todos sus lados por barrios populosos de viviendas, tiendas y santuarios que no obedecían a ningún planeamiento. Templos tártaros y pagodas y pabellones chinos y, aquí y allá, una mezquita turca.

El centro neurálgico de Moscú era el Kitaigorod o distrito del mercado, con sus hileras de puestos junto a la margen del río Moskva, bajo las altas paredes del Kremlin. El Kitaigorod era un enjambre de comercio, en el que los callejones laberínticos parecían prolongarse indefinidamente bajo un techo abovedado y denso, donde mercaderías de la mitad del mundo se exhibían en esa penumbra: trabajos de metalistería de Yaroslavl y Kholmogory, cueros de Kazan, terciopelo y brocado de Francia e Italia, espadas de Damasco, esmaltes de Kiev y Solvychegodsk, incluso tallas en hueso de la remota Archangel. Las pieles siberianas se apilaban junto a la alfarería de Samarcanda, las frutas y verduras de Astracán y el pescado rancio -se decía que los moscovitas lo preferían rancio- procedente de los veinte ríos y arroyos de Moscú y del Volga inferior.

Los comerciantes y artesanos se instalaban en puestos bajos forrados con corteza de árboles, con íconos clavados a las vigas y lámparas que colgaban bajas de ellos. Mientras esperaban hacer negocio bebían té, decían sus oraciones, conversaban con amigos, jugaban a la pelota y alimentaban a las numerosas bandadas de palomas que se refugiaban debajo de ese techo abovedado. Las palomas, al igual que las campanas, eran objetos sagrados; los moscovitas las reverenciaban como símbolos del Espíritu Santo y las protegían de todo mal.

Los mercaderes ricos que visitaban Moscú se alojaban en las posadas de Kitaigorod, e incluso los príncipes y los nobles importantes mantenían granjas en los suburbios. Trineos tirados por caballos traían todos los días mercaderías para reponer sus viejos puestos, y los comerciantes recorrían la ciudad y las aldeas aledañas en busca de trapos, platos rotos, muebles descartados y curiosidades para vender en el mercado de pulgas. Lo que no se podía comprar en ese vasto bazar no valía la pena ser comprado. Allí hasta era posible hacerse sacar una muela o comprar amuletos y medicamentos, o visitar a un barbero o a una adivina.

Los habitantes pobres de Moscú se apiñaban en el Kitaigorod los días de feria; se abrían camino, regateaban para conseguir rebajas, se santiguaban al ver imágenes sacras, sacerdotes y procesiones fúnebres, se aferraban a su cartera y estaban alertas a ladrones, cerraban los oídos al barullo y se apretaban la nariz cuando el olor combinado de cerveza agria, repollo cocido, cuero, grasa para botas y colonia con aroma a almizcle resultaba intolerable. Del mercado provenían también enfermedades y el crimen y la confusión reinaban allí con desenfreno; sin embargo, valía la pena correr ese riesgo, pues los mejores precios se conseguían en los sectores más peligrosos, donde los puestos estaban instalados sobre un pantano cenagoso y la lluvia y la nieve caían por entre los agujeros de ese techo abovedado de lona.

En el mercado de la madera, los ataúdes estaban allí dispuestos de a cientos, en tamaños suficientemente pequeños como para los bebés o suficientemente grandes para el más alto y barbudo de los hombres rusos. Eran poco más que troncos de árbol ahuecados, segados por la mitad y cubiertos con tapas toscamente cortadas; por más ordinarios y mal terminados que estuvieran, se vendían mucho en los largos inviernos helados y casi tan bien en los veranos cortos y asolados por plagas. Además de los ataúdes, los comerciantes en madera también vendían casas enteras, con cada tabla numerada para que pudiera ser desarmada y luego montada nuevamente y con facilidad en el lugar preferido por el comprador. Con cada incendio devastador se producía una demanda inmediata y voraz de nuevas casas, y los comerciantes en madera, los carpinteros y los ebanistas estaban de parabienes.

En la Plaza Roja, frente a uno de los portones principales que conducían al Kremlin, estaba el centro oficial de la ciudad, donde se leían las órdenes imperiales y donde los patriarcas permanecían de pie para bendecir a los creyentes. Allí, la iglesia de San Basilio se elevaba en todo su fantástico esplendor, con cada una de sus muchas cúpulas decorada de manera más fantasiosa que las otras. Allí los mendigos ciegos cantaban por monedas y los entrenadores de osos bailarines exhibían a sus bestias. Los actores y los acróbatas rivalizaban por las monedas de un gentío siempre presente, mientras los mercachifles vendían peces vivos de tanques y los vendedores con carretillas de mano ofrecían pasteles de carne, aguamiel caliente y kvass, una bebida preparada con pan de centeno fermentado.

Los sacerdotes sin iglesias vendían sus servicios en la Plaza Roja y se ofrecían a celebrar misas por dinero. Cerca, los escribas vendían vidas de los santos cuidadosamente copiadas, relatos de milagros y crónicas. Por un precio determinado, también ofrecían historias bien mundanas y versos vulgares, aunque mantenían bien escondidos esos manuscritos. Igualmente ocultas estaban las prostitutas que frecuentaban la Plaza Roja, quienes se mantenían lejos de la antigua plataforma redonda llamada la Plaza del Frente, donde estaban sepultadas reliquias sagradas y se realizaban las ejecuciones.

Los espeluznantes crímenes judiciales atraían a los mirones a la plaza donde eran decapitados con un hacha asesinos y ladrones por la mano de verdugos. Los rebeldes eran azotados con látigos y atados a la rueda, para que sufrieran una muerte lenta y dolorosa. Los sacerdotes renegados, acusados de incitar el descontento, eran colgados bajo las cúpulas de la catedral y sus cuerpos eran dejados allí de una estación a la siguiente para que se pudrieran, como una advertencia para el populacho. Los criminales de peor reputación eran desmembrados con lentitud; cada extremidad les era seccionada con un hacha antes de que ese torso que sangraba y se retorcía fuera despojado de su cabeza.

Cuando Catalina entró en la Plaza Roja el 13 de septiembre de 1762, enormes multitudes le dieron la bienvenida a su carruaje. El clima era nublado, gris y frío y los adoquines de la plaza estaban cubiertos de hielo. De todas formas, los bien abrigados moscovitas la vivaron y le gritaron bendiciones mientras ella pasaba por su ruta, que estaba marcada con arcos envueltos en ramas verdes. El príncipe Trubetskoy, quien tenía a su cargo todos los arreglos de la coronación, había puesto todo su esmero en preparar a la ciudad para recibir a la emperatriz. Le advirtió a Catalina que el pueblo estaba descontento; entre las fuertes lluvias de otoño, que dejaron las calles prácticamente intransitables e interrumpieron el abastecimiento de alimentos desde las zonas rurales, y los precios altos que invariablemente se fijaban con las primeras heladas, existían muchas quejas y desasosiego.

Catalina asintió graciosamente a la multitud de moscovitas, la mayoría de los cuales la veían por primera vez. Ella llevaba consigo a su hijo. Pablo había estado enfermo y no se encontraba del todo restablecido, pero Catalina lo necesitaba junto a ella al enfrentar a sus súbditos, para incrementar su atractivo. Quería que la vieran, no como la ambiciosa mujer alemana que había ordenado matar a su marido, sino como una figura estilo *madonna*, una madre compasiva que protegía a su hijo.

Lo cierto es que sus pensamientos no estaban centrados en su hijo –aunque la frágil salud de Pablo la preocupaba, pues si llegaba a morir ella perdería un pilar importante de su legitimidad– sino en la necesidad de mantener el orden en Moscú durante los siguientes diez días, fecha en que comenzaban las festividades de la coronación. No debía haber desbordes por la comida ni disturbios causados por alborotadores u oportunistas que la denunciaban como una persona moralmente inepta para reinar. Ella sabía de la deslealtad y la deslealtad potencial de la gente que la rodeaba, incluso entre las mujeres que la servían y que entraban y salían de sus aposentos privados docenas de veces por día.

Dichas mujeres estaban en condiciones de saber todo lo que a Catalina más le importaba; le gustara o no, ella era vulnerable frente a esas personas. Sabían, por ejemplo, que ahora ella estaba nuevamente embarazada. Ese hijo era también de Gregorio Orlov, sólo que esta vez nacería, no de la esposa del gran duque sino de una emperatriz reinante. Si era varón, la sucesión podía verse alterada; el enfermizo Pablo podía ser puesto a un lado en favor del hijo más robusto de Orlov. (El otro hijo que Catalina tuvo de Orlov, el infante Alexis, estaba al cuidado del chambelán Shkurin y mantenido lejos de la Corte; y su futuro era incierto.) Pero, por el momento, la única señal del embarazo de Catalina estaba en su estómago; un síntoma que a lo largo de los años ella había aprendido a disimular.

Durante los diez días que Catalina pasó en el Palacio del Kremlin, ostensiblemente ayunando y limpiando su alma en preparación del ritual sagrado de la coronación, se reunió con sus consejeros, aprendió las palabras que debía pronunciar en la ceremonia y repasó cada detalle con el príncipe Trubetskoy. Las arcas del tesoro estaban vacías, pero era preciso que la coronación fuera un acontecimiento deslumbrante. Tenía que haber carruajes magníficos, caballos ricamente enjaezados y todo debía ser dorado y con gemas incrustadas. El vestido de Catalina, hecho en brillante seda dorada con bordados de hilos de oro y de plata debía atraer todas las miradas hacia ella, el centro radiante del espectáculo.

El guardarropa de la difunta emperatriz Isabel fue saqueado en busca de elementos de lujo para la coronación. De hebillas y botones se sacaron joyas, y las perlas se obtuvieron de las faldas y los tocados. El terciopelo viejo se convirtió en nuevas libreas. La seda vieja fue cortada, hilvanada, y se le hicieron nuevos dobladillos. Los maestros orfebres le hicieron a Catalina una corona con cinco mil pequeños diamantes y setenta y seis perlas grandes y radiantes. En la parte superior brillaba un rubí gigantesco, coronado por una cruz. El resto de las insignias reales se lustraron y prepararon para serle presentadas a la emperatriz. En su cetro, el símbolo de su autoridad soberana, brillaba el magnífico diamante Orlov, que fulguraba como un faro y le recordaba a ella el hombre que la había ayudado a sentarse en el trono.

Todos los cañones del Kremlin atronaron bien temprano el domingo 22 de septiembre para saludar el día de la coronación de Catalina. Las campanas sonaron a pleno, los regimientos se formaron y marcharon hacia sus posiciones previstas en la plaza de la Catedral, los músicos ocuparon sus lugares y el primero de una larga caravana de carruajes ingresó por los portones del Kremlin.

Durante cuatro horas la nobleza, los dignatarios extranjeros, los funcionarios de la Corte y, por último, los sacerdotes con ornamentos dorados se reunieron en la Catedral de la Asunción, donde miles de velas y cirios iluminaban una profusión de cruces de plata, capillas, lámparas e íconos con incrustaciones de joyas. Allí Catalina debía permanecer sentada durante la ceremonia, a la vista de los espectadores.

Finalmente, a las diez en punto, Catalina emergió de sus apartamentos en el palacio, resplandeciente en su vestido dorado, su larga cola sostenida por seis asistentes, y con un manto hecho con la piel de cuatro mil armiños sobre sus hombros delgados. Su confesor avanzaba delante de ella, rociando agua bendita sobre la alfombra, la escalera y los peldaños de piedra que conducían a la Plaza de la Catedral. Una ruidosa fanfarria recibió la aparición de Catalina en la plaza y la muchedumbre que aguardaba en las afueras de los muros del Kremlin la aclamó y vitoreó y le gritó bendiciones.

Mientras coros monumentales cantaban, Catalina entró en la catedral con la cabeza bien alta, un andar majestuoso y lento, y subió a la tarima que había debajo de un dosel muy adornado. Escuchó al archimandrita pronunciar un largo sermón en lengua eslava arcaica reservada a los rituales religiosos, después de lo cual ella tomó su libro y recitó el credo. Hecho esto, tomó el manto imperial color púrpura, se lo puso sobre el vestido y recibió de manos del venerable sacerdote la réplica del Casco de Monomakh, del siglo XII, la corona de oro con la que todos los soberanos de Rusia habían sido coronados durante seis siglos. Cuando ella se la puso sobre la cabeza se elevaron más oraciones y Catalina fue investida con el orbe y el cetro.

Coronada y con los símbolos de su alto cargo, revestida de majestad, por primera vez Catalina se puso de pie frente a su pueblo como su sacra soberana. "En su forma mortal, el emperador se parece a todos los hombres", rezaba el ritual de la coronación, "pero por su poder se parece al Dios Todopoderoso."

Una vez más atronaron los cañones y hubo más gritos y vivas. A esta alturas Catalina, que no había comido nada en muchas horas, debe de haberse sentido desmayar. Fajada en su traje ajustado, con el pesado manto real sobre los hombros y los demás símbolos de realeza aun más pesados; con el estómago delicado y la mente llena de fantasías provocadas por los mosaicos con ángeles sombríos y santos que la observaban desde cada pared y cada columna, ella debe de haber deseado que la ceremonia terminara de una vez.

Pero todavía faltaba algo. Catalina rezó en las tumbas de sus predecesores, los grandes duques, emperadores y emperatrices de Rusia, y fue investida con la estrella de plata de la Orden de San Andrés sobre una cinta azul, acompañada de una cruz de oro con su respectiva cadena de oro. El archimandrita celebró entonces misa y, durante ese prolongado servicio religioso la emperatriz estuvo arrodillada, se puso de pie y volvió a arrodillarse, y escuchó un interminable sermón, una sucesión de plegarias y entonó salmos. Transcurrieron casi cuatro horas antes de que ese ritual agotador concluyera y la nueva emperatriz, ungida con el crisma y habiendo recibido el pan y el vino consagrados, estuviera lista para reunirse con su pueblo.

Cuando apareció en la plaza fue recibida con una tumultuosa aclamación. Conmovidos más allá de toda medida, los asistentes lloraron, cantaron y se arrodillaron en esos helados adoquines, mientras Catalina entraba en las catedrales de la Anunciación y de San Miguel Arcángel para orar frente a los antiguos íconos. Después les ordenó a sus criados que abrieran ciento veinte barriles de monedas pequeñas y se las arrojaran a la multitud. Este despliegue tradicional de generosidad imperial produjo más gritos de alegría, como Catalina sabía que sucedería. Pero su regalo al pueblo fue insignificante en comparación con los regalos que les dio a los integrantes de su corte: nombramientos lucrativos, títulos, condecoraciones y joyas en abundancia. Gregorio y Alexis Orlov fueron generosamente recompensados, pero hubo además muchos regalos y favores para todos. Ni siquiera el último de los sirvientes del palacio fue olvidado.

Cuando finalmente cayó la noche, los cortesanos ya no podían permanecer de pie. Se apoyaban contra las paredes, los ojos nublados por la fatiga. Catalina debe de haber dormitado un rato o, quizá, la excitación de los acontecimientos vividos ese gran día le infundió nuevos bríos. Sea como fuere, hizo una última aparición a la medianoche, de pie en lo alto de la Escalera Roja junto al Palacio Granovitaia, para contemplar la gloriosa iluminación de las torres y los portones de acceso del Kremlin con lámparas amarillas. Las luces, que ponían en foco preciso cada torre y cada almena, convertían a esa fortaleza pesada y triste en un delicado cuento de hadas. La gente seguía caminando de a cientos por la plaza, disfrutando de esa suerte de carnaval posterior a la coronación. Se oyeron gritos de júbilo cuando todos vieron a Catalina, a quien desearon larga vida y excelente salud y vivaron hasta quedar roncos.

El día de la coronación de Catalina fue sólo el comienzo de meses de festividades oficiales y no oficiales. Cada día se ofrecían banquetes, recepciones, reuniones formales en honor de la soberana; más que suficiente actividad para perturbar la pereza habitual de los moscovitas y proporcionar a los holgazanes amantes del lujo ocasión para intercambiar chismes y recorrer la ciudad con sus carruajes vistosos tirados por jamelgos flacos y desgarbados.

Catalina asistía a muchas de estas reuniones, exhibiendo siempre su sonrisa encantadora y su afabilidad, pero sin que las molestias de su embarazo se le notaran o le impidieran dar una imagen de alegría y despreocupación. Gregorio Orlov la acompañaba a menudo, invariablemente el hombre más alto, mejor parecido y con hombros más anchos del salón, resplandeciente con su saco bordado en oro y sus pantalones de montar, sus manos adornadas con anillos enjoyados y con otras pruebas del favor particular de su soberana, su pecho un centellear de órdenes y medallas. Consorte de Catalina en todos los sentidos salvo de nombre, Orlov era más que decorativo. Encarnaba su papel de manera extraordinaria, jamás le robaba la escena a la emperatriz pero sí realzaba su presencia; la trataba con una familiaridad afectuosa, pero sin por ello exaltar su propia figura o extralimitarse ni apartarse de la posición que le correspondía.

El firme apoyo de Orlov era vital para Catalina, pues debajo de su exterior sereno, ella se sentía ansiosa y aprensiva.

Diez días después de la coronación, Catalina se enteró de labios de su chambelán confiable, Vasily Shkurin, que algunos de los jóvenes oficiales que habían apoyado su golpe de Estado conspiraban para destronarla y reemplazarla con el encarcelado Iván VI. Catalina actuó enseguida: ordenó el arresto y la tortura de los hombres involucrados en ese complot y volvió a poner en vigencia un organismo secreto -no demasiado distinto de la Cancillería Secreta de Isabel- para que investigara, detuviera y castigara a todas las personas sospechadas de conspiración política y traición.

Este hecho afectó bastante a la fundamentalmente humana y justa Catalina. Ahora que formaba parte de la larga línea de soberanos absolutos de Rusia, una línea que se extendía varios siglos hacia atrás, comenzaba a comprender por qué se habían vuelto tiránicos. Siempre había deplorado lo que consideraba un abuso de poder, sin embargo ahora que había sido rozada por el aliento helado de la perfidia, entendía más cuál era su origen. Descubrió que su autoridad tenía sus propios imperativos. El poder absoluto exigía una dureza de corazón despiadada para con los traidores. Lo único que podía protegerla era una severidad inflexible. Y cabía la posibilidad de que nunca más pudiera confiar por completo en nadie.

Durante octubre, cuando una gruesa alfombra de nieve blanqueó Moscú y una nueva ronda de fiestas y diversiones tenía ocupada a los ciudadanos, la emperatriz se dedicó a husmear en busca de deslealtades. Compró información, les pagó a algunos oficiales por denunciar a otros. Descubrió quién tenía una actitud crítica hacia ella, quién se sentía descontento, quién perdía la discreción cuando se embriagaba. Ella siempre supo que no todos los hombres la apoyaban por completo y que cada una de sus iniciativas, en realidad cada uno de sus movimientos, estaba siendo observado y juzgado por quienes habían hecho posible su ascensión al trono. Algunos de los hombres se sentían desdeñados, otros le tenían celos al lugar destacado que ocupaban los Orlov. Y otros, percibiendo bien la vulnerabilidad del nuevo gobierno, se sentían ávidos de poder. Pero Catalina no había cobrado conciencia de lo atenta que tenía que estar para asegurarse que el descontento no se transformara directamente en una conspiración. Y no había anticipado la medida en que el hecho de tener que combatir ese clima de deslealtad la consumiría y la abrumaría físicamente.

En la última semana de octubre les anunció a sus súbditos que se había descubierto y evitado un desafío traicionero a su autoridad. Primero ella pensó hacer ejecutar a los principales instigadores del complot, pero luego ordenó que fueran deportados a Siberia con la pérdida de su grado militar, su posición de nobleza y todos sus privilegios.

Una vez más multitudes se reunieron en la Plaza Roja para oír la lectura de las sentencias y presenciar la escena, mientras a los prisioneros, ahora reducidos a la posición de trabajadores comunes y corrientes o campesinos, se les rompían sus espadas sobre la cabeza. Catalina recibió un informe muy completo de lo sucedido en la Plaza Roja, pero no pudo presenciarlo. Estaba confinada a su lecho, pálida y triste, con las comadronas y sus médicos aguardando en la habitación contigua y fuera de la vista. Acababa de perder a su bebé.

Capítulo 20

El primer invierno de Catalina en Moscú como emperatriz transcurrió en una suerte de suma nebulosa de fiestas, comidas, recepciones y reuniones formales. Ella se levantaba temprano y trabajaba hasta tarde e interrumpía sus tareas para vestirse con sedas y adornarse con diamantes y presidir afablemente las fiestas y *soirées* privadas de la Corte, asistir a bodas y participar sentada de interminables servicios religiosos.

Una nieve densa cubría Moscú y esa mortaja blanca ennoblecía el estado de desidia en que se encontraba la ciudad. Durante las tardes frías, en los intervalos entre nevadas, la gente corría carreras de trineos sobre el congelado río Moscú, los caballos volaban sobre el hielo y las campanillas de sus arneses cascabeleaban. Algunas bandas tocaban en la margen del río, donde los espectadores se congregaban para contemplar a los patinadores deslizarse frente a ellos y para apostar a las carreras de trineos. También la emperatriz los miraba y apostaba, y los observadores comentaban su despreocupada alegría y su buen humor.

Catalina estaba decidida a dar la impresión de sentirse completamente segura, de no tener miedo, aunque tenía muy buenas razones para sentirse temerosa. No quería darle a nadie motivos para decir que se estaba pareciendo a la difunta emperatriz Isabel, consumida por temores con respecto a su seguridad, tan alarmada que hasta tenía miedo de quedarse dormida, su vida una pesadilla de maniobras clandestinas y precauciones. Con frecuencia Catalina ordenaba un coche abierto y viajaba en él por la noche con apenas una escolta pequeña para protegerla. Cuando iba al Senado, sólo llevaba con ella en su coche a dos lacayos, difícilmente el entorno de una mujer asustada. Daba toda clase de pruebas de que estaba tranquila.

Sin embargo, ella sabía el riesgo que corría. Por lo menos una vez por mes y a veces cada semana, se descubrían conspiraciones incipientes. Agentes de la reinstalada Rama Secreta informaron a la emperatriz de pequeñas pero insignificantes traiciones que socavaban la autoridad de Catalina. Dos de las mucamas de la alcoba de Catalina fueron arrestadas por murmurar con respecto a ella y decir que parecía más un hombre que una mujer. Fueron alejadas de la Corte. Los oficiales de la guardia amenazaron con provocar otra rebelión o, al menos, se jactaron de poder hacerlo. Fueron deportados a Siberia. Nobles y otras personas, disgustadas por el favoritismo que Catalina demostraba hacia Gregorio Orlov -haberle conferido el título de conde, hacerlo chambelán, ayudante de cámara y general asistente, sumarle otros cargos lucrativos y hacerle regalos generosos de dinero y alhajas- se complotaron para derrocarlo o incluso matarlo. Fueron descubiertos, interrogados y exiliados.

Pero, no importa cuán activo era el trabajo de la Rama Secreta, resultaba imposible eliminar el clima de inseguridad. El embajador británico Lord Buckingham escribió a sus superiores en Londres, en febrero de 1763, que una "gran confusión" reinaba dentro del gobierno de Catalina. "No se percibe el mismo clima de satisfacción general que existía hace dos meses", agregó, "y muchas personas se atreven incluso a demostrar su desaprobación con las medidas tomadas por la Corte." Los moscovitas hacían una pausa en sus entretenimientos invernales para quejarse de la emperatriz y de su amante Orlov. Los campesinos que traían sus productos a la ciudad para venderlos se quejaban de que, desde que Catalina era emperatriz, el clima había sido malo; decían que su acceso al trono les había traído mala suerte, se santiguaban y redoblaban sus oraciones.

Catalina hacía todo lo posible por mantener la cordura en medio de esa atmósfera perturbada, y dividía su tiempo entre el trabajo y el placer. "La vida de la emperatriz", informó Lord Buckingham, "es una *mélange* de diversiones frívolas y una dedicación intensa a los negocios, la cual todavía no ha producido nada debido a los obstáculos que la gente pone deliberadamente en su camino y también debido a la diversidad de sus proyectos." "Sus planes son muchos y vastos", señaló, "pero muy desproporcionados con respecto a los medios de que dispone."

Día tras día se reunía con sus seis secretarios, los hombres que le presentaban sus documentos oficiales y con quienes ella consultaba las decisiones a tomar, los edictos y otros pronunciamientos que se debían hacer. Hablaba con Panin y con el anciano Bestuzhev -había llamado a este último de su exilio y escuchaba sus consejos con gran interés- y leía, estudiaba y pensaba en una amplia gama de temas. Y, día tras día, después de haber dedicado horas a su trabajo, se veía obligada a reconocer que ese esfuerzo había resultado en gran medida inútil. La inercia, la hostilidad, el mezquino egoísmo de aquellos en quienes ella estaba obligada a confiar para poner en práctica sus planes la frustraban y obstaculizaban sus proyectos.

Reinar no era para nada lo que ella había imaginado, y en el fondo de su corazón se sentía decepcionada.

A comienzos de 1763 Catalina le abrió su corazón al embajador francés Breteuil. A él le confesó que "no era nada feliz y que tenía que gobernar a un pueblo que era imposible satisfacer". Le dijo a Breteuil que calculaba que les llevaría varios años a sus súbditos acostumbrarse a ella y que esto la ponía incómoda.

Al embajador le llamó la atención no sólo el candor de la emperatriz sino también su vanidad. "Ella tiene una excelente opinión de su grandeza y de su poder", escribió. Al hablar con él Catalina se refería una y otra vez a su "gran y poderoso imperio", utilizando la frase casi como un talismán. Aludió más de una vez a su permanente ambición, que la había impulsado hacia el poder desde el día en que puso sus pies en Rusia.

Era evidente que su exaltada posición se le había subido un poco a la cabeza y le estaba causando ansiedad, algo que no sorprendía a nadie, señaló Breteuil, dada toda la chicanería que la rodeaba. En opinión del francés, en la Corte, hasta aquellas personas en quienes ella más confiaba maniobraban para obtener influencia, riqueza y una posición encumbrada. "Era inevitable que las intrigas, las manipulaciones, la intranquilizaran." El sectarismo crecía, y en medio de todas esas corrientes contrarias, al embajador le pareció que la Catalina que antes poseía la firmeza de una roca, ahora comenzaba a tambalearse y, por momentos, a perder su sensación de comando.

"La emperatriz", escribió, "está débil e indecisa, defectos que nunca antes exhibió en su carácter. [...] El miedo de perder lo que había tenido la audacia de conseguir se percibe fácilmente en su conducta. Al intuirlo, todos sacan partido de ella."

Eran muchas las personas que decían que, si Catalina estaba indecisa, era porque necesitaba un marido. En particular Bestuzhev la instaba a casarse y, con el conocimiento y la aceptación de ella, comenzó a tantear la opinión de los demás al respecto.

Muy pronto descubrió, sin demasiada sorpresa, que la cuestión de si la emperatriz debía o no casarse y con quién, estaba entreverada con la política. Dos facciones habían emergido entre los consejeros reales; una alrededor de Panin y la otra, alrededor de Gregorio Orlov, sus hermanos y el propio Bestuzhev. Como ese estadista experimentado sabía bien, los Orlov y sus aliados querían que Catalina hiciera lo que era lógico y natural: casarse con el hombre que amaba, el hombre cuyo magnetismo personal, vigor e influencia habían sido la fuerza impulsora detrás de su golpe de Estado. Con Gregorio Orlov como su marido, Catalina reforzaría la dinastía al tener más hijos. Después de todo, Orlov ya le había dado un hijo y ella habría tenido otro suyo si su reciente embarazo no hubiera terminado en un aborto espontáneo. Si el debilucho Pablo muriera, no habría una crisis de sucesión. La emperatriz y su viril y atento marido seguramente le darían otro heredero al trono.

El mismo Gregorio Orlov le había insistido a Catalina que se casara con él desde que en octubre de 1762 salió a la luz la conspiración que existía entre los guardias. Sólo es posible imaginar qué forma tomó dicha insistencia, pero además del dominio emocional y sin duda sexual que él tenía sobre la emperatriz, poseía un precedente de su lado: la emperatriz Isabel se había casado con un hombre que era plebeyo de nacimiento, Alexei Razumovsky. Catalina podía hacer otro tanto.

Panin y los que lo apoyaban tomaron la posición contraria y sostuvieron que, si Catalina se casaba, debía hacerlo con un príncipe de sangre real, quizás un hermano del depuesto emperador Iván VI o algún pariente más lejano de los Romanov. Si se casaba con un plebeyo, inevitablemente debilitaría su posición, precisamente cuando debía reforzarla. Estaba también el escándalo de la muerte de Pedro, en la que los hermanos Orlov habían desempeñado un papel decisivo. En opinión de Panin, ¿qué se pensaría si la emperatriz se casaba con un hombre que se creía había sido su cómplice en matar a su marido?

Es difícil conjeturar qué habrá estado pensando Catalina sobre el tema durante el invierno y la primavera de 1763. Ella admiraba a las mujeres que habían gobernado sin casarse, como Isabel I de Inglaterra, aunque veía las ventajas políticas que representaría casarse con el hombre adecuado. Su propia experiencia conyugal había sido desastrosa, una pesadilla de sufrimiento, crueldad y descuido. Sin embargo, por esa misma razón es posible que haya soñado con curar sus heridas y encontrar redención en una unión más feliz con un marido más bondadoso y agradable elegido por ella misma.

Era obvio que Orlov le gustaba, aunque no era ciega a sus defectos ni estaba demasiado impresionada con sus talentos. Sabía que él era, en sus mismas palabras, "un chiquillo consentido por la Naturaleza" y que confiaba demasiado en que su linda cara, su cuerpo musculoso, su coraje y su carisma lo llevarían por la vida sin que él tuviera que esforzarse demasiado. Era inteligente, pero también muy complaciente consigo mismo. Era excesivo en sus apetitos y dispendioso con el dinero que ella le daba a raudales. Era jugador, ponía el placer antes que los negocios y trabajaba lo menos posible.

Pero a Catalina le gustaba Orlov porque, como le confió algunos años más tarde a su amigo Melchor Grimm, le encantaba ser estimulada por hombres más activos y decididos que ella. Nunca había conocido a un hombre que le conviniera más en este sentido; Orlov -le dijo a Grimm-, "instintivamente conduce y yo lo sigo." La había conducido al trono y ella podía confiar en que la conduciría también por la vida como su marido.

Catalina se mostró cauta y se tomó su tiempo para decidir. En mayo hizo un peregrinaje al monasterio de la Resurrección en Rostov. Los moscovitas, contrarios a Orlov y convencidos de que la emperatriz se proponía casarse con él en poco tiempo, dieron por sentado que, mientras estaba en el monasterio y transitoriamente libre de la influencia de Panin, Catalina se casaría en secreto con su favorito.

Las circunstancias dieron lugar al surgimiento de historias sumamente imaginativas, historias que se construían unas sobre otras y que se volvían cada vez más amenazadoras con cada persona que la contaba. Orlov estaba obligando a Catalina a hacer lo que él quería, decía la gente; Catalina nunca había querido ser emperatriz, en realidad se habría sentido satisfecha con ser la regente de su hijo si Orlov no le hubiera insistido que asumiera el poder soberano. Orlov estaba detrás de todo y usaba a Catalina para conseguir una posición de gran poder. Y entonces la parte final de su plan tortuoso estaba por cumplirse.

Los celos y el recelo para con Orlov fueron los que nutrieron ese rumor y, como era inevitable, dieron lugar a conspiraciones. Un grupo de oficiales de la guardia fueron descubiertos complotando para derrocar a Catalina y asesinar a Orlov si llegaba a hacerse público un matrimonio entre los dos. Los conspiradores sabían, y ese conocimiento los alentaba, que Panin se oponía a la boda de Orlov. "La señora de Orlov", se aseguraba que había dicho Panin, "jamás será la emperatriz de Todas las Rusias."

Esa severa afirmación atribuida a Panin fue repetida por toda la ciudad y dio lugar a una protesta popular. Los ingobernables moscovitas dieron rienda suelta a su ruidosa protesta y en pocos días la ciudad pareció estar a punto de estallar en una rebelión. Los guardias leales ocuparon posiciones en la Plaza Roja, en los suburbios y a lo largo de las calles principales o más transitadas. Se cerraron las tabernas y se dispersó a los alborotadores. La Rama Secreta se movió furtivamente para detener e interrogar a los integrantes más sospechosos de las manifestaciones, y la emperatriz impartió un "manifiesto de silencio" en el que prohibía "las discusiones fuera de lugar y los rumores en cuestiones relativas al gobierno".

El verano, breve y caluroso, se abatió sobre la ciudad. Enormes moscas negras zumbaban por las calles polvorientas y los golpes de los martillos de los carpinteros resonaron en los suburbios dañados por incendios durante los meses fríos. Los nobles de Moscú abandonaron la ciudad hacia sus fincas veraniegas, hartos de la emperatriz y de las personas serviles que la rodeaban. La nobleza de Moscú se jactaba de su antigüedad y su independencia; muchas familias habían conservado sus títulos durante una docena de generaciones, algunas incluso durante más tiempo, mientras que los nobles preferidos de Catalina lo eran desde hacía muy poco. Algunos, como los Orlov, habían llegado a la posición encumbrada que ocupaban con sorprendente velocidad. El hecho de que Catalina contemplara siquiera la posibilidad de casarse con uno de esos advenedizos revelaba su propia vulgaridad, se decían unos a otros los nobles moscovitas. Después de todo, ella no era más que la hija de un soldado alemán, aunque él se hubiera autotitulado príncipe.

Muy consciente de la arrogancia de los nobles de Moscú, y desalentada por los complots y las sublevaciones que parecían tan endémicas a la antigua ciudad como las moscas y el hedor, las iglesias y el eco de sus campanas, Catalina descartó por completo la idea de casarse con Orlov y poco a poco se resignó al hecho de que tal vez nunca tendría libertad para actuar según sus deseos. Durante todo el tiempo en que se sentara en el trono, habría oposición. Tenía enemigos y cosecharía incluso más. La ingratitud, y no la admiración y el aprecio, serían su destino; y ella tenía que aprender a bajar sus expectativas.

De alguna manera, llegó a un acuerdo con Orlov. Es posible que también él comprendiera que la decisión de Catalina de no casarse con él era sensata, aunque sin duda no le puede haber caído bien la derrota política que esa decisión implicaba. A partir de ese momento Panin fue ganando ascendiente y ya por el otoño de 1763, después de haber perdido la batalla con respecto a la boda, Bestuzhev había abandonado la Corte y había entrado en un retiro voluntario. Catalina había hecho su elección. Panin, el pragmático cuidadoso, había ganado.

Una vez que regresaron a San Petersburgo, tanto Catalina como Orlov se sintieron más tranquilos. Pero habría una desagradable posdata a la estadía de ambos en Moscú. Orlov recibió un paquete cuidadosamente envuelto desde Moscú. No lo acompañaba ninguna carta, así que no existía manera de identificar a quien lo había enviado. Dentro del paquete había un queso grande, al que le habían practicado agujeros que luego rellenaron con excremento de caballo. Y en el centro del queso había una cachiporra clavada.

Sin duda el intrépido Orlov debe de haberle restado importancia al incidente, pero seguramente preocupó a Catalina. No bastaba con que ella hubiera renunciado a la idea de casarse con él. Mientras Orlov permaneciera a su lado, como su amante, habría moscovitas que seguirían planeando su muerte.

Pasarían años antes de que Catalina regresara a Moscú por un período prolongado. Ella se instaló en su rutina de San Petersburgo y dedicó sus días de trabajo a asuntos de orden práctico que tenían que ver con la totalidad del imperio.

Un tema que absorbió su atención fue que Rusia, con una enorme extensión en tierras, estaba escasamente poblada. Montesquieu y otros escritores asociaban la fuerza relativa de un reino con el tamaño de su población. "Necesitamos gente", había escrito en una ocasión la joven Catalina, mucho antes de ser emperatriz. "De ser posible, haría que las zonas ahora desiertas estuvieran tan pobladas como un panal de abejas." Trajo a Rusia miles de colonos y creó un ente gubernamental, la Cancillería para la Protección de Extranjeros, cuya finalidad era reclutar colonos y establecer nuevos asentamientos para ellos. Gregorio Orlov estaba nominalmente a cargo de la cancillería. Bajo su hábil liderazgo se instalaron colonias en el bajo Volga, sobre tierras fértiles de estepa. Además, la zona que rodeaba San Petersburgo, un paisaje desolado de profundos pantanos y bosques de pinos, fue recuperada y hecha habitable. Catalina ordenó que los pantanos fueran secados y los bosques talados; por el otoño de 1766 había tres aldeas prósperas allí donde pocos años antes sólo había juncias y cañas y agua estancada.

Otro punto más delicado y controvertido que preocupaba a la emperatriz era la Iglesia, no como entidad religiosa sino como institución económica. La Iglesia rusa era propietaria de extensos terrenos trabajados por un millón de siervos. El gobierno necesitaba con desesperación dinero y recursos. ¿Por qué habría la Iglesia de ser tan rica cuando el tesoro imperial era insolvente?

Tanto la emperatriz Isabel como su sucesor les habían echado el ojo a las tierras de la Iglesia con envidia. Ambos habían estado a punto de confiscarlas, pero a último momento no lo hicieron. Catalina no vaciló; en febrero de 1764 ordenó que las propiedades eclesiásticas, que según se decreto habían sido adquiridas ilegalmente, fuera devueltas a una entidad de la corona, el Colegio de Economía. De un solo plumazo el gobierno imperial se volvió, al menos por un tiempo, nuevamente solvente, aunque lo que había ganado en solvencia lo perdió en popularidad.

Una vez más llegaron al escritorio de Catalina cantidades de informes sobre rumores de sedición, complots subterráneos, bolsillos de insatisfacción entre los guardias, que hervían de descontento y estaban a punto de tomar acciones contra el gobierno. Estallaron revueltas en Pskov, Orel, Voronezh; sectores distantes de las sedes principales de control burocrático. Bandidos aterrorizaban las aldeas y asediaban las propiedades de los nobles. Para poner fin a ese caos, Catalina les confirió más autoridad a los nobles. Sin embargo, pronto descubrió que ellos con frecuencia abusaban de ese poder, extorsionaban a los campesinos exigiéndoles más impuestos de los que la ley permitía, recibían sobornos y le robaban dinero al gobierno. No era raro que los campesinos, enfurecidos, se levantaran en masa y asesinaran a sus arrendadores. El dilema abrumaba a la emperatriz: ¿de qué manera podía crear paz y orden sin caer en la tiranía?

Y algo incluso más inquietante sucedía. Aquí y allá, siempre en sectores más alejados de Moscú y San Petersburgo, en las comunidades de campesinos surgían hombres extraños, individuos que alegaban ser el Emperador Pedro III.

Esta resurrección espectral del emperador muerto tenía lugar cada varios meses y era un fenómeno que amenazaba a Catalina y resultaba desalentador. Los impostores eran recibidos de buen grado por el populacho rural. Recibían regalos, honores, pedidos de apoyo. Comenzaron a reunir bandas de seguidores, partidarios ansiosos de luchar con ellos en su reclamo del trono. Uno por uno estos falsos Pedros fueron cazados por los soldados y capturados. Pero tan pronto uno era eliminado, otro surgía para ocupar su lugar. Y, a medida que los meses transcurrían, entre los campesinos se fue haciendo más fuerte la idea de que el auténtico emperador estaba vivo y gozaba de buena salud. De pronto se decía que estaba en Crimea, reclutando un ejército; en otro momento se aseguraba que se encontraba en el este, descansando y esperando que llegara el buen tiempo para comenzar su gran campaña tendiente a recuperar sus derechos.

Los impostores se podían capturar, castigar y encarcelar, pero, como Catalina sabía demasiado bien, las ideas eran demasiado fuertes para ser erradicadas con la fuerza o con amenazas. Era como si la idea de Pedro III le hubiera declarado a ella la guerra. Durante casi veinte años su marido la había atormentado en vida, y ahora seguía haciéndolo desde su tumba.

Cuando Catalina cumplió los dos años de reinado, se ofreció un imponente baile de disfraces en San Petersburgo. Los festejos continuaron durante dos días y tres noches, y los huéspedes, ataviados con disfraces caros, bailaron, comieron y bebieron hasta quedar prácticamente exhaustos. Un visitante de Venecia, el famoso Giovanni Casanova, estuvo presente y describió esa escena exuberante.

Mientras la jarana continuaba, una figura modestamente vestida se coló a la fiesta, su cuerpo menudo cubierto por completo de negro. Con la cara tapada con una máscara, se mezcló entre ese gentío sonriente y animado, y a veces perdía el equilibrio cuando alguien la empujaba sin querer. Los conocidos de Casanova le dijeron, en un susurro, que la misteriosa mujer vestida de negro era la emperatriz. Sin embargo, la mayor parte de los invitados no tenían idea de quién era esa mujer, y ella prefería que fuera así.

Cada tanto se unía a un grupo de comensales y escuchaba su conversación con una discreción total. Casanova pensó que era muy probable que ella hubiera oído opiniones sobre su persona, algunas de las cuales le habrían resultado muy dolorosas. Pero ella no reveló su identidad. Durante todo el tiempo en que permaneció en el baile, no lo hizo en ningún momento. Casanova quedó impresionado, no sólo por su aplomo sino por su astucia en hacer de espía en su propia corte.

Ya había reinado por varios años, y Catalina había aprendido mucho con respecto al poder, sus fuentes y satisfacciones... y sus limitaciones.

Ella estaba al mando; nadie había logrado arrebatarle autoridad de las manos. Ella tomaba decisiones importantes y revisaba el trabajo que delegaba en otras personas. Ella dominaba. En opinión de Buckingham, su "aire majestuoso" y su "mezcla feliz de dignidad y serenidad" le ganó respeto, al tiempo que su devoción por la mejoría de Rusia y sus esfuerzos, fruto de un trabajo constante para conseguirlo, impresionó a todos los observadores.

Catalina era el centro resplandeciente de una corte deslumbrante. Le gustaba exhibirse con diamantes, que eran el símbolo de su riqueza o, más bien, su apariencia de riqueza, pues a pesar de confiscar las tierras de la Iglesia, el tesoro no conservaría demasiado tiempo su solvencia. Brillando de pies a cabeza, ricamente vestida, cuidadosamente peinada y muy maquillada -los que visitaban la corte rusa hicieron comentarios acerca de las mejillas maquilladas con demasiado rubor de las mujeres, incluyendo la emperatriz-, saludaba a sus amistades en los conciertos dominicales de la Corte. Parecía imperturbable e invariablemente estaba de buen humor, o al menos eso pensaban los embajadores; aunque su mirada era siempre astuta (un visitante de la Corte describió esa expresión suya como "feroz y tiránica"), había en sus facciones una evidente suavidad y dulzura, y ella trataba a la gente con una bondad excepcional. Parecía conocer a todo el mundo, hasta a los sirvientes de menor rango, y hablaba con cada uno con la misma familiaridad espontánea.

Sin embargo, aunque nunca se mostraba arrogante ni formal, igual conservaba su dignidad. Trató de que no la vieran como una mujer vulnerable. Había aprendido que eso era esencial para poder retener el poder.

De maneras sutiles ella mantenía a la gente a distancia, cuidando de preservar una distinción perceptible entre la soberana y aquellos que estaban bajo su control, aunque ejerciera su autoridad con benevolencia. Su porte era imponente. Excepto en la privacidad de sus apartamentos o con aquellos en quien confiaba, ella actuaba como si esperara ser obedecida. Rara vez se permitía establecer un vínculo cercano con cualquiera de las damas de la Corte, y cuando lo hizo, sólo duró poco tiempo.

La princesa Dashkov, con quien en una ocasión ella pareció tener una relación fraternal, muy pronto perdió su favor y se le ordenó alejarse de la Corte. La princesa desahogó esa herida a su vanidad y a sus ambiciones visitando los cuarteles de los guardias y vistiendo uniforme, como lo había hecho el día del golpe de Estado. A la princesa Dashkov sucedió en el favor de la emperatriz la condesa Matushkin, quien duró menos de un año antes de ser apartada. Catalina se quejó de que la condesa era entrometida y de carácter inestable. La condesa Bruce -antes Praskovia Rumyantsev, la compañera de juventud de Catalina-, una talentosa belleza mundana, rápidamente ocupó el lugar de la condesa Matuschkin, y continuó siendo una seguidora maleable y dócil de la emperatriz, pero no su confidente; era muy hábil en percibir los estados de ánimo y las preferencias de Catalina y de imitarlas, incluso hasta el grado de convertirse en amante de Gregorio Orlov y de su hermano Alexis.

Aunque se rodeó de un círculo de gente joven, vivaz y activa y nada le gustaba más que estar entre ellas, participar de juegos tontos, hacer sus imitaciones de animales, corretear, cantar y contar historias, Catalina tenía siempre conciencia de seguir siendo la titiritera, la que maneja los hilos de los demás, con la Corte como su escenario.

Se esperaba que todos los cortesanos, incluso los de más edad, tomaran parte en las frecuentes representaciones. Se ponían en escena conciertos de gala, ballets y obras de teatro, y durante semanas los aficionados talentosos -y no tan talentosos- ensayaban sus partes, bajo la mirada crítica de la emperatriz. Se esperaba que los caballeros tocaran en la orquesta y que las damas aprendieran bailes elaborados. En los papeles teatrales se daba preferencia a los favoritos de Catalina.

Uno de los proyectos más caros a la emperatriz era la producción de una tragedia rusa, representada en un salón magnífico sobre un escenario especialmente construido. Gregorio Orlov encarnó el papel protagónico y "tuvo un trabajo excelente", como escribió una persona que vio la obra. La condesa Bruce asumió el papel principal y actuó con una vehemencia y una habilidad envidiables incluso para una actriz profesional. Entre los *dilettantes* de la orquesta había algunos músicos profesionales y por lo menos una docena de las damas que bailaron quedaron rengas. De todos modos, el efecto general fue espectacular, y la *troupe* de la Corte siguió cosechando triunfos.

El más recalcitrante de los cortesanos "actores" de Catalina era Orlov, quien cuando ella había reinado ya durante varios años había comenzado a resentirse y a considerarse maltratado. Cuando Catalina, por sensatas razones políticas, nombró a su antiguo amante Stanislaus Poniatowsky Rey de Polonia, Orlov se sintió agraviado. ¿Por qué recibía Poniatowsky un reino cuando él, que había hecho emperatriz a Catalina, debía resignarse a ser sólo conde? Ella no se iba a casar con él y siempre trataba de darle alguna instrucción sobre un tema u otro. Su amor por el aprendizaje le resultaba cansador. De hecho, Orlov le confió a Buckingham que él desconfiaba del aprendizaje y las artes. En su opinión, la búsqueda de actividades creativas e intelectuales tendía a debilitar el cuerpo y la mente.

Catalina siguió enriqueciendo a Orlov y ofreciéndole importantes cargos y oportunidades para ejercitar sus talentos, pero él se irritó por los esfuerzos de ella de moldearlo en algo que no era y no sería jamás. El embajador inglés advirtió un cambio en él, ciertos síntomas de "obstinación y mal humor" que reemplazaba su natural afabilidad, un aspecto suyo irritable y rebelde que se evidenciaba en desaliño en el vestir y desatención para con Catalina. Con frecuencia estaba ausente cazando y cuando estaba presente en la Corte descuidaba su aspecto personal y flirteaba desvergonzadamente.

Buckingham registró un incidente revelador. Una joven mujer de la Corte, mucho más joven que Catalina, le confió al embajador que Orlov la había estado persiguiendo durante algún tiempo pero que ella resistió ese acoso, no sólo porque él era el amante de la emperatriz sino porque ella estaba enamorada de otro hombre. Cierto día, cuando un grupo de cortesanos, incluyendo esa joven, Orlov y Catalina, visitaban una propiedad rural, Orlov reanudó sus avances. De pronto, Catalina entró en la habitación donde Orlov y su amada mantenían un *tête-à-tête.*

La joven estaba "un poco confundida" y Buckingham recordó que "entonces la emperatriz se le acercó por atrás y, apoyándosele en el hombro, le susurró: 'No te sientas avergonzada; estoy convencida de tu discreción y del afecto que me tienes. No temas haberme hecho sentir mal; por el contrario, me siento agradecida por tu conducta".

Para Catalina, siempre atareada, a menudo demasiado absorta en sus propias preocupaciones como para satisfacer los caprichos y las exigencias de su amante, fue un alivio descubrir que otra persona mantenía divertido a Orlov. Además, se producían ahora bastantes peleas entre ellos; observadores advirtieron "pequeñas diferencias" entre la emperatriz y Orlov, y señalaron que, incluso en público, Orlov "no mostraba el debido respeto a Catalina o siquiera le prestaba en público la atención adecuada". Algunos de los cortesanos tomaron esta falta de respeto y de atención como prueba de que Catalina y Orlov se habían casado secretamente; todo el mundo sabía que los hombres casados tendían a descuidar a sus esposas. Otros lo interpretaron más astutamente como "la insensatez de un joven arrogante y advenedizo y la debilidad de una mujer enamorada".

Porque Catalina seguía enamorada del rústico Orlov. Lo amaba y lo necesitaba. No estaba dispuesta a enfrentar los desafíos cada vez mayores de reinar sobre Rusia sin un compañero afectivo junto a ella, aunque tuvo el buen tino de no casarse con ese compañero.

Acosada por las críticas y amenazada de manera continua por trampas que le tendían para atraparla, Catalina necesitaba más que nunca poder apoyarse en Orlov.

En julio de 1764 un joven oficial de Schlüsselburg, el teniente Vasily Mirovich, intentó rescatar al ex emperador Iván de su prisión en la fortaleza con la intención de coronarlo emperador. Catalina había abandonado San Petersburgo para realizar una gira de tres semanas por las provincias bálticas. Lamentablemente para Iván, Mirovich ignoraba que los guardias del ex emperador tenían órdenes de asesinar a su prisionero si alguien intentaba liberarlo. Los guardias cumplieron con su deber y frustraron el intento de golpe, pero la muerte de Iván dio pie a una nueva ola de acusaciones contra la emperatriz.

Ahora se decía que Catalina había asesinado a dos emperadores: Pedro e Iván. Se daba por sentado que ella estaba en connivencia con Mirovich y que la supuesta conspiración no era más que un ardid para justificar el asesinato de Iván. El hecho de que Mirovich hubiera sido juzgado, condenado y finalmente ejecutado no consiguió detener la inundación de cartas injuriosas que llegaban al palacio ni las publicaciones satíricas que circulaban en la capital. Todos decían lo mismo: que Catalina, una adúltera, era también una asesina doble. Como si esto fuera poco, a la lista de sus pecados se agregó ahora el de libertinaje.

Los placeres del viaje por la región báltica, aunque gratificantes y divertidos, no compensaron el miedo que a Catalina le provocó el incidente de Schlüsselburg. Seguramente disfrutó de los desfiles navales y los espectáculos magníficos que cada ciudad montaba en su honor, las aclamaciones de la gente y los discursos de elogio, los jóvenes temerarios que impulsivamente desengancharon los caballos de su carruaje y se pusieron ellos a tirarlo. Catalina había promovido importantes proyectos edilicios a lo largo del litoral báltico: astilleros, caminos mejorados. El hecho de ver personalmente estos proyectos era satisfactorio, aunque los expertos le advirtieron que los barcos rusos necesitaban mucha mano de obra y que la construcción de astilleros estaba muy retrasada. Igual, cuando Catalina recibió la noticia de la muerte de Iván y el arresto de Mirovich, se alarmó muchísimo.

Se esforzó en parecer calma. No canceló enseguida su viaje y regresó inmediatamente a San Petersburgo para no dar la impresión de que los eventos de Schlüsselburg eran graves. Pero en realidad estaba muy alarmada y los más perceptivos de quienes la rodeaban advirtieron claras pruebas de su gran ansiedad.

"Su rostro y su figura están muy cambiados para peor desde su ascenso al trono", escribió Buckingham de Catalina. "Es fácil descubrir en ella indicios de una mujer espléndida, pero ya no es precisamente objeto del deseo." Sus palabras eran fuertes, incluso brutales, pero su significado era inequívoco. La piel que rodeaba los ojos de la emperatriz se estaba volviendo delgada y arrugada, sus mejillas habían comenzado a aflojarse y su cintura, que antes era de avispa, se estaba engrosando. Aunque ella hacía todo lo posible por ocultar su ansiedad, su aspecto era circunspecto, y cuando algún sonido o movimiento inesperado la sorprendía o la pescaba desprevenida, exhibía directamente miedo.

"La aparición menos siniestra causa una terrible alarma en la emperatriz", escribió un embajador. "Pero con frecuencia toma por real lo que son sólo sombras. Y hace falta realizar una prolongada y precisa investigación para calmar sus temores y desvanecer lo que era sólo una ilusión." En dos ocasiones Buckingham notó a Catalina "muy asustada sin ningún motivo". Una vez pasaba de un pequeño bote a un barco y resbaló; ella contuvo el aliento y entró en pánico. Otra vez, un leve ruido procedente de una antecámara la asustó y le produjo un terror espantoso.

El hecho de que una mujer osada y temeraria por naturaleza quedara reducida, aunque sólo fuera en ocasiones, a una criatura aterrada era una medida del tremendo peso que representaba regir un país. El tiempo diría si Catalina poseía la fortaleza suficiente para soportar ese peso o si, como muchos predecían, ella vacilaría, se tambalearía y con el tiempo caería en las muchas trampas y peligros que amenazaban con derrocarla.

Capítulo 21

En la primavera de 1767, la emperatriz Catalina II emprendió un prolongado viaje por el corazón mismo de la Rusia occidental. Viajó por el río Volga con gran esplendor, con una flota de una docena de galeras, llevando con ella a cientos de funcionarios de la Corte, personal gubernamental y criados que conformaban el gigantesco plantel de la casa imperial. Aunque una serie de personas le habían aconsejado con insistencia que no emprendiera esa vasta expedición y le recordaron que la última vez que se alejó de San Petersburgo hubo un intento de derrocarla y que no debería arriesgar su seguridad en ese río crecido por las inundaciones, con el clima frío e incierto de abril, Catalina no hizo caso de esas advertencias e inició el viaje.

Lo había estado planeando durante meses. Quería mostrarse a sus súbditos y ver por sí misma cómo era la vida a lo largo de ese río poderoso. Y qué mejor manera de hacerlo que con una flota imponente, decorada con su insignia y piloteada por marineros de la marina imperial. Iba a ser una caravana acuática, un espectáculo nunca visto en Rusia, acorde con la idea que tenía Catalina de su propia majestad y del significado excepcional de su reino.

Las galeras zarparon e inmediatamente vientos helados azotaron el agua y una lluvia glacial se abatió sobre las cubiertas de los barcos, obligando a los pasajeros a buscar refugio. Para divertirse jugaban a las cartas –algo nada fácil con el cabeceo y rolido de los barcos–, acompañaron a la emperatriz en los juegos y conversaciones, comieron, fumaron, flirtearon y leyeron. Catalina había llevado bastantes libros, incluyendo una novela francesa cuya acción transcurría en el reinado del emperador bizantino Justiniano. Para pasar el tiempo, tradujo parte de la novela al ruso.

Cuando la flota imperial ya llevaba una semana en el río, la emperatriz y sus compañeros, incluyendo Gregorio Orlov y su apuesto hermano menor Vladimir, comenzaron a sentirse aburridos e inquietos, helados y cansados del tempestuoso Volga. El cuidadoso itinerario preparado por Catalina no estaba siendo seguido. El mal tiempo y los contratiempos hicieron que el viaje fuera más lento, y estaba resultando difícil, si no imposible, que la emperatriz se mantuviera en contacto diario con las oficinas gubernamentales de Moscú vía mensajeros. Igual, Catalina se negaba a admitir que su proyecto había sido imprudente. Trazó un nuevo plan, escribió cartas, leyó, conversó con los marineros y, cuando todo lo demás fracasó, permaneció parada en cubierta contemplando pasar ese río verde y pensando que era más majestuoso y más agradable a la vista que el Neva.

Cuando la flotilla llegó a Yaroslavl, el humor de Catalina mejoró. Los habitantes de la ciudad celebraron su arribo con entusiasmo, y los dignatarios del lugar y los notables de las regiones circundantes ofrecieron sus respetos a la emperatriz y la escoltaron en una recorrida a las más importantes fábricas y los lugares más sobresalientes. Sucedió lo mismo en Kazan dos meses más tarde, donde Catalina conoció el mundo exótico de los tártaros (conocidos por los europeos como mongoles) y tuvo la sensación de haber entrado en Asia. Allí las mezquitas superaban a las iglesias y algunos grupos tribales se encontraban tan lejos de la esfera de influencia cristiana o islámica que veneraban los espíritus de los árboles y rechazaban todas las ortodoxias.

Fascinada por ese variado despliegue de atuendos, el baile salvaje de los miembros de la tribu y la babel de lenguas que había en Kazan, Catalina se sintió al mismo tiempo inquieta. Se preguntó de qué manera lograría imponer un conjunto único de leyes y principios gubernamentales a pueblos tan distintos.

Pues eso era lo que ella estaba dispuesta a hacer. A lo largo de los últimos tres años, la emperatriz había estado trabajando en la gigantesca tarea de compilar una serie de instrucciones que serían seguidas por la redacción de un código legislativo para su imperio. Cientos de horas de lectura, de estudio y de reflexión se habían volcado en esas instrucciones y, aunque la emperatriz había incorporado bastante material de los escritos de su autor político favorito, Montesquieu, y del jurista italiano Beccaria, las instrucciones eran fruto de sus mejores pensamientos y de sus ideales más elevados y resumían sus esperanzas para Rusia.

"La ley cristiana nos enseña a hacernos bien unos a otros en la medida de nuestras posibilidades", comenzaban las instrucciones. "Al establecer esta regla fundamental, prescripta por esa religión [...] no podemos sino suponer que cada hombre honesto de la comunidad desea, o deseará, ver a su país natal con el máximo de felicidad, gloria, seguridad y paz."

Ver su reino y su población en la cúspide de la felicidad era el objetivo sincero de Catalina. Para lograrlo, imaginó un gobierno encabezado por un monarca de estilo europeo, no un déspota caprichoso sino un soberano benigno y sabio cuyo principal objetivo sería guiar a sus súbditos hacia su "bien supremo". Convencida de que "es la moderación lo que rige a la gente y no el exceso de severidad", Catalina intentó no sólo definir principios legales sensatos sino ir más allá y estudiar la razón misma de la conducta humana y de la paz o el desasosiego social. Así, en su opinión la pena de muerte debía ser aplicada a los asesinos, no sólo como justo castigo por un crimen grave sino porque "el castigo capital es el remedio de una sociedad perturbada". Para ella, las leyes y quienes tienen la misión de aplicarlas, debían tener como meta principal la reforma y reeducación del público para que, con el tiempo, los castigos ya no fueran necesarios.

"El pueblo no debe ser gobernado con métodos violentos", escribió la emperatriz, "sino que deberíamos utilizar los medios que la Naturaleza nos ha brindado, con el mayor cuidado y cautela, a fin de conducirlo a los fines que nos proponemos." Estaba convencida de que la Naturaleza había provisto al hombre y a la mujer de conciencia, y esto hacía que cada uno se sintiera responsable de la comunidad; lo primero que debería disuadir del crimen debería ser el deseo de evitar sentirse avergonzado a los ojos de los demás.

La instrucción de Catalina cubría un amplio espectro de temas, desde promover el aumento de la población a recomendar la abolición de la mutilación y la esclavitud. El tratamiento humano y la clemencia eran los principios que la guiaban. "Desgraciado es el gobierno que se ve obligado a promulgar leyes severas", escribió. "Para prevenir el crimen, recompensar la virtud." Acerca del tema de la servidumbre y la esclavitud, ella escribió que se deberían "evitar todas las ocasiones de reducir a la gente a un estado de esclavitud". Los siervos no eran esclavos, sin embargo a menudo vivían en condiciones que virtualmente eran idénticas a las de la esclavitud. A ella le preocupaban los patrones que consideraban que sus siervos eran propiedad suya, los trataban de manera punitiva y con frecuencia cruelmente. En sus instrucciones Catalina puso bien en claro sus puntos de vista -que, sabía, diferían de los de muchos dueños de siervos-, en el sentido de que a los siervos se los debía asistir cuando llegaban a una edad avanzada o si quedaban incapacitados, e incluso comprarles su libertad; que se les debería permitir adquirir posesiones e incluso comprar su libertad; que su servidumbre debería ser sólo por un período limitado, y que la cantidad de trabajo que se les exigía realizar también debería tener un límite fijo.

En lo relativo a servidumbre, Catalina retocó sustancialmente sus instrucciones después de habérselas dado a sus consejeros, a miembros del Senado y a otras personas cuyas opiniones ella respetaba. Pero en otras cuestiones no permitió que le cambiaran nada. "Ningún hombre debería ser considerado culpable antes de haber recibido su sentencia", escribió, apartándose sorprendentemente de la práctica convencional. Los jueces no debían aceptar sobornos. Debía permitírseles a los acusados hablar en su favor en los juzgados. A nadie se le debería imponer impuestos tan gravosos que amenazaran su subsistencia.

Página tras página, Catalina volcó su mejor juicio y la sabiduría de sus mentores en más de quinientas recomendaciones separadas de consejos políticos, agrupados en veinte encabezamientos. Guiada por "su corazón y la razón", como escribiría más tarde, echó mano de su mejor juicio para lo que consideraba la tarea principal de su reinado: enseñar y educar a su pueblo a aspirar a su propio progreso.

La visión que Catalina tenía de la naturaleza humana era enfáticamente optimista. Armonizaba a la perfección con la opinión prevaleciente entre los enciclopedistas y filósofos franceses, una opinión que consideraba a la humanidad como intrínsecamente buena o, en el peor de los casos, redimible, y a las instituciones como la ley, el Estado y la Iglesia como instrumentos de corrupción y represión. Como filósofa y monarca, Catalina estaba en la posición única de tratar de poner en práctica los principios de la Ilustración convirtiéndolos en ley. Fue con este noble objetivo en mente que realizó el viaje por el Volga, sabiendo que al finalizarlo convocaría a una gran asamblea en la que los delegados elegidos entre sus súbditos redactarían leyes basadas -eso esperaba ella- en sus voluminosas instrucciones.

En esas instrucciones ella había asegurado, con gran confianza, que "Rusia es un país europeo". Ahora, en Kazan, al sentirse más bien en Asia que en Europa, Catalina comenzó a percibir las limitaciones de sus propios conocimientos. Kazan era un pequeño universo en sí mismo, con un perfil cultural propio y necesidades y problemas propios. Cada ciudad que visitaba era única. Bajo la delgada superficie de un gobierno estilo europeo, las tradiciones antiguas persistían y los antiguos feudos estaban a punto de ebullición. Existía en la vida provincial rusa cierta cualidad inmemorial que desafiaba toda clase de cambios; una resistencia primordial, como la resistencia de una bestia obstinada. Catalina lo sintió y lo observó, y era algo que le costaba mucho entender.

Otra cosa también la perturbaba. En la región a lo largo del Volga se producían muchos disturbios y ataques por parte de bandas de forajidos, y la frecuencia de estos incidentes estaba en aumento. Más y más siervos se alzaban contra sus patrones, quemaban cosechas y mansiones, mutilaban y mataban. Algunos siervos se unieron a los desertores del ejército y a los vagabundos y formaron grandes pandillas de bandoleros, muy armados y difíciles de someter. Todas las principales ciudades de la región del Volga habían sufrido ataques de esos bandoleros, quienes a veces cañoneaban a sus habitantes y siempre dejaban víctimas aterrorizadas a su paso asesino. La anarquía y la relativa vulnerabilidad de las ciudades preocupaba mucho a la emperatriz; desafiaba su visión de una sociedad pacífica como ninguna otra cosa lo había hecho.

Después de seis semanas en el río, Catalina puso punto final a su viaje por el Volga, que le estaba llevando más tiempo del esperado, y regresó deprisa a Moscú para esperar la convocatoria a la Comisión Legislativa, la asamblea de delegados que tendría a su cargo la enorme tarea de revisar las leyes de Rusia.

Casi seiscientos representantes, incluyendo delegados de las ciudades, de la comunidades de cosacos, de las asambleas de nobles y de reuniones de campesinos se reunieron en el Palacio Granovitaia del Kremlin para comenzar su tarea. Aunque los delegados no constituían un cuerpo representativo -Catalina no era una demócrata y no tenía intenciones de convertirse en una monarca constitucional- sí presentaron pruebas de preocupación y motivos de queja -los impuestos eran demasiado altos, las restricciones sobre los comerciantes, demasiado inapelables- que abarcaban a todos los sectores. Desde luego, nadie habló en favor de los siervos; aunque conformaban más de la mitad de la población total, no poseían derechos y, por consiguiente, no elegían delegados. En teoría, sus patrones hablaban por ellos.

La emperatriz abrió la Comisión Legislativa con gran majestad, usando su corona y su manto, flanqueada por su hijo, funcionarios de la Corte y un imponente séquito de sacerdotes y dignatarios. Sus instrucciones, voluminosas y encuadernadas en cuero, estaban exhibidas de manera destacada. Los delegados estaban sentados en bancos en ese recinto espacioso, los nobles adelante, después los cosacos, los delegados de las ciudades y, finalmente, los campesinos estatales. Todos escucharon con un silencio respetuoso las palabras del vicecanciller, quien les recordó la solemnidad y la importancia de la tarea que enfrentaban. Debían reescribir las leyes de manera que reflejaran el país perfecto imaginado por Catalina, en el que cada persona debía hacer a un lado sus deseos egoístas en favor del bien común, en el que los valores humanos reemplazarían el vicio y el crimen, traerían una felicidad duradera y crearían un modelo a seguir por otras sociedades. Debían "glorificarse a sí mismos y a su tiempo" mirando más allá del antiguo orden, hacia un futuro feliz, si no del todo utópico.

Esos sentimientos visionarios muy pronto cedieron el lugar a una actitud más práctica. Los cientos de delegados fueron divididos en docenas de comisiones y subcomisiones, cada una de las cuales comenzó ahondando en pilas de recomendaciones. A esto siguieron elaborados protocolos, con secretarios tomando notas, corrigiendo borradores, registrando el contenido de los debates. Avanzar en esto resultaba difícil porque los delegados estaban sumergidos en papeles y procedimientos. Los delegados presentaban libremente sus opiniones, algunas de las cuales horrorizaron a la emperatriz cuando le fueron transmitidas. Pero muy pronto fue evidente que la magnitud de la tarea impedía que se notaran progresos rápidos. Los delegados eran más hábiles en hablar que en llegar a un consenso, oral o escrito; se atacaban mutuamente -sólo en forma verbal, ya que les estaba prohibido portar espadas durante las sesiones-; entraban y salían a su antojo, reacios a comprometerse a permanecer en Moscú durante el tiempo que llevara completar el trabajo de la comisión.

Al llegar el invierno de 1767, la emperatriz, que siempre se mostraba impaciente con los que no podían trabajar a su ritmo vertiginoso, se sentía frustrada e irritable. Estaba incómoda en sus apartamentos, no le gustaba nada tener que pasar meses entre la arrogante y chismosa nobleza moscovita y estaba impaciente por seguir adelante con otros proyectos.

En diciembre, abruptamente Catalina ordenó a los delegados que suspendieran el trabajo y se reunieran nuevamente en San Petersburgo a mediados de febrero. Muchos no hicieron ese viaje a la capital, incluyendo funcionarios cuyo trabajo los obligaba a permanecer en Moscú. Los restantes parecieron perder energía e impulso, aunque los debates siguieron siendo prolongados y animados. Pasaron los meses, hasta que al cabo de un año de trabajo sólo se había completado un único documento, un borrador de ley sobre los derechos de la nobleza, y ni siquiera ese podía ser adoptado debido a las interminables correcciones, reconsideraciones y opiniones diferentes que contenía. Mientras tanto, Catalina se tambaleaba por otro golpe. Se habían descubierto más conspiradores: un grupo se proponía matar a Gregorio Orlov; el otro, asesinar a la emperatriz.

En medio de estas alarmas y la amenaza de un conflicto con Turquía, la emperatriz perdió la poca paciencia que le quedaba con la Comisión Legislativa. Decepcionada, no sólo por el evidente fracaso de ese gran esfuerzo legislativo sino por la ignorancia y la grosería, en especial de los delegados nobles, clausuró la comisión a fines de 1768. Algunas subcomisiones siguieron reuniéndose de vez en cuando durante otros tres años, pero sin lograr ningún trabajo significativo. El experimento con el populismo había terminado. El gran acontecimiento que Catalina esperaba que representara "la forma de pensar de este siglo" había terminado en la nada.

Pero si bien la comisión no había logrado nada importante, sí le agregó una dimensión importante a la reputación internacional de Catalina. Sus instrucciones fueron traducidas al francés y al alemán, se abrieron camino a Occidente y también fueron publicadas en periódicos y boletines de noticias. Los periodistas europeos escribieron acerca de los esfuerzos de la emperatriz de Rusia por llegar a su pueblo, Voltaire elogió a la gran legisladora del norte y hasta el rey Federico, recuperándose aún de su virtual derrota a manos de los ejércitos rusos, tuvo que reconocer que el trabajo legislativo de la inteligente Catalina merecía su admiración. Incluso los delegados obsecuentemente le pusieron a Catalina el título de "la Grande, la Más Sabia y Madre de la Patria", pero ella declinó aceptarlo, y su modestia tuvo como resultado aun más elogios.

Fuera de los salones donde se reunía la comisión no había tanto entusiasmo con respecto a la revisión de las leyes propuesta por Catalina y se vivía cierto desasosiego. Se arrojaron piedras contra el palacio, los guardias se quejaron de que la emperatriz y sus delegados estaban decididos a liberar a los siervos y a socavar la estructura social tradicional. Era evidente que gran parte de la población no estaba todavía lista para la clase de revisión de las leyes deseada por la emperatriz.

En octubre de 1768, mientras la comisión vivía sus últimas semanas, estallaron hostilidades en la ciudad sucreña de Balta, un sector bajo la protección turca justo del otro lado de la frontera con Polonia. Durante varios años Catalina, con el apoyo entusiasta de Panin, agresivamente había sumado más intereses rusos en Polonia: puso a Poniatowsky en el trono y fomentó una intervención militar para tratar de obligar a la Asamblea Legislativa Polaca a proteger los derechos de los polacos ortodoxos, quienes estaban siendo acosados por la mayoría católica. Ahora, su política conducía a Rusia a un conflicto imprevisto.

Era forzoso que la presencia militar de Rusia en Polonia resultara provocativa para los turcos y creara tensión y una situación volátil. Más allá de esto, el gobierno francés, consciente de la galofobia de Catalina y convencido de que su posición en el trono del imperio era frágil, depositó tres millones de libras en el tesoro del gobierno del antiguo imperio turco con la esperanza de financiar una victoria rápida y decisiva de los turcos.

La ventaja la tenían por cierto los turcos, pues su ejército de más de medio millón de hombres superaba las fuerzas rusas en una proporción de tres a uno, y su control sobre Crimea les confería una superioridad logística. No era claro si los soldados rusos pelearían de buen grado en favor de Catalina; ella no había demostrado todavía ser una líder de guerra y sus generales no habían tomado el campo de batalla en una década.

Sin embargo, en enero de 1769 la emperatriz y sus asesores habían comenzado a prepararse para la guerra y Catalina demostraba un excelente celo para la batalla. Con una confianza excesiva que comenzaba a representarla, hizo planes para un ataque audaz a las fuerzas turcas por mar y por tierra. Orlov era miembro de su consejo de guerra y, al igual que en el pasado, ella comandaba y él la seguía, aunque Catalina también escuchaba al más cauteloso Panin. Orlov propuso un enfrentamiento con la flota turca en el Mediterráneo mientras, simultáneamente, avanzaban contra fortalezas enemigas clave en Moldavia y en la cabecera del Mar de Azov. Los ejércitos bajo el mando del mariscal de campo Golitsyn, el general Rumyantsev y, más adelante, Pedro Panin, el hermano de Nikita Panin, se expandieron con alrededor de treinta mil nuevos reclutas, y ya a fines del verano Khotin, Jassy, Azov y Taganrog estaban en manos de los rusos.

"Mis soldados van a la guerra contra los turcos como si estuvieran camino a una boda", se jactó Catalina. A Voltaire le escribió: "Estamos en guerra, de eso no cabe duda, pero Rusia está acostumbrada desde hace tiempo a las contiendas armadas; y después de cada guerra termina en un estado más floreciente que cuando entró en ella". Catalina le recordó a su admirador en Ferney que al apoderarse de Azov y de Taganrog ella completaba un trabajo iniciado mucho tiempo antes por Pedro el Grande. En la guerra, como en tantos otros aspectos de la vida rusa, ella seguía los lineamientos de su gran predecesor y hasta lo superaba. Se refirió a la dos plazas fuertes como "dos alhajas que yo estoy haciendo engarzar" y cacareó que el sultán turco Mustafá III quedó tan acobardado por la ferocidad de las armas rusas que "lo único que el pobre hombre puede hacer es llorar". "¡Y ese era el fantasma terrible que se suponía que yo debía temer tanto!", continuó. Tal vez el imperio de los turcos era inmenso y sus ejércitos, numerosos como los granos de arena de las márgenes del mar. Pero, ¿acaso sus propios ejércitos no eran incluso más fuertes? ¿Los rusos no habían puesto en fuga a los turcos, no una sino dos veces, y en cada ocasión enfrentándose con una fuerza turca del doble de su tamaño?

El segundo año de la guerra fue testigo de la victoria más resonante de todas. La flota rusa, renovada y tripulada por marinos rusos y livonios y muchos oficiales reclutados de Gran Bretaña, se dirigió del Báltico al Mediterráneo. Fue una enorme sorpresa para los estados europeos. Los ejércitos rusos habían demostrado ser formidables, pero la marina rusa jamás.

El 24 de junio de 1770 doce barcos rusos trabaron combate con veintidós embarcaciones turcas en el Egeo, cerca de Khíos y de Chesme, sobre la costa de Anatolia. Ninguna de las flotas estaba bien tripulada: tanto los rusos como los turcos eran marinos deficientes y el coraje ciego no era sustituto apropiado para la pericia náutica. Sin embargo los rusos, aunque superados en armamentos aprovecharon mejor sus oportunidades y, después de obligar a la flota turca a entrar en el puerto de Chesme, les enviaron brulotes y la destruyeron por completo. Se calcula que once mil marineros turcos murieron ahogados.

La Batalla de Chesme desmoralizó a los turcos, hizo que los rusos se sumieran en un éxtasis nacionalista y que Catalina se convirtiera en una heroína internacional. El David ruso había herido de muerte al Goliat turco, durante siglos el enemigo esencial de la Cristiandad.

Fuegos artificiales, grandes celebraciones y servicios religiosos de acción de gracias continuaron en San Petersburgo durante semanas. A todos los marineros rusos se les dieron recompensas especiales y a Alexis Orlov, arquitecto de la aventura naval del Mediterráneo, se le confirió el título de "Chesmensky".

El estado de ánimo del público era más floreciente de lo que había sido desde los días emocionantes y tumultuosos del la ascensión al reino de Catalina. Desde el comienzo de la guerra la gente había estado hablando con entusiasmo del tránsito de Venus, convencidos de que un acontecimiento tan importante en los cielos inevitablemente significaba que las cuestiones humanas habían llegado a un momento coyuntural; estaba por producirse un cambio crucial. La victoria de Chesme se consideró el punto de partida de ese cambio crucial. Con él Rusia entró en el primer plano de las cuestiones europeas como un gran poder, un poder a ser tomado en cuenta, con el que era preciso negociar y al que era necesario temer.

Catalina promovió su famosa victoria con entusiasmo: a una habitación del Palacio Peterhof le puso por nombre Habitación Chesme y mandó hacer abundantes medallas, pinturas y otros objetos conmemorativos.

"¡Qué cosa horrible es la guerra!", le escribió la emperatriz a Voltaire simulando espanto. "El conde Orlov me cuenta que al día siguiente del incendio de la flota lo sorprendió ver que las aguas de la bahía de Chesme -una zona bastante pequeña- estaba teñida de rojo con sangre, de modo que muchos turcos habían muerto allí."

El lamento de Catalina era, en realidad, una jactancia apenas disimulada. Se regocijaba con su victoria, no sólo por el renombre que le daba a Rusia y el prestigio conferido a ella sino porque era un mentís a quienes la habían desechado por considerarla una mujer débil cuyo reinado no duraría mucho y sería olvidado pronto. Aunque en privado ella atribuía a la suerte tanto como a la habilidad el triunfo de Rusia, en público Catalina se jactaba de esa victoria.

Ella, Catalina, soltera y en pleno control sobre su amada Rusia, había conseguido lo que ni siquiera Pedro pudo hacer. Al igual que la soltera y dominante Isabel de Inglaterra dos siglos antes, ella había ganado una estupenda victoria naval y se había convertido en heroína. Del mismo modo en que Isabel había rechazado la temible Armada Española, así Catalina había aplastado la flota de los odiados turcos.

Aunque le escribió a Voltaire que realmente deseaba la paz -y sin duda quería poner fin al costoso drenaje que representaba la guerra sobre sus finanzas-, de hecho ella estaba encantada con la adulación y la sensación de poder que la guerra le había conferido. En 1770 Catalina tenía cuarenta y un años y "ni su inteligencia ni su aspecto físico mejoraban" le confió a su mentor. Su larga relación con Orlov todavía le brindaba la comodidad de la familiaridad -junto con el dolor que sus constantes aventuras le producían-, pero poseía poca o ninguna pasión. Su hijo Pablo no le dio ninguna alegría, sólo una obligación teñida con zozobra. Pero su fama, su recién conquistada sensación de triunfo, le aceleraban el pulso y le llenaban el corazón de amor maternal por su reino adoptivo y su pueblo.

Mientras Rusia triunfara, Catalina estaría feliz. Y tenía la certeza de que vendrían aun más triunfos.

"Como ve, el gato dormido por fin despertó", le escribió a Iván Chernyshev, su embajador en Londres. Rusia, sumida en un sopor durante tanto tiempo, comenzaba a despertar plena de energía. "¡La gente va a hablar de nosotros!", le prometió a Chernyshev. "¡No podrá creer todo el ruido que haremos!"

Capítulo 22

El gran duque Pablo crecía. Estaba resultando ser un hombre menudo, bajo y compacto, con un cuerpo delgado pero bien proporcionado: el cuerpo de un bailarín o de un actor perfecto para papeles juveniles. En 1773 tenía diecinueve años pero parecía mucho más joven, algo así como un muchacho todavía no formado del todo. Su cara redonda y firme y sus facciones sin atractivo no poseían la profundidad ni el carácter del rostro abierto e inquisitivo de su madre; sus ojos azules eran inteligentes pero llenos de desconfianza y él se movía con una celeridad nerviosa que traicionaba un desasosiego profundamente arraigado.

Para los observadores, Pablo parecía movido por el miedo: miedo de su madre, que era fría con él y, a medida que se acercaba a su mayoría de edad, se mostraba aprensiva con respecto a su popularidad; miedo de su cuerpo inmaduro y de su salud frágil; miedo de terminar siendo presa de intrigas palaciegas. Su miedo lo llevaba a mentir, a ocultar, a engañar a quienes lo rodeaban de maneras mezquinas.

No tenía ningún talento en especial del que pudiera vanagloriarse. Aunque aprendía con rapidez no era precisamente un erudito y, en todo caso, su educación le había sido impartida con cierto desgano por el indolente Nikita Panin y las clases fueron interrumpidas con demasiada frecuencia por el bullicioso Gregorio Orlov, quien desconfiaba de ese aprendizaje y quería endurecer a Pablo llevándolo a partidas de caza. Pablo no era tampoco un atleta –era ágil pero no musculoso–, y no tenía aptitudes para la música, el dibujo ni ningún otro logro elegante.

En suma, su único talento era ser el hijo de esa madre notable. Con respecto a su padre ahora, a los diecinueve años, sabía lo peor, como también lo sabían todos los demás en la corte de Catalina: que su padre era Sergio Saltykov y no Pedro III; que su madre lo despreciaba por su carácter ilegítimo y por recordarle las circunstancias que llevaron a ese hecho; que, según se rumoreaba en la Corte, su padre putativo Pedro había querido hacerlo matar, junto con Catalina, y que casi con toda seguridad su madre había sido cómplice de la muerte de Pedro.

Sin padre -pues Saltykov estaba siempre en Dresde, mantenido lejos por Catalina en un cargo diplomático menor tras otro-, Pablo recurrió a su tutor Panin. Le estaba siempre encima, hasta el punto de dormir también en su habitación y considerarlo su guía en la vida. A Orlov, Pablo le tenía afecto de chico, pero cuando se enteró del papel que los hermanos Orlov habían desempeñado en el golpe de Estado de su madre y la muerte del emperador, ya no pudo seguir confiando en ese jovial compañero de infancia con aspecto de oso.

Durante su adolescencia Pablo comenzó a entender y a apreciar su importancia como gran duque, el heredero del trono Romanov, aunque seguía teniéndole tanto miedo a su madre que le costaba imaginarse siquiera tomando una actitud independiente. Imitaba la ostentosa superficialidad de los nobles más jóvenes, "hablando con embeleso de los franceses y de Francia", como señaló un observador, e insistiendo en que todas sus posesiones vinieran de París. Desfilaba frente a su madre ataviado con sacos extravagantes y caros y pantalones de montar enjoyados y con galones plateados y dorados. Cataratas de encaje fino adornaban su cuello y sus muñecas y las hebillas de sus zapatos eran de resplandecientes diamantes y sus botones, de rutilantes rubíes.

Catalina, que a menudo le hablaba a su hijo de su preferencia por lo que ella llamaba "la simplicidad inglesa" en todas las cosas, simuló indiferencia pero en privado rechinaba los dientes, como él sabía que su madre haría. Madre e hijo se sentían molestos el uno con el otro y aunque Catalina se preocupaba muchísimo por cuidar de la salud de Pablo, lo hacía vacunar contra la viruela y lo alejaba de los lugares donde existía una amenaza de infección, él sabía que ella lo hacía más por su propia seguridad política que por su bienestar. Pablo había heredado la habilidad de su madre para los duelos verbales, pero no su ingenio; su lengua era su arma más filosa y, cuando tuvo algunos años más, cada tanto pudo superar su terror y retrucarle a su madre con cierto éxito.

En el verano en que Pablo cumplió dieciséis años, sucumbió a un ataque grave de gripe y durante un mes estuvo entre la vida y la muerte. Había estado enfermo muchas veces antes, pero nunca en un momento tan crítico, con Rusia todavía en guerra con los turcos en Crimea, cosechas deficientes que creaban descontento en las zonas rurales y precios altos en las ciudades, agitación en Polonia y temor por la posible existencia de peste bubónica en el ejército y en las provincias del sur.

En un momento así Catalina no podía darse el lujo de que su heredero oficial muriera. A medida que Pablo se sumía cada vez más en lo que muchos temían sería su enfermedad final, corrían rumores perturbadores de que Catalina declararía heredero a su otro hijo. Ese muchachito, hijo de Catalina con Gregorio Orlov, tenía casi nueve años y en todo sentido era más sano, más robusto, mejor parecido y presentable que el desdichado Pablo. Se llamaba Alexis Gregorevich Bobrinsky y, aunque se lo mantenía lejos de la Corte, no por eso había sido olvidado. Si Catalina decidía declarar heredero al trono al joven Bobrinsky, el poder de Gregorio Orlov llegaría a nuevas alturas y hasta era posible que persuadiera a Catalina de casarse finalmente con él.

Fue una sorpresa universal que Pablo se recuperara y, al cabo de cinco semanas, se levantara de su lecho de enfermo, al parecer completamente restablecido. De todos modos, el episodio había dejado estremecidos a Catalina y a los miembros de su gobierno, y después de esas crisis Catalina comenzó a sentir miedo. Pablo era ya bastante famoso y era varón: oficialmente, si no biológicamente, era el último sobreviviente masculino de la línea de Pedro el Grande. Su reclamo al trono de Rusia era irreprochable, mientras que Catalina no tenía absolutamente ningún reclamo; si se mantenía en el trono era solamente gracias a las conquistas y a su capacidad. Cuando Pablo y Panin estaban en Moscú, las multitudes salieron a las calles para gritarle vivas. Muchos moscovitas, que no le tenían ningún afecto a Catalina, le gritaron que su hijo era el heredero de ellos y "el único soberano auténtico" y juraron apoyarlo hasta la muerte.

Cuando Pablo cumplió dieciocho años, en septiembre de 1772, llegó a la mayoría de edad y dejó atrás su infancia y su tutelaje. Pero su madre, renuente a admitir cualquier progreso en su posición, postergó el reconocimiento oficial de que había llegado a la adultez.

Pablo era una espina que ella tenía clavada. Su hijo comenzaba a afirmar sus propias opiniones, que se oponían a que Catalina continuara en guerra con el imperio turco y mantuviera un conflicto muy costoso con Polonia. Ya comenzaba a tener seguidores; seguidores no con demasiada influencia, pero igual, irritantes para ella. Los alborotadores comenzaban a apoyarlo como el foco natural de oposición.

A comienzos de 1773 uno de esos alborotadores, Caspar von Saldern, un holsteiner sombrío que ocupaba un insignificante cargo diplomático, intentó organizar una conspiración para obligar a Catalina a permitir que su hijo reinara junto a ella. Von Saldern, quien suplementaba sus magros ingresos con sobornos y robos -robó una caja para rapé cubierta de diamantes de la emperatriz- era un conspirador demasiado inepto como para no ser descubierto, y la indignada Catalina lo exilió del reino. Pero ese episodio no hizo más que reafirmar su decisión de mantener a Pablo bajo un control estricto y de protegerse contra cualquier otro complot a favor de su hijo.

A los dieciocho ya Pablo tenía edad suficiente para casarse, y Catalina estaba impaciente por que formara una familia para asegurar así la continuidad de la sucesión. No existía ninguna duda con respecto a su capacidad para engendrar un hijo. Cuando tenía dieciséis años lo había iniciado sexualmente una mujer mayor, probablemente proporcionada por Panin, con el conocimiento y la aprobación de Catalina; esa mujer dio luego a luz a un hijo, al que le pusieron por nombre Simón Veliky. Catalina conservó al bebé con ella, tal como Isabel había mantenido al bebé Pablo en sus apartamentos.

Elegir una esposa para Pablo entre las familias nobles de Rusia podría haber dado lugar a una proliferación de facciones de la mayor peligrosidad, de modo que Catalina decidió realizar la búsqueda de una candidata entre las principales familias alemanas. Como siempre, había infinidad de princesas, pero encontrar a una muchacha presentable, inteligente y de buen carácter que no eclipsara a ese gran duque anodino ni descollara físicamente sobre él, representó un gran desafío.

En el verano de 1773 la condesa Carolina de Hesse-Darmstadt fue invitada a viajar a San Petersburgo con sus tres hijas solteras, todas de menos de veinte años. La del medio, Guillermina, de diecisiete años, le cayó bien a Pablo... y a Catalina. Era una muchacha comunicativa y servicial, y si su cutis exhibía algunas manchas, al menos no presentaba marcas de viruela. Más importante aún, Guillermina era sana y presumiblemente fértil.

Catalina debe de haber dado por sentado que, como la madre de Guillermina era una mujer excepcionalmente culta, también su hija tendría gustos intelectuales. Sea como fuere, decidió aceptar a Guillermina y la jovencita inició su instrucción en la Iglesia Ortodoxa y fue bautizada nuevamente con el nombre de Natalia. El 29 de septiembre tuvo lugar la boda.

Después de haberse esmerado tanto en la elección de una esposa para su hijo, Catalina se tomó el mismo cuidado al hacer los preparativos para la vida conyugal de los dos esposos. Designó una nueva suite de habitaciones en el Palacio de Invierno para los novios y la hizo redecorar según su propio gusto. La "simplicidad inglesa" fue olvidada cuando la emperatriz escribió sus instrucciones: el dormitorio formal tenía paredes tapizadas en brocado dorado con galones de terciopelo azul, mientras que la alcoba privada tenía columnas facetadas con vidrio azul y paredes acolchadas con damasco blanco. La emperatriz especificó todos los detalles de adornos y tapizado para los distintos cuartos y hasta proporcionó parte de la tela dorada de su propia provisión de galas. Todo esto tenía como propósito hacer feliz a Natalia y despertar en ella una disposición a esforzarse todo lo posible en cumplir con su papel de gran duquesa.

Recordando su propia llegada a San Petersburgo casi veinte años antes, su doloroso aislamiento y la tremenda carga emocional de su grotesco matrimonio, Catalina escribió una carta especial de consejos a su nuera. Le advirtió que evitara toda clase de enredos políticos y amistades inconvenientes con ministros extranjeros -algo que la misma Catalina no había logrado hacer-, que no tuviera deudas y llevara una vida lo más sencilla posible. Catalina le dijo a Natalia que debía estudiar ruso enseguida y esforzarse por abrazar las costumbres y formas de vida de su país adoptado, mientras se entregaba de corazón a ser la mejor esposa posible. Para ayudar a Natalia en su adaptación Catalina le ofreció una asignación generosa de cincuenta mil rublos por año. Así, Catalina quería asegurarse de que Natalia disfrutara de una ventaja que ella no había tenido: la buena voluntad y el firme apoyo de su suegra.

Catalina, una figura llamativa con su vestido con alhajas y perlas bordadas, fue el centro de la ceremonia de la boda de Pablo. Los invitados advirtieron que el cabello castaño de la emperatriz estaba bastante entrecano y que se lo peinaba muy tirante hacia atrás, en un estilo severo y poco halagador. Su cintura, antes de avispa, era ahora gruesa y de matrona, y ella ya no se movía con la gracia y la liviandad que en una época la distinguía. De todos modos, en opinión de los observadores su tez seguía siendo suave y tersa, a pesar de estar demasiado maquillada, y sus expresivos ojos azules estaban bien abiertos y su expresión era cordial, llena de benevolencia y de inteligencia. Todos comentaron la fuerte dentadura de la emperatriz. (En San Petersburgo las mujeres tendían a perder los dientes cuando llegaban a la mediana edad; era un riesgo universalmente reconocido debido al clima y a la dieta.) Cuando en el rostro de Catalina se dibujaba una sonrisa bondadosa y alegre, sus dientes lucían en toda su blancura prístina, y ello hacía que muchas de las otras damas ocultaran detrás de sus abanicos sus sonrisas no tan intactas.

Sólo cuando Catalina estaba de pie junto a su amiga la condesa Bruce, esa compañera preciosa y sorprendentemente bien conservada que conocía desde su infancia, entonces sí demostraba su verdadera edad. Otro miembro del entorno de Catalina y madre de la condesa Bruce, María Rumyantsev -que había sido la némesis de Catalina, pero que ahora, con más edad, se había transformado en su compañera fiel- hizo avergonzar a todas las mujeres de la Corte, pues aunque era de edad avanzada seguía siendo milagrosamente hermosa.

A Catalina la exasperaban los cumpleaños. "Detesto este día tanto como la peste", anunció cuando estaba por finalizar otro año. Los cumpleaños herían su vanidad -aunque en ese momento hacía muchas menos concesiones a la vanidad que una década antes- y, además, le recordaban el paso del tiempo y que los problemas del imperio estaban sólo parcialmente solucionados.

El paso de los años también traía consigo leves achaques. Cada tanto a Catalina le dolía la espalda y sufría de severos dolores de cabeza debido a muchas horas de lectura a la débil luz de una vela. Una luz más fuerte y anteojos disminuyeron los dolores de cabeza, pero para el dolor de espalda la única cura que los médicos pudieron sugerirle era un polvo medicinal que supuestamente hacía transpirar profusamente al paciente. El polvo no cumplió con su cometido y los dolores de espalda continuaron.

En general, Catalina desconfiaba de los médicos y los farmacéuticos y prefería las terapias no ortodoxas. Era una firme adepta a los beneficios para la salud de alternar la exposición al calor y al frío. Tenía su propia rutina preferida, en la que ella y sus asistentes femeninas se cubrían el cuerpo con largas enaguas y se envolvían bufandas alrededor del cuello y saltaban a un estanque y comenzaban a temblar en medio de esa agua helada; después se escaldaban sentándose frente a estufas calientes. Someterse al impacto del frío y al posterior calor debilitante que provocaba sudor, era la forma de controlar las enfermedades.

En los últimos años Catalina se había visto sometida a una gran tensión. La guerra con Turquía, por mucha gloria y fama que produjera, representaba un gran drenaje de los recursos humanos y financieros de Rusia. (El tesoro, enriquecido por depósitos de plata recientemente descubiertos en Mongolia, seguía siendo solvente, pero estaba mermando con rapidez.) La peste había devastado Moscú, matando a miles de personas y desatando un verdadero pandemónium. Supuestos asesinos, algunos medio locos, otros con la intención de vengar la muerte del desaparecido emperador Pedro, entraron por la fuerza en el palacio y aterrorizaron a la emperatriz; Gregorio Orlov descubrió a un oficial asesino acostado esperando a Catalina con una larga daga filosa en la mano.

No era nada sorprendente que la emperatriz comenzara a ver conspiración en todas partes y a temer las consecuencias de su creciente falta de popularidad. Apenas un año antes se había descubierto un importante complot en el regimiento Preobrazhensky, un hecho que afectó mucho a Catalina. Unos treinta oficiales y hombres -algunos aseguran que tantos como cien- estaban involucrados en una conspiración cuyo objetivo era proclamar a Pablo emperador. Por fortuna para Catalina, agentes imperiales se enteraron del complot y la Rama Secreta se ocupó de descubrir a esos hombres desleales, interrogarlos y castigarlos. Muy pronto, todo lo que quedaba de la conspiración fue un furioso resentimiento y, de parte de Catalina, cautela y aprensión.

En respuesta a esa conspiración alarmante, que ella sabía que era tanto una rebelión contra lo que se percibía como un dominio político por parte de Gregorio Orlov y sus hermanos como contra ella misma, Catalina tomó a varios de sus consejeros en quienes confiaba y abandonó la capital. Era preciso enfrentar el peligro para su régimen que implicaban los regimientos metropolitanos. Era probable que ese peligro creciera en lugar de disminuir, ahora que Pablo tenía edad suficiente para reclamar el trono, y la emperatriz planeaba hacerle frente de manera bien activa. Quería alejar todos los regimientos de la capital y diseminarlos, para que no pudieran unir fuerzas rápidamente para aplastar a la guardia del palacio. Después de una larga deliberación, sus consejeros la persuadieron de que no pusiera en práctica ese plan, por ser políticamente demasiado explosivo. Pero Catalina, siempre ingeniosa, ya a esa altura había decidido emplear una táctica diferente.

De pronto, para sorpresa de los que moraban en el palacio imperial, Catalina despidió a Gregorio Orlov y lo reemplazó con un teniente de los Guardias Montados, un hombre oscuro, bien parecido y algo tímido llamado Alejandro Vassilchikov.

Rápidamente el joven Vassilchikov fue ascendido a ayudante general, asistente de cámara y, después, a chambelán. Se le confirió la Orden de San Alejandro y se lo instaló en la suite que previamente pertenecía a Orlov. Los enemigos políticos de Catalina rieron por lo bajo. Vassilchikov tenía veintiocho años y la emperatriz, cuarenta y tres. Ella corría peligro de hacer el ridículo o algo aun peor. Sin embargo, hasta sus enemigos tuvieron que reconocer que lo que Catalina había hecho era políticamente astuto.

No podía haber para los guardias una señal más clara de que el poder de los Orlov había desaparecido de una vez y para siempre. Por un tiempo, los complots y los rumores cesaron. Catalina respiró con alivio. Además, el cambio había sido personalmente beneficioso para Catalina, o al menos eso esperaba ella.

"Después de once años de sufrimiento", le confió a una amiga, estaba dispuesta a vivir "pensando sólo en su placer y en total independencia." El dominio de Orlov sobre ella se había quebrado. Ya no habría más escenas y ella ya no tendría que soportar su infidelidad, su mal humor y sus caprichos, ni levantarle la autoestima. El tímido Vassilchikov sería su escolta, su confidente y su amante. Pero él era sólo un chiquillo bonito y excesivamente crecido. No lideró ninguna facción y no tenía hermanos poderosos. Nunca trataría de controlarla. Y, si lo hiciera, ella podría desembarazarse de él en cualquier momento.

Orlov no aceptó mansamente su degradación. No cabía duda de que él sabía que, por un tiempo, su preeminencia había estado en peligro. Había decepcionado a la emperatriz en la última misión que ella le había asignado, cuando lo envió a participar de negociaciones de paz con los turcos en Focsani y él no logró ningún resultado; de hecho, su conducta arrogante había empeorado las relaciones y reducido las perspectivas de paz. Era cierto que Catalina lo había descubierto con su nuevo amor, su joven y delicada prima, una chiquilla que casi no había salido de la infancia, y su traición la había lastimado mucho. No obstante, Catalina seguía debiéndole mucho. Él estaba decidido a no ceder el lugar que ocupaba a su lado sin dejar bien sentados sus derechos.

Al final, como era característico en ella, la emperatriz llegó a un generoso arreglo con su ex amante: además de entregarle grandes sumas de dinero, propiedades y siervos, Catalina obtuvo para él un título de príncipe en el extranjero y, después de que Orlov completó un período relativamente breve de exilio autoimpuesto, ella volvió a admitirlo en su círculo de consejeros. Ahora, una vez más, era un cortesano importante, y en la boda de Pablo su aspecto era tan atractivo, opulento e intimidatorio como siempre. Por cierto que a quien más impresionó fue al apocado e inseguro Vassilchikov, quien parecía incómodo y, de hecho, sufría de fuertes dolores en el pecho.

Al casamiento del gran duque y la gran duquesa siguieron semanas de fiestas, bailes de máscaras, funciones teatrales y recepciones imperiales. Noche tras noche continuaron los festejos y celebraciones en los salones de color blanco y dorado del palacio o entre el cristal tallado y la vajilla de oro y plata de los comedores de los nobles. Catalina prestó su graciosa presencia a casi todas estas reuniones, le sonrió a su nueva nuera y trató de parecer menos fría con Pablo. Confiaba en Vassilchikov para atenderla, pero fuera de eso ella prácticamente no le prestaba atención. En cambio, no lograba no prestar atención a Gregorio Orlov. Él la fastidió mucho al cortejar a una de las hermanas de Natalia y desencadenar así una nueva ola de rumores. ¿Qué pasaría si se casaba con la hermana de la nueva gran duquesa? Eso lo convertiría en cuñado de Pablo y, por extensión, en parte de la familia imperial. ¿Es que la ambición descarada de Orlov no tenía límites?

En la Corte todo el mundo seguía pendiente de las festividades cuando el consejo imperial normal bisemanal de Catalina se reunió el 15 de octubre de 1773. En él se leyó un mensaje a los concejales y a la emperatriz: los cosacos yaik estaban levantados en armas, liderados por un desertor del ejército que alegaba ser Pedro III.

La emperatriz y sus consejeros escucharon la noticia con ecuanimidad. Las sublevaciones eran moneda corriente entre los cosacos. A lo largo del último siglo el gobierno ruso había tenido que enfrentar docenas de veces a las bandas u hordas de los cosacos, pero siempre al final se había podido restaurar la autoridad y quebrar la resistencia.

Catalina sabía, como lo sabían sus predecesores, que la amenaza de rebelión era inherente a la alianza siempre tensa entre los cosacos y el trono. Pues los cosacos eran habitantes de las fronteras, hombres ferozmente independientes, democráticos y sumamente hostiles a cualquier intento de restringir su estilo de vida en gran medida autodirigido. Ellos ocupaban las relativamente vacías tierras de las estepas del sur, a lo largo del Volga, al este de las costas del Mar Caspio y en la parte occidental de Siberia. Eran los descendientes de siervos fugitivos, criminales prófugos, desertores del ejército, hombres marginales y vagabundos que instintivamente evitaban a las autoridades y permanecían en la periferia de la sociedad establecida. Sin embargo, servían al emperador constituyendo unidades montadas de combate y formando un cordón viviente entre Rusia y las tribus hostiles que amenazaban sus fronteras orientales no demasiado bien definidas.

Los cosacos eran leales a la autoridad reinante y valiosos aliados de combate, pero su lealtad entraba en conflicto con su necesidad de ser, y de seguir siendo, sus propios dueños. Cada vez que sentían que su independencia estaba amenazada se rebelaban, y cada vez que se rebelaban invocaban a la figura casi mítica de Stenka Razin, el gran héroe folklórico ruso que en una ocasión había encendido el espíritu de revuelta hasta que se propagó por las estepas como fuego salvaje que amenazaba con devorarse a toda Rusia.

Un siglo antes, durante el reinado del padre de Pedro el Grande, el emperador Alexis, Stenka Razin se había hecho pasar por libertador del pueblo ruso y había conseguido que miles de rusos siguieran su insignia al prometerles libertad de la opresión de los nobles y el establecimiento de una vasta república cosaca que comprendería la totalidad del litoral del Volga. Una y otra vez los ejércitos del emperador habían sido derrotados por Razin y sus campesinos, y los cosacos de Razin habían llevado a cabo masacres terribles, incendios de sembrados y una devastación general por todo el noreste de Rusia. Los moscovitas temían que ese valiente rebelde derribara y destruyera su ciudad y, por un tiempo, pareció que ninguna fuerza era capaz de detenerlo, tan feroz y poderoso era su ejército y tanta fuerza poseía su mensaje de liberación. Al final su propio pueblo traicionó a Razin, pero no antes de que se hubiera transformado en un príncipe potente por derecho propio, con una flota de doscientas galeras y un extenso territorio donde sus órdenes eran ley.

Stenka Razin había aterrorizado al gobierno y a la élite reinante. Como una fuerza de la naturaleza, un torbellino o una tormenta aterradora, él y sus hordas parecían brotar de la tierra y amenazar con derribar cualquier obstáculo que encontraran en su camino. Para quienes estaban al mando, Razin y sus seguidores representaban un tremendo recordatorio de que, más allá de su círculo de poder relativamente limitado estaba la extensión vasta, inexplorada y caótica de Rusia: la verdadera Rusia, no la Rusia de unas pocas personas occidentalizadas que vivían en un esplendor artificial rodeadas por los objetos y elementos de una cultura prestada. La verdadera Rusia estaba habitada por campesinos rudos y vestidos con pieles que vivían en la suciedad, no sabían leer ni escribir y cuya única y auténtica lealtad era para con Dios. Razin había despertado a esas personas, había fomentado su resentimiento y llevado sus antiguos agravios a un punto de ebullición. Bajo su mando se habían diseminado por las estepas para poner en peligro el precario orden social del Estado ruso. Y estuvieron muy cerca de lograrlo.

Ahora, todo parecía indicar que los viejos resentimientos habían vuelto a ser movilizados por un líder que aseguraba ser el desaparecido Pedro III.

En sí misma, la impostura no era causa de preocupación. A lo largo de la década anterior, casi todos los años había aparecido por lo menos un impostor que aseguraba ser Pedro; con el tiempo esta, igual que las otras, demostraría ser falsa. Sin embargo, mientras tanto la emperatriz y sus consejeros tomaron algunas medidas prudentes para sofocar el levantamiento, pues los cosacos yaik se habían amotinado apenas unos años antes y las ejecuciones, multas y castigos impuestos a los rebeldes habían dejado a la horda furiosa y llena de odio.

Se enviaron soldados para enfrentar a los desafiantes yaik y se puso en alerta a los líderes locales de la zona. Se despacharon mensajeros por los lentos y poceados caminos provinciales con instrucciones de regresar a la Corte lo antes posible con noticias de cuál era la situación entre los yaik. Entonces, después de haber hecho lo que podía hacerse, el consejo pasó a ocuparse de otros temas.

En Moscú los días muy fríos y las heladas cedieron su lugar a las primeras nevadas. Los cortesanos se dedicaron a paseos en trineo y partidas de patinaje sobre hielo, y la emperatriz, después de haber iniciado a su hijo y a su nuera en su nueva vida, centró su atención en un distinguido visitante procedente de Francia.

Denis Diderot, cuya *Encyclopédie* había sido durante años algo así como la biblia de Catalina, y quien algunos años antes había sido objeto de su generosa filantropía, llegó a Rusia después de un difícil viaje de cinco meses y se instaló en San Petersburgo para pasar allí el invierno.

Catalina estaba encantada de conocer al hombre que, junto con Voltaire y Montesquieu, había sido el ídolo intelectual de su juventud. La *Encyclopédie* había tenido una gran influencia en su forma de pensar y había contribuido a que ella tomara el camino de la tolerancia, la moderación y la benevolencia. Catalina asociaba a Diderot con todo lo que fuera progresista en el pensamiento social, y ahora podía oír de sus propios labios las ideas, nueva y viejas, que habían esclarecido a Europa. No perdió tiempo en sentarse con él y conversar, algo que siguieron haciendo, a veces en forma diaria, durante muchas horas cada vez.

Diderot, por su parte, había admirado a Catalina desde lejos como una soberana a la que lo que más le importaba era el bien de sus súbditos y cuyos conocimientos y manera de enfocar su gobierno forzosamente conduciría a que se produjeran en Rusia cambios beneficiosos. Quedó fascinado con Catalina cuando la conoció, impresionado con su curiosidad y su rigor intelectual, y se sintió cómodo con su informalidad. Escribió que ella combinaba "el alma de Bruto con los encantos de Cleopatra", y siempre esperaba con impaciencia las visitas que le hacía por las tardes.

Tanto el filósofo como la emperatriz tenían una personalidad fuerte y ninguno de los dos era tímido ni amigo de los elogios falsos. Muy pronto cada uno midió al otro y lo aprobó. Diderot les dijo a su familia y a otras personas en Francia que en la compañía estimulante de Catalina había sentido una libertad total para ventilar sus opiniones, y que Rusia le había resultado un país muy liberador. "En la supuesta tierra de bárbaros encontré en mí mismo el alma de un hombre libre."

"Él tiene una inteligencia extraordinaria", le escribió Catalina a Voltaire refiriéndose a Diderot. "No se encuentra todos los días a una persona así." Sin duda el francés era un hombre fuera de lo común en muchos aspectos. Cuando se dejaba llevar por una idea hablaba cada vez con mayor volumen y mayor velocidad hasta que, poniéndose de pie, comenzaba a pasearse por la habitación agitando los brazos y gritando. Tenía también la costumbre de sacarse la peluca y arrojarla a cualquier parte. Catalina la recogía y se la entregaba, momento en que él le agradecía y se metía en el bolsillo ese aditamento no deseado de crin de caballo empolvado.

Catalina supo ver más allá de la intensidad frenética de Diderot y aplaudió su genio abierto e inquisitivo. Lo consideraba incomparablemente más interesante que el único otro filósofo que había conocido hasta ese momento, Mercier de la Rivière, quien durante su visita realizada seis años antes a San Petersburgo la había aburrido terriblemente por "su verborragia pomposa" y por su parloteo incesante y egoísta. Aunque Diderot tenía la desconcertante tendencia a enfatizar sus puntos de vista tomando a la emperatriz del brazo o golpeándole una rodilla –para protegerse, Catalina solía sentarse frente a una mesa cuando el francés iba a visitarla–, siguió siendo bien recibido, semana tras semana, y deleitando a su anfitriona con su inagotable imaginación y la riqueza de su léxico. La curiosidad de Diderot se parecía mucho a la suya. Él quería saberlo todo acerca de Rusia y escuchaba con avidez cada palabra que ella le decía. De hecho, no sólo la escuchaba sino que lo escribía, y al final del día hacía anotaciones de memoria de todo lo que él y Catalina se habían dicho y agregaba sus propios comentarios.

Cierta tarde nevada de noviembre, un mensajero montado se

acercó a los portones del palacio, desmontó y entró deprisa. Llevaba noticias vitales de la región de la revuelta de los cosacos.

La situación había empeorado radicalmente. Las fuerzas del gobierno no habían podido detener el avance de los rebeldes. El impostor que se autotitulaba emperador Pedro Federovich tenía ahora un ejército propio, una fuerza de diez mil hombres, y había sitiado la ciudad de Orenburg. Había cuatro batallones y setenta cañones defendiendo a la ciudad, pero también los rebeldes tenían armas, y los soldados de la plaza fuerte no estaban preparados para soportar un sitio prolongado.

Y había más todavía. Se decía que el impostor había enviado emisarios a los bashkires, que vivían en los alrededores de Orenburg y a los trabajadores descontentos de los Urales. En una aldea tras otra estaba siendo proclamado como el auténtico emperador que salvaría al pueblo de la falsa emperatriz Catalina y sus impuestos elevados, sus guerras y sus leyes invasivas. Se decía que muy pronto el impostor tendría veinte mil hombres en su ejército, o incluso treinta mil, y que luego, al mando de esa fuerza masiva, ya nada podría detenerlo.

Capítulo 23

Emelian Pugachev era un ex soldado bajo y muy musculoso, combativo y salvaje, un cosaco del Don de la aldea de Zimoveisk, que había luchado en el ejército imperial antes de ser dado de baja por mala salud. De pelo y ojos oscuros, la piel de su cara y de su pecho moteada con parches blancos allí donde había padecido escrófula, era una figura poco impresionante a primera vista, pero tenía la fuerza necesaria para comprometer la atención de sus camaradas cosacos y estaba siempre alerta a las oportunidades.

Después de abandonar a su esposa y sus hijos, Pugachev vivió entre cosacos descontentos y pasó un tiempo en un monasterio de los Raskolniks o Viejos Ritualistas, una secta de disidentes de la Iglesia Ortodoxa Rusa. Fue testigo -y quizá también participó- del levantamiento de 1772 y quedó prisionero por un tiempo, pero logró escapar. También tomó una nueva esposa, una mujer yaik, y comenzó a trazar un plan audaz.

En septiembre de 1773 Pugachev apareció cerca de la ciudad de Yaitsk con un nuevo aspecto. Usaba un caftán rojo y largo y una gorra de terciopelo, la gorra de un noble, y estaba rodeado de unos cien hombres -cosacos, kalmuks y tártaros- que lo reverenciaban y lo llamaban emperador Pedro. A su esposa, quien tenía un círculo de muchachas campesinas reverenciales, se la denominaba emperatriz.

El desfile de autoproclamados dignatarios pasó por una aldea tras otra y en cada una Pugachev se quedó el tiempo suficiente para ser presentado a sus súbditos como el emperador desaparecido y para exhibir sus "marcas de zar" -las cicatrices de escrófula en el pecho- para beneficio de los escépticos. Carteles con los símbolos de los Viejos Ritualistas contribuyeron a reunir más seguidores, pues la "nueva" fe todavía era vista con desagrado -aunque hubiera estado en vigor durante un siglo- y eran muchos lo que la adoptaban con la imposición de formas diabólicas europeas de pensamiento y de gobierno de San Petersburgo.

Con sorprendente rapidez el falso Pedro III reunió una horda de seguidores. De una aldea a otra se corrió la voz de que el emperador había regresado y de que traía consigo la antigua fe y los antiguos estilos de vida. Pugachev amplió su entorno. Ahora tenía un secretario de Estado, un terrateniente ruso que, aun sabiendo que ese cosaco sombrío y musculoso era un impostor, sin embargo vio en él una gran promesa como pararrayos de los disidentes y galvanizador de la rebelión. Yustina, la esposa de Pugachev, quien se hacía pasar por su auténtica emperatriz -no como la emperatriz Catalina, pues Catalina era considerada la villana del drama por haber destronado a su marido-, tenía un grupo de damas de honor que la seguían a todas partes. Un joven cosaco vestido como el hijo de una familia noble encarnaba el papel del Gran Duque Pablo. Había secretarias, empleados, incluso cortesanos a quienes Pugachev bautizó como Orlov, Vorontzov y Panin.

En donde se presentara, Pugachev arrastraba nubes de majestad y de falsa autoridad. Su entorno le prestaba dignidad y formaba un telón de fondo para su impostura. Era un actor persuasivo: era capaz de llorar a voluntad -recordó después una persona que lo vio- y poseía el don de hacer que quienes lo escuchaban creyeran todo lo que decía. Cuando se paraba delante de la gente con su caftán y su gorra de terciopelo y lloraba, mientras aseguraba que él era el verdadero emperador y que se preocupaba por ellos del mismo modo en que Cristo se había preocupado por los suyos, lograba conmover el corazón de sus oyentes y ganarse su lealtad. Sabía bien qué querían oír sus propios cosacos y los pueblos no rusos entre los que ellos vivían. Rodeado de su corte falsa, con sacerdotes que revoleaban incienso y estandartes bordados que exhibían los símbolos de los Viejos Ritualistas que brillaban en el sol del otoño, él hacía promesas desmedidas y cosechaba esperanzas también desmedidas.

Pugachev aseguraba que todos los que se unieran a su "gran orden" disfrutarían "de la libertad de los ríos desde sus fuentes hasta sus bocas, y de las tierras y lo sembrado en ellas y de pagos en efectivo, y también plomo y pólvora y una provisión de maíz". Si tan sólo lo ayudaran a reconquistar el trono del que había sido injustamente despojado por el poder de la usurpadora Catalina, él no sólo los recompensaría sino que pondría fin de una vez por todas a la soberanía nociva de San Petersburgo sobre el estilo de vida irrestricto e indómito de los cosacos.

Abundancia, riqueza y la reimplantación de las antiguas costumbres y la antigua fe eran los puntos que formaban la plataforma del falso Pedro. Él sabía cómo disfrazar su mensaje, y también su persona, en una retórica semi-mística. "Todos los que están perdidos, cansados y tristes", proclamó, "los que me anhelan y desean ser mis súbditos y estar bajo mis órdenes, deberían acercarse a mí al oír mi nombre." Él era el amante padre ruso con aspecto de Cristo, que todo lo perdonaba y que ofrecía a sus hijos no sólo la absolución sino también la victoria sobre la distante y falsa emperatriz, sus leyes y sus exigencias.

Pugachev se presentaba como un santo mártir, el sagrado emperador elegido por Dios para conducir a su pueblo, pero injuriado y herido por quienes le habían arrancado sus poderes. Les dijo a todos los que estaban dispuestos a escucharlo que él había estado lejos de Rusia por muchos años, recorriendo Egipto y Tierra Santa, llorando por su perdido derecho de primogenitura. Ahora que había regresado, con lágrimas en los ojos les pedía que lo ayudaran a recuperar lo que era suyo. Primero cientos y luego miles de campesinos, obreros, soldados y aldeanos se arrodillaron frente a él con actitud reverente y juraron obedecer sus órdenes.

El primer intento militar de los rebeldes fracasó. Cuando Pugachev condujo a su ejército contra la ciudad de Yaitsk, fueron derrotados, aunque muchas de las tropas imperiales que defendían la ciudad abandonaron sus puestos y se unieron al ejército rebelde. Pero cuando el falso emperador y su horda llegaron a la ciudad fortificada clave de Orenburg y la sitiaron en 1773, su número había llegado a diez mil. Emisarios del falso Pedro III fueron enviados a llevar su mensaje a las regiones mineras y fabriles de los Urales y aun más allá. Y el éxito del impostor lo envalentonó y lo convenció de emplear coerción.

Se echó mano de todo el poder de la imagen imperial para maldecir a quienes se negaban a unirse al creciente ejército del emperador Pugachev. Cualquiera que permaneciera fiel al gobierno de Catalina en San Petersburgo recibía la amenaza de que "muy pronto sentirán", advertía el jefe rebelde, "las muchas torturas crueles que están siendo preparadas para los que me traicionan". Diseminados por la senda de los rebeldes estaban los cadáveres de quienes se habían resistido a unirse a la rebelión: docenas de soldados, oficiales y cosacos ahorcados, y hasta sacerdotes ejecutados. Ahora el terror se sumaba a la lacrimógena persuasión de Pugachev, y muchas personas se unieron a los rebeldes sólo movidos por el temor. Mes tras mes, mientras continuaba el sitio a Orenburg y el invierno se cernía, el ejército heterogéneo de Pugachev crecía.

La emperatriz, con la cooperación de sus consejeros, envió tres mil tropas contra Pugachev, comandadas por el general Kar. Otras tropas provinciales marcharon también hacia la plaza fuerte de los rebeldes. Pero Pugachev, con su horda creciente, era demasiado fuerte para ellos. Kar fue derrotado y obligado a retroceder, y todos los demás intentos de atacar el campamento rebelde de Berda, en las afueras de Orenburg, fueron rechazados. Los sobrevivientes de estos ataques que lograron regresar a la capital hacia fines de noviembre transmitieron un cuadro horroroso de violencia y anarquía. Informaron que el falso emperador había despertado un odio de clases en sus seguidores. No sólo todos los oficiales imperiales estaban siendo asesinados sino que las casas señoriales eran incendiadas y los terratenientes con sus esposas e hijos eran ejecutados. Pugachev había declarado la guerra a la élite del imperio ruso.

Catalina tenía las manos llenas. Rusia todavía estaba en guerra con Turquía, miles de soldados y marineros morían cada mes y otros miles eran reclutados para reemplazarlos en esa tarea peligrosísima entre los siervos acosados. Y, una vez más, la economía rusa estaba en grave peligro. El gobierno había empezado a emitir dinero que contaba sólo con la seguridad de un tesoro en plena merma. Abundantes "asignados" reemplazaban los escasos rublos, y la inflación resultante, sumada a varios años de malas cosechas, hicieron subir tanto los precios que Catalina y sus consejeros temieron que se produjeran disturbios en las ciudades. Con el resentimiento contra la guerra y su tributo en bajas casi en su punto máximo, con el país enfrentando una vez más una grave inestabilidad económica, si no la bancarrota, y con los rivales de Rusia demasiado ansiosos por sacar partido de la rebelión de Pugachev para debilitar el gobierno de Catalina, era imperativo controlar la amenaza al orden interno. Era preciso aplastar a los rebeldes y eliminar al falso emperador.

La emperatriz actuó con decisión. Con su habitual minuciosidad se informó, a través de mapas, informes de las autoridades provinciales e informantes, acerca de cuáles eran las regiones amenazadas por los rebeldes y la complació saber que la ciudad de Orenburg era capaz de soportar ese asedio invernal. Preparó un nuevo manifiesto en el que denunciaba a Pugachev y ordenó que fuera leído públicamente por cada sacerdote de cada aldea. Eligió a un comandante capaz, el general Bibikov, en remplazo del demasiado cauteloso Kar. Lo que es más importante, no cedió a los miedos y su actitud siguió siendo la de una permanente y firme vigilancia. Después de enviar a Bibikov para que luchara contra Pugachev y sus hombres, aguardó las noticias de su éxito; día tras día, hora tras hora, estaba en control de la situación, y su serenidad y su constante vigilancia servían de contrapeso a las explosivas discusiones de sus consejeros.

Catalina se mantuvo firme mientras Moscú se infectaba con la herejía Pugachev. Emisarios del falso Pedro III llevaron su mensaje a la ciudad recalcitrante y desleal y muy pronto el cosaco rebelde era el tema en todas las tabernas. Algunos moscovitas creían que el emperador Pedro realmente había regresado para reclamar la lealtad de su pueblo; muchos más, por saber o sospechar que la rebelión se basaba en la impostura, de todos modos expresaron su apoyo a la enigmática figura que les pedía lealtad contra la europea y belicista Catalina.

La policía estatal trató de reprimir toda conversación acerca del emperador Pedro arrestando y castigando a los culpables de rumores sediciosos, leyendo toda la correspondencia y obligando a los que se sospechaba eran simpatizantes de Pugachev a jurar lealtad a la emperatriz, algo que sólo los más impíos hacían cínicamente. Pero el atractivo que poseía el falso zar era fuerte; Moscú soñaba sueños románticos de subversión, los nobles anhelaban un emperador que los salvara al derrocar a Catalina, los tradicionalistas confiaban en que se produjera el restablecimiento de las viejas costumbres y de las antiguas creencias, y los sirvientes imaginaban que el hombre que se hacía llamar Pedro III, una vez instaurado nuevamente en el trono, les concedería la libertad.

Estallidos de histeria, tiroteos al azar, rumores de un levantamiento en favor del "auténtico emperador" se transformaron en una parte previsible de la vida de Moscú en el invierno de 1773-1774.

Cierta sombría tarde de marzo, la gente salió a las calles en cada uno de los suburbios de la ciudad gritando "¡Vivan Pedro III y Pugachev!". Tan repentino fue el inicio del tumulto y tan extendido, que los ciudadanos comunes y corrientes entraron en pánico. Sin duda esos gritos eran una señal. Temiendo un motín, una revolución, una masacre o algo peor aún, se armaron, recogieron sus posesiones más valiosas y se refugiaron donde pudieron, preparados para el pandemónium que se produciría. La policía trató en vano de aislar a los revoltosos y restaurar la calma, pero la revuelta prosiguió durante horas hasta que, finalmente, la presencia tranquilizadora del príncipe Volkonsky, quien visitó cada suburbio y aseguró a sus residentes que los gritos no habían sido más que obra de alborotadores, logró una paz mezclada con desazón.

Catalina supo de la revuelta de Moscú y de los muchos moscovitas que esperaban el éxito del impostor, y ella tuvo que echar mano de toda su fortaleza para seguir adelante como si el éxito del general Bibikov estuviera asegurado. "En la medida de lo posible", le escribió a Bibikov, "no pierda tiempo y trate de poner fin a este caos feo y degradante antes de la primavera." Sabía que Pugachev había reclutado miles de seguidores de entre los habitantes no rusos de la región -tártaros, bashkires, kirghiz, mordvinos y otros- y que tenía a su disposición armas de gran calibre suministradas por las fundiciones de los Urales. Se estaba volviendo más audaz y más agresivo: reclutaba hombres para que lucharan bajo su bandera y mataba a los que se negaban a jurarle lealtad.

En Pugachev se estaba operando un cambio. Ya no encarnaba a un mártir cristiano, sino que se presentaba con un saco rojo con galones de encaje y se mostraba a sus seguidores con un cetro y un hacha de plata en las manos. En una caricatura de la vida cortesana, se rodeó de un oropel y de ceremonias fingidas. Impartió órdenes e hizo que sus secretarios las sellaran con un sello de aspecto oficial con la doble águila imperial. Siguió asegurándoles a sus seguidores ("mis hijos, mis radiantes halcones", como él los llamaba) que él los cuidaría, y les prometió libertad a los campesinos, pero les exigió que desempeñaran un papel sangriento en dar a luz el nuevo orden. Se ordenó a los campesinos que mataran a sus patrones a cambio de una recompensa. "Aquel que mate a un terrateniente y destruya su casa recibirá un sueldo de cien rublos", rezaba una de las órdenes de

Pugachev. "El que mate a diez terratenientes y destruya sus casas recibirá mil rublos y el rango de general." Desde su campamento en Berda, Pugachev comandaba a miles de futuros asesinos, todos leales al hombre que ellos habían comenzado a llamar Nadezha Gosudar, el "Zar de Nuestras Esperanzas".

Como si el fantasma de Pugachev y sus frenéticos asesinos no fuera suficiente, justo en ese momento Catalina recibió un cáustico memorándum de su hijo; su primer intento registrado de influir en el gobierno de su madre. Pablo redactó un largo documento analítico que denominó: "Consideraciones acerca del Estado en general, relativo al número de tropas necesario para su defensa y la defensa de todas las fronteras". A pesar del rimbombante título militar, era en realidad menos un documento acerca de los militares que una persuasión a la paz. Pablo argüía que la guerra contra Turquía, con sus costos y sacrificios, había llevado a Rusia a una disensión interna y prácticamente a la ruina; sólo muchos años de paz, con impuestos más bajos y un ejército más pequeño, disperso y menos opresivo podía devolverle al imperio su estado natural de prosperidad y armonía.

Que su hijo le propusiera debilitar el ejército en un momento en que la zona este del reino había estallado en rebelión -una rebelión que se estaba extendiendo de manera virtualmente descontrolada- debe de haber irritado a Catalina y modificado la opinión que tenía de la capacidad de juicio de su hijo. Ella estaba enojada por las críticas que recibía; no era sólo Pablo quien la censuraba sino también Diderot, quien ponía en tela de juicio sus métodos de gobierno y le insinuó que había cruzado la línea que separaba la monarquía de la tiranía. Ella necesitaba amigos y aliados, no críticos. Sólo Melchior Grimm, un parisino que estaba de visita y con quien Catalina se sintió inmediatamente cómoda y cuyo espíritu mundano e inteligencia lo convertían en un compañero delicioso, le proporcionó la diversión y el apoyo cordial que ella tanto anhelaba.

Catalina necesitaba apoyo justo en ese momento porque se había embarcado en aguas inciertas en su vida emocional. Había descartado a su legítimo compañero Orlov a fin de ganar independencia, pero el reemplazante de Orlov, el correcto, inmaduro e insípido Vassilchikov, la aburría más allá de lo imaginable. A los cuarenta y cinco años, con hebras grises en el pelo, llena de tedio, desilusionada con su hijo y acosada por las preocupaciones del Estado, Catalina necesitaba un compañero; en realidad, un amante, sí, pero también un amigo y un colega que aliviara el peso que tenía en sus espaldas al compartirlo con ella.

Había tratado de acostumbrarse a Vassilchikov, pero muy pronto comenzó a menospreciarlo y no pudo ocultar ese desprecio que sentía por él; él se alejó, ella lloró, él se oprimió el pecho entristecido, ella lloró incluso más. (Más tarde recordaría su época con Vassilchikov como la más lacrimógena de su vida.) Catalina se había habituado a ese aburrido jovencito, pero temía haber hecho un mal negocio. ¿Se involucraría emocionalmente tanto con él como para no tolerar alejarlo? ¿Estaba ella destinada a ser desdichada con él por el resto de su vida?

El insulso Vassilchikov tampoco era feliz. ("No soy más que una pequeña prostituta", se le oyó decir.) Le dolía el pecho y no lograba complacer a su poderosa y envejecida amante. Todo el personal de la casa real lo despreciaba y se lo demostraba. Él debe de haber estado deseando regresar a la oscuridad de su vida anterior.

Catalina ansiaba deshacerse de Vassilchikov, como lo había hecho con Orlov, pero algo se lo impedía. Por insatisfactorio y desabrido que fuera, Vassilchikov era sin embargo alguien a quien amar, alguien a quien aferrarse. Y Catalina necesitaba amor, o al menos su simulacro. Sin alguien a quien amar se sentía perdida, confundida, esclava de la monotonía de la vida. Sin embargo, cuanto más toleraba al inadecuado Vassilchkov, más deprimida se sentía. La verdadera satisfacción, el verdadero gozo del amor la estaba eludiendo.

Melchor Grimm, quien se convirtió en el amigo más cercano de Catalina durante el invierno de 1773-1774 y quien estaba presente en el palacio todos los días desde media mañana hasta tarde por las noches, la observó con atención en esa temporada tan desdichada. Ella con frecuencia lo mandaba llamar después de la cena y permanecía sentada junto a él, hablando y haciendo labores de aguja, hasta cerca de la medianoche. Prefería la conversación de Grimm a los entretenimientos habituales de la noche. Las obras de teatro la aburrían, lo mismo que las comedias, y las tragedias no eran de su gusto. Nunca había podido apreciar los conciertos ni la ópera. El juego con apuestas altas nunca le había interesado demasiado. Ella jamás perdió su entusiasmo por las ideas, pero al cabo de once años de gobierno, el idealismo en y por sí mismo la irritaba. Diderot había comenzado a fastidiarla, con sus interminables interrogantes con respecto a la esclavitud en Rusia y sus ingenuos supuestos acerca de la naturaleza humana. Ella había descubierto de primera mano cómo el gobierno debe reafirmar su primacía sobre el caos solamente con la fuerza; todas las consideraciones de bien público y libertad individual debían pasar a segundo plano. Diderot se había transformado en algo así como la incómoda voz de la conciencia, y ella no lo lamentó cuando el francés abandonó San Petersburgo en marzo de 1774, aunque sí lamentó todos los contratiempos que tuvo en el viaje de regreso a su país.

En todo caso, Grimm era mucho más del gusto de Catalina que el escrutador, volátil y altivo Diderot. El suizo era práctico, realista y chismoso, como lo era también Catalina; un hombre de mundo que tenía pocas ilusiones cuando se trataba del mejoramiento humano. Con Grimm Catalina podía hablar de las locuras y flaquezas de sus cortesanos y charlar también, como tanto le gustaba, de lo que ella llamaba "este siglo de hierro" y sus peculiaridades. Grimm escribió que hacia fines del invierno él y la emperatriz estaban en términos más que cordiales. Él estaba encantado con su compañía. "Entré en sus apartamentos con la misma comodidad que si se tratara de mi amiga más íntima", confió Grimm, "seguro de encontrar en su conversación un acopio del mayor interés presentado en la forma más cautivante."

Catalina recurrió a Grimm por compañerismo, en parte debido a su aburrimiento con Vassilchikov. Pero en febrero ella ya trabajaba en otro campo importante en su vida personal. Llevó a la Corte a un hombre gigantesco, inmenso y feo, desfigurado por la pérdida de un ojo y tan desaliñado en su forma de vestir y grosero en sus modales que hizo estremecerse a los cortesanos más quisquillosos. Era Gregorio Potemkin.

Potemkin irrumpió en la corte como un viento abrasador procedente del lejano desierto del sur, extraño y exótico y con más de un indicio de amenaza. Era desgarbado y torpe, y su ojo ciego -que mantenía descubierto- era una afrenta a los cortesanos acicalados, acostumbrados a disimular sus defectos detrás de parches y pelucas y metros y metros de encaje esponjoso y perfumado. Potemkin no armonizaba con la sociedad de San Petersburgo y ese hecho no podía importarle menos. Era completamente diferente, algo así como un extraterrestre, y nadie sabía qué pensar de él. Héroe de la guerra contra Turquía, condecorado por su coraje y su valor, no tenía nada del brío y la balandronada de un soldado. Su vestimenta era extremadamente no militar; prefería caftanes sueltos y sedas suaves y de colores vivos, sus dedos grandes y carnosos llenos de anillos, su pelo largo y sin empolvar, y él se movía con el porte de alguien aburrido de la vida que ponía nerviosos a todos los que lo rodeaban.

Era sumamente inteligente y podía ser entretenido cuando tenía ganas de serlo -pero nunca se sabía bien, porque sus estados de ánimo eran muy variados y a menudo él se mostraba malhumorado o misántropo-. En resumidas cuentas, Potemkin aportó poco a la Corte fuera de su mente rápida y bien provista. No era de ilustre cuna; de hecho su padre era un coronel del ejército que tenía nada más que cuatrocientos siervos. (Los nobles ricos tenían miles y miles de siervos.) Por cierto su aspecto no era atractivo, aunque algunas mujeres reconocieron haber caído presas a su crudo magnetismo animal. Ya no era joven y nunca había ocupado un puesto importante. Pero inquietaba a todos y provocaba un estremecimiento importante. Y muy pronto fue obvio que sería el siguiente amante de la emperatriz.

El embajador británico Gunning estaba convencido de que la llegada de Potemkin y su meteórico ascenso -Catalina le confirió el rango de ayudante general, lo instaló a él y a una serie de sus parientes en el Palacio de Invierno y lo recompensó con honores y órdenes- marcaba un momento crucial en el reinado de Catalina.

"Tenemos aquí un cambio de decorado que, en mi opinión, merece más atención que cualquier otro acontecimiento ocurrido desde el comienzo del reinado", escribió en un despacho a Londres. "El señor Vassilchikov, que era demasiado estúpido como para ejercer ninguna influencia en los asuntos y disfrutar de la confianza de su amante, ahora tiene un sucesor que promete poseer ambas cosas en un grado supremo." El desgreñado y maloliente Potemkin causó "un asombro general, incluso consternación", escribió el embajador. No era precisamente Vassilchikov, inexperto y retraído; Potemkin era una fuerza a tener en cuenta, temiblemente inteligente, físicamente intimidante, con capacidades valiosas y no explotadas y lo que el embajador llamó "un conocimiento profundo de los hombres".

"Dadas estas cualidades y gracias a la indolencia de sus rivales, era lógico que él esperara poder elevarse a las alturas imaginadas por sus ambiciones ilimitadas", finalizó Gunning. O sea que, en definitiva, él era capaz de asumir el gobierno de Rusia.

Era evidente que Catalina estaba embelesada con el enorme, errático y cerebral Potemkin. Su estado de ánimo, que era amargo y truculento, de pronto se volvió optimista, animado, alborozado al máximo, y su nuevo favorito era claramente la razón de ese cambio. "Está loca por él", le dijo el senador Elagin, uno de sus funcionarios con más antigüedad a uno de sus camaradas. "Los dos deben de estar realmente enamorados, porque son idénticos." Idénticos o no, Catalina sintió que finalmente había encontrado el amante que había esperado toda su vida. Estaba radiante, fuera de sí, aturdida de felicidad.

"¡Oh, monsieur Potemkin!", escribió Catalina en una de sus muchas notas de amor, "¡qué increíble milagro ha producido usted, para enloquecer tanto a una cabeza que hasta ese momento el mundo consideraba una de las mejores de Europa!... ¡Qué vergüenza! ¡Qué pecado! ¡Catalina Segunda presa de esta loca pasión!"

A los cuarenta y cinco años, Catalina tuvo la sensación de haber descubierto el amor por primera vez. "Todo lo que siempre me produjo risa ha sucedido ahora en mi vida", le escribió a su amado, "hasta el punto de que el amor que siento por usted me tiene ofuscada. En este momento experimento sentimientos que siempre consideré tontos, exagerados y afectados. No puedo apartar la vista de su persona. Olvido todo lo que la razón me dice y me siento bastante estúpida en su presencia."

El amor hizo flaquear la mente de Catalina, aunque su espíritu se remontara a las alturas. Perdió su habitual sensatez y equilibrio. Su interés en la conversación intelectual disminuyó. Catalina ya no era ella misma sino "alguien que desvariaba". Sin embargo, ese "alguien" tenía una perpetua sonrisa en el rostro. "Cuanto estoy con usted olvido al resto del mundo", le escribió Catalina a su nuevo favorito. "Nunca he sido tan feliz como ahora."

Potemkin sabía cómo llegar al corazón de Catalina y hacerla sentirse querida. Le entonaba canciones dulces y melodiosas con una voz suave y llena de sinceridad. Admiraba en ella lo que quedaba de su belleza, los fugaces rastros de juventud en sus ojos luminosos y en su cara exageradamente maquillada. Despertaba su pasión -él la llamaba "una mujer de fuego"- y la hacía creer que, para él, ella era la única mujer en el mundo.

Todo parece indicar que Potemkin estaba genuinamente enamorado de la soberana que tanto admiraba. Cuando era un oficial muy joven había desempeñado un papel menor en el golpe de Estado que contribuyó a ponerla en el trono. Sin duda la recordaba como lo que solía ser; una figura audaz sobre un enorme caballo blanco, cabalgando con aire triunfal hacia un destino único. Amaba su intrepidez, que se parecía a la suya. Amaba su mente sincera y de largo alcance, con su visión de progreso y cambio; también él tenía visiones de alto vuelo. Amaba su cuerpo fuerte, receptivo y femenino, que libremente buscaba el amor y con la misma libertad lo daba; su apetito armonizaba con el de la emperatriz y en ella encontraba saciedad.

El senador estaba en lo cierto: Catalina y Potemkin se parecían mucho, y si su romance volcánico tenía, de parte de él, elementos de adoración y de cierta ambición de ponerse a su servicio, no era por eso menos estremecedor y único.

"Entre nosotros hay algo extraordinario que no puede ser expresado con palabras", escribió Catalina. "El alfabeto es demasiado reducido, las letras no alcanzan." En medio de calamidades grandes y pequeñas, en medio de ese siglo de hierro, en los umbrales de una época con su futilidad y desolación, Catalina encontró el gran amor de su vida.

La fortuna le sonrió a Rusia al mismo tiempo que bendecía a la emperatriz. En marzo de 1774 el rebelde Pugachev, que se pavoneaba con su chaqueta roja con galones de encaje, fue atacado y decisivamente derrotado frente a Orenburg y su feroz pero poco entrenado ejército se dispersó en los cuatro vientos. El impacto de su impostura se hizo trizas y él huyó, sus fuerzas desperdigadas, su deslucida corte convertida en un conjunto de gentuza. Por todas partes la tierra se calentaba, el hielo se derretía, los ríos fluían y crecían y hasta las inundaciones que habían cubierto la tierra y se habían llevado casas, cabañas, aldeas enteras, sólo parecían ahora contratiempos transitorios dentro de un plan benigno y benévolo.

Capítulo 24

Según un relato, hacia fines del año 1774 la emperatriz Catalina se dirigió en gran secreto -quizá también disfrazada- a la pequeña iglesia de San Sansón, ubicada en un oscuro suburbio de San Petersburgo, acompañada solamente por una asistente femenina. Allí se reunió con Potemkin, acompañado por uno de sus sobrinos y un chambelán del palacio. Apareció un sacerdote y durante la siguiente hora o incluso un poco más, la iglesia permaneció cerrada a los fieles mientras se celebraba una ceremonia privada. Una ceremonia de casamiento.

La novia, de aire matronal, pelo entrecano, ojos brillantes y rostro encendido por la felicidad, permaneció inmóvil durante toda la ceremonia. El novio, alto y corpulento, su único ojo sano fijo en las fulgurantes imágenes sacras del iconostasio, tuvo que agacharse cada vez que la corona pasaba sobre su cabeza. El coro cantó, la pareja fue bendecida y luego despedida. Por segunda vez en su vida, Catalina tenía marido.

Es imposible decir con certeza que Catalina se sometió a una ceremonia nupcial con su amado Potemkin, pero parece bastante probable que sí lo haya hecho. En sus cartas a él con frecuencia se llamaba a sí misma su esposa y lo llamaba a él "mi querido marido". Al referirse a sí misma en tercera persona, preguntaba tímidamente en una carta escrita en 1776: "¿Ella estuvo unida a usted por vínculos sagrados hace dos años?".

Catalina sabía que la emperatriz Isabel se había casado con su amante Alexei Razumovsky, y que Razumovsky poseía documentos para probarlo, aunque él galantemente los quemó cuando la existencia de un contrato matrimonial amenazaba con deshonrar el buen nombre de la difunta emperatriz. Así, existía un precedente reciente para la boda privada de una emperatriz rusa.

Apenas unos años antes Catalina había decidido no casarse con Gregorio Orlov, hecho que había apenado mucho a Orlov. Pero Potemkin no era Orlov. Era esa maravillosa mezcla de amante ideal, compañero intelectual estimulante y potencial colaborador en el gobierno que ella siempre había deseado. Él era todo lo que ella necesitaba, e incluso más. Si se casaba con él no habría complicaciones inconvenientes en cuanto a la dinastía, pues ella ya había superado la edad fértil. Además, nadie necesitaba saberlo; la boda sería el secreto romántico, sentimental y caprichoso de ambos, un símbolo de que lo que Catalina juraba sería "un amor eterno". Las pruebas y el estado de ánimo de ambos sugieren que es bastante probable que haya tenido lugar una ceremonia matrimonial.

Catalina necesitaba más que nunca la fortificante seguridad del amor y el apoyo de Potemkin, pues su reino todavía se estaba reponiendo del violento cataclismo de una extendida guerra de campesinos, una guerra que había amenazado su propia seguridad mucho más que cualquier crisis anterior.

Durante el verano anterior la rebelión había estallado originalmente cuando la impostura de Pugachev se volvió más grande y más aterradora que una revuelta localizada entre gente marginal. Miles de campesinos del este y sudeste de Rusia se rebelaron contra sus patrones, proclamando su libertad y condenando las leyes y costumbres tradicionales que los obligaban a cultivar la tierra en beneficio de terratenientes privilegiados. Inspirados por las palabras de Pugachev, bandas de campesinos armados con hachas y cuchillos, garrotes y palos de punta filosa descendieron sobre las casas de la aristocracia local e iniciaron una orgía de mutilación y masacre.

Víctimas ilustres fueron decapitadas, se les amputaron las manos y los pies y luego se exhibieron sus torsos como truculentos trofeos. Las mujeres fueron violadas y asesinadas y los chicos fueron cortajeados sin piedad para que murieran junto a sus padres. No se salvó nadie, ni los ancianos ni los bebés ni los monjes ni los sacerdotes. Se quemaron casas, se saquearon y destruyeron iglesias, y los graneros y los edificios anexos se incendiaron. La piedad tradicional y profundamente arraigada de los campesinos se vio superada por el despertar en ellos de emociones sanguinarias; los rebeldes les arrancaron los ojos a los íconos sagrados, profanaron altares, mutilaron pinturas religiosas y robaron los cálices preciosos que contenían la Hostia sagrada. En total, miles de inocentes perdieron la vida en manos de los rebeldes, y muchos miles más quedaron sin alimentos o refugio o la forma de obtenerlos.

A medida que el verano avanzaba, la terrible ola de violencia siguió esparciéndose. La gente de la ciudad, temiendo el ataque de esas bandas de campesinos asesinos, trató de huir en busca de refugio, pero no encontraron ninguno. A Moscú llegó la noticia de que la ciudad de Kazan había sido invadida, saqueada y quemada hasta los cimientos por Pugachev y veinte mil vengativos seguidores, y cundió el miedo de que también Moscú sufriría muy pronto igual suerte. Los espías de Catalina le informaron que los asesinos tenían la misión de asesinarla a ella y a su hijo; durante las semanas que siguieron pareció que las fuerzas que ella había enviado a cazar y destruir a los insurgentes no podrían tener éxito.

Por último, hacia fines de agosto, la situación cambió de manera radical. Las tropas del gobierno acosaron y capturaron bandas errantes de campesinos revoltosos y sometieron a terribles castigos a todos los sospechados de haber tomado parte en ese pandemónium. Las represalias eran tan salvajes como los crímenes que debían vengarse. Aldeas enteras lo sufrieron; en algunas, uno de cada tres hombres terminó en la horca, mientras que los restantes habitantes fueron objeto de terribles golpizas y mutilaciones. Los soldados fabricaron ruedas de tortura y cadalsos en cada aldea y, antes de seguir adelante, dejaron las zanjas repletas de cadáveres apilados. Coincidentemente con esa reacción truculenta, las cosechas fracasaron en toda la región del Volga, lo cual hizo que la hambruna se sumara a ese desfile de atrocidades. El impostor y archirrebelde Pugachev, traicionado por sus propios hombres, fue capturado y transportado a Moscú en una jaula de hierro, donde todavía languidecía el día de la boda de Catalina.

El hecho de que después de doce años de gobierno benigno su imperio se viera convulsionado por una guerra desatada por campesinos debe de haber desalentado a Catalina, puesto en tela de juicio sus esperanzas con respecto a Rusia y desafiado su creencia en la posibilidad del mejoramiento de la humanidad. Durante mucho tiempo ella había basado sus esfuerzos en la esperanza de poder ser maestra y guía de sus súbditos y llevarlos así a la abundancia, al mejoramiento moral y a la armonía. Creía que, con el tiempo, gracias a una prosperidad suficiente y a la persuasión fundada en una administración eficaz y leyes justas, los delitos podían disminuir y, en el futuro, desaparecer del todo.

Pero la provocación, el veneno y la sed de sangre desatada por Pugachev, unida a la avidez con que su impostura había sido abrazada, la obligaron a reconocer lo ilusorio de sus expectativas. Los campesinos, que formaban la abrumadoramente mayoría de sus súbditos, habían demostrado no ser una colección dócil y devota de individuos dispuesta a aprender, esperando ser conducidos a la luz, sino más bien una masa fea y combustible de seres llenos de odio y de furia asesina, listos para vengarse de sus superiores. La rebelión de Pugachev y la guerra de campesinos que provocó había puesto al descubierto el lado oscuro de la humanidad, y Catalina, escarmentada por la experiencia, comprendió que era preciso incorporar esos impulsos malévolos en una serie revisada de expectativas para sí misma y su reino.

Hasta ese momento sus logros no habían sido precisamente pocos. Le había dado a su pueblo un código de leyes, la piedra basal de su programa en favor del perfeccionamiento. Había reformado y reorganizado los entes de gobierno en San Petersburgo y había comenzado a reformar también los gobiernos provinciales, aunque el progreso en ese sentido había sido lento y frustrante. Había iniciado la construcción de docenas de nuevas ciudades, sancionado docenas de nuevos edictos, ordenado el trazado de mapas de su reino –un proyecto ambicioso y sin precedentes– y la realización simultánea de un censo, y había tenido cierto éxito en establecer orfanatos y en hacer que las cárceles fueran más humanas. Había alentado la plantación de tabaco en Ucrania mediante la distribución de semillas y panfletos a los agricultores para enseñarles los métodos más nuevos y más eficaces de cultivo. Había subsidiado los embarques rusos, fundado curtiembres y fábricas de velas y la manufactura de seda y lino. Bajo sus auspicios, se importaron de Francia técnicos para que les enseñaran a los artesanos imperiales mejores métodos para el tejido de tapices, el bordado de encajes y la fabricación de porcelana fina.

En armonía con su convencimiento de que tanto los varones como las chicas debían ser educados desde la edad de cinco años, la emperatriz había prestado mucha atención a proyectos tendientes a construir escuelas, fundar el Instituto Smolny, una academia cuya finalidad era preparar a quinientas chicas y mujeres jóvenes para modelar en el Saint-Cyr de Madame de Maintenon, y que Catalina visitaba a menudo. (Diderot la vio allí en el año de la rebelión de los campesinos, sonriente y abriéndole los brazos a las pupilas, quienes corrieron a abrazarla y se le colgaron del cuello; y esa visión "lo conmovió hasta las lágrimas".) Aunque los libros eran todavía una rareza en Rusia, aparte de los de temas religiosos, la emperatriz había tomado muchas medidas tendientes a promover el valor de la lectura y el aprendizaje y sintió gran orgullo en los cuarenta mil volúmenes que pertenecían a la Academia de Ciencias. Ella fundó y financió una academia de medicina para educar a los médicos y farmacéuticos rusos, y encargó la primera farmacopea rusa. Y se esforzó por apuntalar a la naciente Universidad de Moscú que, a pesar de tener menos de veinte años de antigüedad, tenía una facultad deficiente, una dirección incompetente y un número escaso de alumnos, pocos de los cuales continuaban sus estudios el tiempo suficiente para recibirse.

En relaciones exteriores la emperatriz tenía mucho de qué vanagloriarse, no sólo por importantes victorias militares sino por triunfos más amplios y duraderos. Había tenido éxito en transformar la imagen que los europeos tenían de su imperio como un lugar bárbaro estigmatizado por la credulidad, cultural e intelectualmente endeble e insignificante en la escena mundial, en un poder importante con un ejército temible conducido por una esclarecida emperatriz-filósofa de un talento sorprendente, una tierra de promisión de la que podían esperarse grandes cosas. En julio de 1774, mientras la rebelión estaba en su apogeo y se extendía sin obstáculos, Catalina se enteró de que finalmente sus enviados habían logrado concertar la paz con los turcos, cerrando así un inmenso capítulo en sus recientes logros y permitiéndole mirar el futuro con más optimismo.

En la política europea se estaban operando importantes cambios y, gracias a los esfuerzos combinados de la emperatriz y sus consejeros, en particular Panin, Rusia desempeñó un papel trascendental en el nuevo orden. Inglaterra tenía conflictos en América del Norte, donde sus colonias se mostraban insatisfechas y rebeldes; España agonizaba; Francia estaba en plena transición, con la muerte de Luis XV y el acceso al trono de su nieto, el tímido, joven e inepto Luis XVI y su hermosa y joven reina austríaca María Antonieta; el anciano Federico II seguía reinando en Prusia, pero no podía durar demasiado. Ese era el momento para que Rusia realizara un avance territorial, se acercara a Europa al absorber tierras occidentales.

Catalina había iniciado este proceso uniéndose a Federico y a su co-soberano austríaco José II, hijo de la emperatriz María Teresa, para repartirse entre ellos un tercio del reino de Polonia. Con un golpe de timón Rusia se apropió de vastas tierras y más de un millón y medio de nuevos súbditos. Un segundo anexamiento de tierras polacas siguió inmediatamente, sumando más territorio valioso y más súbditos. El papel de Rusia en la destrucción del caótico reino de Polonia fue elogiado por los observadores europeos y aumentó el prestigio de Catalina. Polonia era universalmente considerada una entidad artificial, en un estado permanente de agitación, donde una tiranía católica sofocaba la libertad. El gobierno relativamente más benévolo de Austria, Prusia y Rusia fue visto como una mejoría con respecto a la situación prevaleciente; Catalina fue considerada una salvadora de los polacos y no su opresora.

Era mucho lo hecho por ella, pero se necesitaba hacer más, y con Potemkin a su lado, como marido, socio y quizá, con el tiempo, co-soberano, lo haría. Juntos, la emperatriz y su amado y muy admirado amante tenían sueños grandes y de expansión. Les gustaba encontrarse en el baño de vapor, donde holgazaneaban y jugueteaban como dos ballenas en un agua casi hirviendo. Los dos eran traviesos como chicos y a ambos les encantaba jugar. Los dos eran mimos y Potemkin hacía reír a Catalina sin control con sus imitaciones de los cortesanos; es posible que ella echara mano de su viejo repertorio de ruidos de animales para divertirlo. Cuando el juego se volvía erótico ella gozaba con la manera en que Potemkin le hacía el amor y con su capacidad para hacerla vibrar y desarmarla. El que una mujer poderosa rindiera su poder en brazos de un amante hábil y confiable debe de haber sido una fuente de alivio y de un placer infinito. Potemkin le proporcionaba a la emperatriz ese alivio cuando noche tras noche se reunían, se amaban y conversaban junto al agua humeante mientras descansaban, se refrescaban y se servían de fuentes con carnes y frutas y confituras dulces, que regaban con vinos finos.

Potemkin se sentía más feliz cuando sólo llevaba puesto un caftán bordado y esa seda suelta ondeaba sobre su enorme cuerpo. Posiblemente él le enseñó a Catalina a disfrutar también de esta seda informe; por cierto la ayudó a relajarse entre los lugares preferidos por él: divanes blandos, almohadones y almohadas gruesas, ambientes perfumados y una miríada de delicias para el tacto y el gusto.

Arrullada y caldeada por la abundante sensualidad de Potemkin, la de Catalina floreció. Aunque siempre había sido una mujer mundana con fuerte sexualidad, ella nunca se había permitido disfrutar de su parte sexual. Ahora, sin embargo, en el preciso momento en que las intensas irritaciones de la menopausia la mantenían insomne con sudores nocturnos, le producían dolor en las articulaciones y le encendían las mejillas cuando el calor se elevaba de su pecho como una repentina pared de llamas hasta la parte superior de la cabeza, ella dejó que sus músculos se relajaran y cedieran a las seducciones de la saciedad. Siempre la hija alemana, rígida y autodisciplinada de un oficial prusiano, Catalina empezó, con Potemkin, a saborear no hacer nada, a sumergirse en un vacío agradable durante horas cada vez. Después de haberse sentido en el fondo siempre el patito feo de su madre, con Potemkin Catalina se transformó en el cisne más hermoso de todos, devuelto a la juventud y la esperanza por la dulzura de su cortejo.

Y siempre, junto con el cortejo, había en determinado momento reflexiones mutuas. Catalina planeaba preparar otro documento fundamental, tan importante y trascendente como su código de justicia. Sería un estatuto que reformaría el gobierno provincial, se referiría a la corrupción y la lasitud del sistema actual y pondría en vigencia un sistema en el que la policía mantendría el orden, los funcionarios locales mantendrían los caminos en buen estado, inspeccionarían los colegios, las cárceles y el funcionamiento de los comercios, y facilitarían la recaudación de impuestos mientras administraban justicia con equidad. Catalina había estado leyendo, en una traducción al francés, los seis gruesos tomos del gran jurista inglés Blackstone ("Oh, sus comentarios y yo somos inseparables", señaló) y tomado notas detalladas. Ella le habló a Potemkin de los conceptos de Blackstone y de qué manera diferían de los de Montesquieu y de los pensamientos que habían fluido con tanta facilidad del fértil cerebro de Diderot durante su seminario de seis meses de duración con la emperatriz.

Potemkin y Catalina lo conversaron a fondo y él la impresionó con su rapidez de comprensión y su capacidad para percibir matices y para descartar todo lo no pertinente y subrayar lo esencial. Las mentes de ambos trabajan juntas tan bien como sus cuerpos y, de una u otra forma, ellos se comunicaban hasta bien entrada la noche.

A comienzos de 1775 la emperatriz hizo su entrada triunfal en Moscú para iniciar las celebraciones oficiales -que habrían de durar muchos meses- por la finalización de la guerra con Turquía y su triunfo sobre la rebelión de los campesinos. Entre un esplendor que recordaba el de su coronación, Catalina entró en la ciudad, una figura enjoyada dentro de una carroza dorada, que sonreía amablemente y saludaba a las multitudes que flanqueaban su camino. Rodeada por cientos de guardias y sirvientes con librea, la carroza imperial avanzó lentamente a través de los arcos triunfales construidos especialmente para la ocasión, junto a recargados carros alegóricos que representaban la conquista de los turcos, la destrucción de Pugachev y el restablecimiento de la paz y el orden en el reino.

Aunque el frío era intenso, miles de personas se congregaron para contemplar el espectáculo; golpeaban los pies contra el suelo, movían los brazos y emitían vivas en respuesta a la mirada ceñuda de los guardias. Sin embargo, hubo mucha más gente y sus gritos fueron más intensos cuando el Gran Duque Pablo hizo su entrada oficial a la ciudad varias semanas más tarde. Él montaba al frente de su regimiento, y parecía más alto y más majestuoso sobre su magnífico caballo que cuando estaba en la Corte, y los moscovitas, al ver en Pablo sus esperanzas del futuro, lo vivaron, lo aplaudieron y le gritaron bendiciones hasta mucho después del paso de los soldados.

Catalina estaba bien enterada del contraste entre el recibimiento que le dieron a ella los moscovitas y el que recibió su hijo. Le resultaba irritante -aunque por cierto nada inesperado- que Pablo fuera recibido con tanto entusiasmo, en particular cuando ella sabía lo mucho que él despreciaba Rusia y al pueblo ruso. Pero, bueno, los moscovitas siempre habían sido perversos en sus preferencias. Ella sabía que muchos habían apoyado secretamente a Pugachev. No sólo eran perversos: esos hombres indolentes, decadentes y amantes del placer eran desagradecidos, no apreciaban la clemencia que Catalina había tenido para con ellos, su perdón general para los ex rebeldes, las muchas maneras en que ella había beneficiado a la ciudad, su reciente reducción del impuesto a la sal y su continua preocupación por mantener bajo el precio del pan. Ellos recibían cada anuncio oficial de sus beneficios imperiales no con gritos de agradecimiento sino con murmullos de sospecha.

Un embajador observó un día a Catalina de pie junto a una ventana del palacio mientras afuera les leían a los moscovitas sus edictos. Ella observó la reacción de esas personas, cómo se santiguaban como para protegerse del demonio y después se perdían en la ciudad.

"¡Qué estupidez!", oyó el embajador que decía la emperatriz.

Ella detestaba el Palacio Golovin y había ordenado que el inmenso Palacio Kolomenskoe fuera destruido algunos años antes. Intensamente incómoda entre las cúpulas con forma de cebolla y los techos de lona de la ciudad vieja, ella decidió mudarse a una residencia ubicada a cierta distancia de allí, a la que le puso el nombre de Tsaritsyno. Allí, ella recibió a los nobles de Moscú -ofreció ocho recepciones y tres bailes durante su primer mes de residencia- y mantuvo la Corte.

Cuando, a fines de abril, llegó el día de su cumpleaños, ordenó que sus sirvientes prepararan una cena especial con baile. Se esperaba la asistencia de por lo menos cinco mil invitados. Se instalaron las mesas, se las decoró y se prepararon enormes cantidades de comida. Llegó la hora fijada. Catalina, espléndidamente vestida para recibir la llegada de su año cuarenta y siete, aguardó a las visitas.

Fueron llegando, una docena aquí, otra docena allá, un grupo pequeño de parranderos que descendían de una línea corta de vehículos. Los mirones notaron que la emperatriz "no podía ocultar su sorpresa" al ver qué pocos invitados llegaban. Se sentía mortificada. Los perversos y crueles moscovitas deliberadamente la insultaban con su inasistencia. "Ella habló de esa ausencia en una forma que revelaba cuánto la humillaba", escribió el embajador británico Gunning. En San Petersburgo Catalina habría sido prácticamente atropellada por las multitudes; en Moscú, la desairaban.

Este incidente sumamente desagradable, después de demasiada excitación y, quizá, demasiadas trasnochadas en el baño de vapor, hizo que Catalina cayera enferma. "Tuve fiebre alta y diarrea", le escribió a su amiga madame Bielke, "de todo lo cual me curé con sangrías intensas." La fiesta ofrecida a todo el pueblo de Moscú, que era en realidad el punto más alto de la celebración de paz, tuvo que ser postergada durante más de una semana debido a la indisposición de la emperatriz, pero cuando finalmente llegó el día, los desagradecidos moscovitas se encontraron con un entretenimiento espectacular.

En un inmenso campo abierto, a poco más de tres kilómetros de la Plaza Roja, se construyó un inmenso parque de diversiones que abarcaba casi diez kilómetros cuadrados. Enormes cocinas transitorias producían suficiente carne a las brasas, aves asadas, hogazas de pan y barriles de vegetales especiados como para alimentar a cien mil personas durante doce horas. Los bares servían vino, cerveza y kvass a raudales. Los músicos tocaban, los volatineros realizaban pruebas peligrosas, los mercachifles vendían baratijas y en enormes salas se presentaban obras de teatro. Por la noche los fuegos artificiales iluminaban el firmamento y todos los edificios temporarios brillaban con la luz de las velas. La totalidad del parque de diversiones fue bautizado con el nombre de Mar Negro y decorado con réplicas de barcos. A cada edificio se le dio un nombre que conmemoraba una ciudad o región que Rusia había obtenido en el tratado de paz: Azov y Taganrog, Kerch y Yenikale y Kinburn.

"Todo salió muy bien", le contó Catalina a Voltaire en una carta. "El clima fue espléndido; no hubo confusión sino una alegría general, y ningún desastre, por pequeño que fuera, arruinó esta celebración." "Me encantaría haber bailado con usted allí", agregó Catalina con cierta añoranza, pues Voltaire ya era de edad bastante avanzada y ella sabía que nunca volverían a verse.

Catalina siguió en Moscú durante casi todo el año y durante los intervalos entre reuniones del consejo, trabajando con sus seis secretarios, manteniendo una correspondencia cada vez más nutrida y dedicándose a su monumental tarea de reforma provincial. Recurriendo a los gobernadores regionales clave en busca de consejo e ideas y confiando en la ayuda de Potemkin -quien rápidamente iba obteniendo experiencia política en los distintos cargos importantes que ocupaba-, redactó y volvió a redactar su largo documento, anotando cambios con su propia letra y revisando algunas partes casi una docena de veces. Era una tarea ímproba que requería una agudeza constante, un juicio sereno y un sentido pragmático que la emperatriz fue puliendo con cada año de su gobierno. Le comentó a uno de sus secretarios que para ella era fundamental actuar con "prudencia y circunspección" al escribir nuevas leyes o reformas.

"Yo examino las circunstancias, pido consejo, consulto a los representantes más esclarecidos del pueblo", le dijo, "y de esta manera averiguo qué efecto tendrán mis leyes. Y cuando, de antemano, me convenzo de que recibirán una aprobación general, entonces imparto mis órdenes y tengo el placer de observar lo que usted llama obediencia ciega. Y que es la base del poder ilimitado."

Cuando las reformas se completaron y contaron con el apoyo del Senado, inauguraron un proceso lento pero profundo de cambio. Las unidades administrativas locales, que habían sido entidades enormes, extendidas y con escaso personal, se transformaron en más reducidas y más manejables. Los funcionarios locales eran responsables ante la emperatriz y sus representantes en la capital y dependían menos de los caprichos y antojos de los nobles de la vecindad. Las oficinas de bienestar público, financiadas por el tesoro central de San Petersburgo, tenían como finalidad la creación de hospitales y colegios, asilos y casas de beneficencia. Se fundaron nuevas ciudades planeadas según las cuadrículas europeas; eran un símbolo de cómo el planeamiento, una ejecución ordenada y sistemática y un objetivo firme podían producir un cambio en Rusia. En líneas generales, las reformas realizadas por Catalina marcaron un punto decisivo y profundo en el gobierno local; la inercia tradicional dio paso a una atmósfera de innovación y lento desarrollo. Aunque muchos se mostraron recelosos de esos cambios, era innegable que llevaron una bocanada de aire fresco a las paralizadas y atribuladas zonas rurales.

Problemas de naturaleza más personal preocuparon a Catalina cuando se acercaba el año de su permanencia en Moscú. El "amor profundo, sincero y extraordinario" que compartía con Potemkin comenzaba a resentirse. Esa relación sorprendente, compuesta de química física, intensos deseos, naturaleza juguetona y una rara afinidad mental se estaba deteriorando con peleas, frialdad y recriminaciones cada vez más frecuentes. En general, Catalina se mostraba calma y bondadosa, magnánima en sus relaciones personales; no tendía a provocar peleas y, cuando se producían, trataba de ponerles fin con la mayor rapidez y el menor dolor posible.

Potemkin, en cambio, siempre estaba o bien sumido en la apatía o nervioso, inquieto e insatisfecho. Sus alegrías eran de corta vida y eran seguidas de melancolía. Había tomado la costumbre de encerrarse durante días, abandonando a Catalina a sus preocupaciones con respecto al futuro de ambos, y cuando emergía de ese aislamiento autoimpuesto la torturaba con preguntas acerca de sus pasadas relaciones con otros hombres. Catalina hacía todo lo posible por tranquilizarlo, pero esa incesante necesidad de Potemkin debe de haberla exacerbado. Y, además, él tenía un talento especial para descubrir nuevas ocasiones de disenso y discusión.

"Creo que sencillamente te gusta pelear", le escribió Catalina a su amante, exasperada. "La tranquilidad es una condición inaceptable para tu naturaleza." Todavía había momentos en que la pasión se encendía y las peleas quedaban olvidadas, pero las complicaciones, las crisis y los conflictos eran cada vez más frecuentes. En vano Catalina recitaba la letanía de sus anteriores relaciones: "Al primero [Saltykov] lo tomé porque me obligaron a hacerlo, al cuarto [Vassilchikov] porque estaba desesperada. [...] En cuanto a los otros tres [Pedro III, Poniatowsky y Orlov], Dios sabe que no fue por lascivia, algo por lo que nunca sentí ninguna inclinación".

Hablaba con Potemkin con sensatez y calma, pero él se encerraba en sí mismo, se paseaba por la habitación y se comía las uñas con ansiedad, hasta que Catalina comprendió que la tensión que existía entre ambos no tendría fin.

Cuestiones más importantes flotaban en el aire. ¿Catalina transformaría alguna vez a Potemkin en su co-soberano, si no por ley al menos de hecho? ¿Cuánta de su autoridad estaba dispuesta a darle? Y, si no lo hacía, ¿podría ella conservar su amor?

Potemkin sabía perfectamente bien que la posición que ocupaba se la debía por completo al patrocinio de la emperatriz. "Yo soy la obra de tus manos", le decía a ella con ingenuidad, pero su orgullo debe de haberse rebelado por este hecho. ¿Acaso él no era el varón, naturalmente el dominador de la relación de ambos? ¿Y la posición encumbrada de ella no era acaso un obstáculo, tanto para su progreso como para la armonía en las relaciones de los dos? Un diplomático francés, el Barón de Corberon, que se encontraba en la corte de Catalina en 1775, recordó que Potemkin estaba "inflado con orgullo y egoísmo", su "espíritu enérgico, manejable y acomodaticio" velado por cualidades menos atractivas como la voluptuosidad, una "suavidad asiática" y una aparente pasividad.

Temas de dominación y autoridad, tanto en la relación amorosa de ambos como en el gobierno del imperio, flotaban entre ellos y ensanchaban la brecha creada por la inseguridad de Potemkin y la renuencia de Catalina a capitular ante ella. "Nuestras peleas son siempre acerca del poder, nunca del amor", escribió Catalina en una nota. Anhelaba la paz, poner fin a la incertidumbre y el tormento. Tener un día completo "sin disputas, sin debates, sin discusiones".

Estaba demostrando ser imposible seguir como estaban. No sólo sus choques y tensiones interferían el trabajo de gobierno de ella sino que comenzaban a aparecer más diferencias básicas entre ellos, diferencias que hicieron que fuera inevitable un cambio fundamental en la relación.

Para Catalina, el trabajo siempre venía antes: el trabajo implacable y exigente de gobernar. La preocupaba, era lo que le confería vida y significado a sus días. Era su arte, lo que ella llamaba "su métier". Al servicio de esa tarea ella organizaba su vida para recibir cada mañana con la cabeza despejada y, en lo posible, una mente serena. Le gustaba acostarse temprano, leer un rato o hacer alguna labor de aguja, y después prepararse para pasar la noche. Necesitaba y anhelaba amar, pero no estaba dispuesta a permitir que ese amor la tiranizara o trastocara su equilibrio y el orden de su vida; al menos, no durante mucho tiempo.

Potemkin era un ser completamente distinto. El trabajo nunca lo dominaba; de hecho, los observadores casuales prácticamente lo consideraban incapaz de trabajar por lo mucho que le gustaba dormir la siesta sobre divanes suaves, en su estado preferido, la desnudez. Parecía encontrar cientos de diversiones y de placeres, cualquiera de los cuales bastaba para hacerlo postergar el comienzo de sus trabajos.

Lo cierto es que obtenía muchos logros, pero siempre en breves estallidos de actividad prodigiosa, precedidos y seguidos de largas siestas o trances meditativos. La falta de moderación le venía bien, ya se tratara de noches interminables de beber o de hacer el amor, de prolongadas meditaciones religiosas o de largos períodos de somnolencia o de vigilia errática. La domesticidad ordenada de la que se alimentaba Catalina lo aburría; en realidad cualquier clase de rutina era anatema para él. Y después de casi dos años de compartir la cama -o el cuarto de baño- de la emperatriz, empezaba a mirar a otras mujeres y, más que probablemente, a tener aventuras con ellas.

Sin embargo, Potemkin seguía compartiendo con Catalina una

pasión única y de constante intensidad, y en los intervalos entre las peleas y los períodos de alejamiento, la afinidad mental que tenían seguía dándoles placer a ambos y sentido a las cosas que emprendían juntos. Él buscaba cada vez más poder y autoridad; Catalina, con una percepción penetrante de las capacidades de Potemkin, que no era nublada por lo enamorada que estaba de él –o por lo mucho que la exasperaba–, deseaba delegarle tanto poder y autoridad como se atrevía a darle. Y existía entre los dos un fuerte vínculo sentimental. Ella seguía siendo "su pequeña esposa", y él, "su amado marido".

De alguna manera, durante el invierno de 1775-1776 llegaron a un acuerdo. Potemkin continuaría recibiendo el amor de la emperatriz, y sería su asistente principal en la tarea de gobierno. Pero otro hombre –uno joven y apuesto, alguien que Catalina pudiera moldear a su gusto– sería el reemplazante de Potemkin en la alcoba imperial. Para que Potemkin se sintiera más a gusto con este arreglo, él podía participar en la elección de ese hombre más joven.

Era un arreglo bizarro, quizá sin precedentes; una variación sumamente idiosincrásica del *ménage à trois*. Pocas personas de la corte de Catalina o fuera de ella lo entendían, y tampoco la emperatriz que lo había iniciado. Con el tiempo dio lugar a una avalancha de censura.

El 2 de junio de 1776, el joven y bien parecido secretario polaco de la emperatriz, Pedro Zavadovsky, se mudó a la suite de habitaciones asignadas al favorito imperial, las habitaciones que había ocupado Orlov, luego Vassilchikov y después Potemkin.

Inmediatamente se produjo una oleada casi palpable de recelo cuando los sirvientes, funcionarios y otros integrantes de la Corte comenzaron a calcular cuál era la mejor manera de congraciarse con Zavadovsky. Supusieron que el reinado de Potemkin había terminado y ahora comenzaba el de Zavadovsky. Pero una observación más perspicaz revelaba que Potemkin seguía contando con el favor de la emperatriz. Él no había vaciado del todo la suite en la que Zavadovsky acababa de instalarse y, aunque Catalina le regaló a su "marido" el hermosamente redecorado Palacio Anitchkov como su residencia particular, él prefería quedarse cerca de ella, en el palacio imperial mismo o en una casa cercana dentro de los terrenos del palacio.

En marzo de 1776 Catalina informó a su corte que a partir de ese momento Potemkin disfrutaría el título de Su Alteza Serena o Príncipe Potemkin. Aunque Zavadovsky era su amante "residente", Potemkin era su señor y su dueño, su consorte, casi su co-soberano. Un nuevo orden prevalecía.

Justo en el momento en que Catalina estaba realizando estos nuevos arreglos, se enteró de que la Gran Duquesa Natalia estaba embarazada. Natalia, a quien inicialmente Catalina había recibido como una "mujer dorada", vital, fresca y encantadora, había demostrado ser más escoria que oro. Era frívola, superficial y mucho menos inteligente de lo que Catalina esperaba. Le gustaban "los extremos en todas las cosas", como le escribió Catalina a Grimm y, en particular, se enamoró profundamente de Andrei Razumovsky, uno de los compañeros favoritos del gran duque. Pablo no sospechaba que Natalia le era infiel, pero toda la Corte estaba enterada de esa relación, y cuando se anunció el embarazo de Natalia, hubo mucha especulación con respecto a la paternidad de la criatura.

De todos modos, la criatura que Natalia llevaba en su seno, en especial si era varón -como todo el mundo deseaba fervientemente que fuera- se convertiría en el siguiente en la línea al trono, suponiendo que Pablo sucediera a su madre. La continuidad de la línea imperial dependía del nacimiento de un heredero sano.

Pablo envió un sirviente a su madre muy temprano por la mañana del 10 de abril de 1776, para anunciarle que Natalia había entrado en trabajo de parto. La anciana condesa María Rumyantsev, que durante sus seis décadas en la Corte había ayudado a traer al mundo con salud a cientos de bebés, actuaba de comadrona de la gran duquesa, y habría médicos preparados para asistir si las técnicas tradicionales de obstetricia fracasaban.

A medida que la mañana avanzaba, los cortesanos se iban congregando en grupos del otro lado de la sala de partos, aguardando la noticia del nacimiento del bebé. Llegó el mediodía y, después, la tarde. Se oían ruidos de movimiento en la habitación, pero ningún sirviente salió para anunciar el nacimiento de un príncipe. Durante toda la noche mantuvieron su vigilia, pero a la medianoche se retiraron a sus aposentos con la esperanza de ser despertados antes del amanecer con la buena noticia del parto de Natalia.

La emperatriz visitó a cada rato a su nuera durante ese domingo larguísimo y conferenció con la condesa Rumyantsev. Sin duda Catalina recordaba su extremadamente incómodo primer trabajo de parto, el descuido casi fatal de que había sido objeto y las muchas horas de dolor agonizante. Procuró que Natalia estuviera lo más cómoda posible.

A la mañana siguiente, Catalina visitó nuevamente la sala de partos. Natalia, agotada, todavía no había dado a luz y la condesa estaba preocupada. La emperatriz ordenó que dos obstetras, los doctores Kruse y Toda, examinaran a Natalia, pero la larga consulta que realizaron no dio como resultado ninguna acción decisiva. Había cirujanos preparados para abrir el vientre de la gran duquesa, una operación drástica que tal vez salvaría a la criatura, pero al costo de la vida de la madre. Se decidió no intentar esa operación.

Sin embargo, esta decisión resultó ser fatal. Con Catalina siempre presente, Natalia continuó esforzándose con valentía, pero no pudo reunir la fuerza suficiente para expulsar a su bebé. Sus gritos desgarradores dieron lugar a llantos roncos y, después, a gimoteos. Su rostro surcado por las lágrimas estaba blanco. A esa altura hacía ya cuarenta y ocho horas que estaba en trabajo de parto, y se requirió la presencia de más médicos. La condesa Rumyantsev, cansada y derrotada y con gran desesperación, le dijo a la emperatriz que temía que ni Natalia ni su bebé pudieran ser salvados. Los médicos estuvieron de acuerdo; ya no se advertía ningún movimiento en el útero. Lo más probable era que la criatura estuviera muerta.

Sin embargo, se trataba de un infante imperial, y era preciso tratar de salvarlo a toda costa, lo mismo que a su madre. Quizá los médicos se habían equivocado. Catalina, que había dormido poco desde el comienzo del trabajo de parto de Natalia y que sufría dolorosas contracturas en la espalda como para acompañar a la muchacha, se involucró por completo en ese acontecimiento trágico.

"Nunca en la vida estuve en una situación más difícil, más espantosa, más dolorosa", le escribió más adelante a Grimm. "Olvidé beber, comer y dormir, y no sé cómo tuve fuerzas para mantenerme en pie." Era una verdadera tortura estar allí de pie y mirar, con dolor e impotencia, cómo Natalia se iba acercando a su muerte con tanto sufrimiento. La atendía un total de catorce personas, entre médicos, cirujanos y parteras, más un plantel abundante de asistentes y sirvientes. Sin embargo, poco o nada podían hacer.

A Natalia le llevó cinco largos días morir. Cuando finalmente expiró, algo murió también en el interior de la emperatriz.

"Quedé convertida en piedra", escribió ella.

Abrieron el cuerpo de la gran duquesa y en el útero encontraron un varoncito muy grande y "perfectamente formado". Era tan grande que Natalia, que sufría de una deformación en la columna, no pudo darlo a luz. Esto fue algo muy traumático para todos. Hubo una decepción universal debido a que, después de todo, no había quedado asegurada la sucesión. Pablo se entregó a un torrente de furia movida por la pena: se puso a romper sillas y a destrozar espejos y hasta amenazó con su propia destrucción. Catalina, en un mal calculado intento de devolverle la cordura, dispuso todo lo necesario para que se enterara de la infidelidad de su difunta esposa, lo cual no hizo más que aumentar su ira enloquecida, además de hacerlo odiar incluso más a su madre.

Mientras se preparaba el funeral de la gran duquesa que se realizaría en el monasterio Nevsky, con toda la corte de profundo luto, Catalina pasó un melancólico cumpleaños número cuarenta y siete, convencida de que si esa terrible experiencia no la había destruido, nada lo haría.

Capítulo 25

Al llegar a la edad de cincuenta años, la emperatriz Catalina asombró al mundo occidental. Había ido escalando posiciones desde ser la hija insignificante de un ignoto soldado a convertirse en soberana de un reino inmenso que se extendía desde el Báltico hasta el este de Siberia. Sus logros eran legión: conquistas militares, pacificadora, legisladora, patrona de las artes, faro de esclarecimiento para un pueblo sumido en la ignorancia en una edad de hierro. Por toda Europa se le cantaron loas y su nombre era conocido en cualquier lugar donde se reuniera gente culta. Y si todavía no había logrado sacudirse cierto rumor sombrío –el de que había hecho los arreglos necesarios para asesinar a su marido para apoderarse del trono–, muchos años de reinado excepcionalmente benévolo casi habían logrado disiparlos.

El príncipe de Ligne, un enviado de sensibilidad excepcional que había viajado a San Petersburgo para participar en la estrecha colaboración militar que habrían de tener Rusia y Austria, llegó a conocer muy bien a la emperatriz. La describió, justamente cuando ella alcanzaba el medio siglo de vida. "Su rostro", escribió, "revela genio, justicia, coraje, profundidad, ecuanimidad, dulzura, calma y decisión." "La franqueza y la felicidad moraba en sus labios", agregó. "Todo esto contribuía a no notar su poca estatura."

Si Catalina, cuya estatura era realmente moderada, le pareció baja a de Ligne, fue debido a su creciente obesidad. ("En Rusia la gente por lo general se vuelve gorda", comentó el príncipe de Ligne.) Canosa y pesada, con el pelo peinado hacia atrás y sujeto bien tirante con un nudo, Catalina daba la impresión de serenidad y buen juicio. Por lo general, su forma de vestir era elegante pero simple; a los ojos de los visitantes europeos parecía casi demasiado severa en una época en que, en la corte de Francia, las mujeres pasaban muchas horas adornándose con ropa extraordinariamente fantasiosa y haciéndose peinar con montañas de rulos de treinta centímetros de alto.

El barón de Corberon, el tratar de formarse una opinión de Catalina, confesó sentirse desconcertado. Reconoció que era una mujer notable, pero no logró reconciliar lo que consideraba en ella "una mezcla insólita de coraje y debilidad, de conocimientos y de incapacidad, de firmeza y de vacilación. Oscilando siempre de un extremo al otro", escribió, "ella presenta mil diferentes facetas al observador, quien en vano desearía conocerla y descubrir su esencia y quien, frustrado por esos intentos inútiles, termina, por sus dudas, en ubicarla entre las filas de las actrices de primer plano, por no poder colocarla entre las de los grandes soberanos".

Corberon quedó desconcertado, en parte debido a su propia incapacidad para reconciliar la humanidad de Catalina con su majestad y su inmensa capacidad, que le permitía transformarse a voluntad de una comandante en jefe real a una anfitriona informal o a una conversadora llena de ingenio. Ella jamás había sido una persona con actitudes afectadas; su naturalidad y autenticidad la destacaban en una época en la que reinaba la artificialidad. Catalina no se tomaba el trabajo de ocultar sus muchas facetas a quienes participaban de su corte -excepto, desde luego, la de que lloraba y mostraba debilidad; eso sí se esforzaba en ocultar, aunque con un éxito parcial-. Como le escribió a frau Bielke, Catalina "dictaba leyes con una mano y bordaba con la otra".

La reputación de Catalina se resintió cuando Zavadovsky se instaló como favorito oficial -mientras que Potemkin seguía siendo tratado como consorte de la emperatriz y recibía más recompensas que antes- y los moralistas la despreciaban y murmuraban como nunca antes. No sólo los moralistas; personas que no condenaban a Catalina por su vida personal irregular, sin embargo no tardaron en ver el daño político que era probable que esa conducta trajera aparejado. Como soberana, ella no era libre de seguir sus propias inclinaciones en lo relativo al amor y el sexo; estaba obligada a tomar en cuenta el honor de su alto cargo. Y estaba poniendo en peligro ese honor.

El embajador inglés Sir James Harris, amargado por su fracaso en contratar tropas rusas en la lucha de Inglaterra con sus colonias norteamericanas, les transmitió a sus superiores en Londres un retrato muy poco halagador de Catalina. Según Harris, en Catalina se había operado recientemente una transformación para peor. En su opinión, durante los primeros siete u ocho años de su reinado ella había gobernado con juicio y dignidad. Pero en los últimos años se había dejado influir mucho por Federico el Grande. Se había vuelto cínica y había perdido la brújula moral. Lo que era aun peor, su "propensión a la voluptuosidad" se había descontrolado y la había llevado a "excesos que degradarían a cualquier mujer en cualquier esfera de la vida".

En opinión de Harris, el rompimiento de Catalina con Gregorio Orlov había sido un grave error, pues Orlov, aunque distaba mucho de ser brillante, era "un hombre íntegro y totalmente honesto". Orlov nunca adulaba a la emperatriz. Pero, después de su alejamiento, ella quedó rodeada de aduladores que la corrompían; y Catalina permitió que esos halagos tiñeran su buen juicio. Sus "tendencias más indignas" tomaron el control y Catalina se entregó a ellas sin ningún freno.

"Su corte", escribió Harris, "sobre la que ella había reinado con la mayor dignidad y el mayor decoro, gradualmente se convirtió en campo de depravación e inmoralidad. Esta caída en la decadencia ha sido tan vertiginosa que en el breve tiempo en que yo llevo en este país se ha operado una profunda revolución en los usos y las costumbres habituales de los cortesanos."

Harris le informó a su gobierno que sólo un milagro podía rescatar a la emperatriz de su presente estado de infortunio, y agregó que, en su opinión, no era nada probable que ese milagro se produjera a su edad. Para él, Potemkin estaba detrás de todo eso. Él dominaba por completo a Catalina. Era inescrupuloso y usaba el conocimiento íntimo que tenía de las debilidades y deseos de la emperatriz para seguir ejerciendo un dominio malsano sobre ella. Se dedicaba a asustarla haciéndola creer que su hijo se proponía derrocarla y que él, Potemkin, era la única persona con la que ella podía contar para impedir ese intento de derrocamiento cuando ocurriera. Más aún, Potemkin había hecho un trabajo fino para socavar la confianza que Catalina tenía en los Orlov –sus aliados más firmes durante más de veinte años– al decirle que Alexis se había puesto del lado del gran duque Pablo confiando en un golpe de Estado, y ridiculizar a Gregorio por haberse casado con alguien tanto menor que él.

En líneas generales, si tomamos en cuenta los despachos de los embajadores de países extranjeros, la corte imperial se encontraba en un estado lamentable. De hecho, la emperatriz estaba resistiendo con ecuanimidad la censura y los desprecios de sus críticos. De Ligne tenía un nombre para ella: La Imperturbable. Y en general era imperturbable pues mantenía un notable grado de equilibrio en su vida entre el trabajo, la recreación física –le gustaba dar largas caminatas y salir a cazar cuando le era posible– y el placer de la compañía de sus amigos y sus favoritos.

Durante fines de la década de 1770 los favoritos se habían sucedido unos a otros con rapidez. Zavadovsky, un hombre tímido y apocado que se enamoró de su amante imperial y sufrió mucho cuando fue reemplazado por el vistoso húsar Simón Zorich, se quejó de haber sido objeto de una vigilancia demasiado severa. Zorich, alto, apuesto y con bigotes, tenía debilidad por el juego y por lo general carecía de integridad cuando de dinero se trataba. (Catalina les confió a sus íntimos que siempre esperaba que él "hiciera algo deshonroso".) Cometió la equivocación de pelear con Potemkin, lo cual garantizó su alejamiento de la Corte después de sólo once meses. Su sucesor, Iván Rimsky-Korsakov, un petimetre al que le encantaban los trajes bordados y con diamantes engarzados, fue apodado por Catalina "Pirro, el rey de Epiro" por su hermoso perfil griego. Traicionó a la emperatriz al galantear con la condesa Bruce y abandonó la Corte después de poco más de un año.

Ninguna de estas relaciones satisficieron durante demasiado tiempo la necesidad de romance y de intimidad sexual de la emperatriz. Para Catalina, Zavadovsky era celoso y muy exigente con respecto al tiempo que ella le brindaba. ("Con la mayor frecuencia posible", le escribió ella, "sólo estoy contigo, pero confieso que mi cargo interfiere mucho.") Al principio él "alimentó su pasión con el corazón y el alma", como ella misma le dijo, pero más adelante su falta de madurez, sus accesos de llanto y sus períodos de dolido aislamiento terminaron en una ruptura permanente, aunque el acongojado Zavadovsky siguiera ocupando una serie de cargos oficiales. Ni Zorich ni Rimsky-Korsakov fueron más satisfactorios que Zavadovsky, y cuando el extraño *ménage à trois* de Catalina y Potemkin ya llevaba tres años, la emperatriz debe de haber tenido la sensación de que le habían robado su paz emocional.

Ella, que había escrito con un devastador conocimiento de sí misma que su "corazón no quisiera estar ni una hora sin amor", no había encontrado la manera de obtener ese amor sin sacrificar poder, constancia o auténticos logros. Parecería que sus consortes de breve tiempo le proporcionaron tanto dolor como placer, ya sea por su infidelidad, como Rimsky-Korsakov, o por su inmadurez y malhumor, o simplemente por su superficialidad. No cabía duda de que eran bien parecidos, pero carecían de lo que Potemkin sí le había dado. No era sólo que Catalina estaba personalmente decepcionada; además, debía tener una vigilancia constante por temor de que Potemkin, cuyos celos y posesividad nunca estaban debajo de la superficie, pudiera inmiscuirse y mandar bien lejos a cualquier hombre al que considerara un rival serio.

De modo que Catalina siguió amando a Potemkin y confiando en él y, al mismo tiempo, esperando encontrar con otro hombre el gozo del enamoramiento, anhelando un alma gemela y un compañero, alguien a quien ella pudiera recurrir en busca de consuelo romántico y al que, al mismo tiempo, ella pudiera entrenar para que compartiera su difícil trabajo. En 1779 creyó encontrar a ese hombre. Se trataba de Alejandro Lanskoy, de veintitrés años, un capitán de la Guardia Montada, su guardaespaldas imperial personal.

Todos los hombres de la Guardia Montada eran increíblemente atractivos, y Lanskoy no era una excepción. Alto y fornido con su magnífico uniforme de la Corte y su armadura de plata –una cortesana lo describió como "un hombre muy fuerte, aunque no demasiado musculoso"–, ese hombre joven y rubio de facciones poéticamente hermosas cautivó a la emperatriz y renovó sus esperanzas de amor y solaz. En Lanskoy ella creyó haber encontrado al único hombre que, le dijo a Grimm, "sería el sostén de mi vejez".

Nada era suficientemente bueno para su "Sashinka", como ella lo llamaba. Lo colmaba de espadas enjoyadas y de espléndidos trajes bordados con hilos de oro y plata, le regaló propiedades y casas, una biblioteca, pinturas y tapices y objetos de arte por valor de millones de rublos. Confiaba que, con el tiempo, podría empezar a delegar en él responsabilidades. Mientras ella envejecía, él ganaría en madurez y competencia. La de ellos sería una unión ideal, satisfactoria para ambos y beneficiosa para Rusia.

Catalina formaba a Lanskoy, lo instruía en poesía –él tenía auténtico talento para escribir en verso– y en historia, le enseñó a apreciar las bellas artes y fomentó en él el gusto por la buena música y los buenos libros. La relación de ambos era compleja: Catalina tenía edad más que suficiente para ser su madre y su actitud para con él era bastante maternal; él la admiraba con una devoción que tenía mucho de filial; ella era su maestra y él, su ávido alumno, que deseaba sinceramente progresar en un sentido cultural; era un romance de primavera-invierno, aunque de una clase especial, entre una emperatriz poderosa y un joven pobre procedente de las provincias polacas; supuestamente existía entre ambos ternura, enamoramiento e intimidad. Y allí estaba, revoloteando en segundo plano, el verdadero consorte de la emperatriz: Potemkin, con cuyo consentimiento la relación continuaba y cuya desaprobación le pondría fin en cualquier momento.

En general, estas complejidades no eran advertidas. A los ojos de los cortesanos, de los dignatarios y embajadores procedentes de cortes europeas, la emperatriz rusa se había transformado en una ninfomaníaca desenfrenada.

Los rumores competían entre sí con respecto a cuál lograba bordar o inventar la historia más ultrajante. Se decía que, además de sus favoritos oficiales, Catalina entretenía a muchos otros hombres en relaciones breves. Se susurraba que la amiga de Catalina, la condesa Bruce, se llevaba a su lecho a cada uno de los amantes potenciales de Catalina para probarlo antes de que le estuviera permitido hacerle el amor a la emperatriz. Potemkin era considerado el que conseguía carne joven a la insaciable emperatriz, la alentaba a hundirse cada vez más en el libertinaje y después sacaba provecho de ello puesto que tanto Catalina como sus amantes le pagaban bien. Las historias que se referían a Potemkin eran casi tantas como las que se le adjudicaban a Catalina: que él había tratado de envenenar a Gregorio Orlov; que cuando comenzó a sentirse amenazado por la relación de Catalina con Zavadovsky se enfureció tanto y se puso tan violento que en determinado momento arrojó un candelero a la cabeza de la emperatriz; que sus apetitos sexuales eran incluso más sórdidos que los de Catalina.

La reputación que la emperatriz se había granjeado en la Europa occidental, la de una soberana sabia y benévola, protectora de intelectuales y filósofos y faro de sentimiento humanitario, estaba corrompida por acusaciones de inmoralidad y excesos. Los soberanos más remilgados de los Estados occidentales se sintieron pasmados y ofendidos por las historias provenientes de Rusia. El rey inglés Jorge III, un hombre ultrarrespetable, casado y padre de una progenie abultada de hijos, rehusó conferirle a Potemkin la Orden de la Jarretera cuando Catalina se lo pidió, y su embajador señaló que "estaba escandalizado". La emperatriz austríaca María Teresa era tan aburguesada como el rey Jorge y enérgicamente moralista. Ella había organizado una Comisión de Castidad en su imperio y tratado de limpiar su corte de adulterio (una tarea equivalente a limpiar los establos de Augías; una imposibilidad que sólo la hacía parecer ridícula; Catalina la llamaba su "Santa Teresa"). Casi no quería pronunciar siquiera el nombre de su contraparte en Rusia y se refería a Catalina simplemente como "esa mujer". Otros soberanos expresaron también su censura y señalaron que, al menos, la conducta de Catalina perjudicaba su alto cargo y era particularmente reprensible en una mujer.

El clima político de la corte imperial ardía con intrigas, chismografía y rumores de todo tipo. Convencidos de que la emperatriz era esclava de sus pasiones insaciables -y muchos de los integrantes de la Corte, los funcionarios y sirvientes por igual, recordaron bien lo irracional que había sido la emperatriz Isabel en su última década y pensaron que algo semejante le estaría pasando a su sucesora-, todo el tiempo especulaban acerca de cuándo caería en desgracia el actual favorito y quién sería el siguiente elegido, y hacían correr rumores de figuras misteriosas que eran vistas entrar y salir de la alcoba imperial. Familias con hijos jóvenes y atractivos trataban de arrojarlos en el camino de la emperatriz, a veces con sutileza y otras veces de manera flagrante. Gregorio Orlov le sugirió a la princesa Dashkov -ahora una viuda cuarentona, recientemente reintegrada en el círculo que rodeaba a la emperatriz- que debía preparar a su atractivo hijo para una carrera como favorito imperial. Aunque la princesa no vio con buenos ojos esa sugerencia, muchas otras madres desearon que sus hijos fueran capaces de seducir a Catalina, aunque sólo fuera por una o dos noches, convencidas de que la recompensa de esa aventura serían riquezas e influencias.

Los susurros y las risas, el desprecio hacia la emperatriz -cuya pasión por los hombres jóvenes la hacía objeto del ridículo- y la lucha por el poder mantenían a la Corte en un estado de agitada inmovilidad. En semejante clima y dada la obvia pérdida de respeto hacia la emperatriz, un golpe de Estado no era imposible. Todos observaban nerviosamente al gran duque Pablo e incluso más a Potemkin, cuya autoridad militar había aumentado y quien ya en 1780 comandaba miles de soldados, mientras se preguntaban cuándo uno de ellos o los dos tratarían de conseguir el poder.

Pero, en realidad, La Imperturbable seguía firme en su puesto de comando. Aunque enterada con pesar de lo que se decía de ella, siguió viviendo como se le antojaba y cobró aliento gracias a su feliz relación con Alejandro Laskoy. La emperatriz estaba apelando a todas sus fuerzas para la empresa más ambiciosa de su sorprendente carrera.

Había decidido, como le confió a un visitante de su corte, "echar a los turcos de Europa y ocupar el trono de Bizancio".

Potemkin se puso a trabajar con fruición en el gran plan de su amante. Con un gran ejército y una abundante provisión de fondos a su disposición, extendió la influencia rusa hacia el sur, incorporó colonos y edificó nuevas ciudades para que sirvieran de centros administrativos, plazas fuertes y puntas de lanza de una futura toma de poder por parte de Rusia. En Crimea, nominalmente independiente tanto de Rusia como del Imperio Otomano, pero en realidad gobernada por un khan títere cuya permanencia en el poder dependía del apoyo ruso, Potemkin estaba preparado para invadir la península tan pronto la emperatriz se lo ordenara.

Pero primero Catalina debía llegar a un acuerdo con el otro poder de la región: Austria. Se comunicó con José, hijo y co-soberano de la emperatriz María Teresa y le propuso que se encontraran personalmente para analizar temas de interés común. Era una sugerencia atrevida que revelaba el grado en que la emperatriz había tomado en sus manos las cuestiones de política exterior. Ya sin recurrir a Panin para que la asesorara, ella sola determinó la naturaleza de las metas de Rusia y las estrategias diplomáticas que se debían emplear para conseguirlas. Les pidió su opinión a Potemkin y a su secretario Bezborodko y sopesó sus puntos de vista, pero los de ella prevalecieron. Catalina leyó cada despacho de los embajadores, leyó y aprobó toda la correspondencia y presidió todas las reuniones importantes del consejo. La futura dirección del Imperio Ruso estaba en las manos confiables de la emperatriz.

O, más bien, en su mano derecha; la izquierda se estaba debilitando y resintiendo por los repetidos ataques del reumatismo. Ella se la envolvió para protegérsela del frío de fines de la primavera cuando en mayo de 1780 partió en un viaje de un mes de duración a través de las recientemente formadas provincias occidentales de su imperio. Estaba impaciente por comprobar de cerca cómo funcionaban las nuevas regulaciones que ella había sancionado y con tal finalidad envió investigadoras para que la precedieran en cada ciudad que ella se proponía visitar y les encargó que averiguaran el funcionamiento de las escuelas y los hospitales, las cortes y las oficinas de recaudación de impuestos, para que a su llegada ella supiera qué esperar.

La lluvia arruinó las elaboradas ceremonias preparadas para el arribo de la emperatriz en las ciudades de provincia. Los caminos eran un lodazal y arroyos llenos de barro corrían por las calles empedradas y a través de las plazas alegremente decoradas. Bandas calamitosas ejecutaban marchas goteando agua y embarrándose con cada paso; dignatarios con la ropa humedecida permanecían de pie debajo de marquesinas empapadas con la lluvia para ofrecer discursos de bienvenida, mientras cientos de personas se congregaban dondequiera fuera la emperatriz: seguía su carruaje, aguardaban en el exterior de las casas donde se celebraban banquetes y permanecían de pie durante horas debajo de un cielo oscuro y chorreante mientras ella asistía a fiestas y bailes.

Sin prestar atención a la lluvia y los caminos anegados que demoraban su avance de una ciudad a otra, Catalina sonreía a quienes se acercaban a observarla, boquiabiertos, y recibía con palabras corteses de gratitud los discursos y los rituales de homenaje que le brindaban. Se sentía gratificada por la manera en que la recibían e incluso más al enterarse de los importantes cambios de largo alcance que habían tenido lugar en las ciudades. Sus investigadores le pintaron un cuadro optimista de una vida comercial promisoria y de una mayor prosperidad general, una administración más eficiente y un pueblo respetuoso de la ley. Esas buenas noticias y el tropel de gente que la recibió compensó con creces la lluvia y los vientos helados que hicieron que la mano hinchada de la emperatriz le doliera mucho; ella esperaba con ansias el plato fuerte de su viaje: su encuentro con el archiduque austríaco José en la ciudad de Mogilev.

Tiempo después, Catalina recordó el día de su reunión con el archiduque José como "el día mejor y más memorable de toda mi vida". Estuvieron juntos todo el día y la noche, y Catalina le escribió a Grimm que José "no parecía aburrido. Descubrí que era muy culto". Y agregó: "Le encantaba conversar y lo hace muy bien". De hecho, José era un hombre como los que le gustaban a Catalina: bien informado, directo, espontáneo, sin pretensiones y sin miedo de enfrentar verdades desagradables.

La emperatriz y el futuro emperador se reunieron como iguales, cada uno ejerciendo un gran poder –pues María Teresa, ya una mujer mayor y enferma, le había delegado mucha autoridad a su hijo y co-soberano–, cada uno capaz de estudiar Europa desde un lugar de eminencia y de tomar decisiones con respecto a su futuro. Para Catalina esa debió de haber sido una experiencia maravillosa: estar reunida a puertas cerradas con su camarada-soberano, dos testas coronadas juntas, intercambiando ideas acerca de las satisfacciones e impedimentos de reinar sobre imperios inmensos y tumultuosos.

Catalina y José tenían mucho en común: los dos eran sinceros, incluso austeros en sus estilos personales –a José le gustaba recorrer las capitales europeas de incógnito, como "el conde Falkenstein", acompañado sólo por un único sirviente–; los dos eran cultos, firmes en su opiniones y locuaces; ambos eran liberales y propensos a seguir los principios de Montesquieu y Voltaire; los dos eran considerados excéntricos –José podía ser incisivo, carente de tacto y desdeñar a sus pares de cuna ilustre– y los dos se enorgullecían de su singularidad y, cabe sospechar, también de los rumores fruto de su excentricidad.

Asistieron a una ópera cómica juntos y hablaron durante toda la función, José haciendo observaciones que Catalina pensó que "valdría la pena que fueran publicadas". Fueron juntos a una misa cantada celebrada por el obispo de Mogilev y rieron y bromearon de la manera más profana durante la ceremonia. "Hablamos absolutamente de todo", le dijo Catalina a Grimm con evidente deleite. "Él lo sabe todo." Ella prefería dejar que el hombre tomara la iniciativa, y José lo hacía con facilidad aunque tuviera once años menos que ella; con placer Catalina lo escuchaba, fascinada, mientras él vertía sus opiniones y ventilaba sus prejuicios, muchos de los cuales ella compartía.

"Si yo tratara de resumir sus virtudes no terminaría nunca", le dijo a Grimm. "Él es el hombre más sólidamente inteligente, profundo y culto que conozco."

José, por su parte, quedó muy bien impresionado con esa emperatriz ingeniosa y con gran sentido común de la que tanto había oído hablar. "Su espíritu, su altruismo, su valentía, su agradable conversación son cosas que es necesario experimentar para poder apreciarlas como es debido", escribió en una carta a su madre. Él la aprobó, y eso que no era fácil conseguir que aprobara algo. Pero él vio a través de Catalina. Ella era egocéntrica, vanidosa con respecto a su aspecto y su atractivo femenino. No poseía el don de la diplomacia y no podía disimular la obsesión que sentía con respecto a conquistar a los otomanos. Sacaba a relucir una y otra vez su "proyecto griego", siempre, de manera tácita o abierta, pidiendo la participación de Austria. Incluso cuando le mostró a José retratos de sus pequeños nietos, Alejandro de dos años y medio y Constantino, de un año, fruto del segundo matrimonio de Pablo, el tema griego también surgió. Constantino recibió ese nombre por Constantinopla, la ciudad que ella quería conquistar; había hecho que pintaran un retrato del pequeño contra un trasfondo clásico griego. Dijo que algún día, el diminuto Constantino regiría sobre una Grecia revitalizada, liberada por Rusia de siglos de opresión turca.

La reunión entre los dos soberanos logró el objetivo de Catalina. En 1781 Rusia y Austria firmaron una alianza secreta; en el futuro harían un frente único contra los turcos. Ahora Catalina contaba con el poderío del Imperio Austríaco para su gran empresa. Y, ahora, José ya no era archiduque sino emperador, debido al reciente fallecimiento de su madre María Teresa.

La iniciativa austríaca de Catalina condujo a cambios en su corte. Panin, quien siempre había favorecido una orientación hacia el norte en la política exterior rusa y quien abogaba en favor de una alianza cercana con Prusia y no con Austria, partió hacia sus propiedades en la primavera de 1781 y no regresó. También Pablo se ausentó de Rusia por un tiempo, enviado a viajar por Europa con su esposa.

Pablo se estaba convirtiendo cada vez más en un riesgo, y la empecinada Catalina, que no se permitía ilusiones cuando estaba en peligro la seguridad de su reinado, reconoció que ella había tenido que protegerse de su hijo. Pablo y su nueva esposa María habían hecho lo que se esperaba de ellos; habían producido dos herederos sanos al trono. Pero Pablo, descripto por el rey Federico, después de que los dos hombres se reunieron en 1776, como "altivo, arrogante y violento", actuaba en detrimento de las metas políticas de Catalina. En parte debido a una furiosa frustración y en parte porque él tenía puntos de vista bien formados -si bien indistinguibles- sobre cuáles debían ser los objetivos del Imperio Ruso en el extranjero, y en parte porque era un alumno de Panin y compartía muchos de los prejuicios del antiguo canciller, Pablo no estaba de acuerdo con su madre. Criticaba, por ejemplo, el creciente acercamiento con Austria. Federico II se había transformado en el héroe de Pablo, como antes lo había sido de Pedro III, y la correspondencia secreta de Pablo con el rey Federico -un secreto que no pudo evitar que la omnisciente Catalina descubriera- despertó las sospechas de la emperatriz. Ella decidió que lo mejor era que su hijo abandonara San Petersburgo por un tiempo.

Las primeras etapas de la realización del arrollador Proyecto Griego de Catalina dieron un giro diferente de lo esperado por la emperatriz. Aunque ella había autorizado a Potemkin a lanzar lo que representaba una invasión en gran escala a Crimea, él vaciló durante muchos meses, víctima de uno de sus períodos de languidez e inercia. También José hizo otro tanto a pesar de las exhortaciones de Catalina ("Creo que es poco lo que nuestros dos Estados fuertes no podrían hacer, dados nuestros esfuerzos unidos", le escribió ella). Finalmente Crimea cayó en manos de los rusos. En 1784, el khan títere entregó su territorio a la emperatriz rusa a cambio de una pensión anual de cien mil rublos, y Potemkin tardíamente marchó con sus tropas y tomó posesión de la recién bautizada "Región Táuride". El mismo Potemkin, nombrado gobernador general, se puso por título Príncipe de Tauris.

Catalina había comenzado a hacer realidad su vasto objetivo, pero tuvo que hacerlo sola. Potemkin la había decepcionado al perder su coraje justo en el momento en que ella más lo necesitaba, mientras que el emperador José demostraba ser un aliado por interés. En los asuntos internacionales, así como en las cuestiones más traicioneras y delicadas del corazón, Catalina estaba descubriendo que, en definitiva, ella sólo podía confiar en sí misma.

Esa triste verdad se insinuó con crueldad en junio de 1784. Cierta tarde, mientras la Corte se encontraba instalada en el palacio de verano de Tsarskoe Selo, Alejandro Lanskoy comenzó a quejarse de dolor de garganta y fue a sus aposentos a acostarse. A las seis de la tarde ya se sentía suficientemente bien como para acompañar a Catalina a caminar alrededor del estanque del jardín y sufrir durante una reunión social que había sido planeada con anticipación, ya que no quería que Catalina la cancelara por su culpa. Esa actitud complaciente era típica de él; era una de las cosas que la emperatriz valoraba más en él: su naturaleza dulce y modesta. Lanskoy después fue a recostarse de nuevo y envió un mensajero a buscar a un cirujano que vivía cerca del palacio.

Al día siguiente el cirujano informó a Catalina que el pulso de Lanskoy era intermitente y que él y un colega a quien él había consultado pensaban que el joven padecía de algo mucho más grave que sólo un dolor de garganta. Catalina convocó a un especialista alemán de San Petersburgo, quien le dijo, en alemán y sin vueltas, que Lanskoy sufría de una fiebre virulenta que le causaría la muerte.

Llena de temor, pero tratando de conseguir más dictámenes médicos y tomando nota de los síntomas de agravamiento de Lanskoy –fiebre alta, hinchazón y cambios de color en la piel–, Catalina mantuvo vigilia junto al lecho de su Sashinka. Desde la muerte de Natalia había tenido que aceptar la muerte con demasiada frecuencia: su mentor Voltaire había sucumbido, lo mismo que muchos de sus cortesanos; apenas algunos meses antes había muerto Diderot, y el invierno anterior ella había enterrado a su adorado galgo Tom Anderson, después de dieciséis años de cordial compañía.

Lanskoy era un hombre robusto de físico fuerte, pero no parecía poder sacarse de encima el mal que le estaba debilitando el corazón. Se negaba a comer o beber y no quería tomar ninguna medicina hasta que un médico polaco amigo suyo lo convenció de que bebiera un poco de agua fría y comiera unos higos bien maduros. Al cabo de tres días estaba terriblemente pálido y volaba de fiebre, pero el especialista de San Petersburgo le dio algunas esperanzas a Catalina. Después de llevarla a un lado, le dijo que si Lanskoy no empezaba a delirar, tal vez lograría recuperarse.

A esa altura ya Catalina también tenía dolor de garganta, aunque no se lo dijo a nadie porque no quería que sus consejeros la apartaran del lecho de enfermo de su amado Sashinka a fin de poder atender su problema. Transcurrió otro día y, con un esfuerzo supremo, Lanskoy logró levantarse y caminar hacia otro dormitorio. Le confió a Catalina que la noche anterior, al sentirse terriblemente mal, había redactado su testamento.

Una hora después comenzó a delirar, y Catalina supo que las esperanzas que el especialista le había dado se desvanecían. Lanskoy todavía la reconocía y sabía cómo se llamaba ella, pero ignoraba dónde estaba. Se puso a pedir su coche y se enojó cuando los sirvientes no quisieron atar sus caballos a la cama. En un último esfuerzo por salvarlo de la muerte Catalina le ordenó a su médico, el doctor Rogerson, que le administrara a Lanskoy una cura de la cual ella había oído hablar y que se llamaba "Polvos de James", pero la medicina no tuvo ningún efecto apreciable sobre el enfermo.

"Abandoné su habitación a las once de la noche", le escribió después a Grimm. "No había más que yo pudiera hacer y oculté mi propia enfermedad." Esa noche, o a primera hora de la siguiente mañana, Lanskoy murió.

"Estoy sumida en una tremenda tristeza y mi felicidad ha desaparecido. Siempre pensé que yo moriría por la pérdida de mi mejor amigo." Le dijo también a Grimm que Lanskoy había sido la esperanza de su futuro, y se refirió a él como "el jovencito que yo estaba criando". Él había compartido los sufrimientos de ella y se había alegrado con Catalina cuando las cosas iban bien. Había sido gentil y decente y muy agradecido por el patronazgo de Catalina. Había respondido rápidamente y bien a su entrenamiento. Ahora él había muerto y ella tenía la sensación de haberlo perdido todo. "Mi cuarto, antes tan agradable, se ha transformado en una cueva vacía; en ella me arrastro como una sombra." No podía obligarse a enfrentar a nadie, y aunque hacía todos los trabajos que era preciso realizar ("con orden e inteligencia", le aseguró a Grimm), la vida había perdido todo su color y su sabor.

"No puedo comer, no puedo dormir", le confió al suizo. "Leer me aburre y no puedo reunir las fuerzas necesarias para escribir. No sé qué será de mí, pero sí sé que nunca antes en toda mi vida me he sentido tan desdichada como desde que mi amigo más íntimo y más querido me abandonó."

Durante casi un año Catalina lloró a Lanskoy. Se encerró en una habitación pequeña y leyó antiguas crónicas rusas y comenzó a trabajar en un estudio comparativo de palabras en doscientos idiomas.

Los sirvientes le llevaban libros -un diccionario finés, un estudio en varios tomos de los primeros pueblos eslavos, atlas y gramáticas-, pero durante meses se sintió demasiado triste y apenada para enfrentar a su corte, y hasta hubo rumores de que había muerto. Sus cuatro nietos le brindaron un poco de consuelo, en especial la más pequeña, una chiquilla que la gente decía que se parecía a su abuela. ("Confieso que tengo debilidad por ella", reconoció Catalina.) Sin embargo, siguió "sufriendo como una condenada", inconsolable por su gran pérdida. Al cabo de seis meses Potemkin, que había llegado de su nuevo reino de Tauris poco después de la muerte de Lanskoy para consolarla, obligó a Catalina a abandonar su confinamiento y a aprender de nuevo a vivir y a respirar. Ella se rebeló, luchó con él en cada paso, pero al final se lo agradeció. Por último pudo ponerse un atuendo propio de la Corte y aparecer en público. Sin embargo, en privado siguió sintiéndose "una persona muy triste", le dijo a Grimm, "que sólo habla en monosílabos... Todo me aflige".

La intensidad del duelo de la emperatriz y la pena sin precedentes que sintió frente a la pérdida de Lanskoy no contribuyó precisamente a frenar la oleada de historias procaces y difamatorias que corrían sobre ella. Circulaban rumores atroces sobre la muerte del bondadoso y poético joven. Se decía que Catalina lo había agotado con sus exigencias sexuales. Que él había muerto en la cama de la emperatriz mientras en vano trataba de satisfacer su insaciable pasión. Que ella lo había obligado a tragar afrodisíacos venenosos, pociones tan fuertes que habían hecho que el cuerpo se le hinchara y estallara. Que ella lo había envenenado, del mismo modo en que había envenenado a su marido Pedro, y la prueba era que su cadáver despedía un hedor intolerable y tenía las extremidades separadas del torso.

La auténtica Catalina estaba inmersa en su dolor, mientras la Catalina de leyenda, impenitente y sexualmente más voraz que nunca, exigía más hombres jóvenes y seguía adelante con su deshonrosa carrera.

Capítulo 26

Cientos de ardientes antorchas iluminaban el inmenso patio del palacio de Tsarskoe Selo de la emperatriz Catalina en las horas previas al amanecer del 7 de enero de 1787. Una buena capa de nieve cubría el suelo y la escarcha contorneaba las verjas de hierro y las cuatro estatuas clásicas que flanqueaban la entrada del imponente palacio estaban tapadas hasta la cintura por montones de nieve.

Las antorchas chisporroteaban en el aire frío y diáfano, y el silbido y el crepitar que producían era audible por encima del rechinar de las ruedas del carruaje y del repiqueteo de los cascos de los caballos, los gritos de los sirvientes y el crujido de los cajones de madera. Catorce enormes coches para viaje, montados en patines de madera, estaban alistándose para recibir a sus distinguidos ocupantes. Sus ruedas habían sido doradas a nuevo y se les habían retocado los paneles pintados. En el carruaje de la emperatriz, el más grande y espléndido de todos, había una provisión de combustible para la estufa, canastos con comida y bebida, mantas abrigadas, ropa adicional, artículos de tocador y -por si acaso-, medicamentos.

A pesar del intenso frío que endurecía las barbas de los hombres y enrojecía las manos de las temblorosas mucamas, los preparativos para ese gran viaje imperial continuaron. Casi doscientos trineos estaban siendo cargados con baúles y arcones, barriles de cerveza y vino y miel, bolsas de cereales, cajones repletos de quesos, frutas y otras provisiones, ropa blanca y mantelería, cálidas mantas forradas en piel y braseros: todo lo necesario para un viaje prolongado. Ayudas de cámara y mozos de cuadra se ocupaban de los mil caballos que tirarían de cientos de vehículos, mientras los pajes y los lacayos, las mucamas y las sirvientas de cocina corrían a encontrar sus lugares en esa imponente procesión.

La emperatriz Catalina estaba por emprender el viaje más prolongado y ambicioso de su reino para visitar los extremos meridionales de sus tierras y exhibir allí su magnificencia y su poder militar a fin de atemorizar a los turcos. El planeamiento de ese largo viaje había comenzado casi un año antes, y durante muchos meses los funcionarios de la casa real se habían ocupado de los arreglos necesarios, bajo la precisa supervisión de su señora imperial.

Ese viaje era una de las cosas que más entusiasmaba a Catalina. Favorecería sus propósitos de conquista y demostraría lo que ella, y en especial el que fuera su consorte y asistente Potemkin, habían hecho hasta el momento. Le daría a ella la oportunidad de lucir su riqueza y su poder. Catalina estaba impaciente por iniciar ese viaje.

En su corte, muchos habían tratado de disuadirla. Adujeron que, después de todo, ella tenía casi cincuenta y ocho años y le recordaron que sufría de una acumulación de achaques y dolores propios de la vejez y ya no podía esperar tener la energía suficiente para los viajes que antes disfrutaba.

"Por todas partes me aseguraron que el viaje estaría repleto de obstáculos y de sinsabores", le dijo Catalina a Grimm en una carta. "Quería asustarme con relatos de fatiga de viaje, de la aridez de los desiertos y de lo insalubre del clima. Pero esas personas me conocían muy poco", añadió. "Ignoran que oponerse a mis planes sólo consigue alentarme; y que cada dificultad que ponen en mi camino es un aliciente adicional que me proporcionan."

A los cincuenta y ocho años, Catalina no era menos terca y empecinada que muchos años antes, y estaba decidida a salirse con la suya. Esa obstinada determinación de seguir adelante y lograr lo que deseaba se había transformado en su cualidad más notable. ("Dios, concédenos nuestros deseos, y hazlo pronto", había sido su brindis preferido.) Casi todos los que la conocían destacaban esta característica suya: el embajador Harris la describía como "una mujer vanidosa, redomada y malcriada", que no soportaba que le negaran nada: el emperador José opinaba que era una lástima que no hubiera nadie en el entorno de Catalina que se atreviera a controlarla. ("Es preciso estar en guardia contra la fuerza y la impetuosidad de sus opiniones", le confió José al embajador británico en Viena.)

Todos sus secretarios sentían el peso de sus deseos insistentes; aunque en el pasado la consideraban la más bondadosa de las señoras, ahora en ocasiones se mostraba irascible, difícil y desagradable. ("Arrogante con su propio poder en un grado singular", escribió Harris, "y obstinadamente empecinada en sus propios puntos de vista, se muestra celosa o insatisfecha con respecto a casi todos los que se le acercan.") Hasta Potemkin le comentó a Harris que la emperatriz "se ha vuelto recelosa, tímida e intolerante"; aunque es posible que el siempre astuto Potemkin hubiera querido concordar con las opiniones del embajador por razones meramente políticas.

Por cada comentario acerca de la irascibilidad de la emperatriz había dos que elogiaban su cordialidad y su sencillez desprovista de afectación; aunque su humor tal vez no era tan parejo como antes, todavía podía exhibir un grado de consideración y autenticidad que los visitantes a su corte consideraban sorprendente, y para Catalina era particularmente gratificante ayudar personalmente a los integrantes de su corte y a otras personas que acudían a ella con alguna necesidad.

Cuando se trataba de política, era más egocéntrica que nunca. "Estoy firmemente decidida", le dijo a Potemkin, "a no contar con nadie sino a confiar por completo en mis propios recursos." Hasta el momento, sus recursos, tanto personales como materiales, habían demostrado ser más que adecuados.

Por fin todo estaba listo y la inmensa y extendida procesión de carruajes y trineos se puso en marcha hacia la primera etapa de su larga travesía. A las tres de la tarde comenzaba a ponerse el sol y a la cuatro ya la oscuridad lo cubría todo. Pero hacia adelante, el camino estaba iluminado a cada lado por enormes fogatas. Durante semanas, grupos de leñadores imperiales habían estado talando árboles y apilándolos en montones altos a lo largo del camino. Y ahora estaban encendidos convirtiendo la noche en día y contribuyendo a que fueran posibles más horas de viaje.

Junto a la emperatriz, en el carruaje principal, iban una doncella de confianza y el nuevo favorito Alejandro Dmitriev-Mamonov, un oficial alto, de ojos negros, casi treinta años más joven que Catalina, y un compañero alegre y divertido. Ella lo llamaba "Casaca Roja" y confiaba en él para no aburrirse a medida que pasaban los kilómetros. Al igual que Catalina, Mamonov era muy "conversador", era "una fuente inagotable de jovialidad" y era un rival adecuado para la emperatriz, tanto en lo relativo a ingenio como a referencias literarias e históricas. Esto se debía a una excepcionalmente buena educación con los jesuitas y una excelente memoria para recitar poesía –a Catalina le gustaba especialmente Corneille ("él me eleva el alma", solía decir)– y era capaz de improvisar versos e imitar con inteligencia a personas con un simple pedido.

Mamonov no era ningún sustituto de Lanskoy, a quien Catalina seguía llorando, pero sí era muy superior al favorito inmediatamente anterior a Lanskoy, Alejandro Yermolov, una persona insignificante cuyo período de favor duró menos de un año y medio. Yermolov fue despedido después de haber ofendido a Potemkin. Como de costumbre, Catalina se mostraba reacia a conservar un amante que no estaba en buenos términos con el formidable y cada vez más errático príncipe de Tauris.

Además de su doncella de confianza y de Mamonov, la emperatriz tenía lugar en su carruaje para otras tres personas y los fue ocupando de manera rotativa con quienes ella había invitado a acompañarla en su expedición. Esos huéspedes más importantes eran el Príncipe de Ligne, par de Catalina en edad y superior a ella en sofisticación y en inteligencia creativa; el más joven conde Luis Felipe de Ségur, quien llevaba un diario de viaje lleno de observaciones incisivas, y Alleyne Fitzherbert, el embajador británico, quien tuvo que echar mano de todos sus recursos diplomáticos pues Catalina tenía una actitud cada vez más fría hacia Gran Bretaña con cada año que transcurría. El animoso y corpulento conde austríaco Cobentzl completaba el contingente diplomático. El Secretario Mayor y bufón no oficial de la Corte, León Naryshkin, con frecuencia se sentaba en el carruaje imperial diciendo chistes, haciendo muecas, imitando a otros miembros de la caravana y, en general, haciendo reír a Catalina. No había invitadas; la emperatriz había hecho pocas amigas en el curso de su vida y le gustaba más la compañía masculina.

No fue sorpresa para nadie que el gran duque Pablo no fuera invitado a esa gira de la emperatriz; se rumoreaba que ella ya no pensaba dejarle el trono y que había decidido conferirle el honor de la sucesión a su nieto Alejandro. Sin embargo, ni Alejandro ni su hermano menor Constantino estaba con Catalina cuando ella emprendió el viaje; los dos se estaban recuperando de enfermedades y se pensaba que no tenían la fuerza suficiente para salir de viaje, sobre todo en pleno invierno. Catalina estaba disgustada. ("Estoy bastante enojada porque ni Alejandro ni Constantino me acompañan en este viaje, y también ellos están bastante decepcionados", le escribió la emperatriz a Grimm.) Eran chicos prometedores, atractivos y precoces, cariñosos y llenos de encanto. Alejandro tenía nueve años y Constantino, siete. Pablo y María habían tenido tres hijos más, todas nenas; Catalina les tenía un afecto especial a la alegre Alejandra, de tres años, y a su preciosa hermanita, a quien su abuela apodaba "la bella Hélène". La pequeñita María era todavía una bebita en su cuna. Catalina esperaba tener más nietos.

Día tras día los trineos eran arrastrados por caminos helados por caballos cansados cuyo aliento se congelaba en cuanto brotaba de sus ollares. Fue necesario tener preparados casi seiscientos caballos en cada puesto de recambio, y la tarea de engancharlos y desengancharlos se vio mucho más dificultada por el terrible frío y por el gentío de aldeanos que se acercaban a ver esos carruajes de cuentos de hadas y a sus linajudos ocupantes. A cada uno de los invitados de Catalina se lo proveyó de un grueso saco negro forrado con piel abrigada; sombreros de piel, guantes con forro de piel y pequeñas botas de piel gruesa completaban el atuendo. Aunque el frío era intenso, la emperatriz comentó en una de sus largas cartas a Grimm que ninguno de sus huéspedes perdió la nariz o las orejas por habérseles helado. Ella misma gozaba de una sorprendente buena salud, sin problemas digestivos ni dolores de cabeza ni de piernas. Durante el viaje pasaba largas horas conversando con Mamonov -quien en ese momento estaba interesado en leer a Buffon y deseaba tener su propio ejemplar de obras completas- y con sus otros invitados.

En los días mejores, el conjunto de trineos lograba cubrir alrededor de sesenta y cinco kilómetros, pasando sobre ondulados campos de nieve, densos bosquecillos de abedules y abetos, los oscuros troncos de los árboles contra el blanco intenso de la gruesa capa de nieve, sus ramas brillando con los cristales de hielo. A mediodía se detenían, a veces en una aldea, otras veces en casa de un noble, para comer y luego, cuando la luz de la tarde comenzaba a disminuir, una vez más echaban a andar, su camino iluminado por las fogatas.

Después de un mes en los caminos la procesión de la emperatriz llegó a Kiev, donde se detuvo por muchas semanas. Allí, delegaciones de todas partes del imperio se congregaron para recibir a la emperatriz y hacerle peticiones. Estaban tártaros y calmucos, georgianos y kirguises, todos los pueblos no rusos que habían seguido a Pugachev y que habían resistido los ejércitos de Potemkin. Estaban también nobles polacos que prestaban tributo a esa poderosa mujer que se había apoderado de una gran parte de su patria y, temían, estaba dispuesta a apoderarse de más.

Cuando Potemkin se unió a la partida, viajando a Kiev desde su semi-reinado de Tauris, todo había cambiado, según Ségur. Él actuó como si fuera el anfitrión de la emperatriz y de su entorno: ofreció espléndidas fiestas y exhibiciones de fuegos artificiales, financió conciertos y banquetes, entretuvo a invitados en el venerable convento de Petchersky, donde fijó su residencia. Exhibió una brillante figura. En las ocasiones públicas aparecía con uniforme de mariscal "cubierto de adornos y diamantes", escribió Ségur, "y también con encaje y bordados, y con el pelo rizado y empolvado". Sin embargo, en Petchersky apareció con el aspecto de un visir turco: despeinado, las piernas y los pies desnudos, cubierto con una bata de seda, recostado lánguidamente en un inmenso sofá, rodeado de sus parientes mujeres -varias de las cuales se sabía que eran sus amantes-, oficiales surtidos y enviados extranjeros.

Parecía estar inmerso en un sueño asiático, a pesar de lo cual el astuto Ségur percibió que, detrás de ese aire lánguido, Potemkin estaba totalmente despierto y alerta. Conferenció con oficiales, envió y recibió intrincados mensajes, jugó al ajedrez mientras realizaba negociaciones no oficiales con embajadores y, en general, hacía todo lo posible por contribuir a los objetivos que compartía con su soberana. De acuerdo con Ségur, Potemkin era capaz de trabajar en docenas de proyectos a la vez sin parecer estar nada atareado, revisar la marcha de construcciones y experimentos agrícolas e impartir órdenes a funcionarios civiles y oficiales militares con respecto a un conjunto interminable de emprendimientos diferentes.

Anécdotas de la estadía de la emperatriz en Kiev no registran que Catalina haya pasado tiempo en privado con Potemkin y es posible que no lo haya hecho. Sin embargo, ese antiguo vínculo no puede haberse marchitado por completo: por cierto cada uno le seguía teniendo afecto al otro y es posible que cada tanto durmieran juntos. Catalina aseguraba extrañar terriblemente a Potemkin cuando estaban separados. Tanto la emperatriz como su amado Potemkin tenían fama de llevar una vida disoluta y tener un insaciable deseo sexual;

en el caso de él existían algunos fundamentos para esa mala fama: Potemkin poseía un virtual harén de amantes. Además de sus sobrinas y de la serie de damas nobles de las que él se había enamorado apasionadamente -si bien brevemente-, se decía que Potemkin frecuentaba prostíbulos y se aprovechaba de los ofrecimientos que recibía de los cortesanos para compartir con ellos sus esposas a cambio de favores políticos.

En abril sonaron los cañones para anunciar que el hielo del río había comenzado a resquebrajarse. La emperatriz y su comitiva habían estado tres meses en Kiev esperando que el prolongado invierno aflojara un poco su rigor en las aguas. El 1º de mayo ya el Dnieper era navegable y Catalina y sus invitados preferidos subieron a bordo de siete flamantes galeras construidas bajo la supervisión de Potemkin y equipadas como mansiones en miniatura.

Cada una de las embarcaciones grandes y muy decoradas de lo que de Ligne había bautizado como "la flota de Cleopatra" tenía su propio personal de sirvientes uniformados y su propia orquesta de doce músicos. Cada una tenía también dormitorios elegantes con camas mullidas, colchas de tafetán y escritorios de caoba. Los cuartos de vestir y las salas de estar tenían divanes tapizados con telas chinas. El dorado y la seda brillaban por todas partes. Para las comidas se había designado una galera en especial en la que había un inmenso comedor. Con pocos invitados en cada galera, las actividades sociales se transformaron en una verdadera proeza de equilibrio y osadía, pues los viajeros se veían obligados a pasar de un barco a otro en pequeños botes de remo y, con la creciente del río, los accidentes eran inevitables. Cada día personas y bienes eran vertidos hacia el río en pequeños botes y, durante una fuerte tormenta, varias galeras encallaron en bancos de arena.

En una carta a Grimm, Catalina señaló que la navegación en ese río crecido resultaba difícil. En total había alrededor de ochenta barcos en la flotilla imperial y era imposible evitar las colisiones. La corriente era rápida y traicionera, había muchos recodos y pequeñas islas; las condiciones eran tan imprevisibles que era imposible izar las velas de las galeras. Catalina, como siempre, trabajaba en su escritorio y enviaba y recibía varias bolsas pesadas con despachos que a diario le enviaba un correo de San Petersburgo. Sin embargo, en los intervalos entre trabajo, la emperatriz y sus huéspedes se entretenían con juegos de palabras, mantenían conversaciones animadas y competían en concursos de habilidad literaria. "Si supiera todo lo que se dice cada día en mi galera", le comentó la emperatriz a Grimm, "se moriría de risa."

El conde de Ségur, que conocía bien a la emperatriz por haber estado varios años en su corte de San Petersburgo, opinó que ella estaba de excelente buen humor durante los días de primavera en el río.

"Nunca vi a la emperatriz de mejor humor que en el primer día de nuestro viaje", escribió. "La cena fue muy animada y todos estábamos encantados de irnos de la ciudad de Kiev, donde habíamos estado encerrados tres meses por el hielo. La primavera rejuveneció nuestros pensamientos; la belleza del agua, la magnificencia de nuestra flota, la majestad del río, el movimiento, la alegría de la multitud de mirones que corrían por las márgenes con una curiosa mezcla de atuendos de treinta naciones, nuestra certeza de despertar cada día a nuevas curiosidades que aguzaban y estimulaban nuestra imaginación."

Mentalmente, los invitados estaban en excelente forma. De Ligne extemporizó versos en métrica alejandrina clásica, con Ségur proveyéndolo de las rimas finales. Fitzherbert desplegó sus talentos como narrador entretenido y amable. Naryshkin hizo cabriolas y aportó sus habituales tonterías con gran inspiración. Cobentzl, a quien le gustaba actuar en su tiempo libre, propuso que la compañía interpretara con él proverbios en el dormitorio de Catalina. También la emperatriz recitó versos y se mostró tan ingeniosa como los demás, aunque el brillante y veleidoso de Ligne la consideró algo aburrida y literal. Ella no tenía una mente tan ágil como la suya –aunque, para ser justo, estaba preocupada–; de hecho Catalina había comenzado a ser más lenta mentalmente. En los juegos de ingenio había sido derrotada, pero por rivales de extraordinario calibre.

Las cartas de Catalina a Grimm revelan qué era lo que la preocupaba mientras las enormes galeras doradas avanzaban por el ancho río hacia Kherson. A sus oídos llegaron persistentes rumores de que otro usurpador, empeñado en triunfar donde Pugachev había fracasado, había aparecido cerca de Orenburg. Otros informes procedentes de zonas rurales hablaban de historias que subsistían entre los campesinos en el sentido de que Pugachev en realidad no había muerto –de hecho había sido ejecutado en enero de 1775– sino que se encontraba escondido y muy pronto emergería para liderar otra revuelta. Catalina había estado oyendo cosas por el estilo desde hacía años, a pesar de lo cual no les restó importancia; sabiendo que sus súbditos eran tan imprevisibles como las inundaciones de la primavera y las fuertes correntadas en el río crecido, ella tomó nota de cuándo y de dónde habían surgido los rumores y permaneció alerta.

Durante sus horas de trabajo permanecía sentada en la cubierta de su galera dorada, vestida con una larga túnica suelta, disfrutando de la calidez del sol, leyendo los papeles que sus secretarios le acercaban y redactando las respuestas. Había encontrado un joven modisto griego que era "listo como un mono", en sus palabras, en cuanto a vestirla, "siempre de acuerdo con la fantasía de ella". Y la fantasía de Catalina a veces tenía que ver con la juventud. Cierta noche, la emperatriz se presentó en el salón de su galera con un vestido de tafetán color anaranjado con moños azules y su pelo entrecano suelto como el de una muchacha. Sabiendo que estaba entre amigos, se permitió un toque de coquetería y seducción juveniles. Y, a pesar de su edad, todavía le sentaba.

Como Potemkin, Catalina tenía dos guardarropas: vestidos estilo europeo -caros, pero nunca extremos en su estilo- para las ocasiones públicas y, para el trabajo y la relajación, túnicas moscovitas con una caída que formaba pliegues cómodos sobre su abultado abdomen y sus amplias caderas. Sus súbditos no rusos aplaudían su atuendo moscovita; desde donde ella se encontraba sentada alcanzaba a verlos, apiñados en la margen del río, gritando y saludando con la mano. Ella les sonrió y después volvió a concentrarse enseguida en sus papeles.

Le pareció inevitable que hubiera guerra con los turcos, y muy pronto. En realidad, el viaje tenía como finalidad incitar al enemigo turco a entrar en acción, para que ella tuviera una excusa para declararle la guerra. El resultado no era seguro, pero ella se sentía optimista en medio de su audacia. Los austríacos la apoyaban, aunque Catalina no tenía certeza de que el emperador José pudiera reunirse con ella -como estaba originalmente planeado- a lo largo de la ruta meridional de su viaje, ya que él padecía erisipela. Los británicos y los franceses se opondrían a ella pero estaban lejos, y los franceses, al menos, era improbable que interfirieran porque se enfrentaban a una crisis política cada vez más grave.

Durante su viaje, Catalina siguió con interés los relatos que le llegaban de la Asamblea Francesa de Notables, convocada para solucionar la creciente crisis financiera del país. Ella censuraba la frivolidad de la reina María Antonieta –la hermana menor y más bonita del emperador José– y la ineptitud del imperturbable Luis XVI. El gobierno francés estaba casi en bancarrota y el país parecía, si no ingobernable, al menos intratable. A Catalina la complació pensar que las ideas de un gobierno esclarecido nacido en Francia había arraigado en Rusia; ella, Catalina, y no Luis XVI, era la auténtica heredera de Montesquieu, Diderot y Voltaire.

Las cartas que le llegaban a Catalina a bordo de su galera llevaban noticias de asuntos personales. Su nieto Alejandro y la hermana de este, Elena, tenían sarampión. A Constantino le había aparecido un sarpullido. Alexei Bobrinsky, el hijo que había tenido con Orlov, llevaba una vida de lujo en París, se había gastado su generosa asignación y necesitaba más dinero para pagar sus deudas. (Catalina le pidió a Grimm que llevara al muchacho de la mano, que lo hiciera jurar solemnemente no endeudarse más. Al recibir ese juramento ella autorizó a Grimm a darle más dinero a Bobrinsky.) Zelmira, la cuñada de la gran duquesa María, casada con el hermano violento y peligroso de María, había ido a ver a Catalina con sus tres hijos pequeños en busca de asilo; por conocer de primera mano la tortura de un matrimonio abusivo, Catalina le dio a Zelmira la paz que buscaba y, a lo largo de su viaje, les escribió cartas a los parientes políticos de Zelmira en un intento de asegurarle un futuro seguro.

Catalina recibió una carta divertida que le informaba que Lavater, padre de la frenología, una ciencia de moda en ese momento, había estudiado las facciones de Catalina a fin de poder trazar un perfil de su carácter. Lavater dijo que su rostro no mostraba grandeza ni distinción sino temeridad. No se la debía comparar con la difunta reina Cristina de Suecia, una monarca realmente sabia. Sin duda Catalina hizo a un lado el juicio de Lavater y no volvió a pensar en él. Después de todo, la reina Cristina había abdicado su trono y se había ido a vivir a Roma a la sombra del Vaticano. No había tenido éxito –como Catalina sí lo había tenido– en la tarea de gobierno. En comparación con la forma que tenía Catalina de juzgar la validez de una vida –la utilidad–, la reina Cristina había fracasado, mientras que ella, al menos hasta el momento, estaba triunfando.

La enfermedad del emperador José pasó con la velocidad suficiente como para que se uniera a la partida de viajeros rusos y, junto a Catalina, visitó Crimea. Durante cinco días se alojó en el que fuera el palacio del anterior khan en Baktshi-Serai, un lugar maravilloso de arquitectura turca, mora y china, en el que centelleantes fuentes jugueteaban en patios exuberantes con paredes, techos y columnas decorados por completo con elaborados mosaicos. En el gran salón de audiencias, espléndido con sus dorados y mosaicos, sus mármoles de colores y sus intrincadas tracerías de piedra, Catalina ocupó el lugar que antes presidían los khanes. Una inscripción dorada en una pared informaba "a todo el mundo" que "no existe más riqueza que esta en Ispahan, Damasco o Estambul".

Después de abandonar ese lugar, testigo de la antigua gloria de los khan, el emperador y la emperatriz viajaron por grandes zonas desiertas alguna vez ocupadas por tribus tártaras pero ahora, expulsados sus habitantes por las tropas despiadadas de Potemkin, había vuelto a su estado natural. Instalada en enormes carpas armadas por sirvientes del Príncipe de Tauris, la pareja imperial se maravilló de la enormidad de las nuevas tierras conquistadas por Rusia y fue llevada a observar el resultado del trabajo realizado por Potemkin para transformar ese desierto en tierras fértiles. Se habían edificado nuevas aldeas, se plantaron nuevos bosquecillos, se incorporaron nuevos sembrados. Potemkin dijo que se habían establecido algunos inmigrantes extranjeros y que muchos más estaban por llegar.

Catalina quedó maravillada por la creatividad exhibida por Potemkin al planear espectáculos para amenizar el viaje y, asimismo, para lucir frente a los turcos el poderío ruso. Tropas de tártaros maniobraban sus veloces caballos con increíble habilidad. Cierta tarde, justo a la hora de la puesta de sol, las colinas que rodeaban una ciudad en la que Catalina se alojaba se encendieron con fuegos artificiales. El radio de esta exhibición se extendía por varios kilómetros y su centro, en lo alto de una colina, formaba el monograma imperial de la emperatriz realzado por una explosión de más de diez mil cohetes. Hasta el terreno se sacudió. Nunca antes se había concentrado tanto poder en un único lugar. Los rusos parecían ser temibles, si no invencibles.

Catalina y José parecían estar ahora en el mejor de los términos. Compartían confidencias acerca del peso del poder y conversaban sobre otros Estados europeos, sus intereses y las perspectivas para Francia, un país que José había visitado. Los observadores tuvieror la impresión de que "no existía ninguna reserva" entre los dos sobe ranos.

"¿Alguien trató alguna vez de matarlo?", preguntó uno. "Er cuanto a mí, he recibido amenazas."

"Yo recibí cartas anónimas", respondió el otro.

Pero, a pesar de la relación armoniosa que existía entre ambos, Catalina y José no pudieron llegar a un acuerdo detallado con respecto a la inminente guerra. En opinión de Ségur, quien había hablado en privado con José en muchas ocasiones, el emperador no planeaba apoyar activamente a Catalina en sus grandes proyectos de conquista. Se había enterado de una revuelta contra Austria en Holanda y sabía que restaurar allí el orden debía ser su primera prioridad. (También Catalina sabía del levantamiento en Holanda y temía que ese hecho disuadiera a los austríacos de enviar tropas contra los turcos, aunque no le dijo esto a José.)

El punto culminante del viaje de la emperatriz sería su visita a los puertos del Mar Negro. Allí, Potemkin se superó. Cuando la partida de la emperatriz llegó a Sebastopol, asistió a un espléndido banquete presidido por el Príncipe de Tauris, quien habló largamente del poderío de las armas rusas.

"Cien mil hombres esperan mi señal", anunció, y tan pronto esas palabras brotaron de su boca, las persianas cerradas del salón se abrieron y mostraron un panorama de esplendor militar. Del otro lado de las ventanas y hasta la vasta bahía, filas y más filas de soldados estaban en posición de firmes. Regimientos enteros, algunos ataviados con los trajes típicos de sus regiones, aguardaban inmóviles la señal de Potemkin. Un batallón griego estaba formado por mujeres guerreras; sobre sus faldas colgaban cuernos con pólvora y bolsas y turbantes adornados con plumas envolvían sus cabezas.

Más allá de esa masa de soldados, en la bahía, la tranquilidad fue quebrada por un ensordecedor estallido de cañonazos procedentes de las cubiertas de varias docenas de barcos. Y de muchos miles de gargantas brotó el rugido de un saludo, repetido una y otra vez: "¡Viva por siempre la Emperatriz de Pontus Euxinus! ¡Viva por siempre la Emperatriz de Pontus Euxinus!".

Debe de haber sido un momento estremecedor. Gracias a la calidez de un excelente vino local, alentada por todo lo que había visto y oído durante esos cinco meses de viaje y gratificada por el aplauso de sus invitados y la aprobación atronadora que se elevó de sus fuerzas guerreras locales, Catalina debe de haberse sentido profundamente conmovida. La nueva flota rusa, construida por Potemkin, estaba lista para atacar Constantinopla, que se encontraba a apenas dos días de navegación a vela. Los portales de Bizancio se encontraban abiertos. Ella sólo tenía que prepararse para la acción, dar la señal a su ejército y su armada y avanzar.

Capítulo 27

Pero los acontecimientos se precipitaron con mayor rapidez que la esperada por Catalina. Su recorrida por la región de la Táuride y la exhibición de poderío militar hizo que los oficiales otomanos arrestaran inmediatamente al ministro ruso en Constantinopla, iniciando así la guerra.

Catalina prácticamente acababa de regresar de su viaje prolongado cuando tuvo que enfrentarse a la crisis. A fines de agosto de 1787 se reunió con su consejo y ordenó a Potemkin que avanzara rápidamente contra el enemigo turco, convencida de que sólo hacían falta algunas semanas para lanzar una ofensiva a gran escala. Ella le pidió a Alexis Orlov, el héroe de la gran batalla de Chesme, que asumiera el comando de la flota del Mar Negro, a la que se sumarían los barcos del Mar Báltico. Para su gran fastidio, Orlov declinó. Estaba celoso de Potemkin y ambicionaba tener el comando supremo del ejército, lo cual lo convertiría en superior de Potemkin. Le dijo a la emperatriz que, a menos que le confiriera un rango más alto que su rival, rehusaría su pedido.

Catalina necesitaba a Orlov, pero no podía darse el lujo de ofender a Potemkin. (Alguien que la observaba con atención señaló que ella le tenía miedo, "del mismo modo en que una esposa le teme a un marido enojado".) Ella confiaba por completo en Potemkin. Sin él –como en una ocasión le dijo en una carta– se sentía como una persona sin brazos. De modo que Orlov quedó decepcionado.

En las primeras semanas de la guerra los rusos dieron la impresión de dar dos pasos atrás por cada avance. El general Suvorov defendió con éxito el ataque de los turcos sobre Kinburn, en poder de los rusos, pero la flota del Mar Negro comandada por Potemkin, que habría de convertir a Rusia invencible en los mares, sucumbió a una fuerte tempestad y no pudo entrar en combate con los turcos.

La flota había sido construida con gran apuro. Presionado por tenerla lista cuando la emperatriz llegara a Crimea, Potemkin había ordenado a los astilleros que utilizaran madera de calidad inferior en lugar de esperar que materiales mejores fueran enviados de las selvas del norte. Así, los barcos eran débiles y frágiles, incapaces de soportar un clima riguroso y nada confiables en batalla. Además, había escasez de pólvora y armas, las tripulaciones no contaban con dotación suficiente y las provisiones se estaban terminando.

Lo que era aun peor, el mismo Potemkin, los "brazos" de Catalina, se había sumido en la depresión. Se demoró en enviar mensajeros a San Petersburgo con la mala noticia acerca de la flota y cuando, finalmente, le escribió a Catalina, le pidió que le permitiera renunciar a su comando. Temía que, después de todo, Tauris fuera indefendible. Le recomendaba a Catalina que se retirara de la península y dejara que los turcos la reclamaran.

Esto era lo último que la indómita Catalina quería oír. Su respuesta a Potemkin fue suave, incluso maternal en su tono -sabía que una respuesta firme no haría más que profundizar la depresión de Potemkin-, pero al mismo tiempo alentadora. Le instó que no cediera a la desesperación sino que lanzara otro ataque por tierra mientras aguardaba la llegada de los barcos de la flota del Báltico para reemplazar los que habían sido dañados o no eran confiables. No le dijo que, de acuerdo con los informes que recibía de las capitales occidentales, el estallido de la guerra con Turquía podría muy bien ser sólo una dimensión de una guerra más extendida con Europa.

El invierno de 1787-1788 se cobró un alto precio sobre los nervios de Catalina. Potemkin siguió mostrándose intratable y nada comunicativo. Las malas cosechas llevaron a escasez de comida y a un alza de precios en las ciudades rusas, siempre causa de inquietud, a lo cual se sumaba la preocupación de la emperatriz en el sentido de que una epidemia de peste -un peligro siempre presente en la frontera con Turquía- afectara el desarrollo de la guerra y destruyera a Potemkin. Catalina estaba acosada por los detractores de Potemkin, tanto en su corte como en el extranjero. Alexis Orlov siguió con sus críticas para con la inercia y la ineptitud del Príncipe de Tauris. Los informes de la prensa europea, basados en las afirmaciones inexactas pero vehementes del embajador sajón, acusaban a Potemkin de haber decepcionado a Catalina en gran escala, tratando a Crimea como un escenario colosal donde campesinos llevados a la fuerza de otras partes desfilaban por entre falsas aldeas -supuestamente llamadas aldeas Potemkin- edificadas con cartón y pegamento. Hasta las mujeres que servían a Catalina se mofaban de Potemkin, algo que provocaba una ira violenta en su señora; de hecho, la emperatriz ordenó que algunas de las mujeres fueran azotadas por su insolencia.

Debe de haber sido mortificante para Catalina tener que defender a Potemkin frente a sus críticos cuando ella misma estaba tan insatisfecha con él. Le escribió y le suplicó que le enviara noticias con mayor frecuencia que una vez por mes; también le dijo lo mucho que sufría y que su silencio le producía incertidumbre y angustia. Le dolía la cabeza, tenía el estómago revuelto. Le preocupaba el tema del dinero y se veía obligada a pedir mucho prestado a medida que aumentaban los gastos de la guerra. También le preocupaba el emperador José, quien demoraba el lanzamiento de un ataque debido a la inercia de Potemkin. Ella temía que el rey británico Jorge III y sus ministros, alarmados por el creciente poderío ruso, estuvieran apoyando en secreto a los turcos. Y le preocupaban los informes de que su primo, el rey Gustavo de Suecia, estuviera reclutando soldados y preparando su flota. Si la guerra llegaba a salir mal, podía enfrentarse a un segundo enemigo en la frontera norte.

La gran duquesa María estaba embarazada por sexta vez y confiaba en regalarle otro nieto a su suegra. Una helada tarde de mediados de marzo María entró en trabajo de parto y Catalina, preocupada con comentarios de una alianza entre Turquía y Suecia o presionada por algunos de su consejo para atacar la flota sueca antes de que el imprevisible rey Gustavo lanzara sus barcos contra Rusia, interrumpió las reuniones de consulta para pasar por la sala de parto.

María luchaba con valentía, pero estaba perdiendo la batalla; no lograba expulsar a la criatura. Sin duda recordando el parto prolongado y en definitiva fatal de su primera nuera, Natalia, Catalina se obligó a supervisar a las comadronas mientras trataban en vano de traer al mundo al hijo de María. Catalina tomó el mando del operativo y se negó a permitir que esas comadronas fatalistas se dieran por vencidas con María y las exhortó una y otra vez a hacer un esfuerzo supremo.

Durante casi tres horas ese espanto continuó, mientras María gritaba y daba alaridos. Catalina impartía a gritos órdenes impacientes, las comadronas golpeaban y tironeaban del vientre hinchado de la joven madre y una serie de asustadas sirvientas corrían de aquí para allá en busca de mantas y carbones, quemaban hierbas y preparaban pañales y fajas. En la pequeña habitación había un fuego encendido, pero el frío era tan intenso que todos, incluso María, empapada en sudor, temblaba y no lograba caldearse.

Convencida de que María se estaba muriendo, Catalina hizo un último esfuerzo por salvarla y quedó convencida de que su intervención había evitado una tragedia. Contra todos los pronósticos, nació una bebita diminuta, que enseguida fue envuelta en una manta para impedir que sufriera frío. Al parecer era sana y dejó escapar un grito vigoroso. Muy débil, también María gritó, pero porque la criatura no era del sexo masculino. Para tranquilizar a la madre y también por vanidad, Catalina le puso a la bebita su propio nombre antes de volver a sus apartamentos en busca de abrigo, ya que estaba helada hasta los huesos.

En junio fue obvio que el rey Gustavo estaba decidido a declarar la guerra. Alentado por promesas de una asistencia clandestina por parte de los británicos, atacó una fortaleza fronteriza y muy pronto le envió un ultimátum a la emperatriz.

Catalina rió de las extravagantes exigencias de su primo de territorio ruso en Finlandia y su rumoreada jactancia en el sentido de que pronto estaría en San Petersburgo con su ejército, llamándolo "Don Quijote el Caballero Errante". De todos modos se reunió personalmente con todo su consejo y presionó mucho a Bezborodko y a los demás para que se ocuparan inmediatamente de reforzar la defensa de la capital y del puerto de Kronstadt.

Se impartió a las tropas en cuartel la orden de que se dirigieran a toda prisa a San Petersburgo. De las ciudades cercanas se trajeron armas y artillería y se ordenó a los campesinos que cedieran sus caballos al ejército. Caballos de los establos imperiales fueron enganchados a carros y a cañones y los sirvientes de palacio hicieron a un lado sus tareas habituales para formar milicias y encargarse de la vigilancia. Además de los regimientos de élite, se organizaron bandas de ciudadanos para ayudar a defender la ciudad. Comerciantes de bazares, barrenderos, policías y hasta clérigos se prepararon para luchar contra los terribles suecos que peleaban bajo las órdenes de su rey belicoso, quien se rumoreaba estaba loco. Pocos días después, en San Petersburgo reinaba una actividad frenética.

La declaración de guerra de Catalina contra Suecia se anunció oficialmente el 2 de julio. Alentada por recientes victorias navales menores contra los turcos, la emperatriz se sentía fuerte y entusiasmada. Se puso un uniforme naval, celebró esos triunfos y anunció que se proponía permanecer en San Petersburgo y enfrentar al rey Gustavo.

"¡Dios está con nosotros!", les dijo Catalina a sus consejeros y Zavadovsky, su favorito anterior y en ese momento alto oficial de la Corte, quedó sorprendido -y no por primera vez- por su coraje. "El espíritu de valentía jamás abandona a Su Alteza Imperial", comentó Zavadovsky después de una reunión. "Ella es nuestra inspiración."

Los suecos estaban en Finlandia, en tierra rusa. El gran duque Pablo llevó su regimiento y marchó para interceptarlos, mientras barcos de la Flota Rusa del Báltico, demorando su partida prevista hacia el Mar Muerto, patrullaban la costa. El olor a pólvora llenó las calles de San Petersburgo, los hombres se entrenaban y marchaban a toda hora del día y parte de la noche. Catalina lo supervisaba todo y a menudo les aseguraba a sus oficiales que el ejército ruso contaba con el apoyo divino y, en la privacidad de sus aposentos, sufría de cólicos y de insomnio.

Llegó agosto y todavía el Caballero Errante no había logrado entrar en la capital rusa. Catalina le escribió a Potemkin, le habló de la "tonta guerra con Suecia" -en realidad, una situación muy peligrosa- y lo instó a enviar sus informes del sur con mayor frecuencia. Mientras tanto, el rey Gustavo había descubierto un motín entre sus tropas finlandesas. Replegó sus fuerzas y no tuvo el coraje suficiente para atacar una segunda vez antes de que comenzara el invierno.

Durante los meses que siguieron Catalina encontró tiempo, a pesar de una enfermedad recurrente y horas interminables dedicadas a reuniones y papelerío, para escribir una obra de teatro cómica acerca de su primo enemigo. *El caballero errante* se representó en el palacio en enero de 1789, y la risa de los cortesanos quebró transitoriamente la tensión que había prevalecido durante tanto tiempo.

El 21 de abril, día en que Catalina cumplió sesenta años, no hubo ninguna celebración pública. La emperatriz pasó el día sola con excepción de sus sirvientes. Su edad avanzada le pesaba mucho, más todavía porque todos los que ella había conocido y con quienes había trabajado estrechamente a lo largo de los años estaban muriendo. Supo que su aliado, el emperador José, padecía una enfermedad fatal -aunque, de hecho, no murió hasta el invierno siguiente-. El deshielo y el aire cálido no logró levantarle el ánimo a Catalina. Su sirviente Khrapovitsky escribió en su diario que ella lloraba a menudo. Todas sus preocupaciones la absorbían y la abatían. Víctima de trastornos crónicos, desde mareos a ataques nerviosos e intolerables dolores de espalda la acosaban cada vez con más frecuencia. Y Mamonov, su favorito, ya casi nunca estaba con ella. El alejamiento de ambos se venía produciendo desde hacía meses y Catalina había contraído el hábito de permanecer sola, presa de melancolía. Es posible que, a los sesenta años, estuviera aprendiendo una nueva lección: que a pesar de lo que siempre había creído, ella podía en realidad vivir durante largos períodos sin amor.

La ruptura definitiva con Mamonov se produjo a fines de la primavera y fue profundamente dolorosa y humillante para la declinante y canosa emperatriz.

Muchos contemporáneos de Catalina notaron que la moral de sus cortesanos, siempre informal, se había vuelto mucho más relajada en los últimos años. Las relaciones ilícitas, los galanteos sexuales, la traición a esposos y esposas y amantes eran ya lugares comunes. Mamonov sucumbió a esa epidemia de intrigas sexuales e inició una relación apasionada con Daria Scherbatov, una jovencita común y corriente y algo estúpida con un carácter desagradable, que era una de las damas de honor de la emperatriz.

Durante varios años Mamonov se había quejado con petulancia a sus amigos de estar "prisionero" de la emperatriz, y sus quejas habían provocado escenas de llanto, peleas y, para Catalina, una gran tensión nerviosa. Ella le había confesado sus temores y contratiempos a Potemkin, quien, en algunas ocasiones, había tratado de mediar entre los amantes durante sus visitas a la Corte. Pero más a menudo Potemkin le había dicho a Catalina en privado que Mamonov no valía toda la pena y la angustia que le había causado a ella. ("¡Eh, Pequeña Madre, escúpelo!", fue su consejo bien práctico.)

Por último las cosas llegaron a una crisis cuando Daria quedó embarazada. Mamonov enfrentó a Catalina y, aunque le temblaban las manos y la voz, de una manera más bien tortuosa e indirecta pidió ser removido de su papel de favorito oficial de la emperatriz. Ella se indignó y él se enojó. Ella sacó a relucir todas las viejas peleas entre ambos y la forma en que él la había descuidado. Él la acusó de ser su carcelera. Y ninguno de los dos recibió lo que quería.

Sin embargo, tiempo después Catalina cambió de idea y le escribió una carta a Mamonov. Ignorando la relación de Mamonov con Daria, ella le propuso que se casara con una joven y rica heredera, liberándose así del peso de tener que servirla a ella, al tiempo que se aseguraba una prosperidad futura. Ella prometió hacer todo lo posible para favorecer ese matrimonio. "De esa manera", añadió el final de la carta, "te seguiré teniendo cerca."

Mamonov quedó consternado. Él no deseaba una gran fortuna, en parte porque la emperatriz ya lo había enriquecido a él y a su familia. Lo único que quería era a la simplota y embarazada Daria Scherbatov. Con mucho miedo le escribió a Catalina y se lo dijo.

"Beso tus pequeñas manos y pies y ni siquiera puedo ver lo que estoy escribiendo", escribió, todavía con el tono de un amante lleno de ternura. Pero también le confesó que seis meses antes había prometido casarse con su amada Daria.

Al leer, horrorizada, esa confesión en la carta de Mamonov, Catalina se desmayó. Más tarde, cuando recuperó el conocimiento, se sintió alternativamente azorada, perpleja, enojada y profundamente herida. Había intuido que algo estaba terriblemente mal, que tarde o temprano esa toxina oculta se abriría camino a la superficie. Había reñido muchas veces con Mamonov acerca de sus galanteos a otras mujeres; sin duda esas escenas de celos deben de haber representado un factor en el alejamiento de ambos. (Un factor incluso más poderoso, según Mamonov, fue el efecto corrosivo de las intrigas políticas. "Estar rodeado de cortesanos", le confió a un amigo, era como "estar rodeado de lobos en una selva.") Pero el hecho de descubrir que, realmente, la había traicionado arteramente, y con una mujer mucho más joven, representó un fuerte golpe para el orgullo de Catalina.

Khrapovitsky escribió en su diario que la emperatriz había llorado mucho después de recibir la carta de Mamonov. Se retiró a sus apartamentos privados y sólo permitió que su vieja amiga Ana Naryshkin estuviera con ella. Durante varios días, mientras luchaba con sus sentimientos, prácticamente no hizo más que trabajar sentada frente a su escritorio y salir a caminar un rato después de la cena, como era su costumbre. Entonces tomó una decisión.

Convocó a Mamonov y a Daria Scherbatov, anunció formalmente el compromiso de ambos y les otorgó cien rublos y varias propiedades valiosas. La joven pareja se puso de rodillas frente a su soberana, ambos abrumados con su perdón y su generosidad. Cuando ella les deseó felicidad y prosperidad, un observador advirtió que todos los que estaban en el salón lloraron junto con los novios.

Exteriormente recuperada de la traición de Mamonov, sin embargo Catalina tenía heridas internas muy profundas.

"He recibido una amarga lección", escribió, y prediciendo la desdicha de Mamonov y Daria, le escribió a Grimm que Mamonov estaba por ser "castigado de por vida por la más absurda de las pasiones, que lo ha convertido en el hazmerreír de todo el mundo y puso de relieve su ingratitud para conmigo".

En realidad, el objeto de ridículo era ella: las bromas a sus expensas se duplicaron después de su rompimiento con Mamonov, quien era despreciado por los cortesanos por su arrogancia, su mala voluntad y su astuto egoísmo. La emperatriz, que se había mostrado tan valiente frente a los ejércitos de los turcos y los suecos, se había visto obligada a confesarse derrotada por un mero guardia. Tal vez ella triunfaba en los campos de batalla, pero en las guerras de Cupido era eclipsada. Pero, bueno, según los crueles observadores, ¿cómo podía esperar ella, una mujer vieja y crónicamente enferma, tener de pareja a un hombre joven y viril?

La boda de Mamonov apenas si se había producido cuando un nuevo favorito se instaló en el palacio: Platón Zubov, un muchacho delgado de veinte años, que era oficial en el regimiento de guardias montados. Zubov era más un nieto y un aprendiz que un amante; por cierto, es posible que él y Catalina no tuvieran ninguna intimidad sexual. (Catalina llamaba a Zubov "el chico", cuando se refería a él.) Lo había elegido más por su inocencia, por su forma de ser sencilla y por su falta de astucia que por sus otras cualidades. Ella no podía darse el lujo de ser herida una vez más como Mamonov lo había hecho. Catalina le dijo a Grimm que Zubov poseía "un deseo muy firme de hacer el bien". Estaba segura de que sería fiel y cariñoso, y de que siempre estaría de su parte, la apoyaría con ternura, durante sus días con fiebre y sus largas noches de insomnio, de problemas gástricos y con sus intolerables dolores de espalda.

"Él me cuida tanto", le dijo ella a Grimm, "que no sé cómo agradecérselo." Lejos quedaban los días en que la emperatriz sucumbía a la más idiota de las pasiones. A partir de ahora tomaría una actitud más segura, más sensata.

Ese verano, el de 1789, las noticias procedentes de París produjeron entusiasmo en algunos pero, para la mayoría, resultaron desalentadoras. Catalina recibía informes diarios de sorprendentes levantamiento en el panorama político francés. El decepcionante rey Luis, cediendo a las terribles presiones de una economía en bancarrota, había convocado a representantes de los nobles, el clero y el Tercer Estado -en teoría, todos los demás franceses- para deliberar en París. El Tercer Estado se había declarado un cuerpo separado y había comenzado a proclamar libertades y derechos en nombre de la humanidad.

Malhumorados parisinos, llenos de odio hacia la reina del rey Luis, la austríaca María Antonieta, e intuyendo que la monarquía había comenzado a tambalearse, tomaron las calles y destruyeron un símbolo despreciado del absolutismo real, la antigua fortaleza de la Bastilla. Y, a comienzos de agosto, en una única noche de expansivo republicanismo, muchos aristócratas renunciaron a sus privilegios y propiedades y se alinearon junto a los delegados populares que habían declarado su intención de reformar Francia.

Catalina, convencida de que Francia iba, en sus propias palabras "camino de la ruina", y que el débil e indeciso rey Luis era responsable de esa calamidad, estaba alerta a señales de rebelión en su propio reino y urgía a sus comandantes para que redoblaran sus esfuerzos para llevar a una rápida conclusión los conflictos con los suecos y los turcos. Le pareció que la "infección francesa" se estaba extendiendo y que ningún gobierno europeo podía quedarse tranquilo. En cuanto al rey Luis y su reina, Catalina estaba segura de que, a menos que lograran huir en secreto a Inglaterra o a América, estaban condenados a morir.

A pesar de las victorias rusas y austríacas, la temporada de campañas finalizó con la perspectiva de una paz rápida. Catalina estaba ansiosa, muy preocupada por el futuro de Europa y acosada por los dolores y los achaques de su salud deteriorada.

"Todos los poderes se encuentran en un estado de tremenda agitación", comentó, y denunció la deslealtad de Prusia bajo el gobierno de Federico Guillermo II, el sucesor de Federico el Grande. Anticipó un ataque de Prusia y sintió a la vez alarma y furia al enterarse, en marzo de 1790, de que el emperador prusiano había concertado un pacto secreto con el sultán turco. La noticia de derrotas en ambos frentes de guerra la hicieron recluirse en sus aposentos, donde pasó horas leyendo a Plutarco con Zubov. Juntos intentaron una traducción, y la presencia juvenil y tímida de Zubov fue un bálsamo para la mente atribulada de la emperatriz.

Una vez más el olor a pólvora llenó las calles de San Petersburgo en los meses de mayo y junio. El estruendo de los cañonazos sacudía paredes y rompía cientos de ventanas. La flota del rey Gustavo amenazaba Kronstadt y Catalina, sin prestar atención al consejo de quienes le imploraban que huyera a Moscú por miedo de que San Petersburgo fuera tomado, hizo que la llevaran a Kronstadt bajo una lluvia torrencial con la esperanza de presenciar una gran batalla naval; desde luego, esperaba que la flota rusa saliera vencedora. Se había vuelto muy corta de vista, pero tenía un catalejo junto a su ojo bueno y observaba lo mejor que podía las maniobras de los barcos, con los nervios destrozados por el estruendo permanente de los cañones.

"¡Dios está de nuestro lado!", exclamó durante la cena, al levantar su copa y brindar por los marineros, quienes, ella esperaba, muy pronto obtendrían una gran victoria y, después, una paz duradera.

La paz llegó, y antes de lo que Catalina esperaba, pero el tratado que Rusia firmó con Suecia en agosto de 1790 no puso fin a las ansiedades de la emperatriz. La flota del Báltico había disminuido en su número y se había debilitado en efectividad por culpa del ataque de los barcos suecos y de los cañonazos incesantes. Prusia seguía con sus amenazas, alentada por los británicos. La guerra con Turquía continuaba, haciendo necesarios más préstamos y más reclutamientos de campesinos para el ejército; esto último una preocupación para Catalina, pues producía inquietud y, con la "locura francesa" en el aire, era posible que generara una revolución.

Rodeada de dificultades y con la aparición del clima frío, la emperatriz cayó víctima de otra enfermedad debilitante. Era posible que padeciera de una úlcera gástrica. Todo su aparato digestivo comenzó a funcionar de manera tan irregular que ella sólo toleraba café, algunos sorbos de vino y pan tostado. Después de semanas de esta dieta austera perdió peso, su energía decayó incluso más y ella pasó muchos días tristes recostada en su amplio sofá turco o en cama.

Ese invierno interminable y helado afectó mucho a Catalina. Sus accesos de llanto, su depresión y las noches con intenso dolor eran más frecuentes que en el pasado y se sintió bloqueada y frustrada. Zubov, "el chico", representaba para ella algo de consuelo, pero el único hombre en quien realmente podía confiar, Potemkin, estaba muy lejos y en peligro. Catalina reconoció sentirse como "si tuviera una piedra en el corazón". Se armó de valor para luchar contra la edad, el dolor y la pérdida, se negó a permitir que los médicos la llenaran de medicinas y buscó alivio en remedios caseros y en los efectos terapéuticos del calor.

Cuando por fin se enteró, en febrero de 1791, de que Potemkin estaba camino a San Petersburgo, la emperatriz cobró fuerzas y se preparó para ofrecerle el recibimiento de un héroe. Pero Potemkin, como lo había hecho tantas veces en el pasado, decidió ocupar él solo el centro del escenario. Anunció que, en honor a la emperatriz y en ocasión de su sexagésimo segundo cumpleaños, ofrecería un gran baile en el Palacio Táuride para tres mil invitados.

La noche del 23 de abril, la suntuosa mansión neoclásica de Potemkin estaba majestuosamente decorada, iluminada por miles de velas de cera -se decía que había comprado cuanta vela existía en San Petersburgo- y ornamentada con maravillosos tapices, gruesas alfombras y costosas obras de arte. Todos los criados tenían libreas nuevas. Las cocinas habían sido provistas de alimentos selectos y las bodegas estaban repletas de vinos de excelentes cosechas. Todas las señales del daño producido por los recientes cañonazos -vidrios rotos, fragmentos de yeso y adornos hechos trizas- habían sido eliminados, dejando a esa magnífica mansión en todo su prístino esplendor.

Un desfile de carruajes entró en el patio y los invitados se apearon, con máscaras y trajes de disfraz. El carruaje imperial, pintado y dorado, con sus ruedas enjoyadas con diamantes, hizo su entrada triunfal y la pequeña y robusta emperatriz se apeó del vehículo. Vestida con sencillez, su pelo blanco sujeto en la parte alta de la cabeza, su cara muy arrugada, pero sus ojos celestes con expresión amable y alerta, descartó todo intento ceremonioso y entró con lentitud en el hall de entrada de mármol.

Tanto los hombres como las mujeres le hicieron una reverencia a esa anciana. Potemkin, con una capa de encaje negro colgando de los hombros, se acercó a la emperatriz para besarle la mano y conducirla al salón de baile. Una orquesta de trescientos músicos comenzó a tocar y Catalina, seguida por todos los huéspedes, atravesó ese inmenso salón de cielo raso altísimo para sentarse en una plataforma elevada y observar el baile.

Su apuesto nieto Alejandro, de catorce años, se unió a cuatro docenas de parejas para bailar una cuadrilla. Su cuerpo alto y bien proporcionado se lucía con el traje azul enjoyado con diamantes que usaba. Era rubio, con una cara tan linda como la de una muchacha y un porte principesco. Hacía años que la gente decía que Alejandro y no Pablo sucedería a la emperatriz. Esa noche en particular, mientras observaba a ese muchacho ágil y lleno de gracia seguir la coreografía y el compás de la música, es posible que Catalina tuviera muy presente la sucesión.

Cuando terminó el baile, todos los invitados atravesaron un largo pasillo con columnas hacia otro vasto salón, tan enorme como un templo con cúpula, desnudo salvo por altos jarrones de mármol de Carrara. Más allá había otro inmenso salón lleno de árboles y de arbustos de flores. Allí, se olvidaba el frío de abril; el aire cálido y húmedo contenía esencias de flores exóticas y el agua de las fuentes de mármol jugueteaba a la luz de las velas. En el corazón mismo de ese precioso jardín había un sector con césped, del que se elevaba un obelisco transparente cuya forma de prisma refractaba la luz en mil colores iridiscentes.

Los invitados se maravillaron con la inventiva de su anfitrión y el ingenio de sus sirvientes. Pues Potemkin había hecho lo que parecía imposible: había ordenado la construcción de una cueva para hielo junto al jardín tropical, a fin de que las paredes heladas de la caverna, brillando con la escarcha, se volvieran de un color verde pálido y acuoso por reflejarse en ellas el verde del césped y de esos árboles frondosos.

Durante la comida la emperatriz sedujo a todas las personas con las que conversó. "Su extrema afabilidad no opaca en absoluto su dignidad", escribió el conde Esterhazi, quien visitó Rusia en 1791 y pasó varias veladas con Catalina, "y aquellas personas con quienes ella tiene más familiaridad no se atreven a hablarle de negocios, a menos que ella saque a relucir el tema. Su conversación es muy interesante y bastante variada. Cuando habla de sí misma o de los acontecimientos de su reino, lo hace con una noble modestia, lo cual la pone por encima de cualquier elogio que uno puede estar tentado de hacerle."

Los invitados que nunca antes habían visto a la emperatriz y que no sabían nada de ella fuera de lo que habían leído en los periódicos europeos o en los crecientes escritos satíricos que la atacaban, quedaron atónitos al descubrir lo amable, espontánea y culta que era. Los que esperaban una vieja gruñona, encontraron una anciana charlatana e inteligente, con una encantadora mezcla de dulzura y astucia en sus facciones. Era realmente imponente, más aún por no ser nada engreída.

Era ya tarde por la noche cuando Potemkin aplaudió con sus manos llenas de anillos y el telón se abrió en su teatro privado. Los huéspedes se congregaron en tropel para contemplar dos nuevos ballets -con bailarines venidos de Francia e Italia- y dos comedias, seguidas por un concierto coral y un baile folklórico con bailarines de todos los rincones de Rusia.

Un banquete interminable se sirvió sobre vajilla de plata y oro, el vino y el champán corrieron libremente, la música sonó y los invitados bailaron hasta altas horas de la noche. Catalina se cansó alrededor de la medianoche y comenzó a despedirse. Enseguida, la ejecución de música coral paralizó toda la actividad. Era un himno de victoria compuesto en honor a la emperatriz.

Ella permaneció en la entrada del hall para escucharlo y sin duda debe de haberse sentido muy emocionada al oír esas voces fusionadas que se elevaban para terminar en un crescendo triunfal. Por una vez quizá se permitió reflexionar sobre todo lo que había logrado en sus sesenta y dos años y en la voluntad y el espíritu inquebrantables que la habían sostenido a través de la adversidad, en el cuerpo fuerte que había resurgido con cada enfermedad y en la maravillosa mente con la que había guiado a su imperio a la grandeza. Esa noche, al menos por un momento, Catalina debió de haber hecho a un lado su habitual modestia y se debe de haber sentido muy, muy orgullosa.

Capítulo 28

Catalina se encontraba sentada frente a su mesa de trabajo, en su dormitorio, con su bata de pesada seda blanca y una gorra de crepé blanco que le cubría el pelo. Estaba concentrada escribiéndole una carta a Grimm y mojaba una y otra vez su pluma de ganso en el tintero. En el cuarto hacía frío; del otro lado de las ventanas las calles estaban ocultas debajo de pilas de nieve y el hielo estaba incrustado en los paneles de las ventanas. La nieve y ese frío opresivo le recordaron a Catalina otro día de febrero mucho tiempo antes, y ella volcó esos recuerdos en su carta.

"Hoy se cumplen cincuenta años de mi llegada a Moscú", le escribió a Grimm. "No creo que haya aquí diez personas que recuerden ese día." Hizo una lista de los que ella recordaba haber conocido cuando era una chiquilla de quince años recién llegada a Rusia: Iván Betsky, que se había convertido en el amante de su madre, ahora fatigado y casi ciego, con una mente que comenzaba a fallarle; la condesa Matushkin, diez años mayor que Catalina, ahora una vieja enérgica que acababa de volver a casarse; el jocoso León Naryshkin, maestro de la tontería, que hacía reír a Catalina desde medio siglo atrás; una de las antiguas damas de compañía. Se le acabaron los nombres. "Estas, amigo mío, son las pruebas más convincentes de la vejez."

Muy pronto cumpliría sesenta y cinco años. Una y otra vez los periódicos europeos habían anunciado su muerte. Ella misma había preparado un memorándum -una suerte de testamento- para guiar a quienes la rodeaban en el caso de su fallecimiento. Los instruía para que vistieran su cuerpo con una túnica blanca y sobre la frente fría le pusieran una corona de oro con el nombre Ekaterina. Debían llevar luto por ella durante sólo seis meses, "cuanto menos tiempo, mejor", y ese luto no debía interferir festivales u otras observancias tradicionales. Catalina no deseaba en absoluto arruinarle la felicidad a nadie.

Continuó su carta en un tono más superficial. "A pesar de todo", le dijo a Grimm, "yo tengo tantas ganas como una criatura de cinco años de jugar al gallo ciego, y los jóvenes, mis nietos y bisnietos, dicen que nunca se divierten tanto como cuando yo juego con ellos. En una palabra, yo soy su mejor compañera de juegos."

Catalina tenía siete nietos, el menor de apenas dos años y, a pesar del doloroso reumatismo de su rodilla y de la falta de elasticidad de su cuerpo, se las ingeniaba para jugar con ellos y hacerlos correr y reír de entusiasmo. Siempre había junto a ella algo de juventud, de calor y de vida, se tratara de un nieto o dos, de un perro o de una ardilla como mascota. La gente se daba cuenta de que no le gustaba estar sola. Cuando Zubov estaba con ella, a menudo llevaba también consigo a su mono mascota, aunque los observadores comentaban entre sí que la verdadera mascota de la vejez de la emperatriz era el mismo Zubov.

Catalina le habló a Grimm de su proyecto, algo que sabía que interesaría a pocas personas, pero que contribuía a mantener su mente activa y a estimularla durante las horas sombrías del invierno. Estaba haciendo una investigación acerca de la historia medieval rusa, concretamente de fines del siglo XIV. Le encantaba descifrar documentos antiguos y en los últimos años su interés se había volcado cada vez más a las antigüedades. Y, como ahora ella misma era una antigüedad, se le había dado por escribir y reescribir sus memorias. En total, había escrito siete veces la historia de sus años jóvenes y siempre interrumpía su relato en los últimos años del reinado de Isabel. Contar y volver a contar la historia de sus años jóvenes le resultaba al mismo tiempo satisfactorio y catártico, aunque involucraba revivir, aunque sólo fuera en la memoria, los horrores de su matrimonio con Pedro y los años de miedo y angustia bajo la égida de la caprichosa emperatriz que la había elegido como esposa para Pedro y la había llevado a Rusia.

La faceta erudita de Catalina le venía bien y hasta le proporcionaba consuelo, porque en el proceso de reescribir sus memorias encontró documentos que la ayudaron a entender por qué las cosas habían sucedido como sucedieron. Una vez, mientras buscaba por los archivos del palacio, se topó con un viejo baúl lleno de papeles, cubierto de polvo y medio comido por las ratas. Metódicamente fue revisando su contenido. Los papeles habían sido escritos en la década de 1740 y tenían que ver con ella, aunque de manera tangencial. Se puso a leerlos y, cuanto más leía más podía percibir, retrospectivamente, por qué la emperatriz había sido tan recelosa, a qué facciones temía y por qué la sucesión le preocupaba tanto. Y esa nueva percepción la incorporó Catalina en las últimas versiones de sus memorias.

Una vez completada su carta a Grimm, la emperatriz se puso a leer un rato. Para hacerlo usaba anteojos y también una gran lupa. ("Nuestra visión se ha visto disminuida por un largo servicio al Estado", le gustaba decir a la gente, usando el plural imperial.) Disfrutaba de la lectura de las obras de teatro clásicas de Francia, y se mostraba ávida de cualquier cosa que tuviera que ver con lenguas antiguas, en particular las habladas dentro de los límites de su imperio. Le gustaba la astronomía. En una oportunidad le preguntó a Grimm si "cuando la materia de la cual están hechos los planetas fue arrancada del sol", el sol quedó con un tamaño disminuido. Hacia el final de su vida comenzó a leer libros sobre leyes y filosofía legal, aunque otras preocupaciones tendían a apartarla de esas lecturas tan reflexivas.

Su intenso odio hacia los jacobinos, los radicales de París que habían producido los cambios políticos en Francia, se hacía más intenso cada año. Los jacobinos, con su avidez por la doctrina de la igualdad, habían sido los responsables del Terror, esa carnicería durante la cual miles de personas inocentes habían sido guillotinadas. Los jacobinos habían ordenado las ejecuciones de Luis XVI y de su esposa, y mantenían al único hijo de ambos en una húmeda cárcel. Catalina estaba convencida de que los jacobinos se proponían cambiar el mundo, matar a todos los monarcas y aristócratas del planeta. En su opinión, eran perros rabiosos que deberían ser muertos a tiros, envenenados o exterminados.

Haciendo una pausa en sus estudios, Catalina se puso de pie y se acercó a la ventana y la abrió lo suficiente para arrojar puñados de migas de pan a los cuervos instalados en la saliente escarchada del otro lado. El frío le mordió la cara y las manos, y ella se apresuró a cerrar enseguida la ventana. Después, con un suspiro, oprimió el pequeño timbre que tenía sobre el escritorio para llamar a su chambelán Zotov.

Durante las horas que siguieron habló con sus secretarios y con el jefe de policía, quien le proporcionó la información más reciente acerca de los subversivos sospechados de jacobinos en Moscú y San Petersburgo, los sospechosos de asesinatos y otros criminales. Ella estaba tan impaciente por impedir que cualquier idea radical francesa encontrara apoyo en sus dominios, que prohibió la venta de calendarios revolucionarios -que reemplazaban los nombres tradicionales de los meses con nombres poéticos y naturalistas- y también el uso de sombreros rojos como los usados por los jacobinos.

Por fin entró el conde Zubov, y el chambelán le hizo una reverencia y todas las demás señales de respeto hacia su autoridad. Usaba una túnica roja de seda con enormes lentejuelas cosidas en todas las costuras, pantalones de satén blanco y botas verdes. Su mono mascota lo seguía y cada tanto se le trepaba o saltaba de la cama al escritorio y luego al aparador.

Ya no el bondadoso y agradecido joven guardia, Zubov se había convertido en una figura importante del gobierno de Catalina, un teniente general, con su propia oficina y su propio plantel de empleados y oficiales. Zubov había aprendido mucho desde que ocupó el lugar de Mamonov; había asumido gran parte de los poderes que eran de Potemkin, junto con los antiguos apartamentos de Potemkin en el palacio. Debido a su autoridad y a la influencia que tenía sobre la emperatriz, Zubov era condenado por casi todos por su excesiva altivez.

Los cortesanos habían odiado a Potemkin, pero no habían tenido más remedio que reconocer su genio idiosincrásico. A Zubov, por el contrario, lo consideraban despreciable y sin poseer ningún mérito que lo redimiera. Era lento de comprensión, torpe y aburrido. La emperatriz, tontamente enamorada de él, lo consideraba brillante y acumulaba sobre él responsabilidades que superaban su capacidad. ("Le estoy haciendo un gran servicio al Estado al educar a hombres jóvenes", le dijo a un oficial, quien con una sonrisa transmitió el comentario a sus colegas.)

En realidad, Zubov era un empleado del Estado, trabajador pero muy latoso y, según un observador relativamente esclarecido, "se torturaba con sus dificultades con los documentos, ya que no tenía rapidez mental ni la capacidad de comprensión como para manejar esa carga terrible". Era un novicio al que le habían encomendado trabajos apropiados para un maestro. Con demasiada frecuencia no lograba satisfacer las grandes expectativas de Catalina. Igual, tenía poder más que suficiente para humillar a los demás y una gran capacidad para defenderse de todos los ataques.

Al mediodía, el peluquero de Catalina, un hombre de edad bastante avanzada, entró en la habitación. Con gran habilidad peinó el cabello blanco y ya un poco ralo de la emperatriz, formando un simple nudo con algunos pequeños rulos detrás de las orejas. Las cuatro doncellas de la emperatriz, todas mayores que ella, le prepararon la *toilette*. Una le entregó una copa para que pudiera enjuagarse la boca. Ya no tenía dientes y tanto su boca como su mandíbula estaban distendidas y le daban un aspecto un tanto vulgar. Sin embargo, la blancura de su pelo y las relativamente pocas arrugas que tenía en la cara y su tez rosada le conferían una apariencia agradable.

Las doncellas le llevaron su traje de día, una enagua blanca bien suelta, un delantal oscuro y amplias mangas tableadas. Ella prefería los delantales color gris oscuro o malva, y los usaba todos los días como una suerte de uniforme. Usar lo mismo todos los días contribuía a la eficiencia –toda su *toilette* llevaba alrededor de diez minutos–, y Catalina siempre había creído en la eficiencia. En una ocasión le dijo a Zavadovsky que su tiempo "no le pertenecía a ella sino al imperio". No tenía derecho de perder horas en su aspecto personal cuando lo primero eran las necesidades de sus súbditos.

Después de una comida liviana para no recargar su estómago delicado, la emperatriz salía en su carruaje. Saludaba a todas las personas frente a las que pasaba con un cordial "Buen día" y sonreía afablemente cuando la gente le gritaba bendiciones. Cuando había mal tiempo ella pasaba las tardes adentro, leyendo o bordando con la ayuda de sus anteojos y una lupa o escuchando a Zubov leerle los periódicos extranjeros.

Solía reírse de los frecuentes relatos de la prensa extranjera con respecto a su "vida secreta y obscena". La Catalina descripta por los periodistas hostiles era un demonio hambriento de hombres, insaciablemente sexual y ávida de emociones cada vez más fuertes y de sensaciones exóticas y estrafalarias. Abundaban historias pornográficas de sus excesos. Se decía que sus necesidades eran tan grandes que ningún hombre podía satisfacerlas; sólo un semental podía colmarla. Una vez Voltaire la llamó "la Semíramis del Norte". En la París revolucionaria y antimonárquica, era conocida como "la Mesalina del Norte", refiriéndose a la vorazmente sexual esposa del emperador romano Claudio.

Antes le había importado mucho lo que los periodistas ingleses y franceses pensaban de ella. Había anhelado tener fama de ser una monarca humana y esclarecida, la personificación de todo lo que era racional, tolerante y benigno. Ahora, con Francia en manos de despreciables regicidas y toda Europa en ebullición, Catalina renunció a sus esperanzas de granjearse un nombre glorioso. No le gustaba que sus súbditos se refirieran a ella como "Catalina la Grande" –un título honorífico que hacía referencia a su ídolo, Pedro el Grande–, aunque muchos años antes le había sugerido a Voltaire que escribiera un libro sobre "La época de Catalina II". Sin embargo, cuantos más años tenía, más persistente era el título de "Grande" que le adjudicaban.

Ese epíteto, con sus connotaciones solemnes y heroicas le preocupaba. Ella jamás había buscado la exaltación; una Apoteosis de Catalina estilo barroco no era precisamente su autoimagen preferida; de hecho, toda jactancia y fausto autoimpuesto invariablemente la hacía reír. Cuando los nobles de San Petersburgo trataron de conferirle a su emperatriz el título de "la Grande y la Madre Más Sabia de la Patria", ella les ordenó que desistieran. "Esto es absolutamente mi voluntad", insistió. A Grimm le señaló, refiriéndose a sí misma, "no a todos les gusta la adulación."

En opinión de Catalina, una de las peores cosas de la exaltación personal era que conducía a falsas expectativas. El príncipe de Ligne le confesó, después de que se hicieron amigos, que cuando fue por primera vez a Rusia esperaba que Catalina fuera "una mujer imponente y rígida que sólo hablaba en frases cortas y exigía una admiración perpetua". Fue para él un gran alivio descubrir que no era en absoluto así. Lejos de ser imponente, rígida y distante, Catalina era de una estatura modesta, cálida y muy conversadora.

Sin embargo, las ocasiones formales públicas se cobraron su precio. "Cuando yo entro en una habitación", le dijo a Ligne, "produzco el mismo efecto que la cabeza de Medusa." Incomodidad y falta de soltura eran los precursores inevitables de la monarquía; Catalina estaba acostumbrada a causar malestar con su sola presencia y a tener que, después, derretir el hielo y la timidez de sus invitados, que permanecían inmóviles y como sobrecogidos, no tanto por su persona cuanto por la majestad que ella representaba.

Para sus íntimos, Catalina siguió siendo toda su vida una compañera voluble, gozadora y entretenida a quien le gustaba hacer imitaciones de animales y quien cada tanto, después de anunciar que ejecutaría "la música de las esferas", cantaba para sus huéspedes en un registro cómico y desafinado de contralto, a lo cual sumaba una mímica "de las actitudes y expresiones solemnes y autocomplacidas de los músicos profesionales". Su *pièce de résistance* era un "concierto gatuno", en el que ella ronroneaba y refunfuñaba ridículamente, agregaba palabras "mitad cómicas y mitad sentimentales" a los ruidos animales y luego, repentinamente, "se ponía a escupir como un gato en celo, con la espalda encorvada". La gran Catalina desaparecía, dejando sólo en su lugar a un gato de albañal que siseaba y mostraba las uñas.

Cuando el hielo comenzó a resquebrajarse, el nivel del Neva aumentó rápidamente esa primavera y, hacia fines de abril, superó la altura de las márgenes de granito y anegó la ciudad. La gente decía que esa inundación era obra del mal que estaba suelto en el mundo; eventos importantes y trágicos muy pronto sobrevendrían sobre Rusia.

De hecho, acontecimientos dramáticos estaban sucediendo ya a las puertas de Rusia. Rebeldes polacos conducidos por Tadeo Kosciuszko masacraron la plaza fuerte rusa en Varsovia y, denunciando la tiranía de Catalina y del rey prusiano Federico Guillermo, hicieron huir a miles de rusos en medio del pánico. Los muertos fueron miles.

Catalina enseguida supuso que la peste jacobina había infectado Polonia, una conclusión que se vio reforzada cuando se enteró de que los rebeldes estaban declarando la igualdad de todos los hombres y abogaban por la libertad de los siervos polacos. Temiendo que Francia pudiera apuntalar el ejército rebelde, Catalina comenzó a contemplar la posibilidad de una anexión definitiva del territorio polaco en su propio reino (ya el año anterior se había apoderado de la Ucrania polaca, de Mins y de Vilnius, mientras Prusia ganaba Torun y Danzig como compensación por apoyar diplomáticamente a Rusia).

La expansión territorial de Catalina a expensas de los polacos era una ofensa a la naciente conciencia de identidad nacional en Polonia. Retrospectivamente, la erradicación de la soberanía polaca les había parecido a los críticos modernos de Catalina un acto de barbarie que no armonizaba con los valores esclarecidos de los que ella tanto se vanagloriaba. Políticamente, sin embargo, Polonia había sido inestable durante por lo menos una generación. Y en 1794, con el Terror en pleno apogeo en Francia y los traicioneros jacobinos supuestamente detrás de cada levantamiento, el hecho de aplastar un Estado peligrosamente radical en las fronteras de Rusia les pareció a los contemporáneos de Catalina prudente, incluso laudatorio.

Varsovia se rindió al superior ejército ruso a fines de octubre de 1794, y en los meses siguientes Rusia absorbió Courland y lo que había sido la Lituania polaca. El rey Estanislao Poniatowsky abdicó y se retiró a la vida privada. Si vio a Catalina o intentó reunirse con ella, ningún documento existente registra ese encuentro, aunque sí se sabe que él adoptó San Petersburgo como su residencia.

Durante los meses de la crisis polaca Catalina trató de ubicar a Zubov como estadista, pero a pesar de su agresivo apoyo, él no impresionó a nadie. Catalina se pasó horas escribiendo para él en forma resumida la situación europea, condensando sus años de experiencia en páginas llenas de consejos y máximas, pero aunque Zubov leyó ese material, no pareció servirle de mucho.

En privado, Catalina tenía cada vez más conciencia de que no podía confiar en Zubov como antes había confiado en Potemkin, y seguramente eso debió de dolerle mucho. Todo el peso de tomar decisiones, impartir órdenes y delegar tareas grandes y pequeñas cayó sobre ella. Le dijo a Grimm que en un solo día llegaron tantas cartas y tantos despachos –que incluían muchos paquetes con libros– que se necesitaron nueve meses interminables apilar ese material. Para aliviar su vista cansada, que ahora solía padecer infecciones recurrentes, Catalina tenía a varios funcionarios que le leían la correspondencia. Le llevó tres días, leyendo doce horas por día, atravesar esa montaña de palabras. Y, de todos modos, Catalina se hacía tiempo para investigar un poco la historia de Armenia en un libro que le había prestado el general Popov.

La tiranía de ese trabajo limitaba a la emperatriz y le robaba su tiempo, sus estados de ánimo, sus preferencias y placeres. Ella trataba de dedicar por lo menos una hora por día a sus nietos, en especial a Alejandro, que ahora tenía diecisiete años y estaba casado con una princesa alemana. Constantino, Alejandra, "la bella Hélène", María y la pequeña Catalina de seis años, seguían a su abuela en sus caminatas por los jardines del palacio, aunque con frecuencia esos paseos terminaban en forma repentina cuando la emperatriz sentía mucho dolor en las piernas. A comienzos de 1795 nació otra bebita, Ana, hija de la gran duquesa y, en el mismo año, la pequeña Olga, de apenas dos años y medio, sucumbió a una extraña enfermedad que aceleró su crecimiento hasta convertirla en una criatura deformada y repulsiva y luego se la llevó a la tumba después de semanas de intenso sufrimiento.

La sucesión seguía siendo una preocupación. La emperatriz sabía que no podría seguir gobernando mucho tiempo más, ya que las enfermedades seguían acosándola y dentro de poco tendría que delegar el poder. Muchas personas de su corte creían que Pablo no reinaría nunca, pero se ignora si Catalina hizo testamento o trató de tomar medidas concretas para excluir a Pablo de la sucesión.

Es obvio que Pablo se sentía menospreciado y demostraba su disgusto en estallidos de furia violenta y en una constante expresión de amargo disgusto. Le comentó con malhumor a un conocido que su única contribución al futuro del Imperio Ruso había sido su fertilidad. Es posible que hubiera sentido envidia de su hijo mayor, apuesto y favorito, aunque se cuidaba de no demostrar ninguna hostilidad hacia Alejandro en presencia de la emperatriz. Reivindicar y vengar a su padre putativo Pedro II se convirtió en la campaña personal de Pablo, y juró que, cuando Catalina muriera, él se ocuparía de que Pedro ya no fuera una figura olvidada ni objeto de escándalo.

Pablo no se había involucrado directamente en elegir una novia para Alejandro, y cuando a comienzos de 1796 Constantino se casó con Julia de Saxe-Coburg, su padre permaneció en segundo plano, dejando que la emperatriz fuera la casamentera. La misma situación se dio cuando Alejandra, la hija mayor de Pablo, de trece años, fue cortejada a través de encuentros diplomáticos por el joven rey de Suecia, Gustavo IV. (Gustavo III, el padre del supuesto novio y viejo enemigo de Catalina, había sido asesinado varios años antes.) Alejandra, una muchachita muy bonita y muy inteligente en opinión de su abuela, no había sido la primera elección de Gustavo, pero Catalina había decidido que Alejandra fuera la Reina de Suecia, y había amenazado e insistido hasta que los suecos capitularon. El rey de diecisiete años, acompañado por su tío, que ocupaba el cargo de regente, y un entorno de varios cientos de sirvientes, llegó a San Petersburgo a mediados de agosto de 1796, listo para discutir los arreglos finales de la boda.

Catalina estaba impaciente por que todo saliera bien. Aunque ahora casi no podía caminar por lo hinchadas que tenía las piernas y tampoco podía subir escaleras, asistió al baile ofrecido para darles la bienvenida a los suecos y admiró a Gustavo, un muchacho rubio y de ojos azules, y le pareció muy satisfactorio a pesar de su timidez y de cierta torpeza cuando se encontraba en sociedad.

Gustavo y Alejandra parecían llevarse bien y en septiembre ya los preparativos para la boda estaban en pleno. Sin embargo, parecía que los suecos luteranos esperaban que la princesa ortodoxa rusa se convirtiera a su fe. Catalina, que había abandonado su educación luterana y abrazado la ortodoxia cuando se casó con el gran duque ruso, no permitiría que Alejandra hiciera lo contrario. Después de todo, Rusia era un poder mucho más grande y mucho más importante que Suecia; Alejandra se casaría con alguien de rango inferior. Además, Catalina le daría a Suecia un cuantioso subsidio cuando las negociaciones de la boda se completaran. No tenía por qué ceder en la cuestión del credo de Alejandra.

Pasaron semanas y las conversaciones llegaron a un *impasse*. Catalina se mantenía en sus trece y los suecos seguían intratables. Pero hubo un atisbo de esperanza. Gustavo parecía suficientemente generoso como para permitir que Alejandra practicara su fe ortodoxa en privado, y con esa leve esperanza Catalina propuso que hubiera una ceremonia formal de compromiso presidida por el clero ortodoxo.

Ese frágil compromiso animó mucho a Catalina, quien sintió que recuperaba su antiguo poder y comenzó a imaginar grandes cosas. Alejandra se casaría con Gustavo y mantendría intactas sus creencias. Los suecos, ahora firmes aliados de Rusia, vigilarían el Báltico mientras los ejércitos rusos atravesarían Europa para conquistar Francia y restaurar la monarquía de los Borbones. Catalina se transformaría en la Salvadora de Europa, la destructora de los temibles jacobinos. Sería una heroína más importante que todas las heroínas previas. La edad de hierro, el siglo XVIII, se convertiría realmente en el Siglo de Catalina II.

Sintiéndose invencible, Catalina recibió al conde Markov, representante de Gustavo. El conde le entregó una carta formal del joven Rey, en la que establecía su posición final con respecto al tema de la religión de Alejandra. Gustavo dijo que no daría permiso escrito para que Alejandra mantuviera su fe ortodoxa, pero estaba dispuesto a hacer una promesa verbal informal en tal sentido.

Catalina quedó atónita. Su cara tomó un color rojo remolacha, su boca quedó abierta y de pronto un lado de la cara se aflojó y en su boca apareció una mueca grotesca. Sus criadas enseguida corrieron hacia ella, muy preocupadas, pero era poco lo que podían hacer fuera de observarla con alarma hasta que la emperatriz lentamente revivió. Pasaron varios minutos antes de que el fuerte color de su cara se aplacara y ella pudiera hablar.

Había sufrido un ataque cerebral. Sus doncellas les dieron la noticia a los lacayos, quienes se lo dijeron a los chambelanes, quienes, a su vez, propagaron la terrible noticia por todo el palacio. Antes de que transcurriera una hora todo San Petersburgo estaba enterado de la aflicción de la emperatriz. Estaba muy enferma. En cualquier momento podía tener otro ataque cerebral. Tal vez no duraría un día, una semana. Era obvio que el fin estaba cerca.

Los regimientos de guardias fueron puestos en alerta para un inminente cambio de soberano. Asustados cortesanos se reunieron en secreto para hacer planes acerca de cómo manejar la crisis de la muerte de la emperatriz, que sentían se produciría muy pronto. Se formaron facciones, se diseñaron estrategias. Zubov, aterrado con respecto a su futuro, se retorcía las manos y elevaba sus oraciones.

La emperatriz, al recuperarse del ataque, se sintió mareada y tambaleante, pero estaba firmemente decidida a seguir adelante con sus planes. La ceremonia de compromiso que uniría a Alejandra y a Gustavo no se canceló, a pesar del carácter difícil de Gustavo. Catalina quería ver a Alejandra comprometida para estar segura de que no la habían vencido.

En la fecha fijada, la del 11 de septiembre, los cortesanos se congregaron a las seis de la tarde en la sala del trono. Catalina avanzó lentamente hacia el trono, su cuerpo obeso cubierto en brocado. En su pecho brillaban las estrellas de tres Órdenes. En la cabeza llevaba una pequeña corona. Algo en su andar y en los cambios repentinos de color de sus mejillas hundidas traicionaba la grave enfermedad que acababa de padecer. Alejandra, nerviosa pero sonriente y con atuendo de boda, estaba sentada junto a su abuela, aguardando a su futuro marido.

Pero Gustavo no se presentó. Transcurrieron horas. Furiosa por lo que consideraba un monstruoso insulto, la emperatriz permaneció sentada en su trono, cada vez más indignada, sus mejillas alternativamente pálidas y de color carmesí. Por último, al comprender que el rey nunca iba a llegar, salió dificultosamente de la sala e hizo dispersar a los cortesanos.

Catalina denostó a los suecos con un lenguaje vulgar, reservando sus insultos preferidos para el vanidoso y joven rey. Corrió el rumor de que había golpeado a uno de los suecos con su cetro, no una sino dos veces.

Tanta violencia y vulgaridad eran algo inédito en Catalina y lo más probable es que fueran el resultado de un daño cerebral producido por su accidente cerebrovascular. Ella ya no era la misma. A lo largo de las siguientes semanas fue víctima de insomnio y por momentos se sentía enferma y confundida. Le costaba mucho pensar con claridad. Trató de continuar su vida como siempre, pero no podía hacerlo. Se salteaba comidas, no asistía a misa, se quedaba dormida en los momentos menos apropiados. Su gobierno seguía funcionando, pero a gatas; Zubov era incapaz de asumir el poder y los otros funcionarios, aunque consternados por el estado de la emperatriz y muy preocupados por la sucesión, se alegraron al pensar que ese inútil esbirro de Catalina pronto sería desbancado.

En la mañana del 5 de noviembre la emperatriz se levantó y se puso su bata de seda blanca. Parecía descansada y bromeó con su doncella diciéndole que se sentía veinte años más joven y que hasta podría planear otra recorrida por Crimea cuando mejorara el clima.

Pidió que le llevaran su café de la mañana y fue a sentarse frente a su mesa de trabajo, donde se puso a leer documentos relativos a la invasión francesa a Italia y a un joven general de apellido Bonaparte. La noche anterior se había enterado de una victoria austríaca sobre los franceses, de modo que su estado de ánimo era óptimo cuando terminó con la primera pluma de ganso de su vasta provisión diaria para la escritura. Lo más probable es que un perro estuviera junto a ella o sobre su falda. Tal vez hizo una pausa para alimentar a los pájaros que se encontraban en el alféizar de la ventana. Siguió trabajando, sin que nadie la molestara, durante varias horas en esa habitación fría, mientras por encima de su cabeza una vela ardía debajo de un ícono de Nuestra Señora de Kazan.

A eso de las nueve y media el chambelán Zotov comenzó a preguntarse si algo estaría mal. La emperatriz siempre tocaba el timbre para llamarlo antes de las nueve. ¿Habría olvidado hacerlo? ¿Necesitaría algo la emperatriz?

Con mucha cautela llamó a la puerta de su dormitorio y, al no recibir respuesta, entró. La habitación estaba vacía. La llamó en voz alta y se dirigió deprisa al cuarto de baño contiguo. Allí, tirada en el piso, estaba la emperatriz, con la bata indecorosamente arrugada alrededor de las piernas, su cara color rojo sangre y su gorra, torcida. Zotov pidió ayuda y, junto con varios otros hombres, pudo levantar a la anciana, llevarla al dormitorio y colocarla sobre un colchón de cuero sobre el piso.

Los intentos de los médicos de revivir a la emperatriz fueron inútiles, ya que muy pronto ella perdió el sentido. Le hicieron una sangría en el brazo, le vertieron medicamentos por la garganta y le administraron otras medicinas por vía rectal. Su cuerpo carnoso y avejentado fue golpeado y sometido a indignidades que ella jamás habría permitido si estuviera consciente y alerta. Alejandro se hizo cargo, pues Pablo no estaba en el palacio sino en su propiedad de Gatchina, a varias horas de cabalgata de San Petersburgo. Un mensajero confiable fue enviado a informar a Pablo de lo sucedido, pero Pablo no llegó a la capital hasta cerca de las nueve de esa noche.

Para ese entonces, los médicos había declarado que la emperatriz no sobreviviría. El capellán del palacio puso la hostia sagrada sobre la lengua de la emperatriz y ungió su cuerpo convulso con los óleos santos, e hizo lo mismo con la cara y las manos. Entonó después las oraciones solemnes para los agonizantes y todos los que estaban en la habitación se pusieron de rodillas para unir sus oraciones a las del capellán.

La emperatriz, Madre de la Patria, se moría. Sólo un milagro podía salvarla. Aquellos que la habían servido durante décadas, incluso los que habían sentido el aguijón de su irascibilidad, estaban muy tristes. Sirvientes y funcionarios llorosos llenaban los largos y helados pasillos del Palacio de Invierno, aguardando noticias de los médicos.

Durante toda la noche Catalina yació sobre el colchón con una respiración dificultosa. Su familia se reunió alrededor de ella, Alejandro y Constantino, Pablo y María, y a los niños más pequeños se les permitió entrar durante algunos minutos y por turno. Pablo comenzó a impartir órdenes y fue obedecido. La transferencia de poder había comenzado. Se reunieron los papeles de Catalina y se entregaron a su sucesor.

Hora tras hora, a lo largo de todo el día 6 de noviembre, la vigilia prosiguió. La emperatriz tenía los ojos cerrados y no hablaba, pero su viejo cuerpo vital luchaba con fuerza contra la muerte. Una serie de espasmos le sacudían el vientre y ella jadeaba en busca de aire como un gran pez encallado. Por momentos, un líquido negro y repugnante brotaba de su boca y llenaba el cuarto con un terrible hedor. Por último, justo antes de las diez, finalmente un fuerte estertor surgió de su garganta. Después, el silencio fue total, salvo por el sonido del llanto de todos.

Casi enseguida las mil campanas de San Petersburgo comenzaron a sonar. Solemnemente y con reverencia, su fuerte voz resonó por toda la ciudad, por momentos al unísono, por momentos en forma despareja, anunciando el triste mensaje de que la gran Catalina estaba ya con Dios. Al oírlas, sus súbditos se arrodillaron y se santiguaron y sus rostros quedaron empapados con lágrimas. La mayoría de ellos no recordaba ningún otro soberano. Pocos esperaban con ilusiones el reinado del Emperador Pablo.

Durante tres semanas el cuerpo embalsamado de Catalina permaneció en la sala del trono del palacio, cubierto con una túnica de seda fina con una larga cola forrada en piel. Sobre su féretro armaron una carpa de terciopelo negro, y los soldados y los miembros de su familia montaron guardia cerca mientras miles de acongojados súbditos desfilaban por allí. Miles más asistieron a su prolongado funeral público en la primera semana de diciembre, contemplando el féretro imperial que era transportado a través del Neva helado hacia la Catedral de San Pedro y San Pablo, tradicional lugar de descanso de los soberanos de Rusia.

El féretro de Catalina no hizo su viaje final solo. Pablo impartió la orden de que el cuerpo de Pedro III, desenterrado de su tumba en el Monasterio Nevsky, fuera llevado a la catedral y sepultado nuevamente junto al de su última esposa. Le complacía al nuevo emperador que su madre y su padre putativo, tan violentamente separados en vida, yacieran lado a lado por toda la eternidad.

Nota sobre las fuentes

El biógrafo que trata de entender la personalidad y la vida interior de Catalina II tiene la poco frecuente fortuna de tener a mano las memorias de la propia Catalina, en versiones escritas en diferentes épocas de su vida. Una lectura cuidadosa de esas memorias, escritas en un francés pobre pero sumamente expresivo y personal, revelan mucho acerca de su autora, sus gustos y opiniones, sus prioridades y su forma de mirar la vida. Lamentablemente, dichas memorias cesan antes de que Catalina se convirtiera en emperatriz. Para el período de su reinado, el biógrafo sólo puede abrevar en los otros escritos y cartas de Catalina, los despachos de embajadores de visita, las cartas y memorias de contemporáneos, tanto rusos como europeos, las descripciones contemporáneas de la sociedad rusa y de la corte rusa hechas por viajeros y documentos políticos y administrativos.

Para el lector que busca otras informaciones confiables acerca de Catalina, son pocos los libros en inglés que ofrecen algo parecido a un auténtico retrato de la emperatriz; la mayoría ofrece una versión trivial o romántica de sus logros o son un eco de la imagen distorsionada de ella inventada por los propagandistas de los revolucionarios franceses. El trabajo de John T. Alexander *Catherine the Great, Life and Legend* (Oxford University Press, 1989) es una historia sobria y erudita, si bien en parte políticamente árida, del reinado de Catalina, con algunas pistas con respecto a su temperamento.

Índice onomástico

Adadurov, Vasily, 57, 182-183.
Adolfo (rey sueco), 30, 35, 37, 113.
Albertina de Holstein-Gottorp, 25, 27.
Alejandra (nieta de Catalina), 351, 382-385.
Alejandro (nieto de Catalina), 341, 350-351, 356, 372, 382-383, 387
Alexei, Padre, 223-224.
Alexis, Emperador de Rusia, 296.
Alexis Gregorevich (hijo de Catalina con Orlov), 211, 252, 289.
Ana Ivanovna (emperatriz rusa), 24, 29.
Ana Leopoldovna (regente rusa), 88.
Ana Petrovna (hija de Catalina), 181-182, 193.
Ana Petrovna (hija de Pedro el Grande), 181.
Anhalt-Zerbst, 10-11, 13, 27.
Apraxin, Stepan, 118, 120, 153, 165, 185.
Arnheim, Madame, 114-115.
Augusto de Anhalt-Zerbst, 101.
Austria, 36, 55, 76, 196, 217, 318, 331, 338, 341, 342, 358; *véase asimismo*, José II; María Teresa.

Balk, Matriona, 120.
Baryatinsky, Feodor, 234.
Baturin, Yakov, 119.
Beccaria, César, 276.
Bentinck, condesa de, 27-28, 64.
Berenger (embajador francés), 235.
Berlín, 17-18, 19, 21, 33, 35-36, 194-195.
Bernardi (joyero), 182-183.
Bestuzhev, Alexei, 43, 88, 115, 178; arresto y exilio, 182-183, 185, 191, 196, 206; como protector de Catalina, 129, 149-150, 164, 166, 168; llamado del exilio, 261-262; políticas antiprusianas, 36-37, 44, 54, 76; preocupación por la sucesión, 97-98, 106, 115; retiro, 265.
Bestuzhev, Miguel, 56.
Betsky, Iván, 65, 69, 71, 72, 375.
Bezborodko (secretario), 338, 364.
Bibikov, Vasily, 219, 305-306.
Bielke, Madame, 321.
Blackstone, Sir William, 319.

Bobrinsky, Alexis Gregorevich. *Véase* Alexis Gregorevich.
Boerhave, Dr., 52-53, 72, 91-92, 130.
Breteuil (embajador francés), 206, 209, 215, 261.
Brockdorff, coronel, 156-157, 174-175, 185.
Bruce, condesa (Praskovia Rumyantsev), 269-270, 292, 334, 336.
Brümmer, Otto von, 33-35, 37, 40, 42, 77, 98.
Buckingham, Lord, 237, 260, 268, 270-271, 273.
Buturlin, General, 199, 201.

Caballero errante, El (obra de teatro), 365.
Cancillería Secreta, 116, 118-119, 138, 150; abolición de Pedro de la, 206.
Cardel, Babette, 12-14, 16-17, 24, 30, 35, 133,
Cardel, Madeleine, 11-12.
Carlos Augusto de Holstein-Gottorp, 46-47, 52.
Carolina de Hesse-Darmstadt, 290.
Casanova, Giovanni, 267-268.
Catalina (nieta de Catalina), 364, 383.
Chernyshev, Andrei, 93-94.
Chernyshev, Condesa, 80.
Chernyshev, Iván, 286.
Chernyshev, Zacarías, 118.
Chesme, Batalla de, 284-285, 361.
Chetardie (embajador francés), 36, 44, 61.
Christian Augusto de Anhalt-Zerbst (padre de Catalina), 11-12, 17, 19, 26-28, 31, 33-38, 41, 52, 55, 58, 62, 65, 107, 132.
Choglokov, María, 98-108, 112-113, 115, 121-123, 125-128, 130-131, 133, 138.
Choglokov, Nicolás, 106-107, 112-114, 121-123, 125-127, 130, 133, 137.
Corberon, Barón de, 324, 332.
Cosacos yaik, 296, 298.
Cobentzl, Conde, 350, 354.
Condoidi, Dr., 161, 163, 171-172.
Constantino (nieto de Catalina), 341, 350-351, 356, 359, 383, 388.
Courland, Duquesa de, 112-113.
Crimea, 265, 282, 289, 338, 342, 357, 362, 386.
Cristina (reina de Suecia), 356.

Dashkov, Princesa Catalina, 196, 200, 219, 229, 235, 269, 337.
De Ligne, Príncipe, 331, 334, 350, 353-354, 380.
Dinamarca, 19, 212, 219, 229.
Diderot, Denis, 192, 244, 298-299, 307, 309, 317, 319, 343, 356.
Divier, Pierre, 90, 105.
Dmitri de Novgorod, Arzobispo, 214.
Dumachev, Ana Dmitrievna, 142.

Elagin, Iván, 182-183, 311.
Elena (nieta de Catalina), 356.
Encyclopédie (Diderot), 192, 244, 298.
Eon, Chevalier d', 169.
Esterhazi, Conde, 373.

Eudoxia (primera esposa de Pedro I), 209.

Falsos Pedros, 266-267, 295-296, 298-300; *véase asimismo* Pugachev, Emelian.
Favier, Jean Louis, 191-193.
Federico II (el Grande) (rey de Prusia), 76, 318, 342; e Isabel, 37, 86, 151; guerra con Rusia, 162, 174, 189, 194; idealización de Pedro con respecto a, 150, 204, 217; y Catalina, 17, 36-37, 44, 54-55, 73, 282, 333.
Federico III (rey danés), 19.
Federico de Anhalt-Zerbst, 13, 18, 27.
Federico Guillermo I (rey de Prusia), 9-10, 17, 19, 36.
Federico Guillermo II (rey de Prusia), 370, 381.
Fitzherbert, Alleyne, 350, 354.
Fontenoy, Batalla de, 76.
Fortaleza de Schlüsselberg, 162, 227.
Francia, 150, 196, 317, 356; ayuda a Catalina, 196, 209-210; influencia sobre Isabel, 75-76, 85, 150, 178; revolución, 369, 377, 380-381.

Gagarin, Princesa, 100, 112, 121, 123, 138-139, 143.
Galitzyn, Alejandro, 105.
Golitsyn, mariscal de campo, 283.
Goltz, Barón, 229.
Gran Bretaña, 36, 151, 152, 284, 350.
Grimm, Melchor, 263, 307-309, 327-328, 335, 340-341, 344-345, 348, 351, 353-354, 356, 368, 369, 375-377, 380, 382.
Groot, Madame de, 127.
Gross Jägerndorf, batalla de, 174.
Guardias Montados, 205, 224, 226, 294, 368.
Guerras ruso-turcas, 283-286, 290, 293, 295, 304, 307, 317, 320, 361-362, 369-370
Guillermina de Hesse-Darmstadt. *Véase* Natalia.
Gunning (embajador británico), 310-311, 321.
Gustavo III (rey de Suecia), 363-365, 370, 383.
Gustavo IV (rey de Suecia), 383-386.
Gyllenburg, Conde, 31, 91,

Hanbury-Williams, Sir Charles, 151-155, 157-159, 163-171, 178, 220-221.
Harris, Sir James, 332-333, 348-349.
Hedwig (preboste de Quedlinburg), 22, 37, 42.
Hendrikov, Conde, 113.
Hesse-Homburg, príncipe y princesa de, 61, 65.
Holstein, 24-25, 41, 77, 101, 131, 150, 155-157, 164, 170, 174, 177, 180-181, 189, 192, 205, 212, 220, 231, 233.
Holsteiners (tropas), 155, 174, 224, 230-231, 290.

Iglesia Ortodoxa: actitud para con las mujeres, 62, 63, 175-176; conversión de Catalina,

50-51, 53-55, 57-58; coronación de Catalina, 253-255; desprecio de Pedro hacia la, 49, 213-215, 223-224; y el golpe de Catalina, 223, 224, 226-228; y las políticas reales de Catalina, 265-267, 383-385.
Iglesia Ortodoxa Rusa, *véase* Iglesia Ortodoxa.
Inglaterra. *Véase* Gran Bretaña
Ismailof, Madame, 101.
Iván IV (el Terrible) (emperador ruso), 166, 236.
Iván VI (emperador ruso), 234, 256, 262; como sucesor de Isabel, 118, 162-163; encarcelamiento de, 48, 87-88, 196; asesinato de, 271-272; reuniones de Pedro con, 208.

Jacobinos, 377-378, 382, 384.
Juan de Anhalt-Zerbst, 35.
Jorge II (rey británico), 20, 151.
Jorge III (rey británico), 337, 363.
Jorge de Holstein-Gottorp, 29-30, 205, 226.
José II (emperador de Austria), 318, 339-342, 348, 355, 357-358.
Julia de Saxe-Coburg, 383.

Kar, General, 304
Karr, *fräulein*, 93.
Kazan, 203, 225, 249, 276, 279, 315, 387.
Keith, Lord, 175-176, 205.
Khrapovitsky (sirviente), 366-367.
Kiev, 68, 249, 351-354.
Korff, Barón, 215, 228.
Kosciuszko, Tadeo, 381.
Kosheliev, Mademoiselle, 125.
Kraus, Madame, 82, 90, 94, 99, 105.
Kremlin, 59, 245, 249, 251, 253-255, 279.
Kronstadt, 227, 231, 364, 370.
Künersdorf, Batalla de, 194.
Kurakin, Elena, 190.

Labritza (estado), 131.
Lamberti (jardinero), 155.
Lanskoy, Alejandro, 335, 343-345, 350.
Lapushkin, Mademoiselle, 104.
Lavater, Juan, 356.
Lehndorff, Conde, 168.
Lestocq, Armando, 36, 45, 48, 52-53, 75, 117.
Levantamiento de campesinos, 216.
L'Hôpital, Marqués de, 178, 206
Lopukhin, Conde, 56.
Lopukhin, Condesa, 46, 55,-56.
Ludwig de Anhalt-Zerbst, 27.
Luis XV (rey de Francia), 75-76, 194, 317.
Luis XVI (rey de Francia), 75, 317, 356, 377.
Luteranismo, 51, 213.

Mamonov, Alexander Dmitriev, 349-351, 366-368, 378.
Mar Negro, flota, 361.
Mardefeldt, Barón, 36-37, 44.
María (nieta de Catalina), 351, 383, 388.
María (segunda esposa de Pablo), 341, 351, 356, 363-364.

Mariana de Brunswick-Bevern, 20.
María Antonieta (emperatriz de Francia), 104, 318, 356, 369.
María Isabel (abadesa de Quedinburg), 22, 41.
María Teresa (emperatriz de Austria), 76, 86, 152, 318, 337-338, 340-341.
Matushkin, Condesa, 269, 375.
Mauclerc, Monsieur de, 24.
Mirovich, Vasily, 271-272.
Montesquieu, Charles Louis de Secondat, 147, 192, 240, 265, 276, 298, 319, 340, 356.
Moscú, 43-45, 49, 51-52, 59, 63, 69, 72, 85, 107, 112, 114, 128, 132, 135, 153, 215, 217, 244-253, 257, 259, 264-265, 276, 289, 293, 298, 315, 320-323, 370, 375, 378; apoyo de Pugachev, 304-306, 321; Comisión Legislativa, 280-283; entrada oficial de Pablo en, 151-152; incendios, 130, 248; protestas contra Catalina, 262-263.
Münnich, General, 231.

Naryshkin, Ana, 367.
Naryshkin, León, 121, 133, 169, 350, 354, 375.
Naryshkin, Semyon, 42, 44.
Natalia (primera esposa de Pablo), 291, 295, 327, 328-329, 343, 363.

Oranienbaum (propiedad), 103, 155-156, 162, 174, 193, 220-232, 233.
Orenburg, sitio de, 300, 303-305, 312, 354.
Orlov, Alexis, 219-220, 229, 233-234, 255, 284, 361-362.
Orlov, Feodor, 197.
Orlov, Gregorio, 190-191, 197-198, 200, 211, 219-220, 252, 256, 266, 270, 276, 289, 336; enemigos, 263, 265, 281-282, 293; favores de Catalina para con, 254, 260, 263-264, 269, 295; hijo con Catalina, *véase* Alexis Gregorevich; personalidad, 262-263, 271; propuesta de matrimonio a Catalina, 262-264, 265, 313-314; ruptura de Catalina con, 294-295, 332-333, 334; y el golpe de Catalina, 219-220, 221-223; y Pablo, 287, 288, 296.
Orlov, Iván, 197.
Orlov, Vladimir, 197, 276.

Pablo I (emperador de Rusia): como padre putativo de Pedro, 207-209, 383-384; desconfianza de Catalina para con, 285-286, 287-288, 341-342, 351; embarazo y muerte de su primera esposa, 327, 329; en la coronación de Catalina, 251-252; hijos con la segunda esposa, 340, 341, 344, 350-351, 383-384; imagen, 288-289; infancia, 162, 163, 165, 181, 182, 193, 196, 201, 243; mayoría de edad, 286-291; memo sobre el ejército, 306-308; nacimiento, 140, 143-145, 146; nueva sepultura de Pedro, 388-389; partidarios,

289, 290, 293-295, 319-321, 334, 337-338; primer matrimonio, 290-292; 294-296; reclamo al trono, 220, 225, 253, 289, 345-346, 383-385; y la muerte de Catalina, 387-389.
Palacio Golovin, 119, 128, 133, 135, 321.
Palacio Granovitaia, 255, 279.
Panin, Nikita: como tutor de Pablo, 196, 220, 224-225, 287, 288, 341-342; oposición al matrimonio Catalina-Orlov, 262, 263, 264, 265; política exterior, 195, 283-284, 317, 341-342; ruptura con Catalina, 339, 341-342; y el golpe de Catalina, 223, 224, 226-227.
Panin, Pedro, 283.
Pedro I (el Grande) (emperador de Rusia), 19, 24, 29, 43, 47, 62, 64-65, 140, 197, 206, 227, 289, 296, 380; repudio de la primera esposa, 210; como inspiración para Catalina, 166, 242-242, 283-284.
Polonia, 168, 170, 270, 282, 289-290, 318, 381-382.
Poniatowsky, Estanislao, 175, 178-179, 182, 191, 193, 270, 282, 324, 382; amor por Catalina, 168-171; nombrado rey de Polonia, 270, 282.
Potemkin, Gregorio: "Aldeas de Potemkin", 362-363; campaña de Crimea, 337-339, 342-343, 346, 347-349; confianza de Catalina en, 283-284, 332, 344-345, 349, 365-366; críticas de, 333-334, 337, 356; depresión, 362; espectáculos y bailes, 357-358, 370-374; imagen, 309-310, 323, 325, 352-353; pasión de Catalina por, 311-313, 317-319, 325; peleas de Catalina con, 323-326; pérdida de influencia, 378; rumores de la boda de Catalina con, 313-314; y los amantes jóvenes de Catalina, 325-327, 334-338, 344-345, 349-350, 366-367.
Prinzen, Baronesa von, 29.
Proyecto griego. *Véase* Crimea.
Prusia, 10-11, 36-37, 44, 50, 60, 76, 106, 150-152, 156, 175, 224, 341, 370; adquisición territorial polaca, 382; guerra con Rusia, 163, 174, 178-179, 189-190, 192-194, 198, 199, 201, 204-205; partición de Polonia, 317-318, 381-382; tratado de paz con Rusia, 212-213, 216-217; *véase asimismo* Federico II.
Pugachev, Emelian, 301-307, 312, 314-316, 320, 352, 354.

Rama secreta, 260, 264, 293.
Rastrelli, Bartolomé, 43, 136.
Razin, Stenka, 296-297.
Razumovsky, Alexei, 49, 67-68, 86, 116, 153, 165, 262, 313.
Razumovsky, Andrei, 327.
Razumovsky, Kiril, 164-165, 196.
Regimientos de Guardias, 117, 196-197, 221, 224, 230, 236, 385.

Regimiento Ismailovsky, 190, 196-197, 222, 234.
Regimiento Preobrazhensky, 48, 155, 196-197, 224, 228, 292.
Regimiento Semenovsky, 130, 196-197, 223, 237.
Región Táuride. *Véase* Crimea.
Repnin, Pedro, 105.
Repnin, príncipe, 98, 101, 105-106, 130.
Revuelta de los cosacos, 296-300.
Rimsky-Korsakov, Iván, 334-335.
Río Volga, 238, 249, 266, 275-276, 279, 296-297, 315.
Rivière, Mercier de la, 299.
Rondeau, Lady, 86-87.
Roumberg (valet de Pedro), 26, 49, 62, 77.
Rumyantsev, Ana, 71.
Rumyantsev, Praskovia. *Véase asimismo* Condesa Bruce.
Rusia: alianzas políticas, 36-37, *véase asimismo* países específicos; cambio de imagen, 317-318; cosacos, 296-298; guerras, *véase* Prusia, guerras ruso-turcas, Suecia; interés de Voltaire en, 243-244; lujo de la Corte, 152-154; menosprecio de las mujeres en, 62-64, 175-176; monarquía, *véase* soberanos específicos; nuevo papel político en Europa, 317-318; política de colonización, 266.

San Petersburgo: ataque sueco sobre, *véase asimismo* Oranienbaum (propiedad); baile de máscaras de Catalina en, 267; boda de Catalina y Pedro en, 78; como sede del gobierno de Catalina, 265-266; primer viaje de Catalina a, 38-43; toma del poder por parte de Catalina, 220, 223-229, 234.
Saldern, Caspar von, 290.
Saltykov, Pedro, 121.
Saltykov, Sergio, 105, 121, 127, 134, 136-138, 143-144, 149, 168, 208, 211; embarazos de Catalina con, 128, 131-133, 137, 192-193, 288; *véase también* Pablo I; seducción de Catalina, 120-127.
Schaglikov, Mademoiselle, 207-208.
Scherbatov, Daria, 366-368.
Ségur, Conde Luis-Felipe de, 350, 352, 354, 358.
Servidumbre, 35, 52, 75, 100, 103, 113, 137, 199, 277-278.
Shafirov, Marta y Ana, 127, 136.
Shkurin, Vasily, 252, 256.
Shulkov (guardaespaldas de Isabel), 89.
Shuvalov, Alejandro, 116, 128, 138-142, 150, 153, 155, 158, 166-167, 171, 173, 178, 180, 183-184, 186-187, 195, 230.
Shuvalov, Condesa, 101.
Shuvalov, Iván, 116, 118, 128, 138-139, 142, 150, 155, 158, 166-167, 171, 173, 175, 178, 195.
Shuvalov, Pedro, 138-139, 150, 155, 158, 164-167, 171, 173, 178, 182, 190, 195, 199, 227.
Smolny (Instituto), 317.
Stroganov, Barón, 163.
Suvorov, General, 361.

Suecia, 19, 24-25, 29-30, 35, 113, 143, 149, 157, 356, 363, 365, 370, 383-384; compromiso del rey con la nieta de Catalina, 383-385, 386; guerra con Rusia, 363-365, 269-270.

Tácito, 147-148, 165.
Taliesin, Almirante, 227.
Tártaros, 238, 249, 276, 301, 306, 351, 357.
Teplof, Madame, 171.
Teplov (asistente de Panin), 241.
Todorsky, Simón, 51-53, 57.
Torgua, Batalla de, 194-195.
Trebor (cadete), 117.
Trubetskoy, Alejandro, 105, 228-231, 252-253.
Turchaninov (asesino), 48.
Turquía. *Véase asimismo* Guerras ruso-turcas.

Ucrania, 238, 316, 381.

Vassilchikov, Alejandro, 294-295, 307-310, 324, 326.
Veliky, Simón, 290.
Versailles, 75-76, 104, 152.
Villebois, Coronel, 224.
Voinova, Catalina, 113.
Vokheikov, Coronel, 42.
Volkonsky, Príncipe, 306.
Voltaire, 147, 154, 192, 242-244, 282-283, 285, 298-299, 322, 340, 343, 356, 380.
Vorontzov, Catalina. *Véase* Dashkov, Catalina.
Vorontzov, Isabel, 143, 173-176, 184, 194-195, 198, 206-210, 216, 229-230, 233.
Vorontzov, Miguel, 178, 198, 206, 227-228, 231, 302.

Wagner, Pastor, 15-16, 51, 57.
Wilhelm de Anhalt-Zerbst, 12-13, 17, 21-22.
Wilhelm de Saxe-Gotha, 26.
Wladislava, Madame, 140-141, 180-181, 183.
Wolfenstierna (embajador de Suecia), 100.

Yermolov, Alejandro, 350.
Yevrenev, Timofei, 78, 90, 111.

Zavadovsky, Pedro, 326-327, 332, 334, 336, 365, 379.
Zelmira, 356.
Zernichev, Conde, 65.
Zorich, Simón, 334.
Zorndorf, Batalla de, 190, 197.
Zubov, Platón, 368, 370-371, 376, 378-379, 382, 385-386.